天津市南開區圖書館藏古籍圖録

天津市南開區圖書館 編

國家圖書館出版社

圖書在版編目（CIP）數據

天津市南開區圖書館藏古籍圖録 / 天津市南開區圖書館編.
-- 北京：國家圖書館出版社，2013.12
ISBN 978-7-5013-5247-0

I. ①天… II. ①天… III. ①古籍—圖書目録—天津市 IV. ①Z838

中國版本圖書館CIP數據核字(2013)第293968號

書　名	天津市南開區圖書館藏古籍圖録
著　者	天津市南開區圖書館　編
責任編輯	南江濤　廖生訓
出　版	國家圖書館出版社（100034 北京市西城區文津街7號） （原書目文獻出版社　北京圖書館出版社）
發　行	(010)66114536 66126153 66151313 66175620 66121706(傳真) 66126156(門市部)
E-mail	btsfxb@nlc.gov.cn(郵購)
Website	www.nlcpress.com→投稿中心
经　销	新華書店
印　裝	北京信彩瑞禾印刷廠
版　次	2013年12月第1版　2013年12月第1次印刷
開　本	889×1194（毫米）　1/16
印　張	15
字　數	100千字
書　號	ISBN 978-7-5013-5247-0
定　價	280.00圓

《天津市南開區圖書館藏古籍圖録》
編輯委員會

序

今年初夏，文化部主持開展了全國公共圖書館第五次科學評估工作。南開區圖書館作爲天津市區縣級單位參加了此次評估工作。評估工作的主要内容之一，就是對在全區開展的古籍普查和保護工作進行全面考察。天津圖書館古籍部主任李國慶先生作爲天津市評估團成員之一，對南開區圖書館在全市區縣圖書館古籍工作中的突出成績給予了充分肯定，並建議將這一成績進一步拓展深化、提煉成一部《天津市南開區圖書館藏古籍圖録》（以下簡稱《圖録》）的專書出版，將館藏古籍以書影的形式公之於世，發揮其作用。大家聽後都覺得這個建議有價值，非常好。

編印這本《圖録》，確實有不少積極意義，我們認爲：

第一，《圖録》以南開區圖書館收藏的古籍爲範圍，這樣既充分揭示、宣傳了南開區固有的傳統文化資源，同時又填補了南開區圖書館古籍文獻研究的一項空白。同時，這個成果的取得，也走在了全國區縣圖書館的前列。

第二，《圖録》爲讀者瞭解館藏古籍的收藏情況，開拓了一條獲知通道。從這個意義上講，本書的出版在爲讀者提供文獻服務方面，又向前邁出了一大步。

第三，《圖録》在編輯的過程中，依靠的是團隊精神、團隊智慧和團隊能力。因此編輯本書，其在發揮專業技術人才的核心力量，營造學術研究氛圍、從研究項目中鍛煉專業人才隊伍等方面，無疑將起到積極的促進作用。

下面我想分三個部分，就《圖録》的相關情況，談談自己的一些想法。

一

南開區圖書館收藏的古籍，是南開區的一筆珍貴文化遺存，是南開區文化資源的重要組成部分。據我們普查統計，目前館藏綫裝古籍總數爲585種3402册。其中清代稿本、刻本爲145種1115册，清代的影印本、石印本、鉛印本及拓本合計爲90種783册，民國時期的綫裝古籍爲350種1504册。在這些館藏古籍中，雖然大部分爲一般古籍傳本，但尚有不少爲古籍善本，具有較高的歷史文物、學術資料和藝術鑒賞價值。

例如，《陳元龍老先生墨蹟》，這是清廷重臣、文淵閣大學士兼禮部尚書陳元龍在雍正十一年親筆手書的作品。鈐有“元龍乾齋”等印章。這是我館收藏的唯一一部名人手稿。其融文物、文獻和書法藝術等多方面價值爲一書，堪稱我館的鎮館之寶。殿於書後的幾種明清碑刻拓本，亦多爲精品，遂成館藏的古籍善本。

又如，清康熙二十三年刻本《留青全集》、清康熙四十三年刻本《大六壬》、清康熙四十六年刻本《對類便讀》等清代前期刻本，收入《中國古籍善本書目》，均爲傳世的古籍善本。《大唐三藏聖教序》是唐咸亨三年（672）的刻石，清乾隆三十九年（1774）的拓本，該拓本與天津博物館收藏的《大唐三藏聖教序》（見《天津地區館藏珍貴古籍圖録》第5頁）比較，同屬一個刻石年代，但從南開區圖書館藏本的鈐印數量看，達十八方之多，這足以説明了南開區圖書館的藏本，在民間的流轉之廣、承接之久，彌足珍貴。這些古籍傳本，因其刊刻年代較早、記載的内容豐富，均具有較高的文物和文獻價值。

再如，清宣統二年（1910），由上海集成圖書公司石印的繪圖本——《點石齋畫報大全》四十四集，描繪了清末市井風情、時事新聞以及西方科技等方面的場景和畫面，雖爲清末石印本，但圖繪精緻，品相優質，具有典型的藝術代表性。類似的還有《欽定書經圖説》，該書是清光緒三十一年（1905）由孫家鼐等人奉慈禧之旨纂輯的。作爲普教之輔，圖繪工緻，版印精良，被世人譽爲19世紀中國石印技術的巔峰之作！

二

本《圖録》倣照天津圖書館、天津市古籍保護中心聯合本市收藏珍貴古籍的多家圖書館編印的《天津地區館藏珍貴古籍圖録》（國家圖書館出版社2012年出版）的編製思路，以古籍的彩色書影爲主，以古籍的基本介紹爲輔。彩圖配釋文，圖文並茂。一册在手，讀者可以從中窺視古代書史發展的蹤蹟，欣賞古籍文物的一般形制，進而增加對古籍知識的瞭解，這較單純的文字解説和敘述，更能吸引讀者的閱讀興趣。

館藏的這些具有一定的文物價值的原版古籍，因年代歷久，紙質變脆，不能經常翻閱，這在一定程度上，影響了一般讀者的閱讀需求。有鑒於此，我們編印這本《圖録》，可以將館藏主要的古籍，進行充分揭示，從更大的範圍向廣大讀者進行介紹，發揮館藏文獻應有的作用。

三

本《圖録》自今年6月開始著手準備至出版，歷時半年，其間經歷了暑往寒來的季節更替，凝聚了衆多參與者共同的汗水付出與辛勤勞作！

特别是《圖録》的編輯人員，在天津市古籍保護中心專家的悉心指導下，運用自身儲備的專業技術知識，以嚴謹求真的治學精神和態度，積極投身到《圖録》的編輯過程中。他們敢於自我否定，糾正錯誤；敢於質疑前輩之爲，改寫記録，因此個别訛誤之處，均被及時發現並糾正。比如明《新刻張太岳先生文集》，前輩依據是書序，著録爲明萬曆四十年（1612）刻本。古籍普查平臺依此照録，後發覺似有諸多可疑之處，經仔細斟酌、研究，在古籍專家的具體指導下，從是書的正文、目録、序等多處發現了多位清帝的避諱字，據此予以修正，將前輩鑒定的明刻本，改爲清刻本。類似之例，還有不少，在此不復贅述。

總之，《天津市南開區圖書館藏古籍圖録》通過圖文並茂、以圖帶文的表現形式，公之於世，讀者可能會對某種古籍的釋文或内容産生興趣，並發揮某種積極正面的聯想，其産生的效果不可低估。比如，將古籍所傳達出來的内容資訊與民俗文化相聯繫、與南開區深厚的傳統文化底蘊相聯繫，與文化創意相聯繫，與文化産業相聯繫，使對古籍的開發跳出單純學術研究的範疇，轉而爲區域經濟的發展與轉型提供文獻支援。這其實纔是本《圖録》價值所在、意義所在！若本《圖録》能夠在這些方面作出些許貢獻，則吾之厚望也！

冉　然

二〇一三年十月二十日

凡例

一、收録範圍：

南開區圖書館現在收藏的、1912年以前印製和抄寫的古籍。

二、編排次序：

1. 本《圖録》所收古籍按照其版本類型編排，依次爲稿本、刻本、石印本、影印本、鉛印本、拓本。

2. 版本類型相同的，大致依成書年代次序排列。無具體年代者，排在該類最後。

三、選圖標準：

1. 每一種古籍，依據卷端、書名葉和序跋葉進行選圖，一般選圖一至二幅，視圖版清晰程度和價值高下來確定。

2. 拍攝圖版時悉依館藏原書，不採用複製件。

四、著録事項:

1. 每一種古籍，一般依據卷端、書名葉和序跋葉等進行著録，包括書名和卷數、著者及著作方式、版本、版式及索書號等項。其中著作方式，一般依卷端原題著録。

2. 每種古籍加冠序號，一是起到前後排序的作用，二是表示本《圖録》收録古籍的種數。

五、 目録索引:

1. 在《圖録》正文之前，編製《圖録》書名目録。

2. 在《圖録》正文之後，編製《圖録》書名索引。

目録

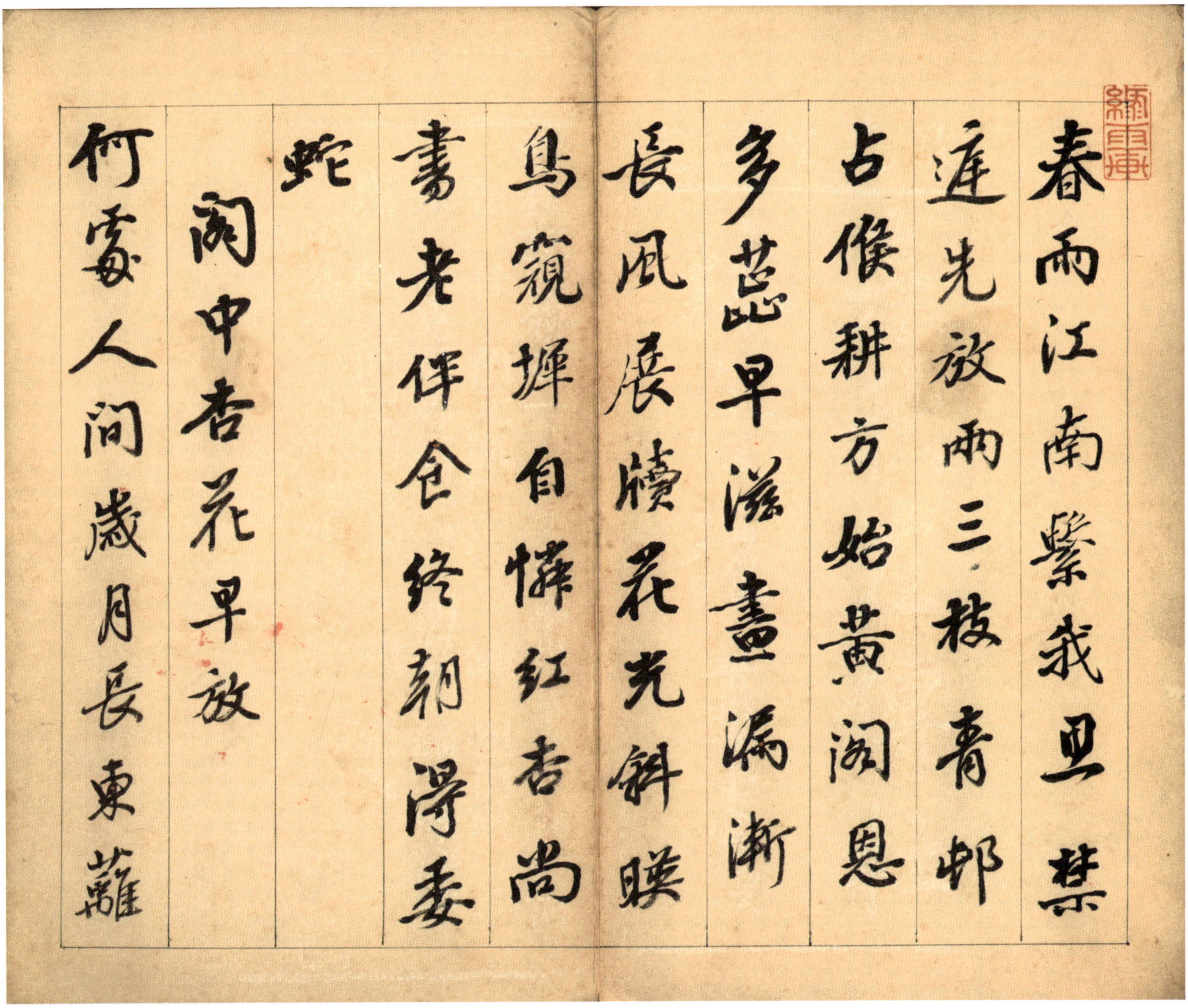

001 陳元龍老先生墨蹟一卷 （清）陳元龍書 清雍正十一年（1733）稿本

經折裝。原書高 24.8 釐米，寬 15 釐米。半開五行，行七至九字，烏絲欄。鈐“緑雨軒”、“八十二翁”、“元龍乾齋”等印。

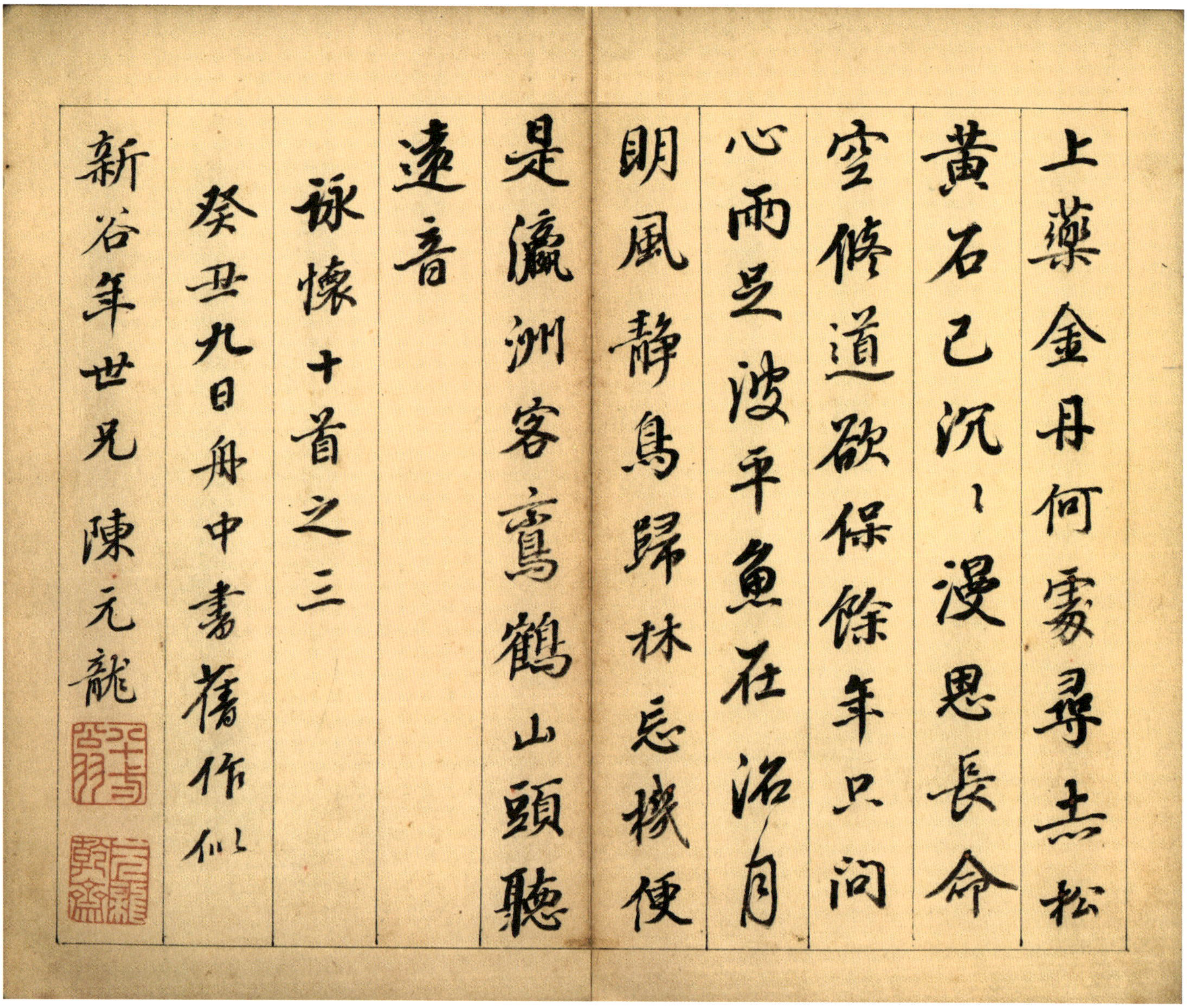

上藥金丹何處尋赤松
黃石已沉沉漫思長命
空脩道欲保餘年只問
心雨足波平魚在沼月
明風靜鳥歸林忘機便
是瀛洲客鸞鶴山頭聽
遠音
詠懷十首之三
癸丑九日舟中書舊作似似
新谷年世兄 陳元龍

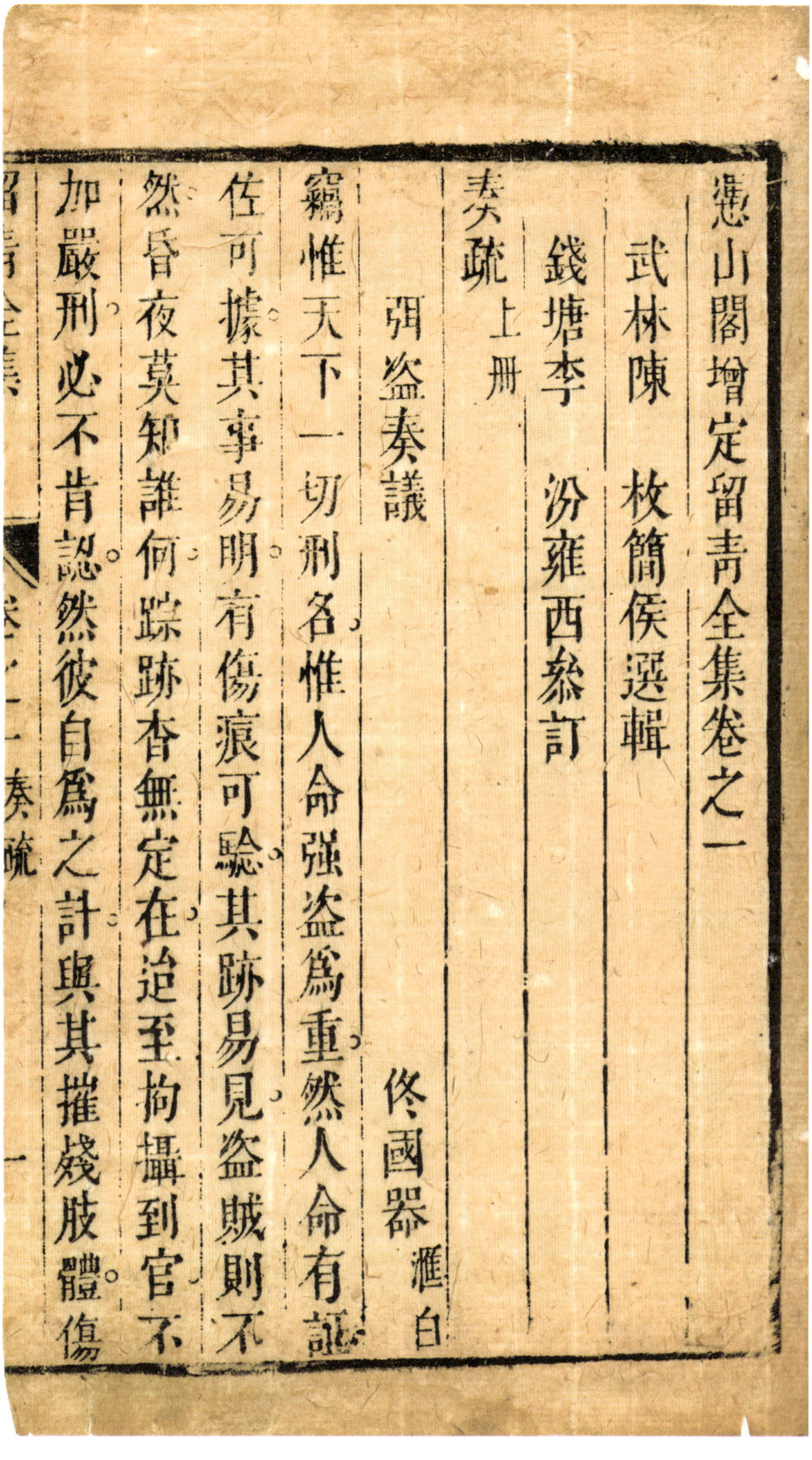

憑山閣增定留青全集卷之一

武林陳　枚簡侯選輯

錢塘李　汾雍西叅訂

奏疏上冊

弭盜奏議　　佟國器　滙白

竊惟天下一切刑名惟人命强盜爲重然人命有証

佐可據其事易明有傷痕可驗其跡易見盜賊則不

然昏夜莫知誰何踪跡杳無定在迨至拘攝到官不

加嚴刑必不肯認然彼自爲之計與其摧殘肢體傷

留青全集　卷之一　奏疏　一

002 憑山閣增定留青全集二十四卷　（清）陳枚選輯　清康熙二十三年（1684）刻本

匡高 20.2 釐米，寬 13.2 釐米。半葉九行，行二十字，白口，四周單邊。

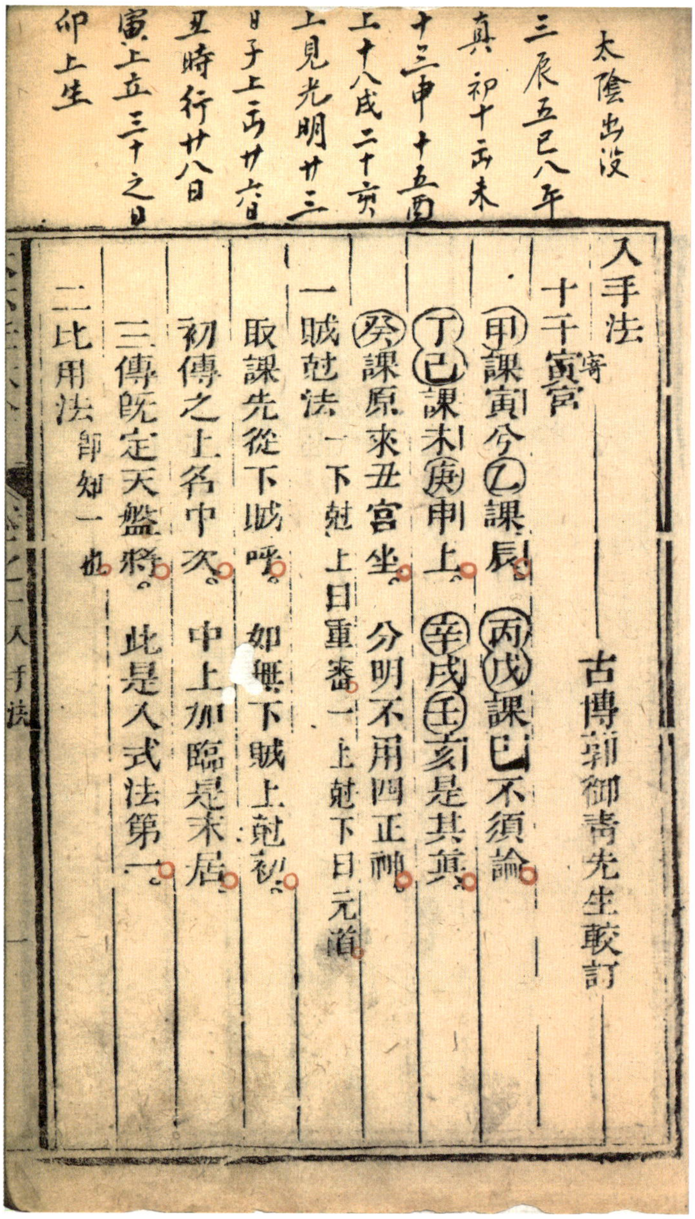

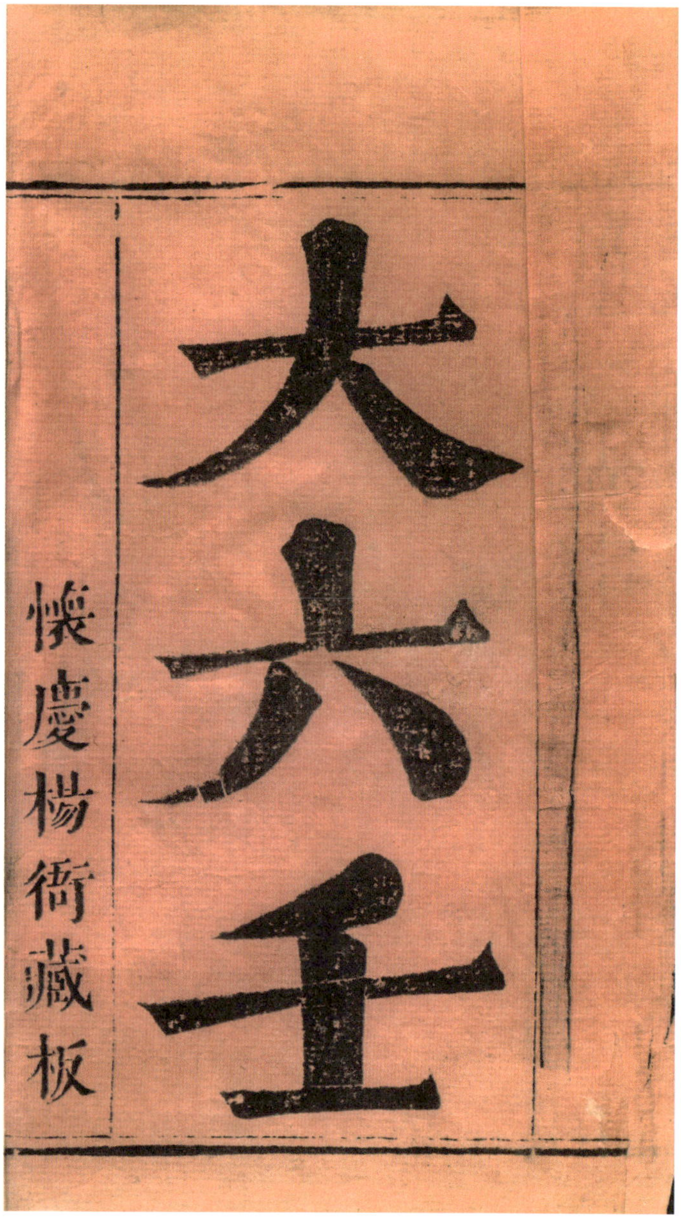

003 秘藏大六壬大全善本十三卷 （清）郭載騋較訂 清康熙四十三年（1704）懷慶楊衙刻本

匡高 18.5 釐米，寬 13.5 釐米。半葉十行，行二十四字，小字雙行同，白口，四周雙邊。

館藏索書號：X/B992.2/1

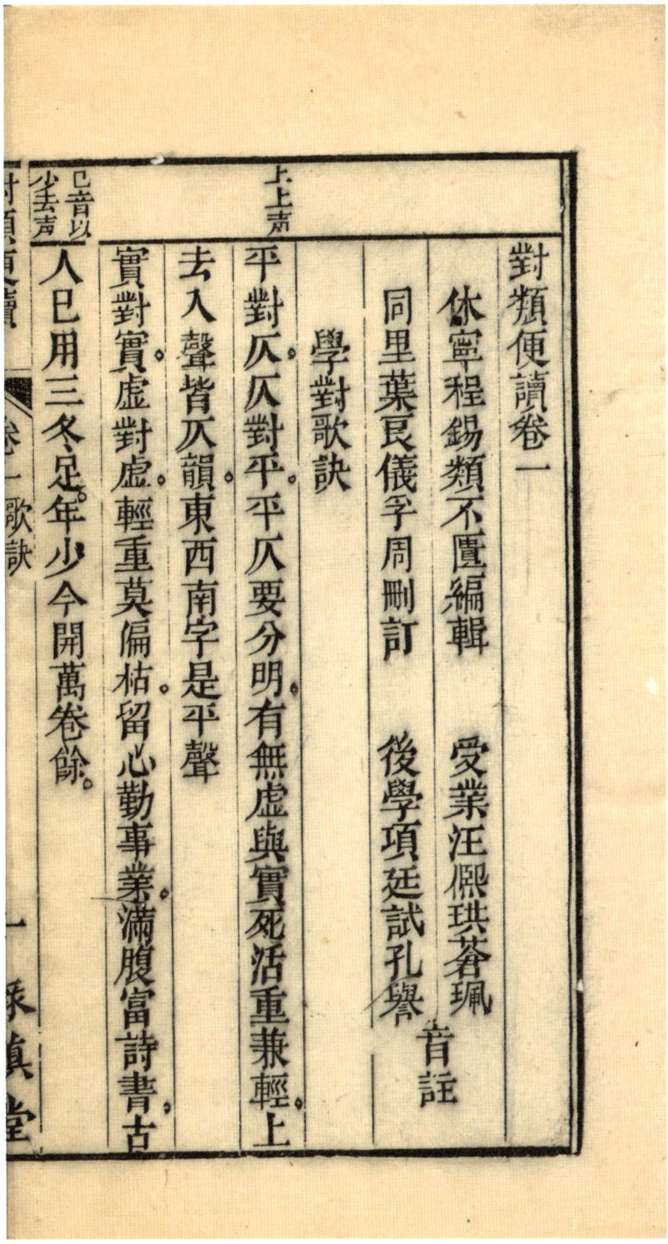

對類便讀卷一

休寧程錫類不匱編輯　受業汪凞珙蒼珮

同里葉昆儀孚周刪訂　後學項廷試孔璺音註

學對歌訣

平對仄仄對平平仄要分明有無虛與實死活重兼輕上

去入聲皆仄韻東西南字是平聲

實對實虛對虛輕重莫偏枯留心勤事業滿腹富詩書古

人巳用三冬足年少今開萬卷餘

對類便讀　卷一歌訣　一　綠慎堂

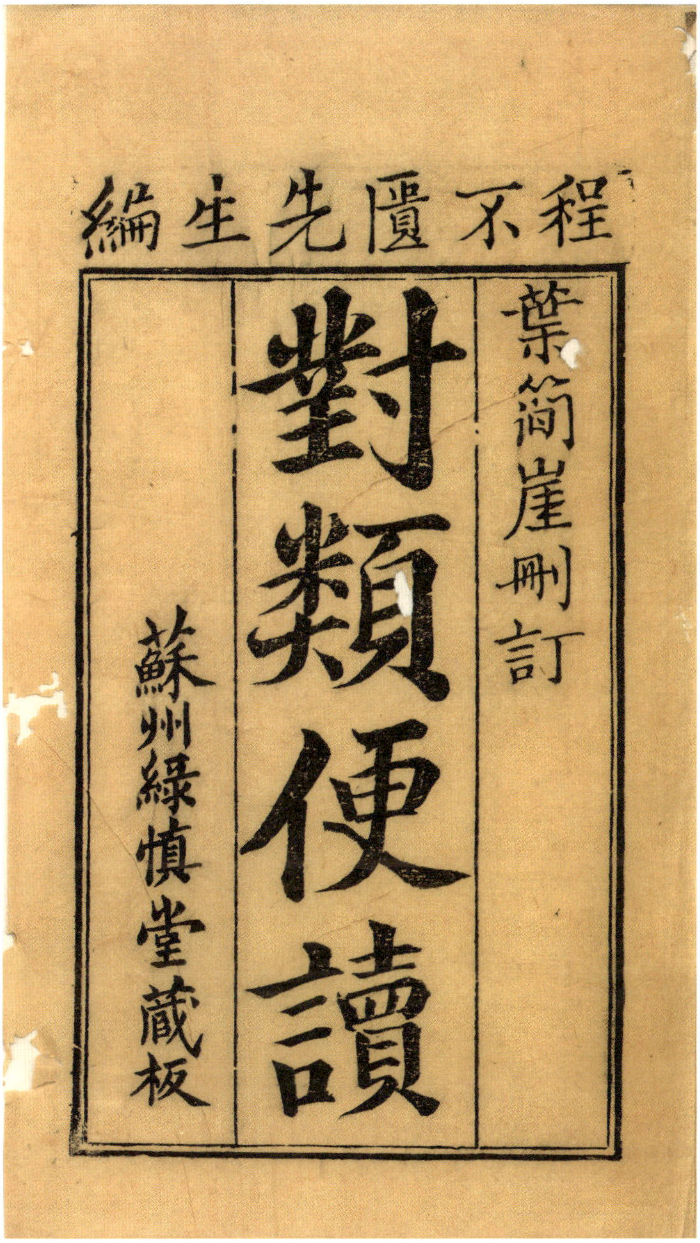

程不匱先生編

葉簡崖刪訂

對類便讀

蘇州綠慎堂藏板

004 對類便讀六卷首一卷　（清）程錫類編輯　清康熙四十六年（1707）蘇州綠慎堂刻本

匡高 19.2 釐米，寬 11.3 釐米。上下雙欄，下欄半葉八行，行二十二字，小字雙行同，白口，左右雙邊。

館藏索書號：X/H114.9/1

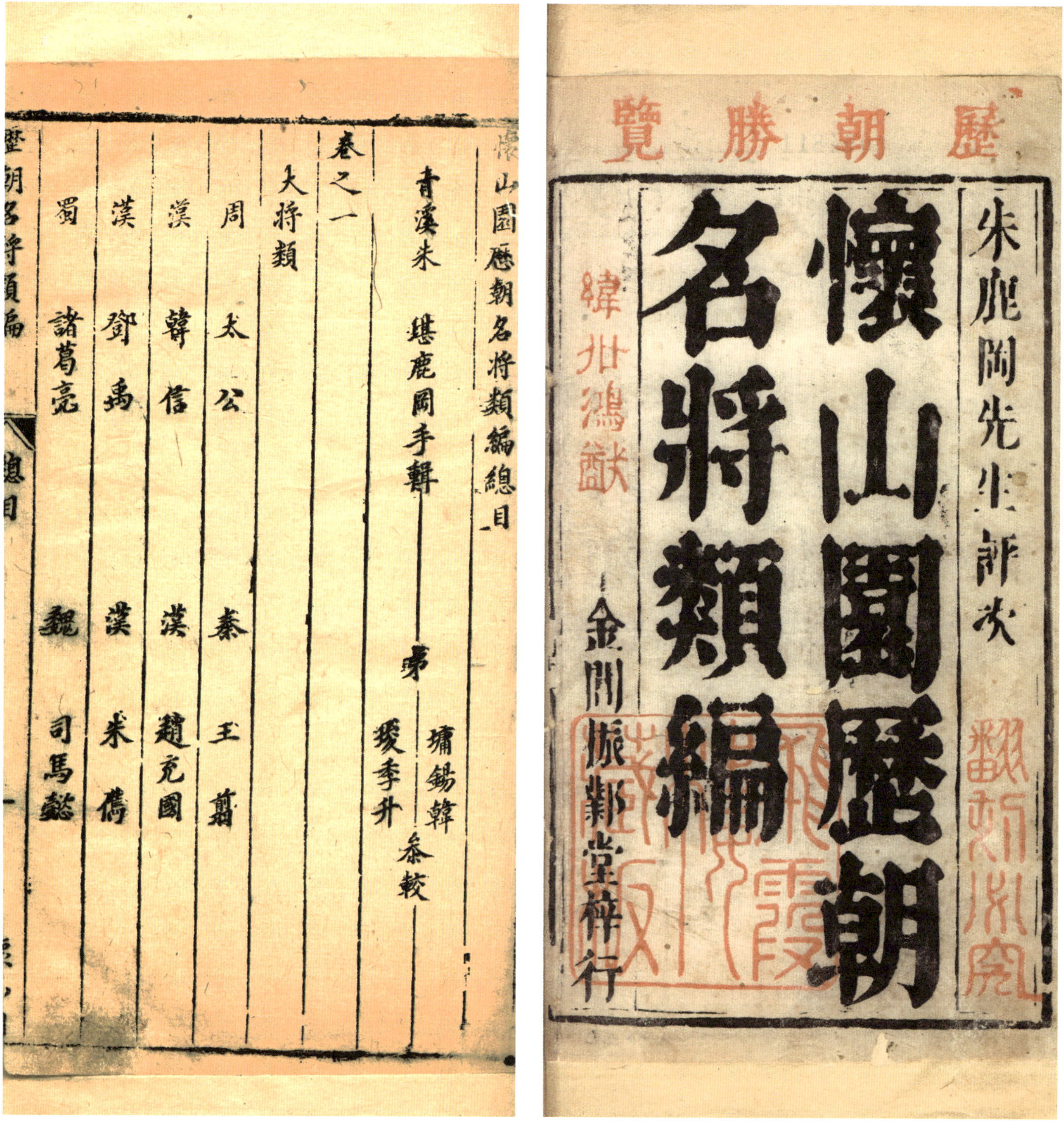

005 懷山園歷朝名將類編八卷　（清）朱堪輯　清康熙金閶振鄴堂刻本

匡高 20 釐米，寬 12 釐米。半葉九行，行二十五字，白口，四周單邊。

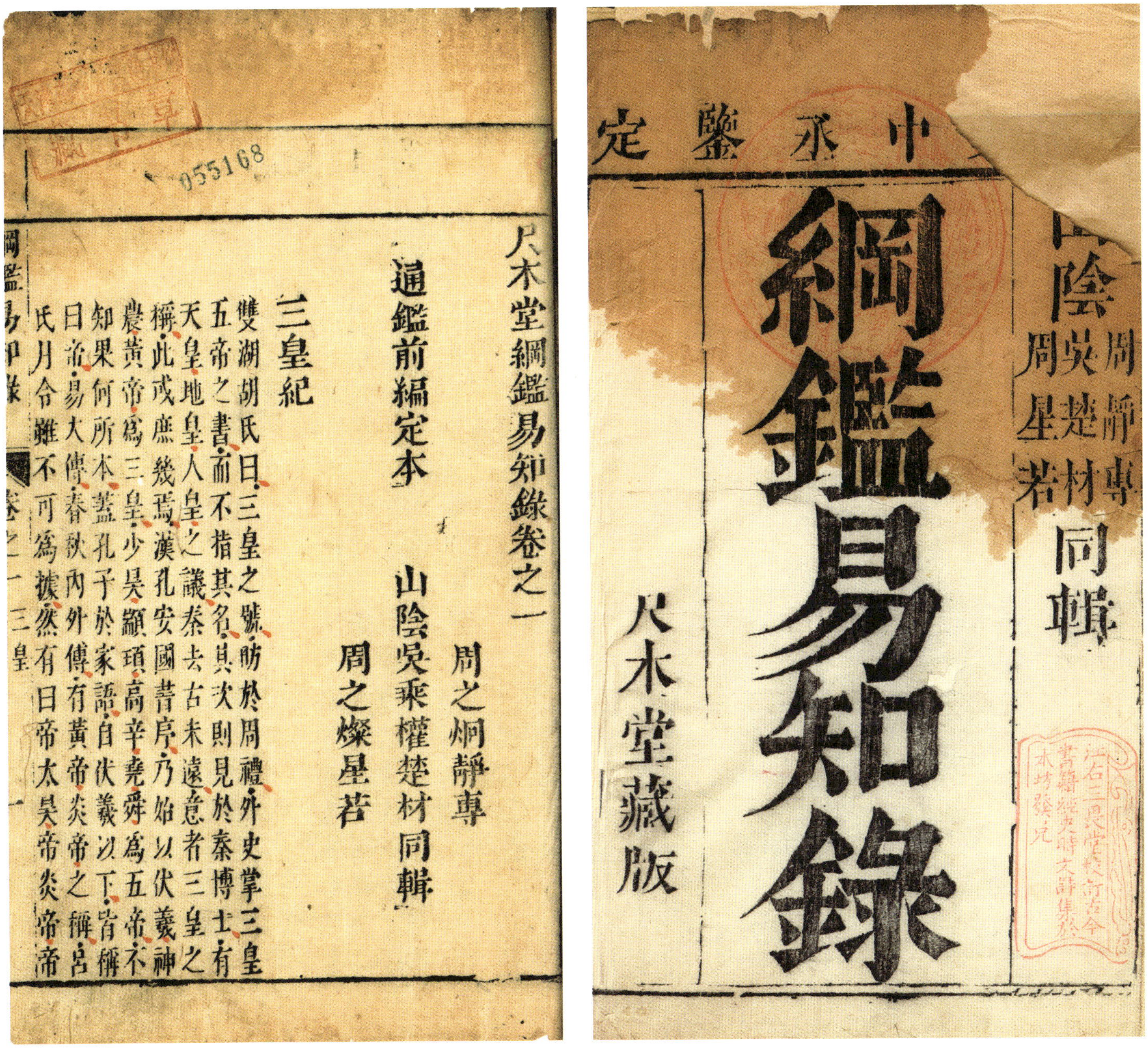

006 尺木堂綱鑑易知録九十二卷明紀十五卷 （清）吴乘權等輯 清初刻本

匡高 19.9 釐米，寬 13.4 釐米。上下雙欄，下欄半葉九行，行二十字，小字雙行同，白口，四周單邊。

館藏索書號：X/K204.3/4

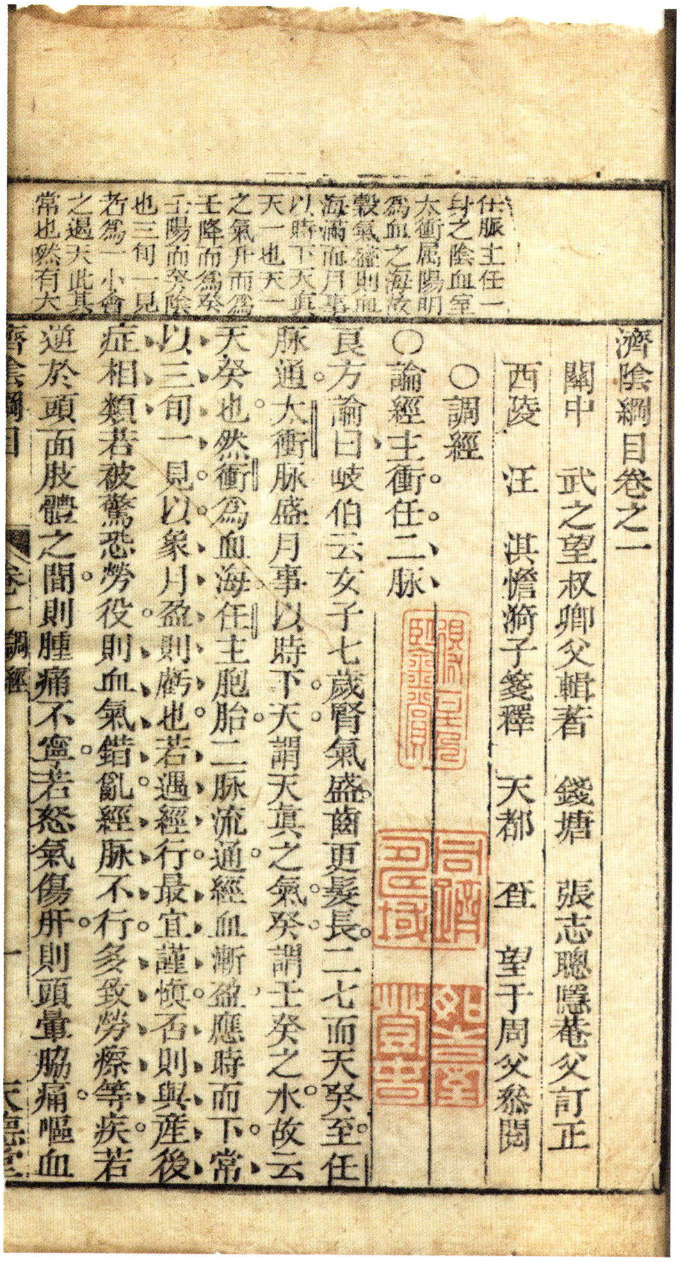
濟陰綱目卷之一
關中　武之望叔卿父輯著　錢塘　張志聰隱菴父訂正
西陵　汪　淇憺漪子箋釋　天都　査　望于周父叅閱
○調經
○論經主衝任二脉
良方論曰岐伯云女子七歲腎氣盛齒更髮長二七而天癸至任脉通太衝脉盛月事以時下天謂天眞之氣癸謂壬癸之水故云天癸也然衝爲血海任主胞胎二脉流通經血漸盈應時而下常以三旬一見以象月盈則虧也若遇經行最宜謹慎否則與產後症相類若被驚恐勞役則血氣錯亂經脉不行多致勞瘵等疾若逆於頭面肢體之間則腫痛不寧若怒氣傷肝則頭暈脇痛嘔血
任脉主任一身之陰血室太衝屬陽明爲血之海故穀氣盛則血海滿而月事以時下天眞天一也天一之氣升而爲壬降而爲癸壬陽而癸陰也三旬一見者爲一小會之遍天此其常也然有大
濟陰綱目　卷一　調經　一　天德堂

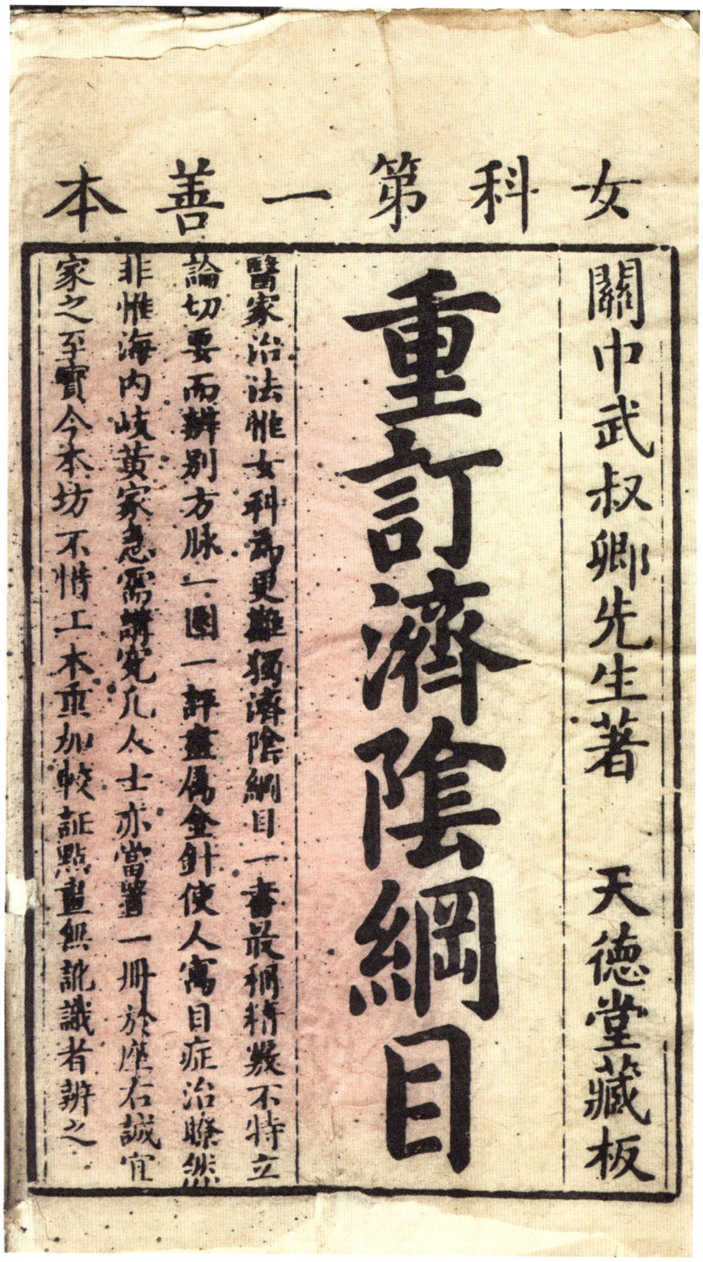
女科第一善本
關中武叔卿先生著
重訂濟陰綱目
天德堂藏板
醫家治法惟女科爲更難獨濟陰綱目一書最稱精粹不特立論切要而辨別方脈一圖一評盡屬金針使人寓目症治瞭然非惟海內岐黃家急需講究凡人士亦當置一冊於座右誠宜家之至寶今本坊不惜工本重加較証點畫無訛識者辨之

007 濟陰綱目十四卷　（清）武之望輯著　清雍正六年（1728）天德堂刻本

匡高 20.7 釐米，寬 14 釐米。上下雙欄，下欄半葉十一行，行二十五字，小字雙行同，白口，左右雙邊。鈐"得一主人鑒賞"等朱印。

館藏索書號：X/R271/3

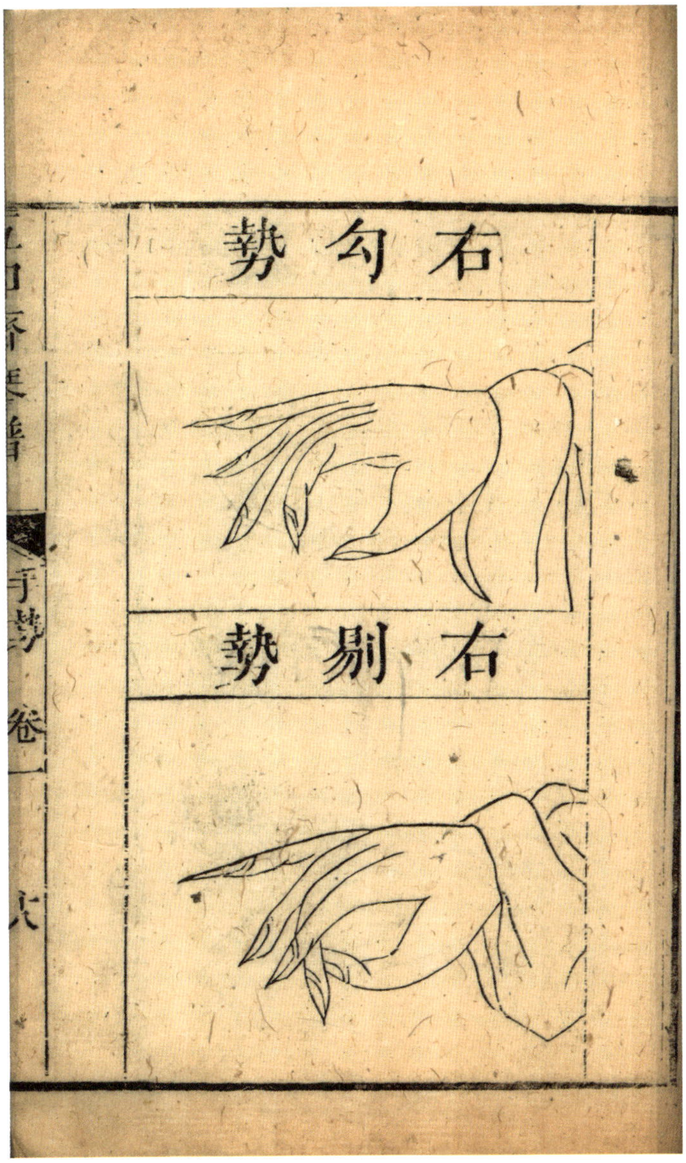

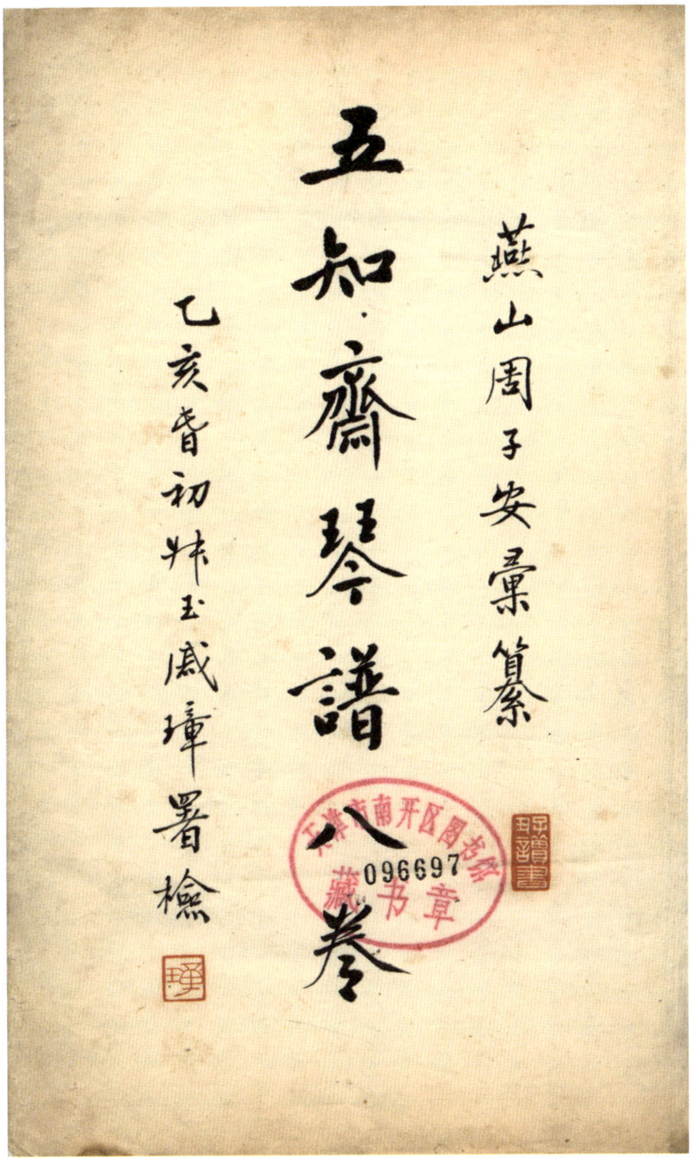

008 五知齋琴譜八卷 （清）周魯封彙纂 清乾隆二年（1737）刻本

匡高 18.3 釐米，寬 14.5 釐米。半葉八行，行十八字，小字雙行同，白口，左右雙邊。

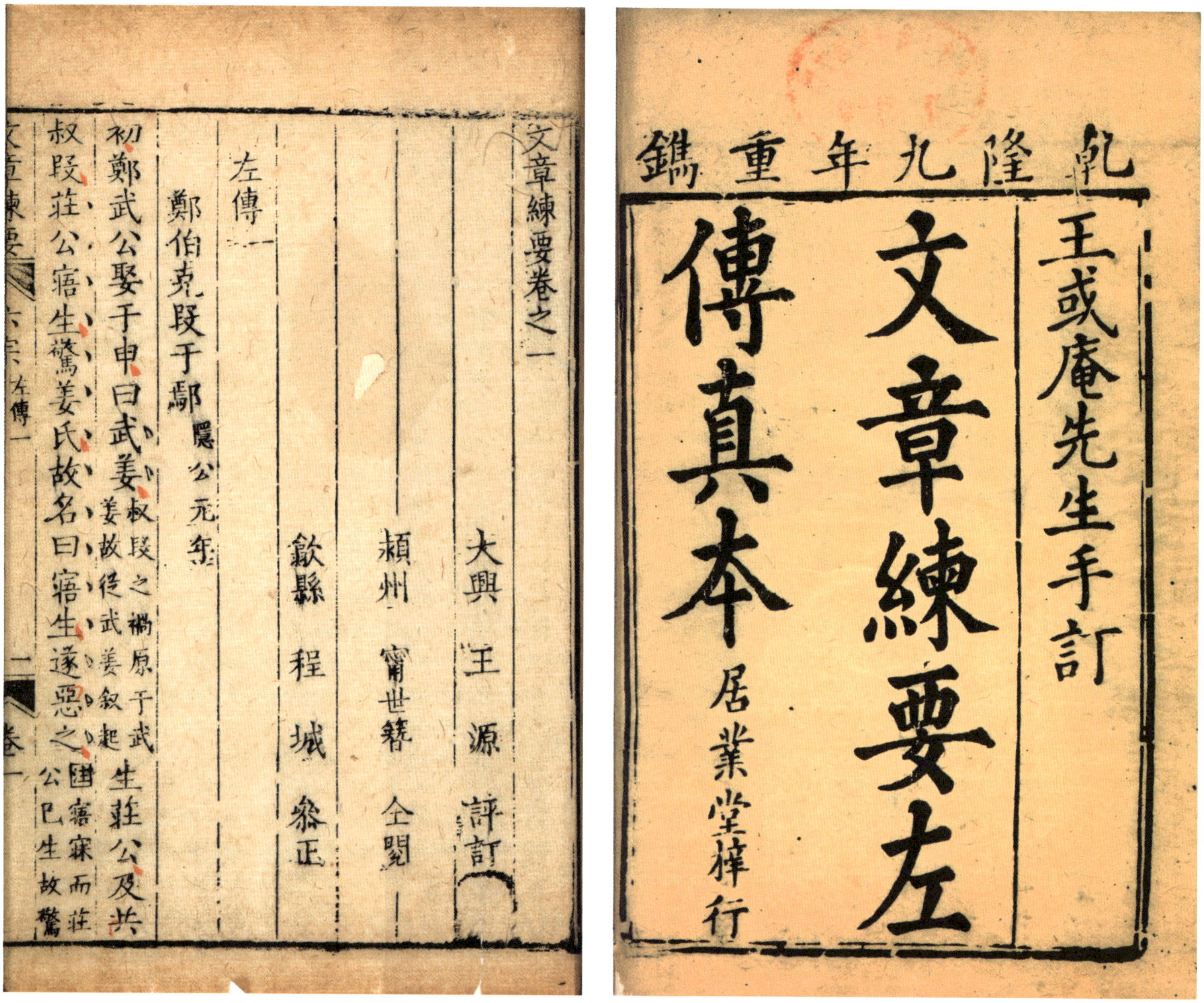

009 文章練要十卷 （清）王源評訂 清乾隆九年（1744）居業堂刻本

匡高 19.7 釐米，寬 14.5 釐米。半葉九行，行二十二字，小字雙行同，白口，左右雙邊。

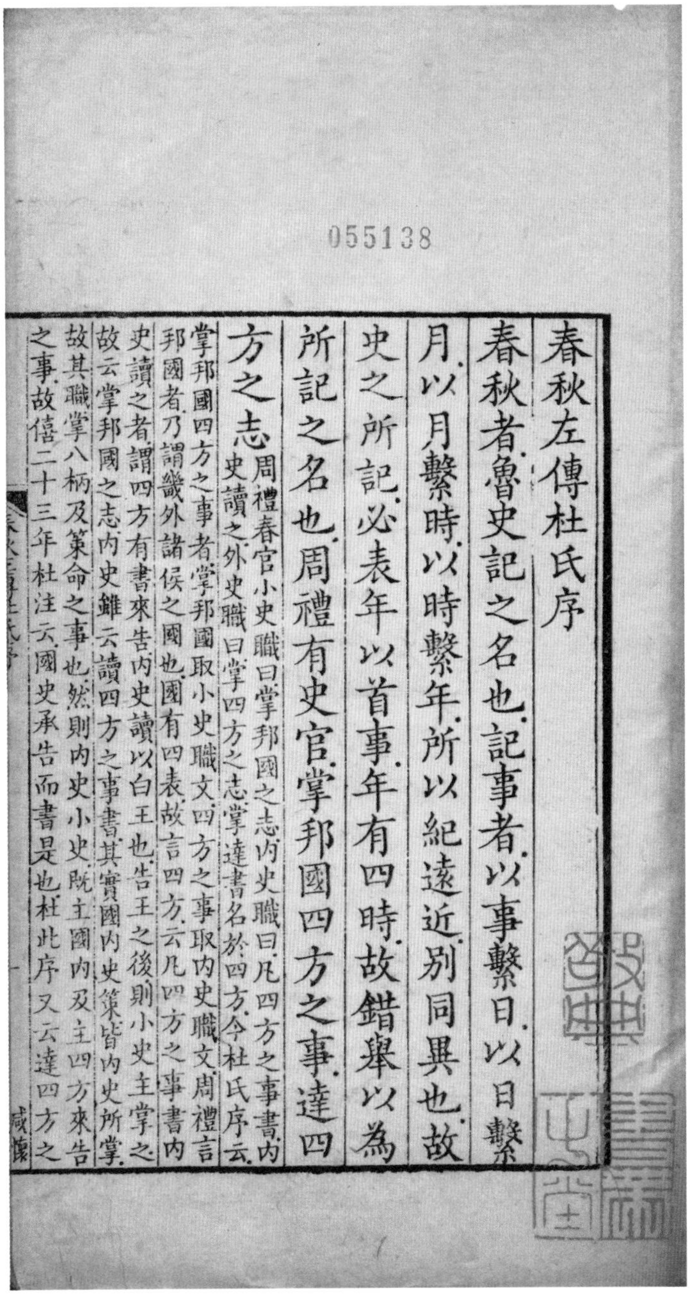
055138
春秋左傳杜氏序
春秋者魯史記之名也記事者以事繫日以日繫
月以月繫時以時繫年所以紀遠近別同異也故
史之所記必表年以首事年有四時故錯舉以為
所記之名也周禮有史官掌邦國四方之事達四
方之志
周禮春官小史職曰掌邦國之志内史職曰凡四方之事書内史讀之外史職曰掌四方之志掌達書名於四方今杜氏序云掌邦國四方之事者掌邦國取小史職文四方之事取内史職文周禮言邦國者乃謂畿外諸侯之國也國有四表故言四方云凡四方之事書内史讀之者謂四方有書來告内史讀以白王也告王之後則小史主掌之故云掌邦國之志内史雖云讀四方之事書其實國内史策皆内史所掌故其職掌八柄及策命之事也然則内史小史既主國内及主四方來告之事故僖二十三年杜注云國史承告而書是也杜此序又云達四方之

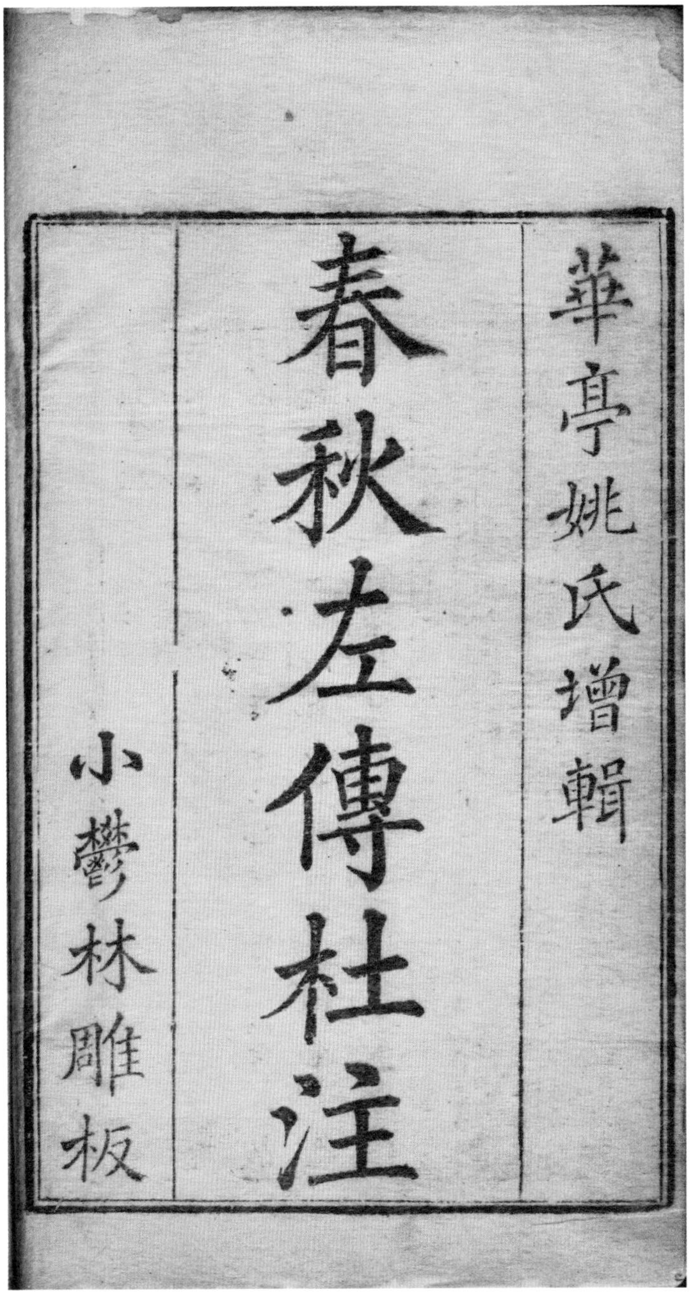
華亭姚氏增輯
春秋左傳杜注
小鬱林雕板

010 春秋左傳杜注三十卷 （清）姚培謙撰 清乾隆十一年（1746）小鬱林刻本

匡高 16.9 釐米，寬 12.2 釐米。半葉九行，行十九字，小字雙行二十九字，白口，左右雙邊。

館藏索書號：X/K225.4/2

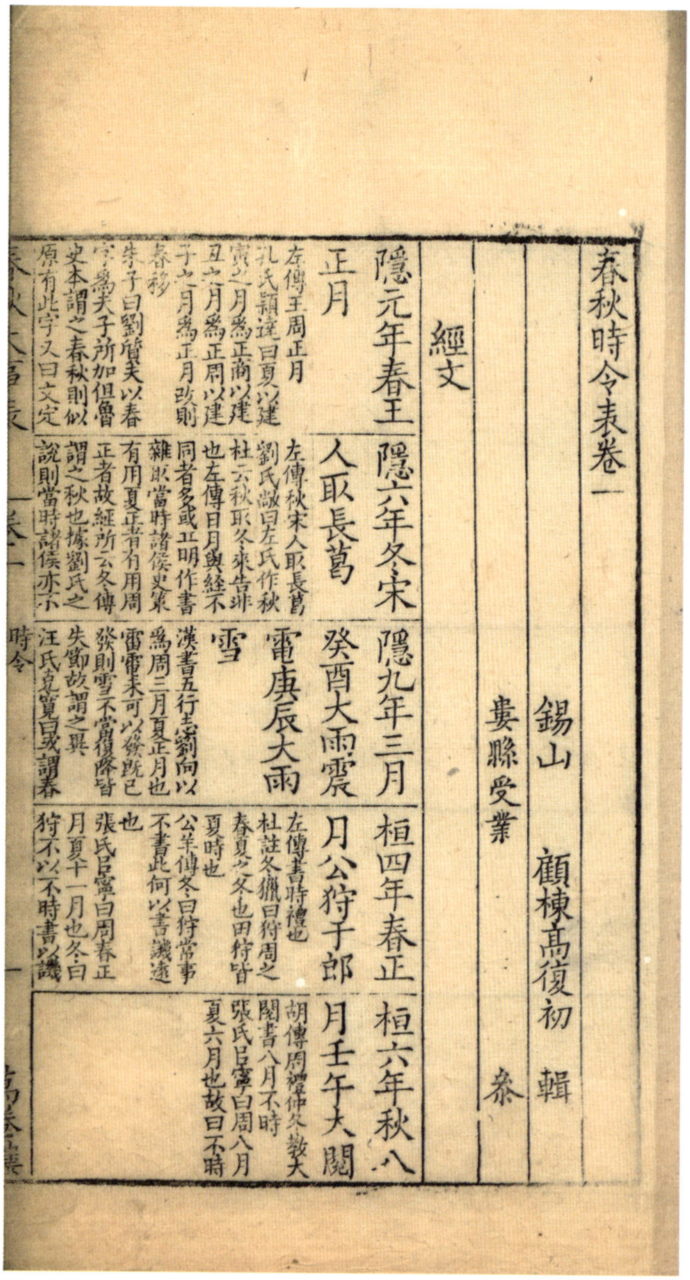
春秋時令表卷一
錫山 顧棟高復初 輯
婁縣受業 叅
經文
隱元年春王正月
隱六年冬宋人取長葛
隱九年三月癸酉大雨震電庚辰大雨雪
桓四年春正月公狩于郎
桓六年秋八月壬午大閱
春秋大事表 卷一 時令 萬卷樓

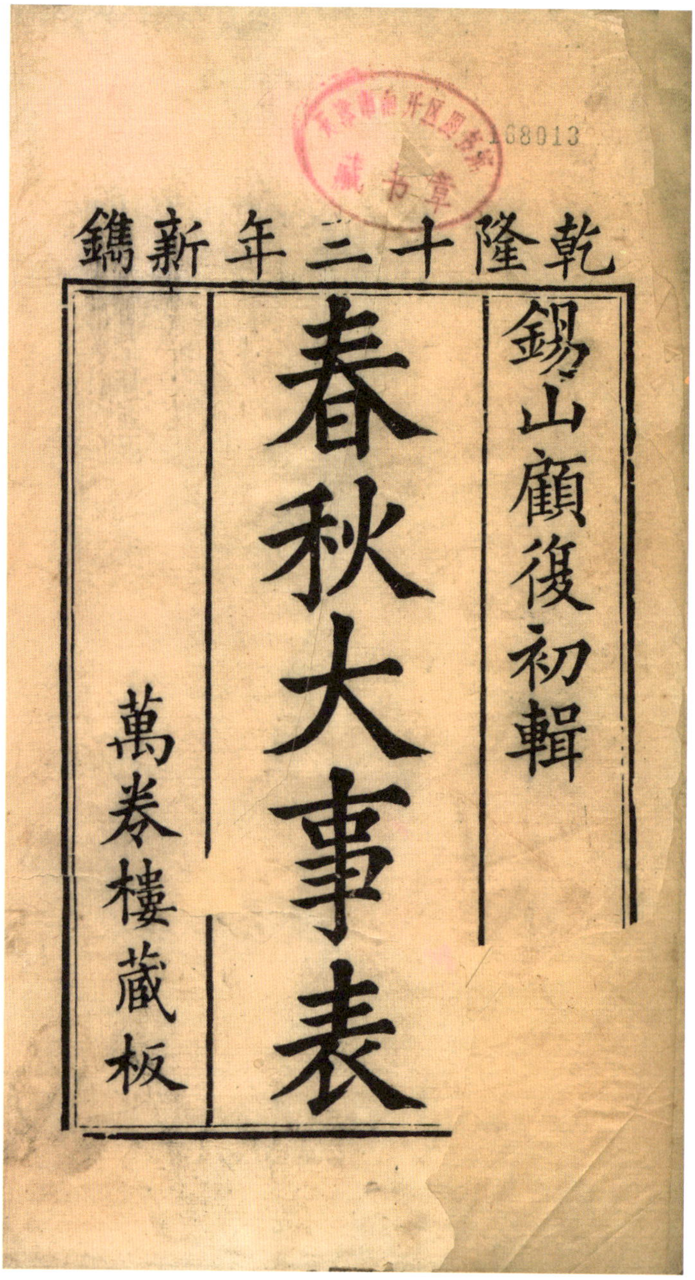
乾隆十三年新鐫
錫山顧復初輯
春秋大事表
萬卷樓藏板

011 春秋大事表五十卷 （清）顧棟高輯 清乾隆十三年（1748）萬卷樓刻本

匡高 21 釐米，寬 15 釐米。 白口，四周單邊。

館藏索書號：X/K225.4/4

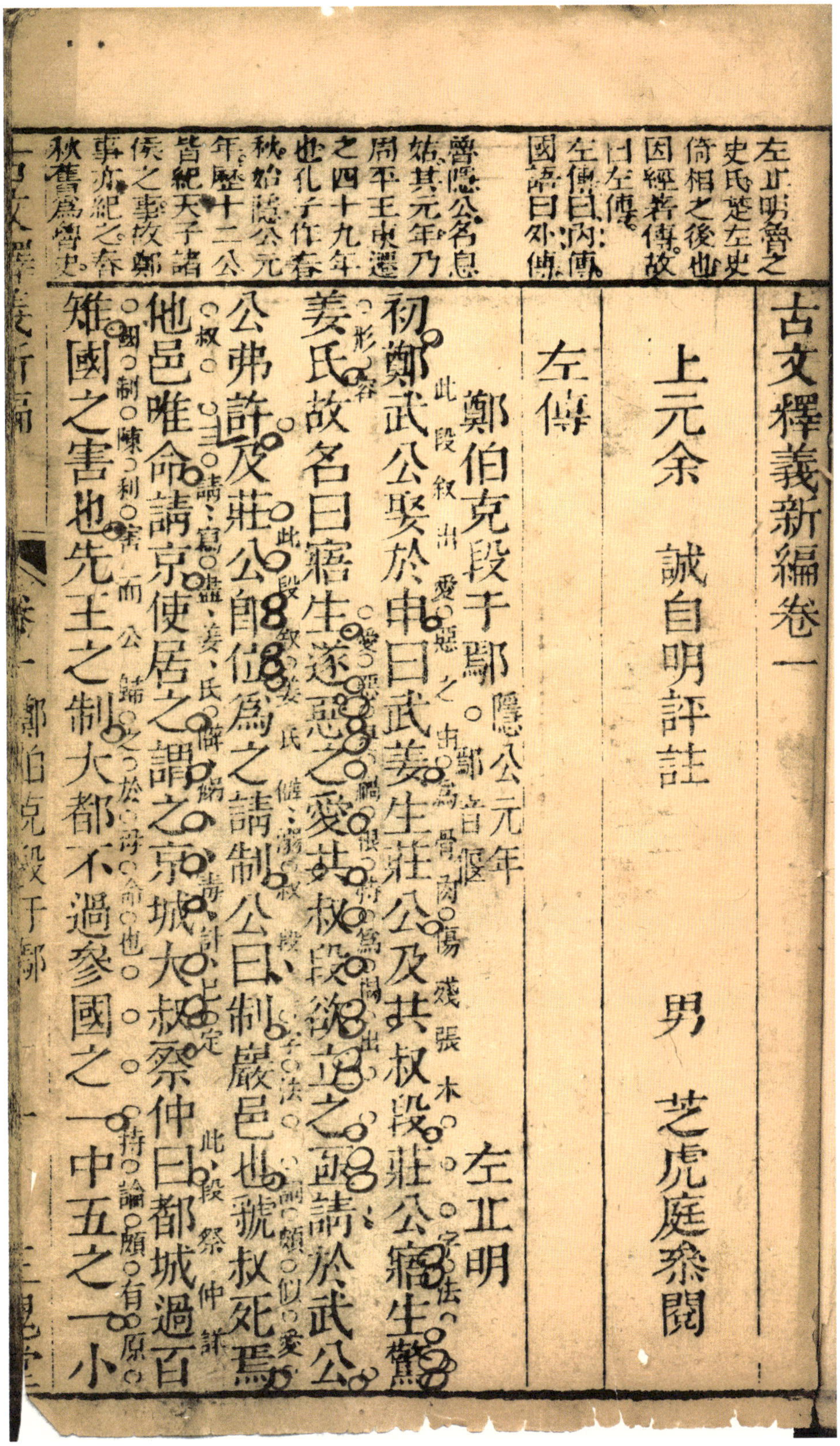
左丘明魯之史氏楚左史倚相之後也因經著傳故曰左傳左傳曰內傳國語曰外傳魯隱公名息姑其元年乃周平王東遷之四十九年也孔子作春秋始隱公元年歷十二公皆紀天子諸侯之事故鄭亦紀之春秋舊爲傳也

古文釋義新編卷一

上元余　誠自明評註　　男　芝虎庭參閱

左傳

鄭伯克段于鄢　隱公元年　左丘明

初鄭武公娶於申曰武姜生莊公及共叔段莊公寤生驚姜氏故名曰寤生遂惡之愛共叔段欲立之亟請於武公公弗許及莊公即位為之請制公曰制巖邑也虢叔死焉他邑唯命請京使居之謂之京城大叔祭仲曰都城過百雉國之害也先王之制大都不過參國之一中五之一小

012 古文釋義新編八卷　（清）余誠評註　清乾隆二十七年（1762）三槐堂刻本

匡高 19.5 釐米，寬 12.8 釐米。上下雙欄，下欄半葉十行，行二十二字，白口，四周單邊。

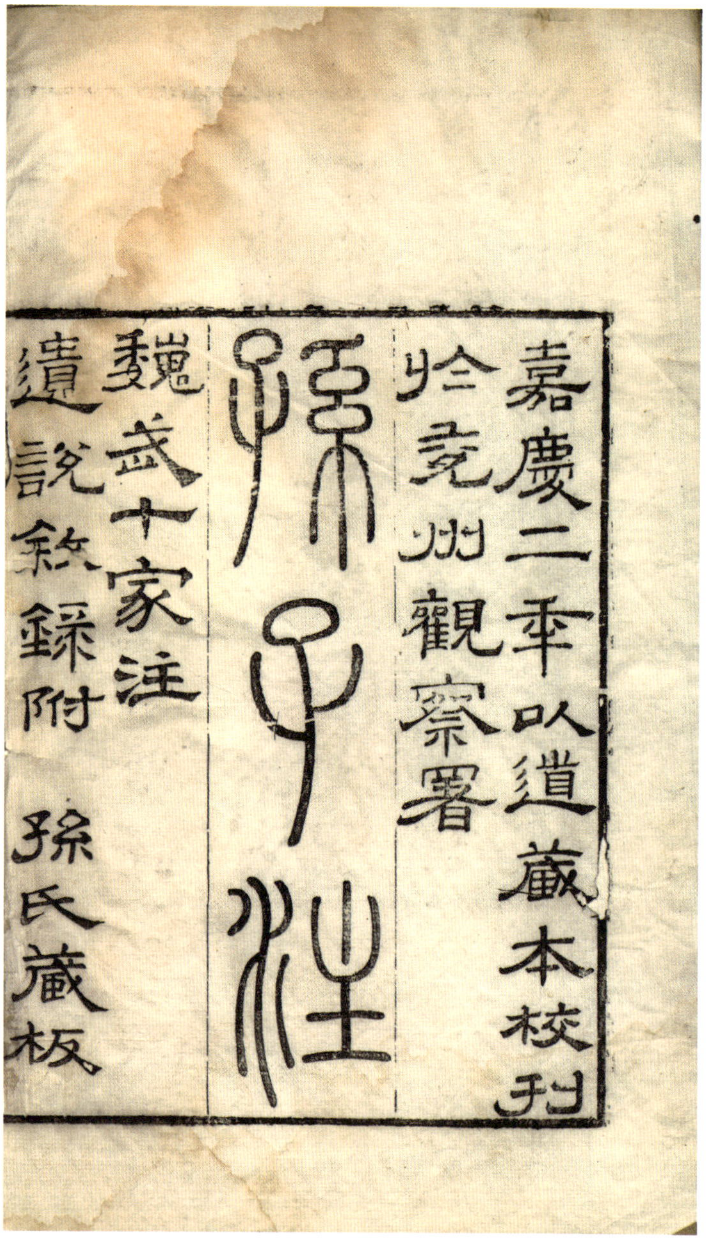
嘉慶二年以道藏本校刊
於兗州觀察署
孫子注
魏武十家注
遺說敘録附　孫氏藏板

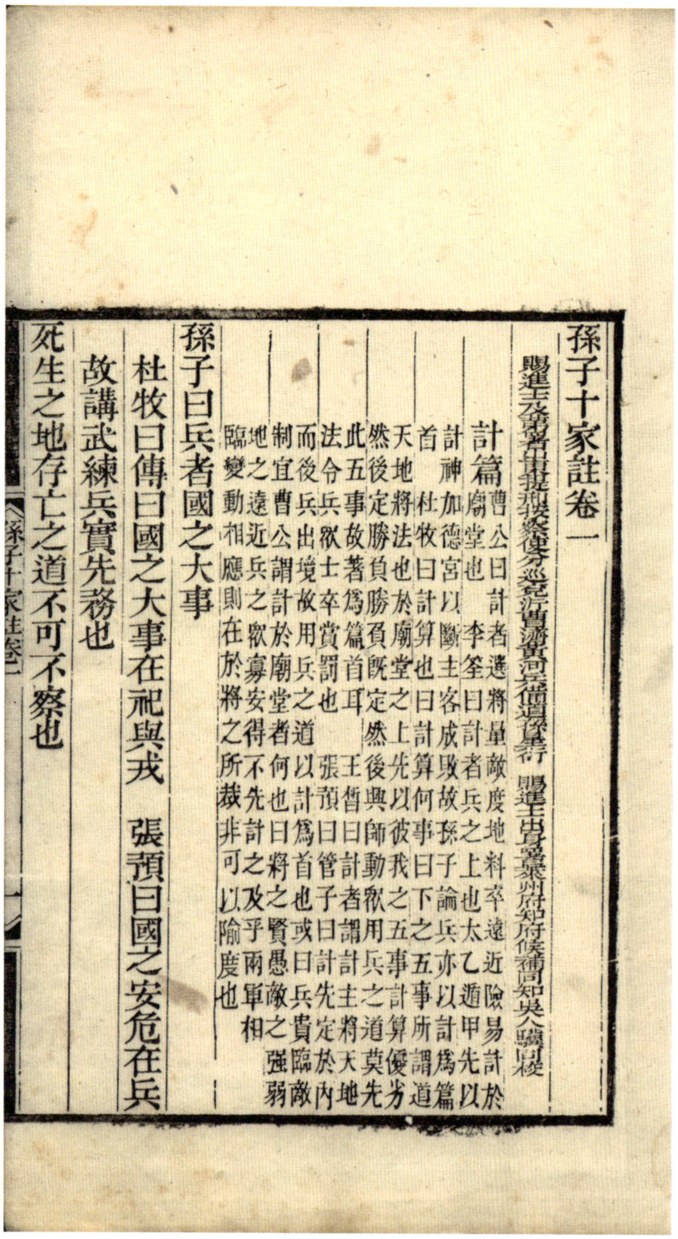
孫子十家註卷一
賜進士及第署山東按察使分巡兗沂曹濟黃河兵備道孫星衍　賜進士出身署萊州府知府候補同知吳人驥同校
計篇　曹公曰計者選將量敵度地料卒遠近險易計於廟堂也　李筌曰計者兵之上也太乙遁甲先以計神加德宮以斷主客成敗故孫子論兵亦以計爲篇首　杜牧曰計算也曰計算何事曰下之五事所謂道天地將法也於廟堂之上先以彼我之五事計算優劣然後定勝負勝負既定然後興師動衆用兵之道莫先此五事故著爲篇首耳　王晳曰計者謂計主將天地法令兵衆士卒賞罰也　張預曰管子曰計先定於內而後兵出境故用兵之道以計爲首也或曰兵貴臨敵制宜曹公謂計於廟堂者何也曰將之賢愚敵之強弱地之遠近兵之衆寡安得不先計之及乎兩軍相臨變動相應則在於將之所裁非可以隃度也
孫子曰兵者國之大事
杜牧曰傳曰國之大事在祀與戎　張預曰國之安危在兵故講武練兵實先務也
死生之地存亡之道不可不察也
孫子十家註卷一

013 孫子十家註十三卷敘録一卷遺說一卷　（春秋）孫武撰　（清）孫星衍等校　清嘉慶二年（1797）刻本

匡高 19 釐米，寬 14.5 釐米。 半葉十二行，行二十四字，黑口，左右雙邊。

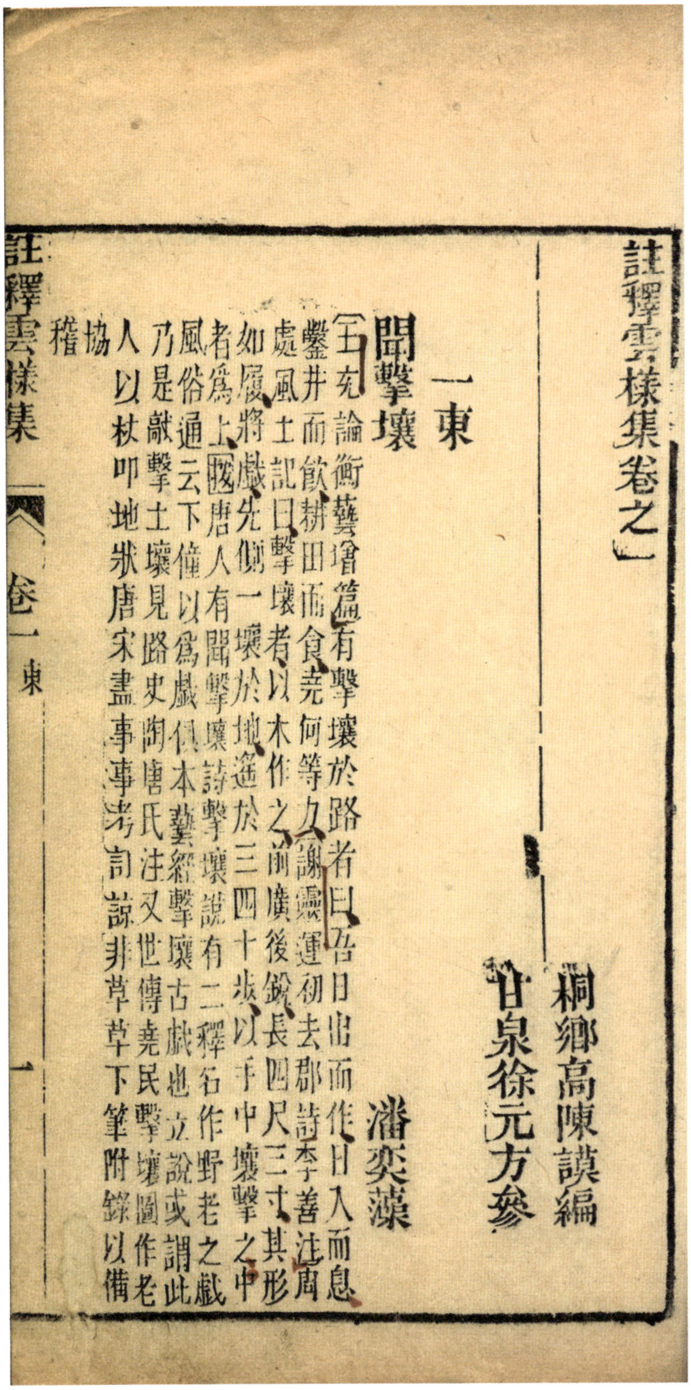

註釋雲樣集卷之一

桐鄉高陳謨編
甘泉徐元方參

一東

聞擊壤　潘奕藻

王充論衡藝增篇有擊壤於路者曰吾日出而作日入而息鑿井而飲耕田而食堯何等力謝靈運初去郡詩李善注周處風土記曰擊壤者以木作之前廣後鋭長四尺三寸其形如履將戲先側一壤於地遥於三四十步以手中壤擊之中者爲上國唐人有聞擊壤詩擊壤説有二釋名作野老之戲風俗通云下僮以爲戲但本藝經擊壤古戲也立説或謂此乃是獻擊土壤見路史陶唐氏注又世傳堯民擊壤圖作老人以杖叩地狀唐宋盡事事考言詠非草草下筆附錄以備協稽

註釋雲樣集　卷一　一東　一

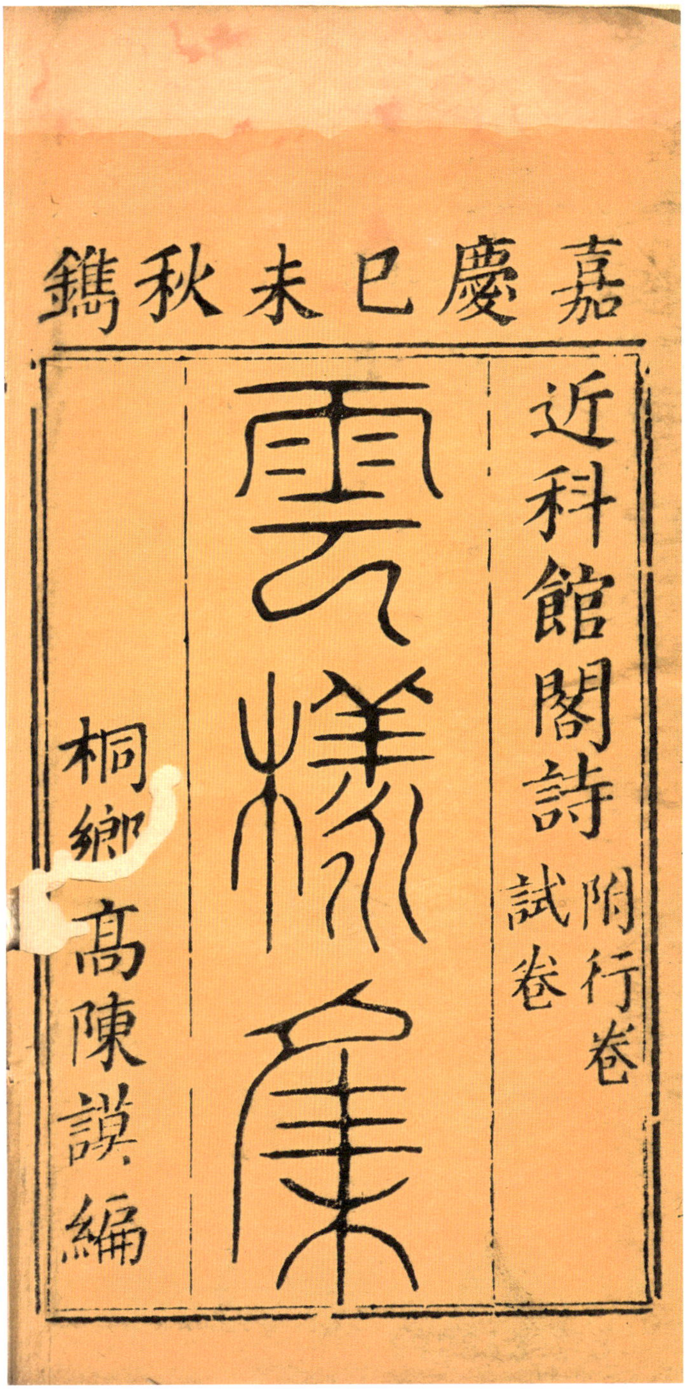

嘉慶己未秋鐫

近科館閣詩　附行卷試卷

雲樣集

桐鄉高陳謨編

014 註釋雲樣集八卷　（清）高陳謨編　清嘉慶四年（1799）集錦堂刻本

匡高 18.5 釐米，寬 11.4 釐米。 半葉十行，行二十五字，小字雙行同，白口，四周單邊。

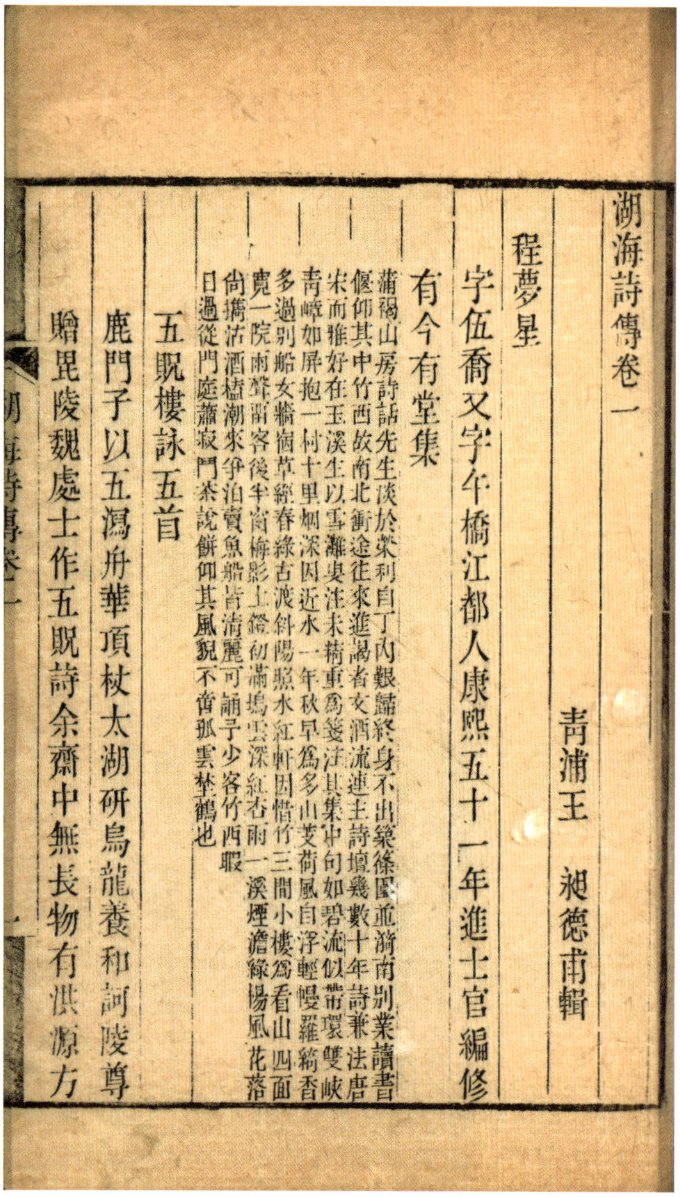

湖海詩傳卷一　青浦王　昶德甫輯

程夢星

字伍喬又字午橋江都人康熙五十一年進士官編修

有今有堂集

蒲褐山房詩話先生淡於榮利自丁内艱歸終身不出築篠園於蔣南别業讀書偃仰其中竹西故南北衝途往來進謁者文酒流連主詩壇幾數十年詩兼法唐宋而雅好在玉溪生以雪灘叟注未精重為箋注其集中句如碧流似帶環雙峽青嶂如屏抱一村十里烟深因近水一年秋早為多山芰荷風自浮輕幔羅綺香多過别船女蘅窗草縈春綠古渡斜陽照水紅軒因惜竹三間小樓為看山四面寬一院雨聲留客後半窗梅影上鐙初滿塢雲深紅杏雨一溪煙澹綠楊風花落尚攜沽酒榼潮來爭泊賣魚船皆清麗可誦予少客竹西暇日過從門庭蕭寂門茶說餅仰其風貌不啻孤雲埜鶴也

五貺樓詠五首

鹿門子以五瀉舟華頂杖太湖研烏龍養和訶陵尊

贈毘陵魏處士作五貺詩余齋中無長物有栱源方

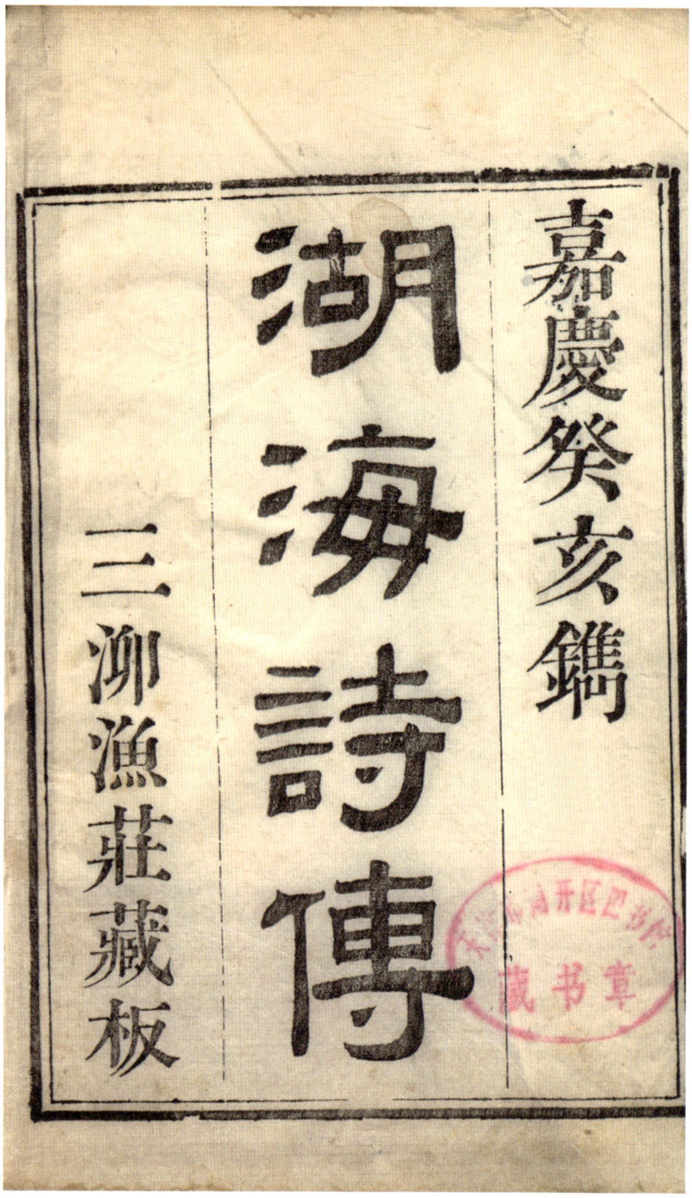

嘉慶癸亥鐫

湖海詩傳

三泖漁莊藏板

015 湖海詩傳四十六卷 （清）王昶輯 清嘉慶八年（1803）三泖漁莊刻本

匡高 18.5 釐米，寬 13.8 釐米。半葉十二行，行二十三字，小字雙行三十四字，黑口，左右雙邊。

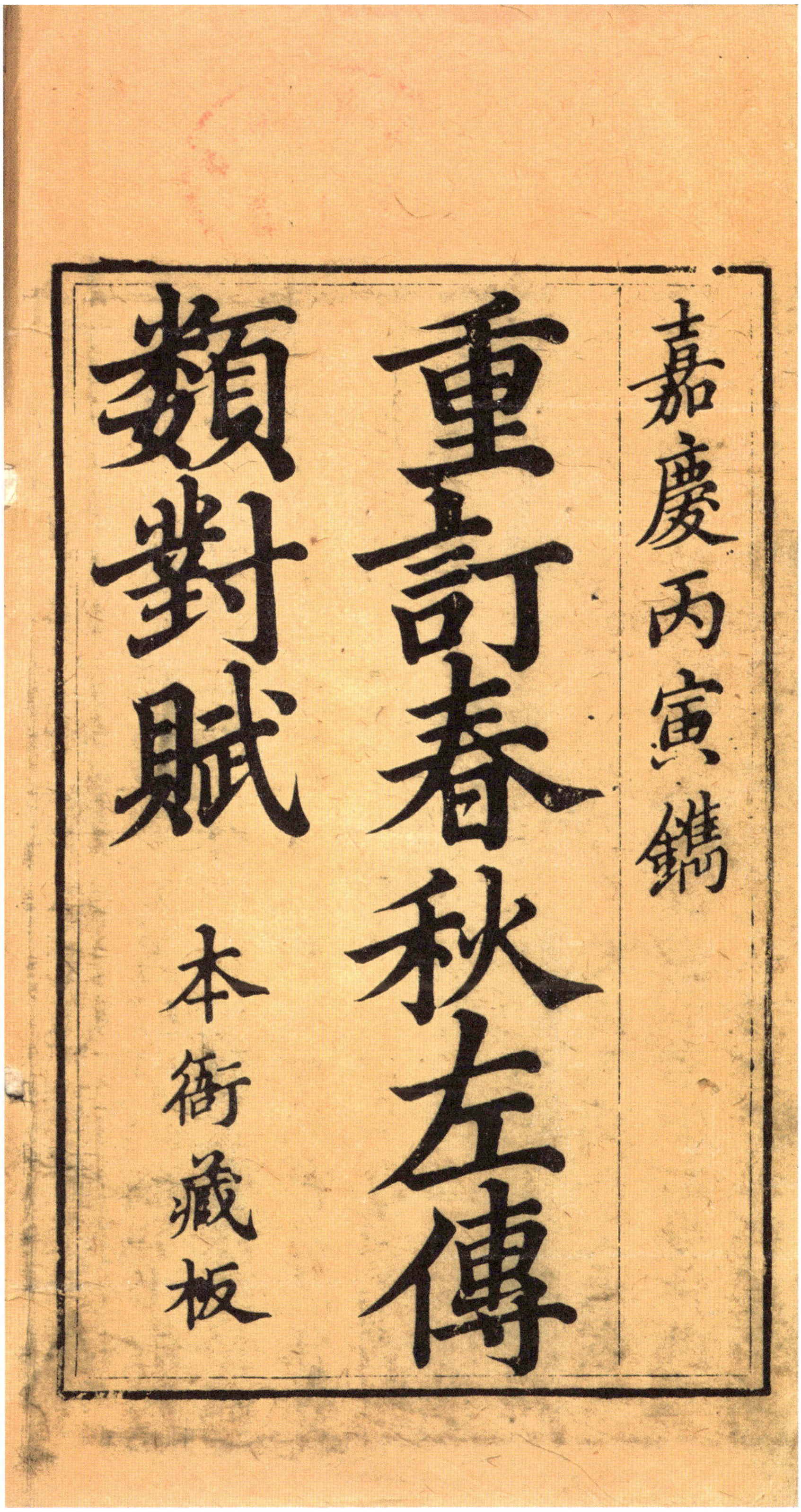

嘉慶丙寅鐫

重訂春秋左傳

類對賦

本衙藏板

016 春秋左傳類對賦一卷 （宋）徐晉卿纂 （清）高士奇補註 清嘉慶十一年（1806）刻本

匡高 19.3 釐米，寬 13.5 釐米。半葉十行，行二十字，黑口，左右雙邊。

館藏索書號：X/K225.4/1

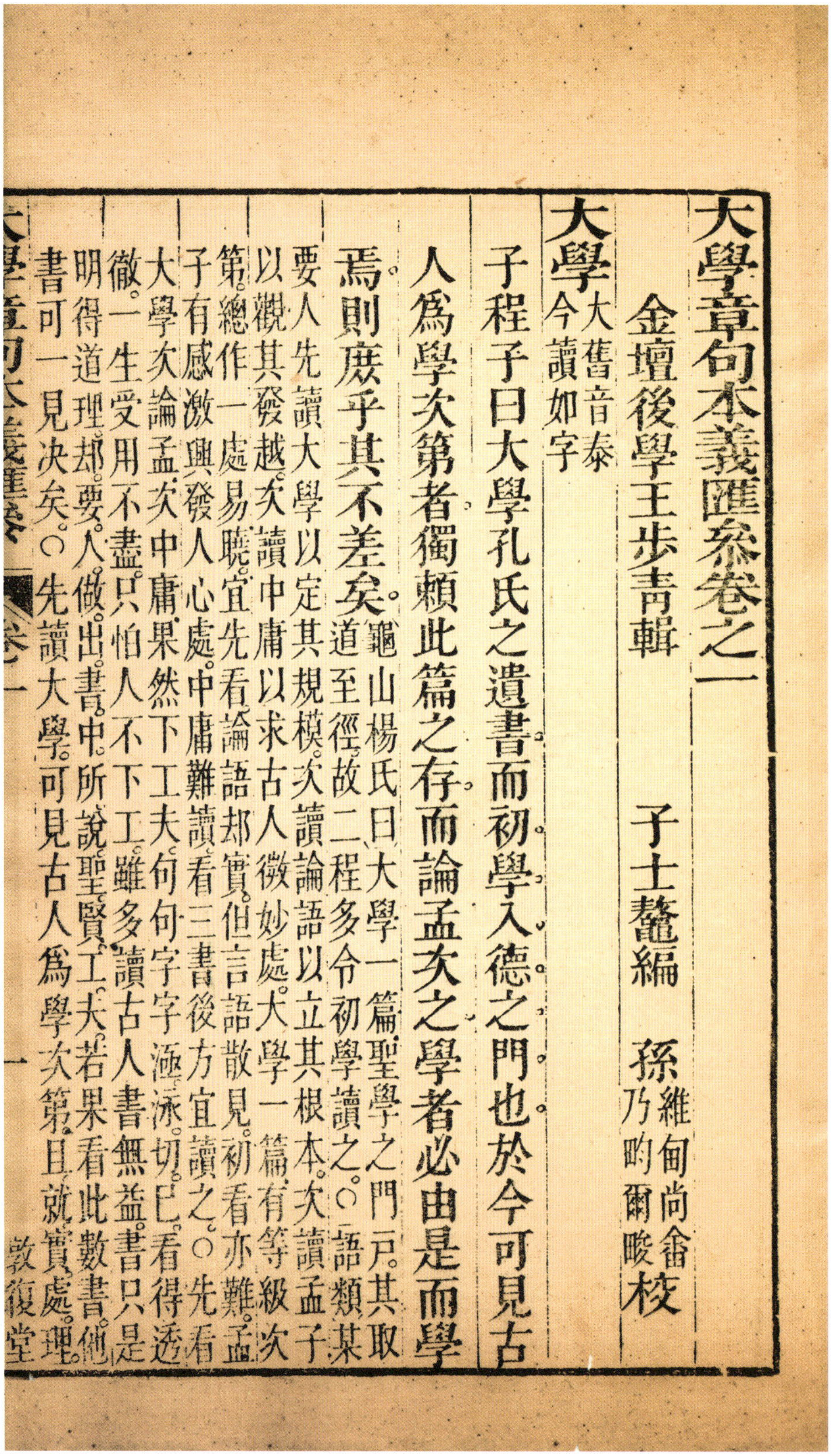
大學章句本義匯參卷之一
金壇後學王步青輯　子士鼇編　孫維甸尚畬 乃昫爾畯 校
大學 大舊音泰今讀如字
子程子曰大學孔氏之遺書而初學入德之門也於今可見古
人爲學次第者獨賴此篇之存而論孟次之學者必由是而學
焉則庶乎其不差矣○龜山楊氏曰大學一篇聖學之門戶其取道至徑故二程多令初學讀之○語類某
要人先讀大學以定其規模次讀論語以立其根本次讀孟子以觀其發越次讀中庸以求古人微妙處大學一篇有等級次
第總作一處易曉宜先看論語却實但言語散見初看亦難孟子有感激興發人心處中庸難讀看三書後方宜讀之○先看
大學次論孟次中庸果然下工夫句句字字涵泳切己看得透徹一生受用不盡只怕人不下工雖多讀古人書無益書只是
明得道理却要人做出書中所說聖賢工夫若果看此數書他書可一見决矣○先讀大學可見古人爲學次第且就實處理
大學章句本義匯參　卷之一　一　敦復堂

017 四書朱子本義匯參四十七卷　（清）王步青輯　清嘉慶十八年（1813）敦復堂刻本

匡高 20.4 釐米，寬 13.5 釐米。半葉十行，行二十四字，小字雙行同，白口，四周單邊。

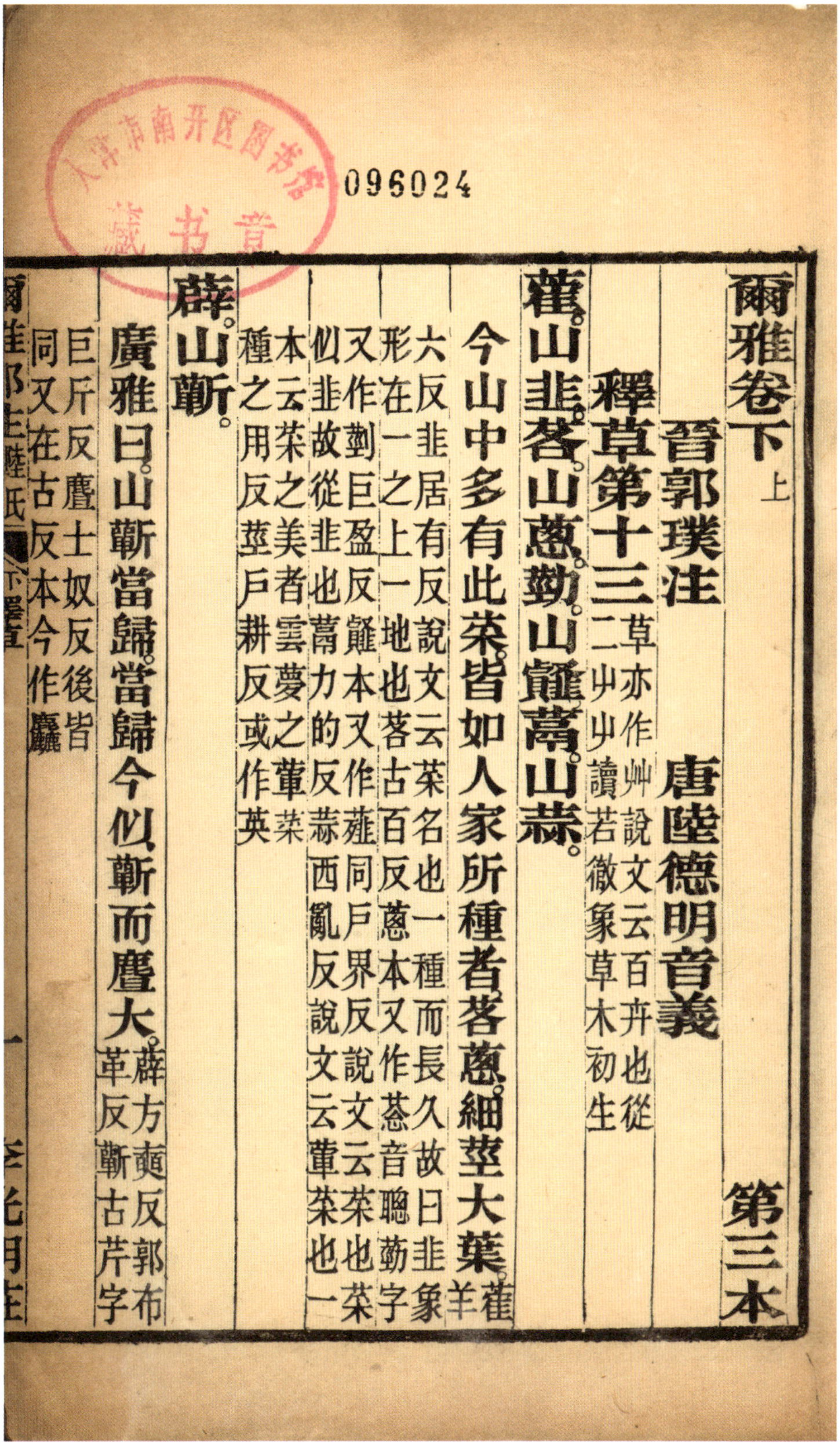

爾雅卷下 上　　第三本

晉郭璞注　唐陸德明音義

釋草第十三 草亦作艸說文云百卉也從二屮屮讀若徹象草木初生

藿山韭。茖山蔥。葝山䪥。蒚山蒜。

今山中多有此菜皆如人家所種者茖蔥細莖大葉 藿羊六反韭居有反說文云菜名也一種而長久故曰韭象形在一之上一地也茖古百反蔥本又作葱音聰葝字又作勁巨盈反䪥本又作薤同戶界反說文云菜也一菜似韭故從韭也蒚力的反蒜西亂反說文云葷菜也本云菜之美者雲夢之葷菜種之用反莖戶耕反或作英

薜山蘄。

廣雅曰山蘄當歸當歸今似蘄而麤大 薜方麪反郭布革反蘄古芹字巨斤反麤士奴反後皆同又在古反本今作麤

爾雅郭注陸氏下釋草　一　李光明莊

018 爾雅三卷　（晉）郭璞注　（唐）陸德明音義　清嘉慶二十二年（1817）李光明莊刻本

匡高 17.5 釐米，寬 13.5 釐米。半葉十一行，行二十二字，白口，左右雙邊。

館藏索書號：X/H131.2/3

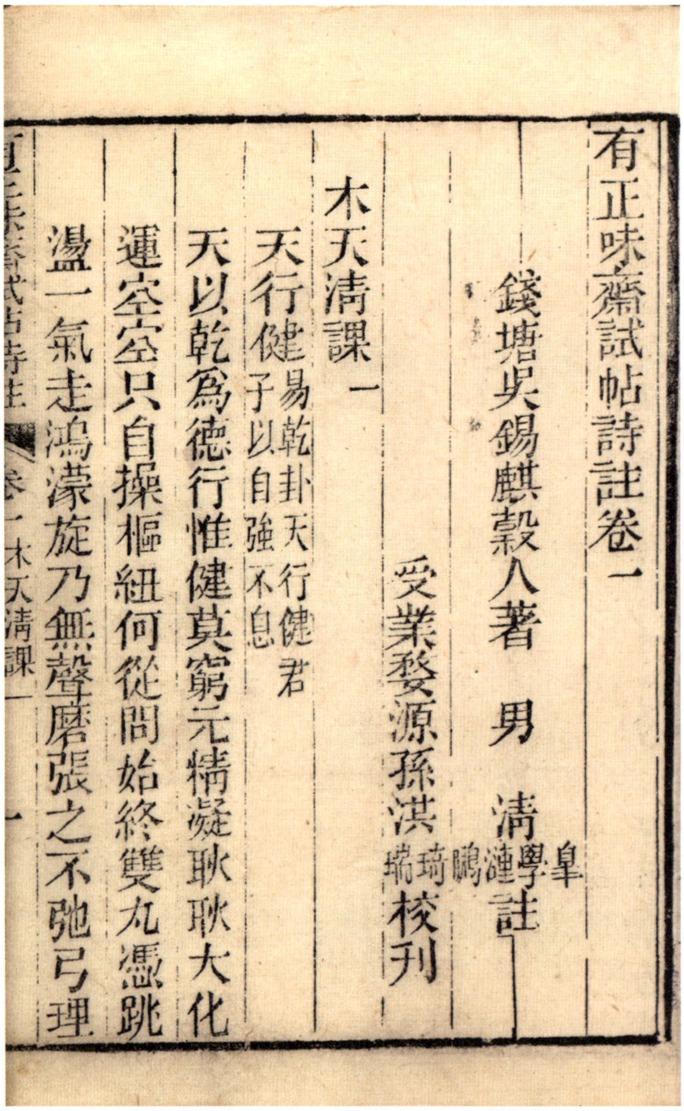

有正味齋試帖詩註卷一

錢塘吳錫麒穀人著　男　清皋 清漣 清鵬 學註

受業婺源孫洪琦 洪璐 校刊

木天清課一

天行健易乾卦天行健君子以自強不息

天以乾爲德行惟健莫窮元精凝耿耿大化

運空空只自操樞紐何從問始終雙丸憑跳

盪一氣走鴻濛旋乃無聲磨張之不弛弓理

有正味齋試帖詩註　卷一　木天清課一　一

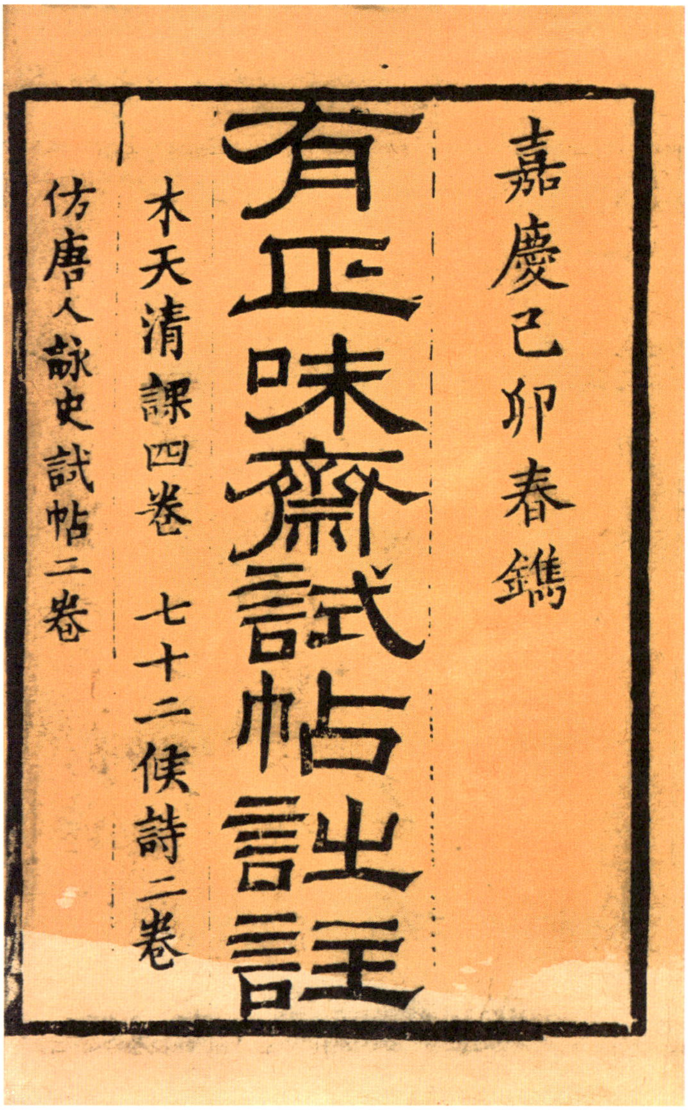

嘉慶己卯春鐫

有正味齋試帖詩註

木天清課四卷　七十二候詩二卷

仿唐人詠史試帖二卷

019 有正味齋試帖詩註八卷　（清）吳錫麒著　（清）吳清皋等註　清嘉慶二十四年（1819）刻巾箱本

匡高13釐米，寬9.8釐米。半葉九行，行十九字，小字雙行同，白口，左右雙邊。

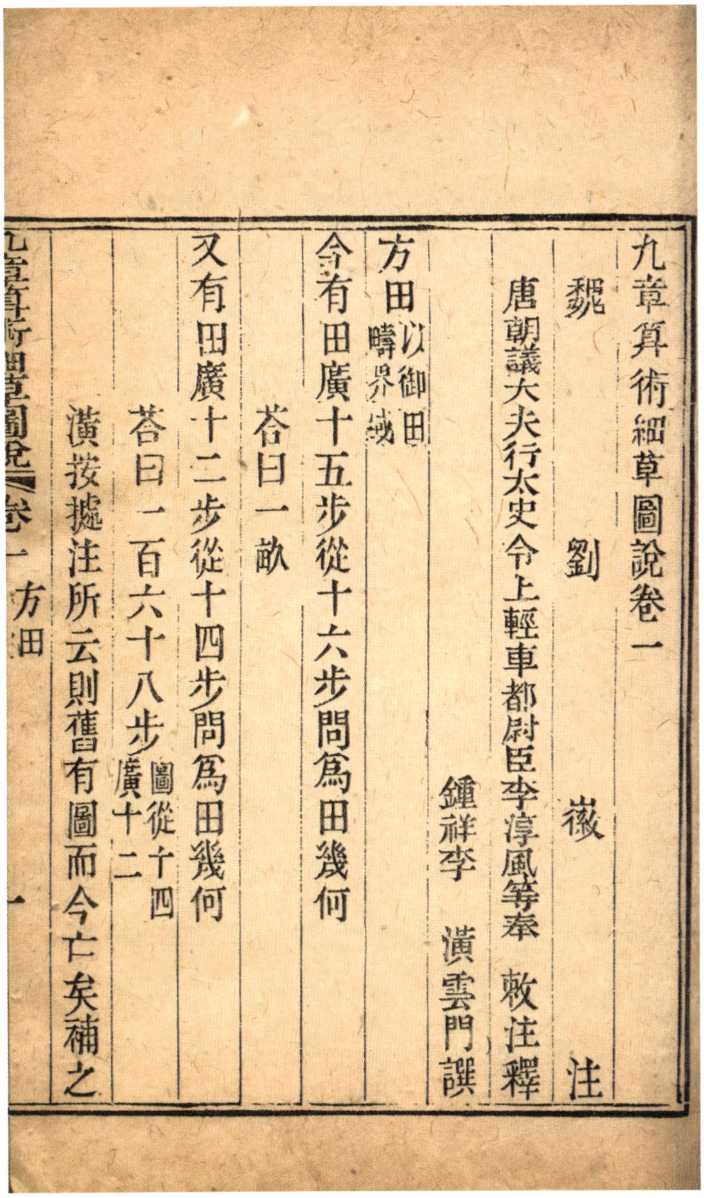
九章筭術細草圖說卷一

魏　劉　徽　注

唐朝議大夫行太史令上輕車都尉臣李淳風等奉　敕注釋

鍾祥李　潢雲門譔

方田以御田疇界域

今有田廣十五步從十六步問爲田幾何

荅曰一畝

又有田廣十二步從十四步問爲田幾何

荅曰一百六十八步圖從十四廣十二

潢按攗注所云則舊有圖而今亡矣補之

九章筭術細草圖說卷一　方田　一

九章筭術細艸圖說

嘉慶庚辰新鐫

語鴻堂藏板

鴻文堂發兑

020 九章算術細草圖說九卷　（三國魏）劉徽注　（清）李潢細草　清嘉慶二十五年（1820）語鴻堂刻本

匡高 18 釐米，寬 14.8 釐米。半葉十行，行二十字，小字雙行同，白口，四周雙邊。

館藏索書號：X/O112/1

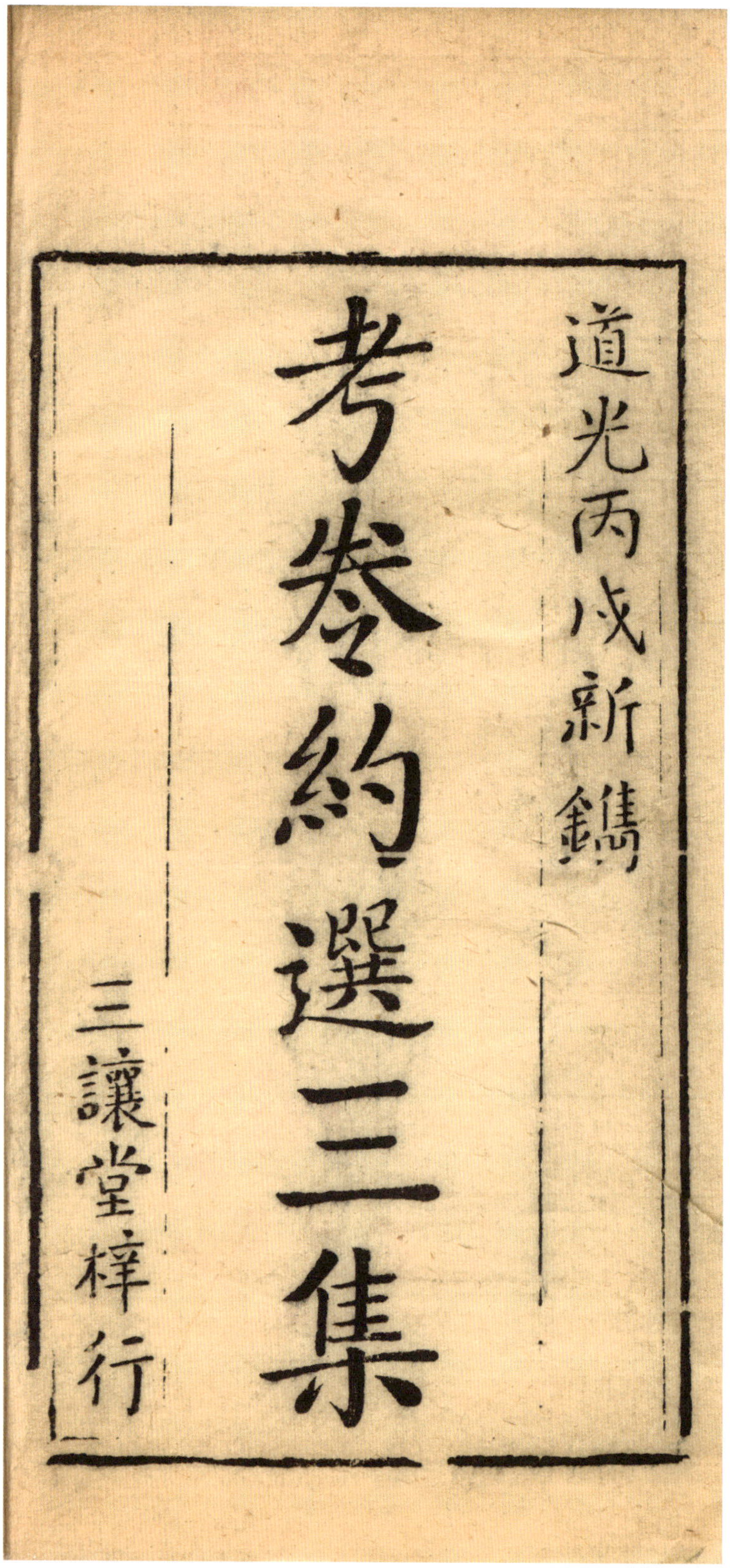

021 考卷約選二集□□卷三集□□卷 (清)李錫瓚編 清道光六年(1826)三讓堂刻本

匡高16.5釐米，寬10釐米。半葉九行，行二十五字，白口，左右雙邊。

館藏索書號：X/I262.49/1

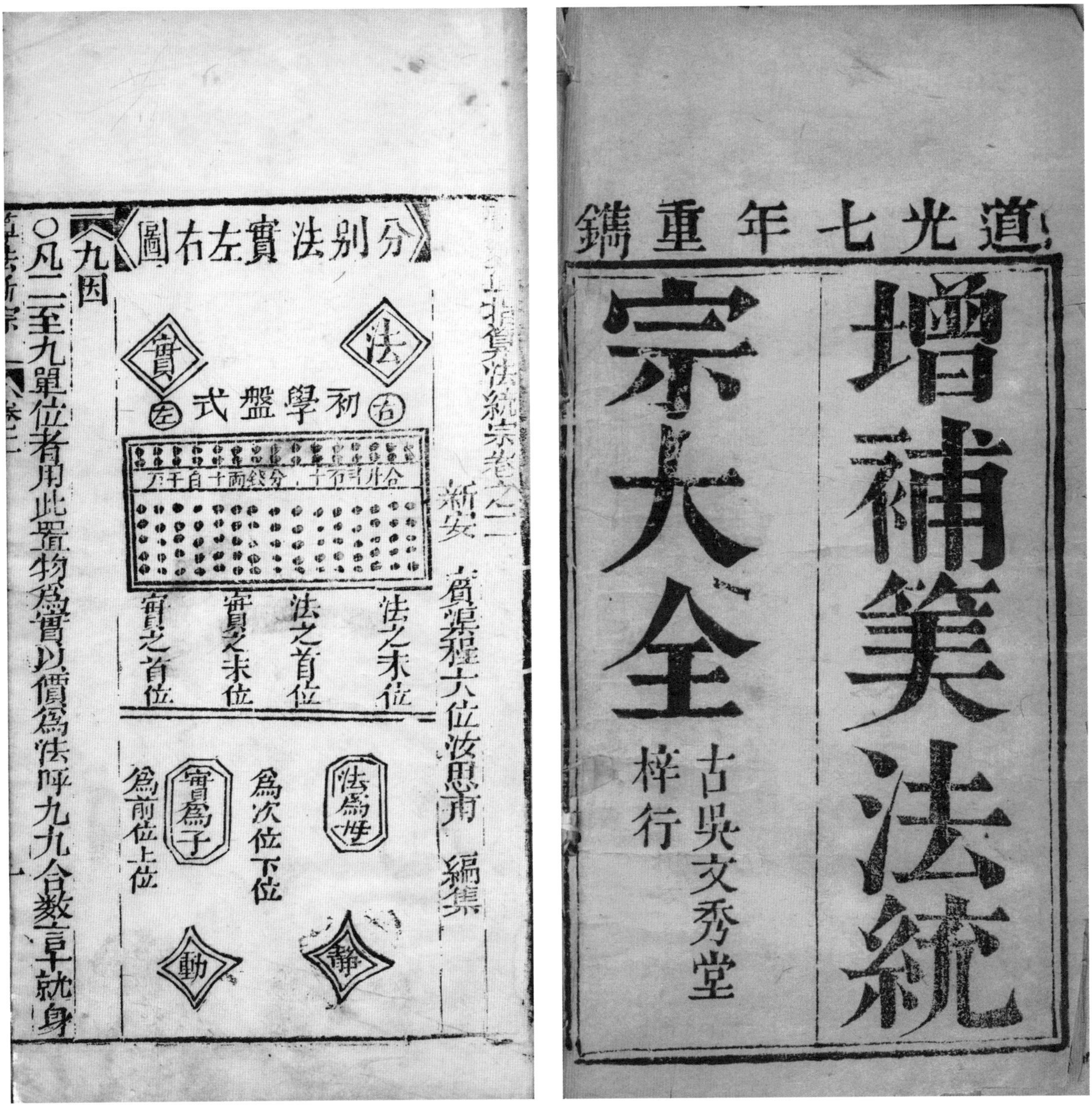

022 新編直指算法統宗十二卷 （明）程大位編 清道光七年（1827）古吴文秀堂刻本

匡高 18.3 釐米，寬 11.5 釐米。半葉十一行，行二十七字，小字雙行同，白口，四周單邊。

館藏索書號：X/O112/2

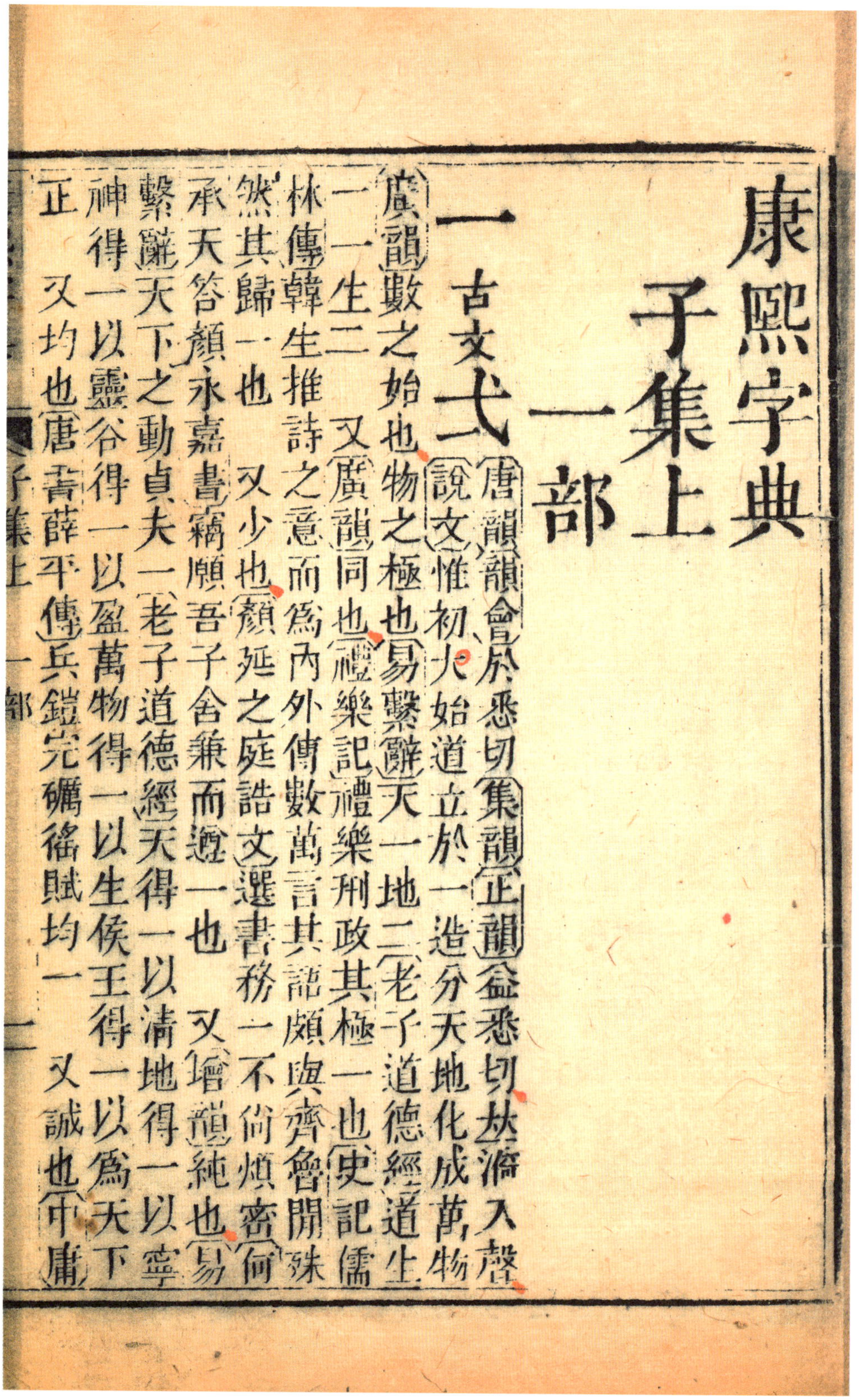

康熙字典

子集上

一部

一 古文弌 唐韻 韻會 於悉切 集韻 正韻 益悉切，𠀤入聲 說文 惟初大始道立於一造分天地化成萬物 廣韻 數之始也物之極也 易繫辭 天一地二 老子道德經 道生一一生二 又 廣韻 同也 禮樂記 禮樂刑政其極一也 史記儒林傳 韓生推詩之意而為內外傳數萬言其語頗與齊魯閒殊然其歸一也 又少也 顏延之庭誥文 選書務一不尚煩密 何承天答顏永嘉書 竊願吾子舍兼而遵一也 又 增韻 純也 易繫辭 天下之動貞夫一 老子道德經 天得一以清地得一以寧神得一以靈谷得一以盈萬物得一以生侯王得一以為天下正 又均也 唐書薛平傳 兵鎧完礪徭賦均一 又誠也 中庸

023 康熙字典 （清）張玉書等纂 清道光七年（1827）刻本

匡高 18.5 釐米，寬 13.5 釐米。 半葉八行，行十二字，小字雙行二十四字，白口， 四周雙邊。

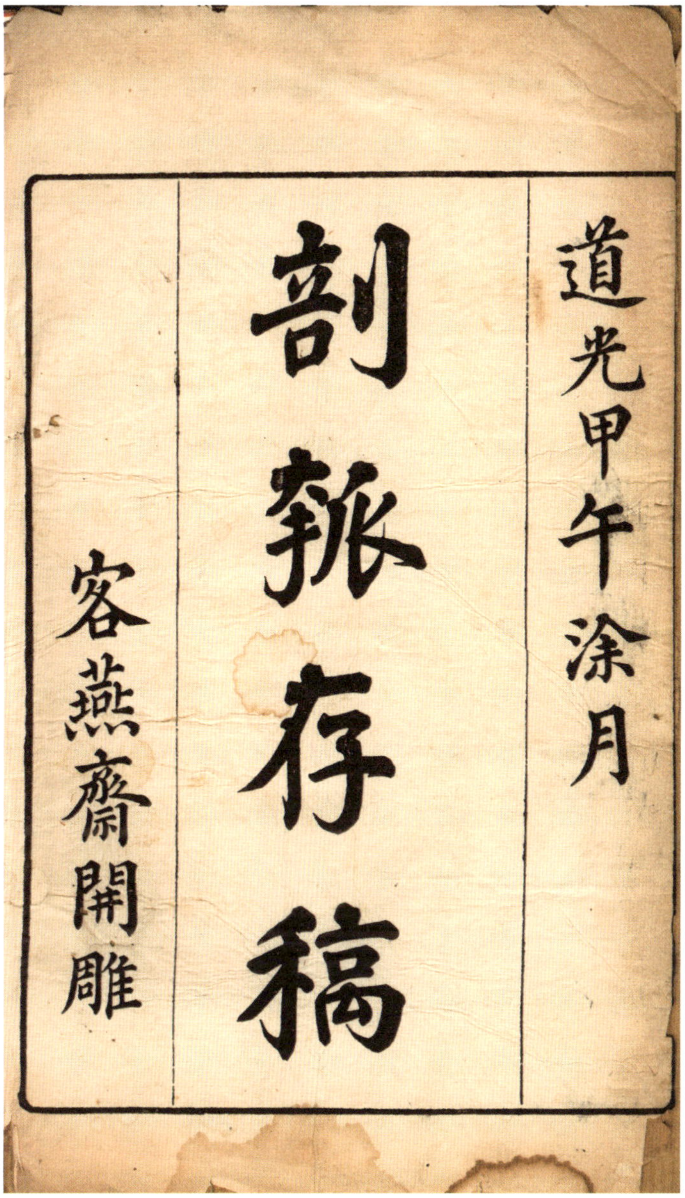
道光甲午涂月
剖瓠存稿
客燕齋開雕

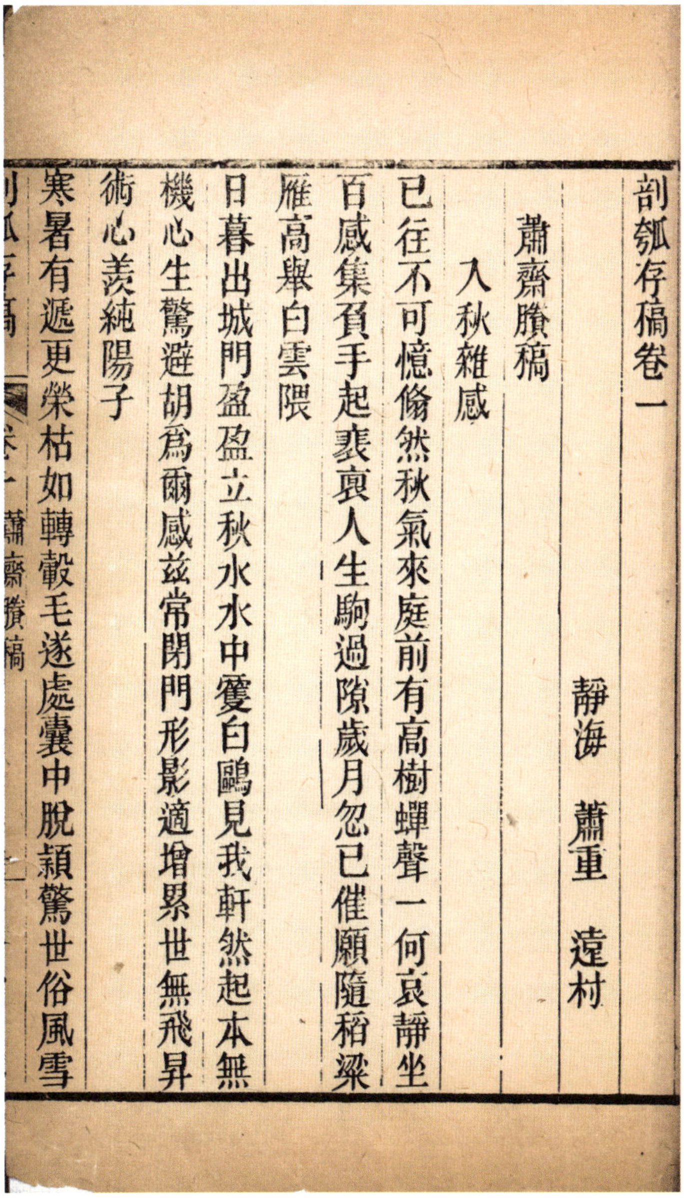
剖瓠存稿卷一
蕭齋賸稿　　靜海　蕭重　遠村
入秋雜感
已往不可憶儵然秋氣來庭前有高樹蟬聲一何哀靜坐百感集負手起裴亘人生駒過隙歲月忽已催願隨稻粱雁高舉白雲隈
日暮出城門盈盈立秋水水中覆白鷗見我軒然起本無機心生驚避胡爲爾感兹常閉門形影適增累世無飛昇術心羨純陽子
寒暑有遞更榮枯如轉轂毛遂處囊中脫穎驚世俗風雪
剖瓠存稿　卷一　蕭齋賸稿

024 剖瓠存稿二十卷　（清）蕭重著　清道光十四年（1834）客燕齋刻本

匡高 18.3 釐米，寬 13.7 釐米。半葉十一行，行二十二字，下黑口，左右雙邊。

館藏索書號：X/I222.749/2

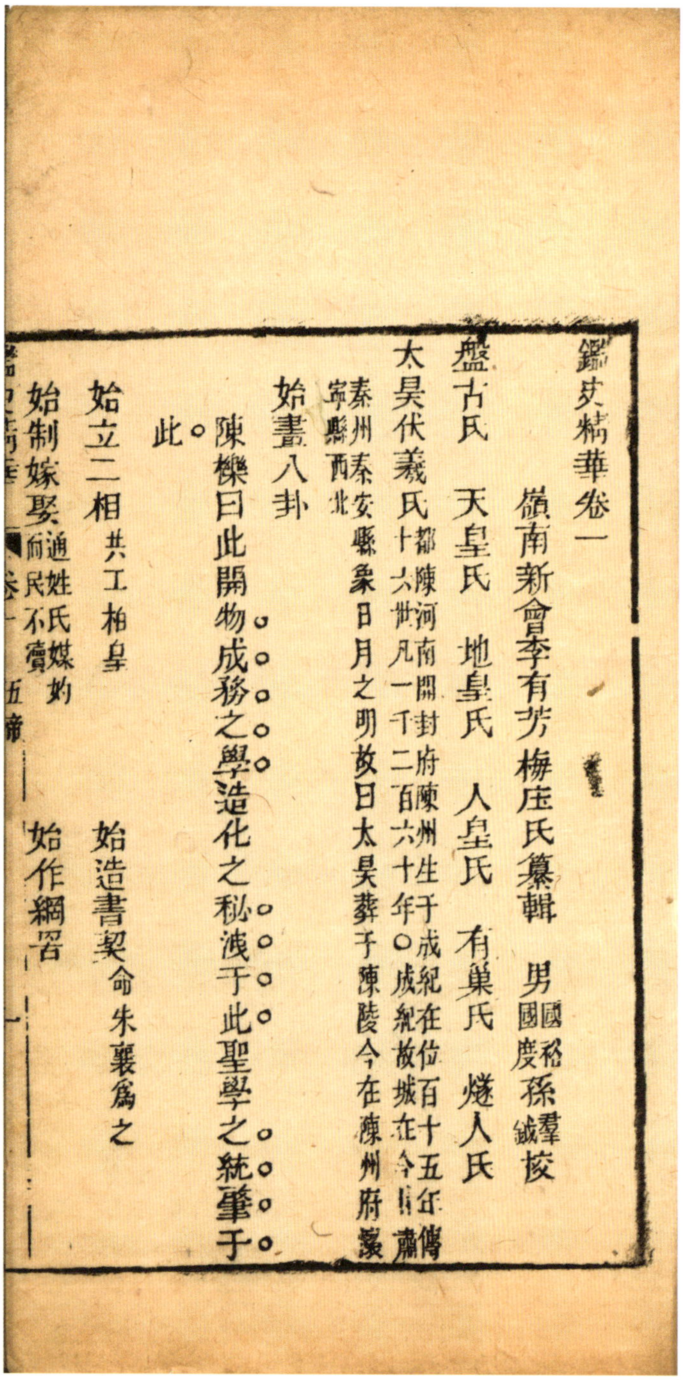
鑑史精華卷一
嶺南新會李有芳梅庄氏纂輯　男國稻國度孫鐵羣校
盤古氏　天皇氏　地皇氏　人皇氏　有巢氏　燧人氏
太昊伏羲氏都陳河南開封府陳州生于成紀在位百十五年傳十六世凡一千二百六十年○成紀故城在今甘肅秦州秦安縣象日月之明故曰太昊葬于陳陵今在陳州府寧縣西北
始畫八卦
陳櫟曰此開物成務之學造化之秘洩于此聖學之統肇于此。
始立二相共工柏皇
始造書契命朱襄爲之
始制嫁娶通姓氏媒妁而民不瀆
始作網罟
鑑史精華　卷一　五帝　一

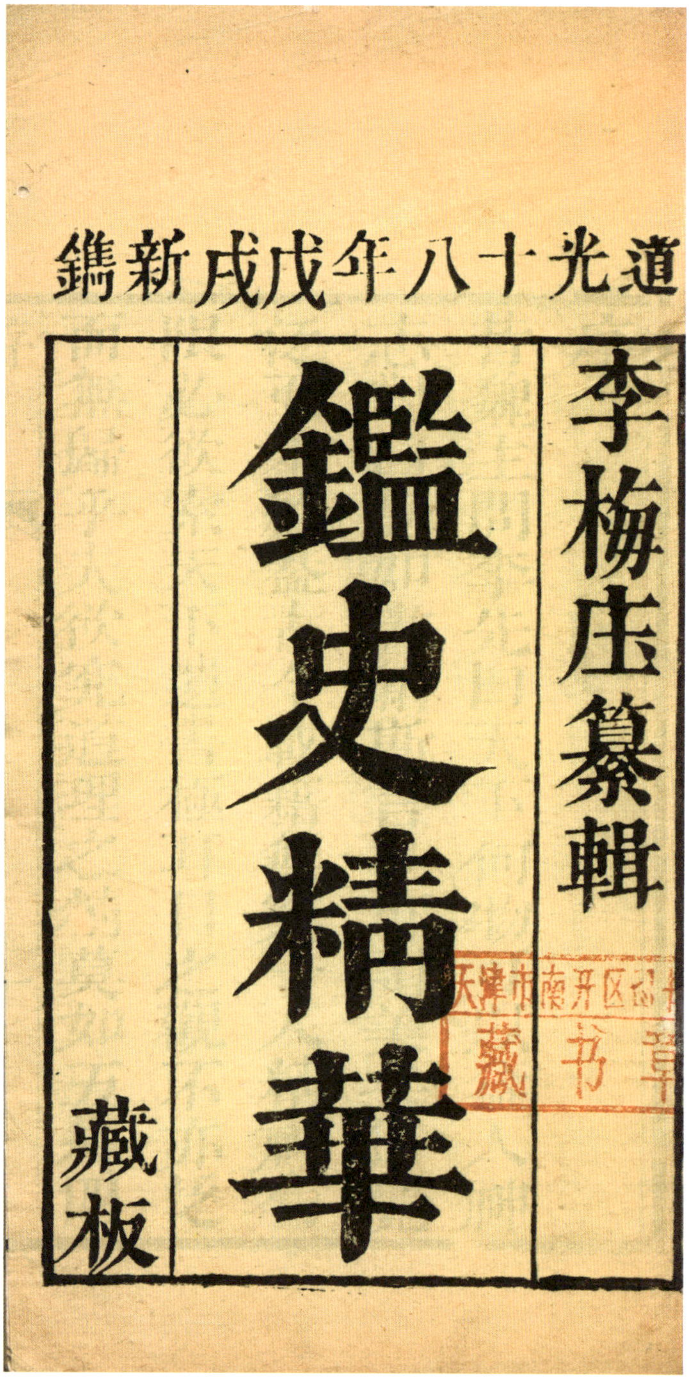
道光十八年戊戌新鐫
李梅庄纂輯
鑑史精華
藏板

025 鑑史精華□□卷　（清）李有芳纂輯　清道光十八年（1838）刻本

匡高 14 釐米，寬 9.5 釐米。半葉十行，行二十五字，白口，四周單邊。

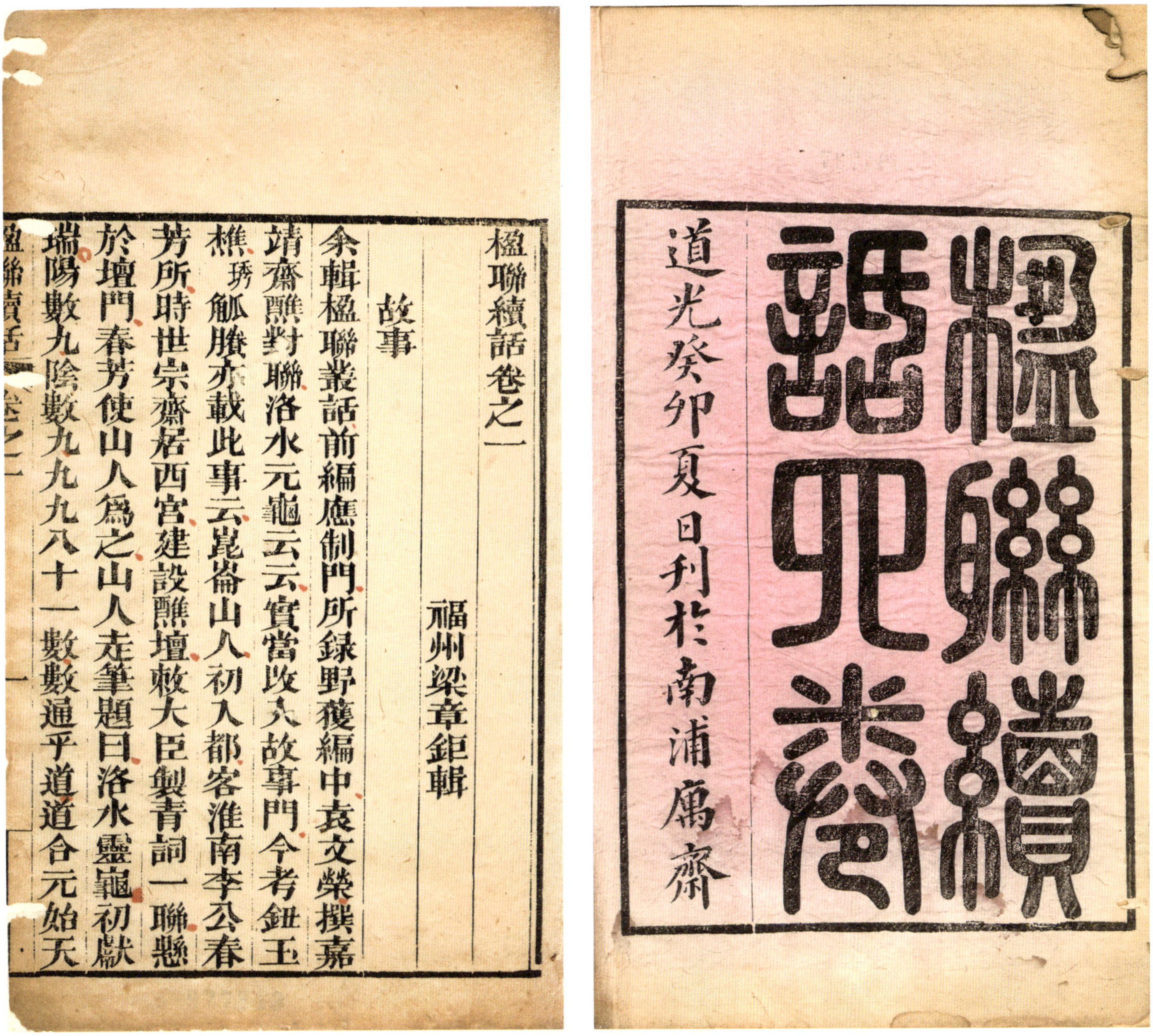
楹聯續話四卷
道光癸卯夏日刊於南浦廌齋
楹聯續話卷之一
福州梁章鉅輯
故事
余輯楹聯叢話前編應制門所録野獲編中袁文榮撰嘉
靖齋醮對聯洛水元龜云云實當改入故事門今考鈕玉
樵琇觚賸亦載此事云崑崙山人初入都客淮南李公春
芳所時世宗齋居西宮建設醮壇敕大臣製青詞一聯懸
於壇門春芳使山人爲之山人走筆題曰洛水靈龜初獻
瑞陽數九陰數九九九八十一數數通乎道道合元始天
楹聯續話　卷之一　一

026 楹聯續話四卷（清）梁章鉅輯 清道光二十三年（1843）南浦廌齋刻本

匡高 17.5 釐米，寬 13 釐米。半葉九行，行二十二字，細黑口，左右雙邊。

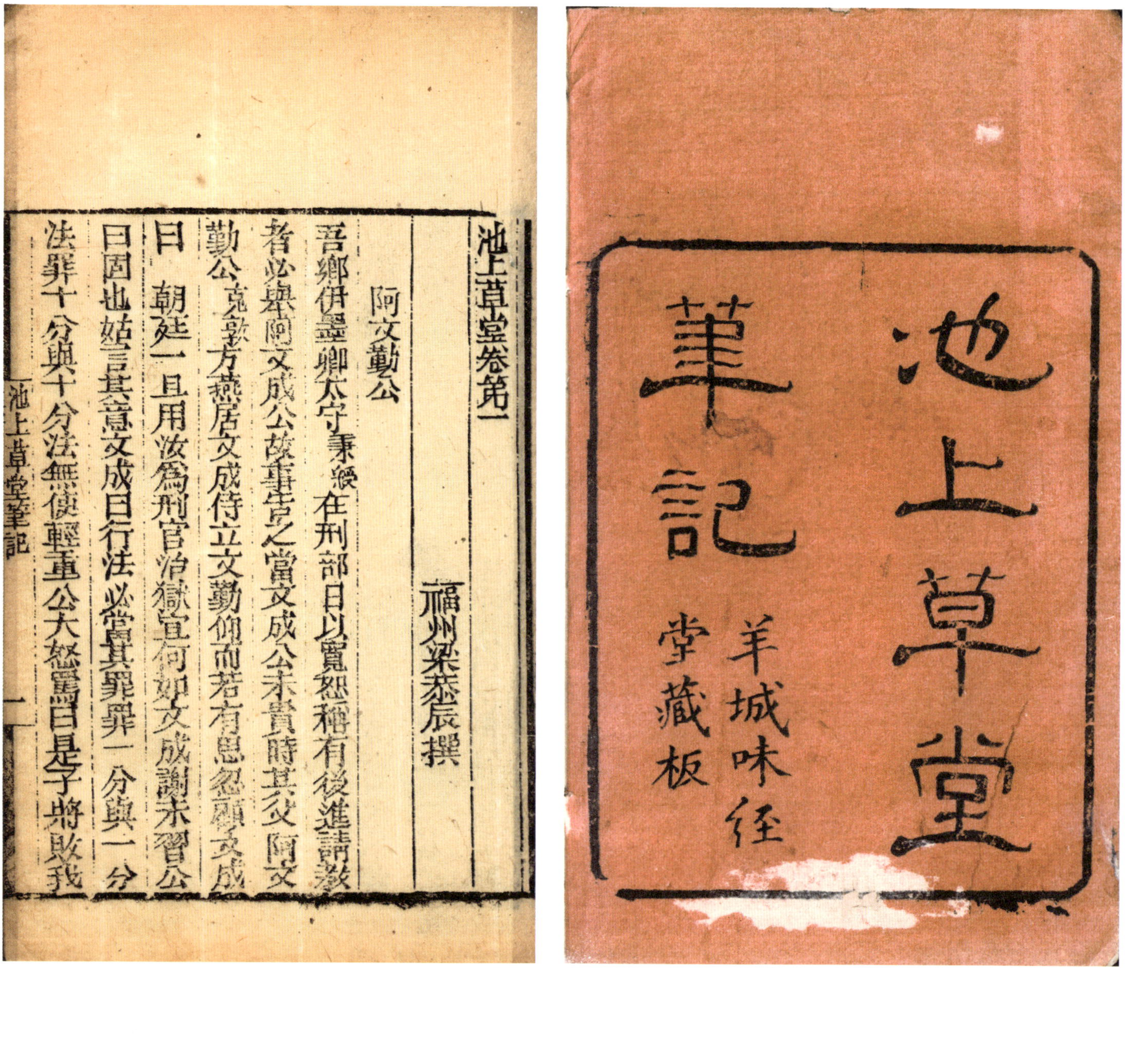

027 池上草堂六卷續録六卷三録六卷四録六卷 （清）梁恭辰撰 清道光二十三年（1843）羊城味經堂刻本

匡高 12.5 釐米，寬 9.5 釐米。 半葉九行，行二十二字，黑口，左右雙邊。

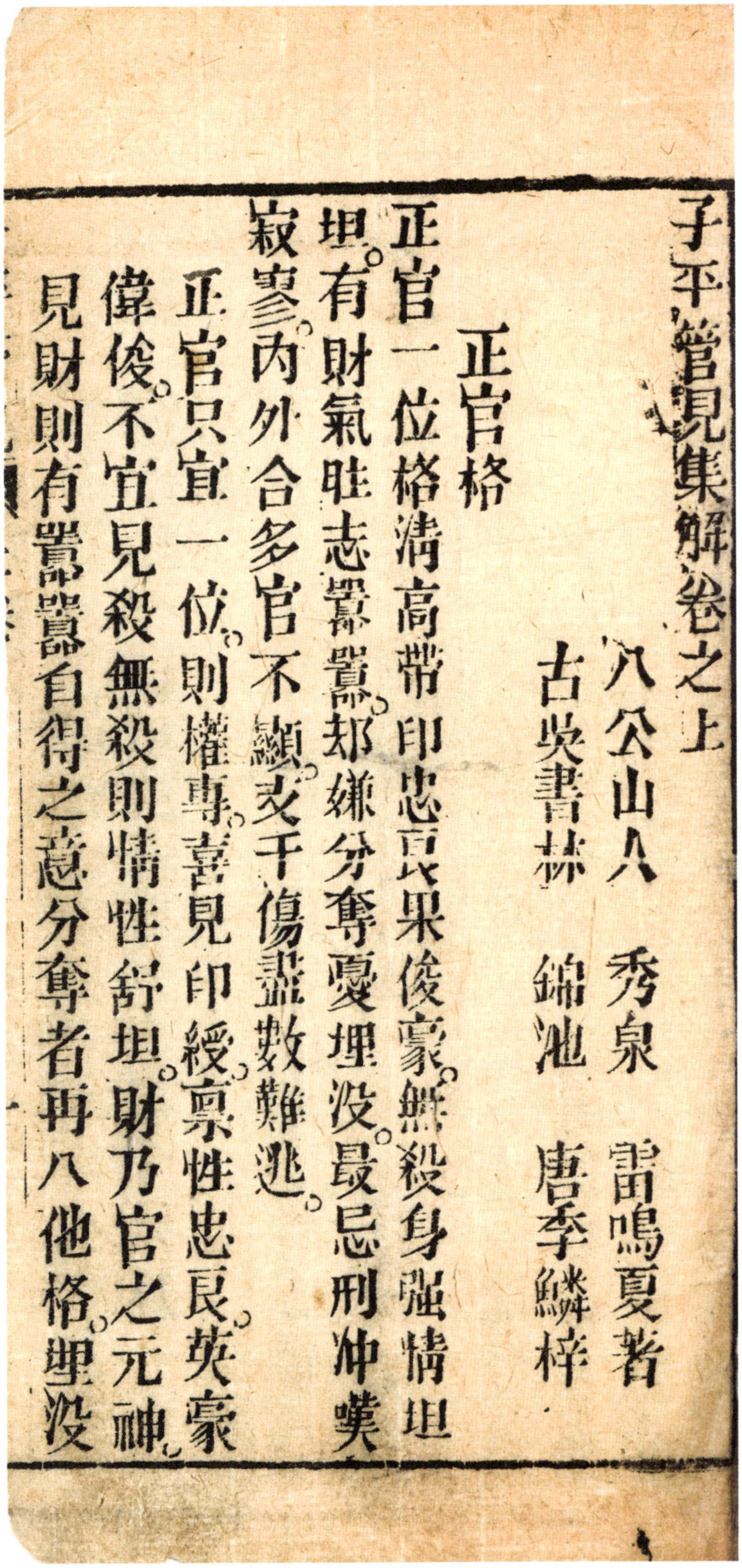
子平管見集解卷之上
八公山人　秀泉　雷鳴夏著
古吳書林　錦池　唐季麟梓
正官格
正官一位格清高帶印忠良果俊豪無殺身强情坦
坦有財氣壯志囂囂却嫌分奪憂埋沒最忌刑冲嘆
寂寥內外合多官不顯支干傷盡數難逃
正官只宜一位則權專喜見印綬禀性忠良英豪
偉俊不宜見殺無殺則情性舒坦財乃官之元神
見財則有囂囂自得之意分奪者再入他格埋沒

028 子平管見集解二卷　（明）雷鳴夏著　清道光二十六年（1846）書業德記刻本

匡高 19 釐米，寬 10.6 釐米。半葉十行，行十九字，白口，四周單邊。

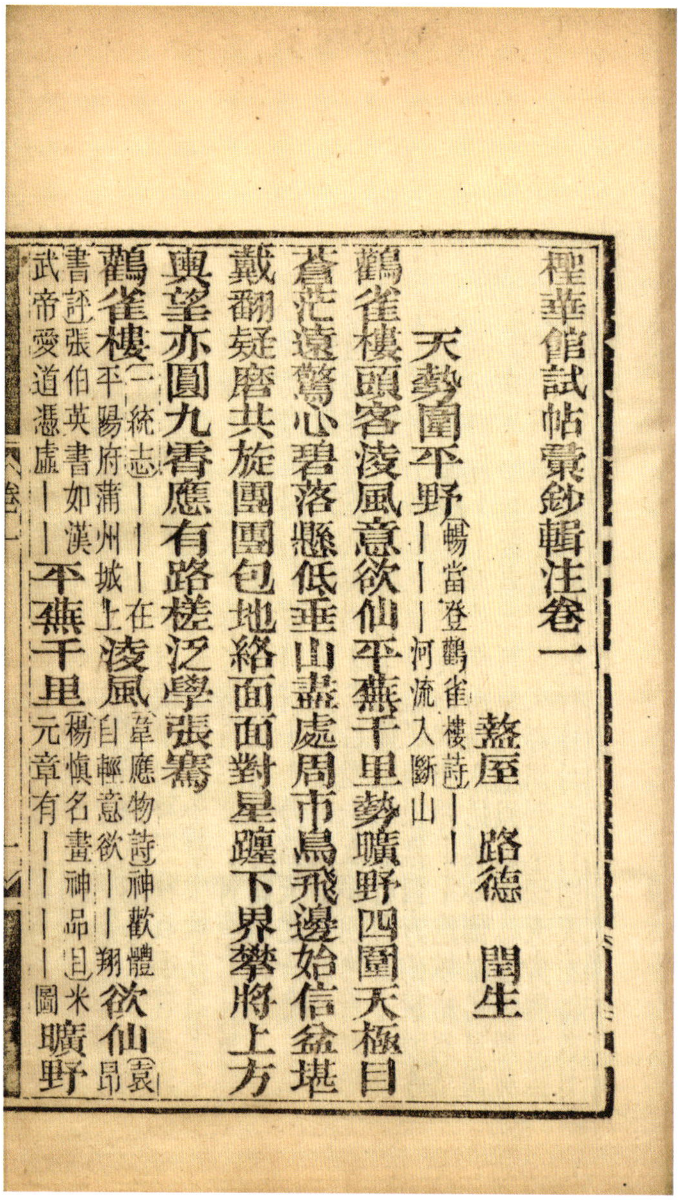
檉華館試帖彙鈔輯注卷一
盩厔 路德 閏生
天勢圍平野暢當登鸛雀樓詩｜｜｜河流入斷山
鸛雀樓頭客淩風意欲仙平蕪千里勢曠野四圍天極目
蒼茫遠驚心碧落懸低垂山盡處周市鳥飛邊始信坌堪
戴翻疑磨共旋團團包地絡面面對星躔下界攀將上方
輿望亦圓九霄應有路槎泛學張騫
鸛雀樓一統志｜｜｜在平陽府蒲州城上淩風韋應物詩神歡體自輕意欲｜｜翔欲仙袁昂
書評張伯英書如漢武帝愛道憑虛｜｜平蕪千里楊慎名畫神品目米元章有｜｜｜｜圖曠野

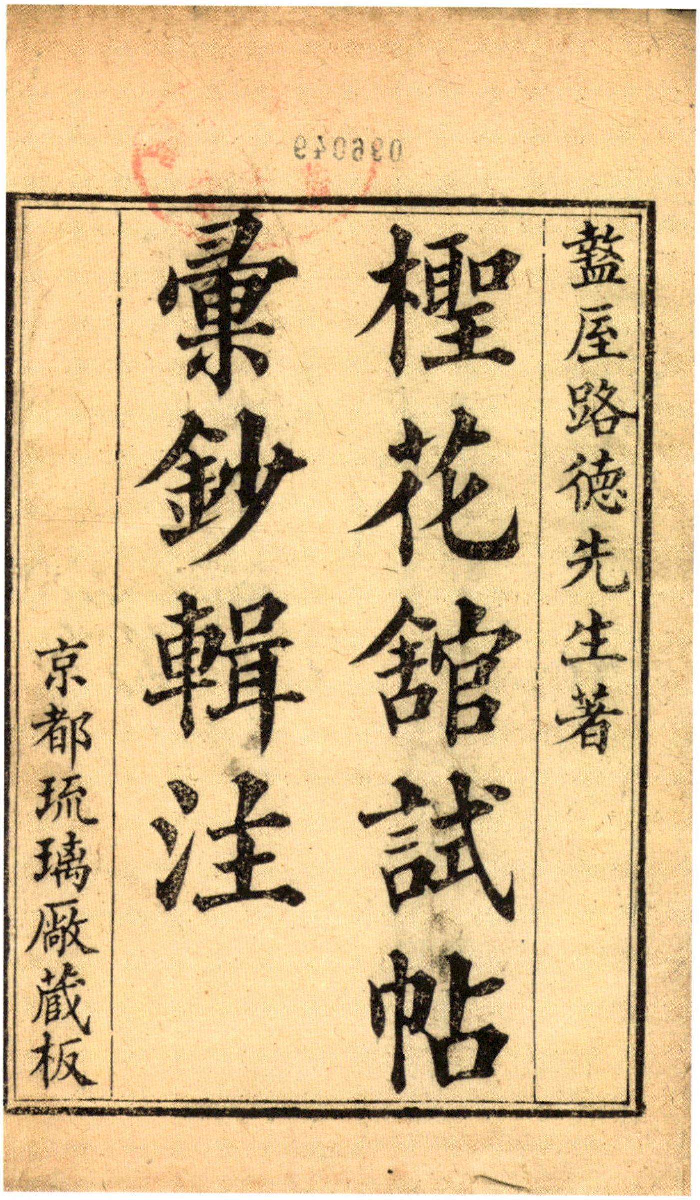
盩厔路德先生著
檉花館試帖彙鈔輯注
京都琉璃廠藏板

029 檉華館試帖彙鈔輯注十卷 （清）路德輯注 清道光京都琉璃廠刻本

匡高 16.3 釐米，寬 12 釐米。半葉九行，行二十二字，小字雙行同，黑口，四周雙邊。

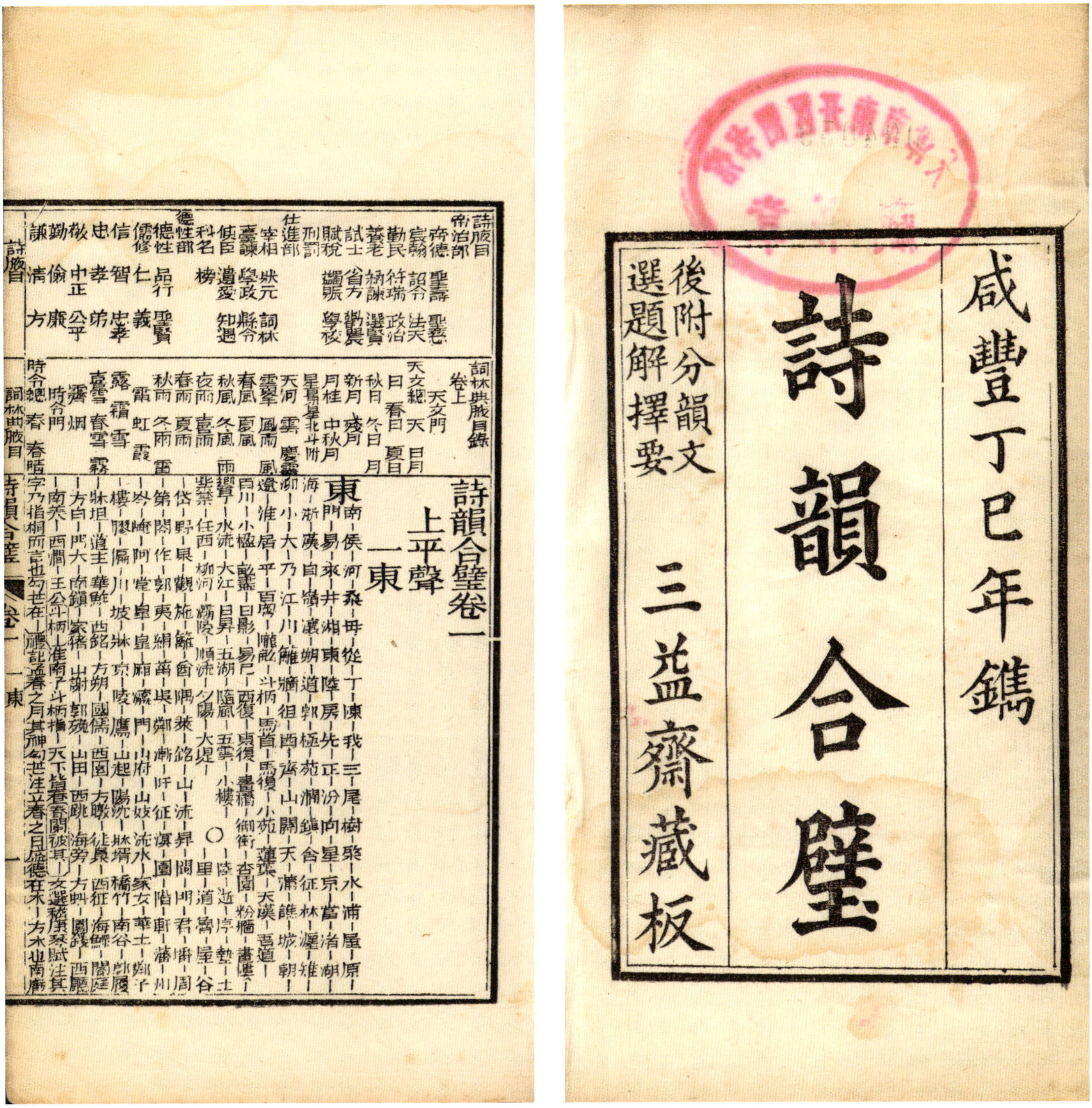

030 詩韻合璧五卷 （清）湯文潞參訂 清咸豐七年（1857）湯氏三益齋刻本

匡高 13.2 釐米，寬 8.2 釐米。三欄，下欄半葉十一行，字數不等，白口，四周雙邊。

館藏索書號：X/H11/1

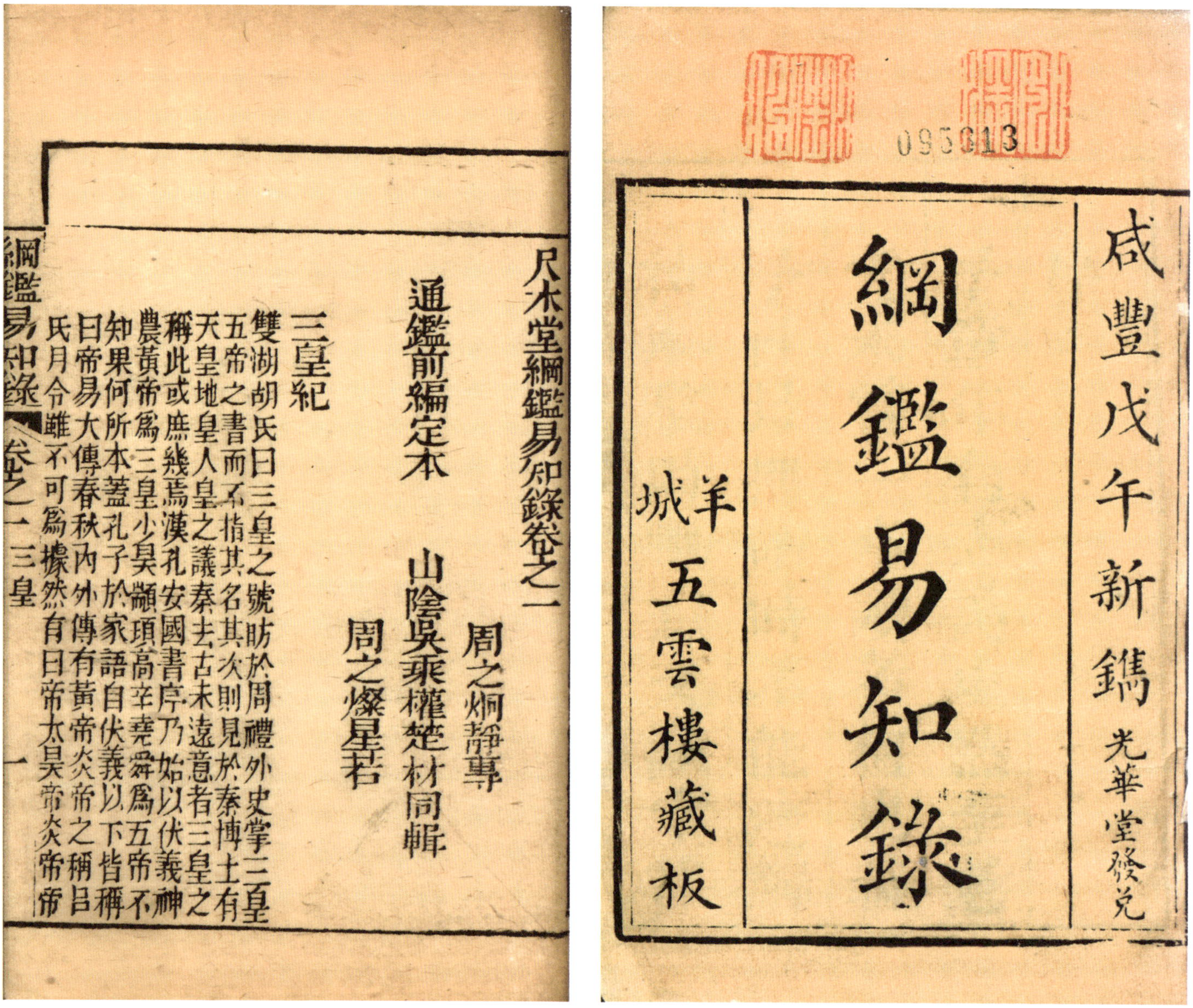
咸豐戊午新鐫
光華堂發兑
綱鑑易知錄
羊城五雲樓藏板

尺木堂綱鑑易知錄卷之一
通鑑前編定本　周之炯靜專
山陰吳乘權楚材同輯　周之燦星若
三皇紀
雙湖胡氏曰三皇之號昉於周禮外史掌三皇五帝之書而不指其名其次則見於秦博士有天皇地皇人皇之議秦去古未遠意者三皇之稱此或庶幾焉漢孔安國書序乃始以伏羲神農黄帝爲三皇少昊顓頊高辛堯舜爲五帝不知果何所本蓋孔子於家語自伏羲以下皆稱曰帝易大傳春秋內外傳有黄帝炎帝之稱呂氏月令雖不可爲據然有曰帝太昊帝炎帝帝
綱鑑易知錄　卷之一　三皇　一

031 尺木堂綱鑑易知録九十二卷（清）吴乘權等輯 清咸豐八年（1858）羊城五雲樓刻本

匡高 12.8 釐米，寬 10 釐米。上下雙欄，下欄半葉九行，行二十字，小字雙行同，白口，四周單邊。

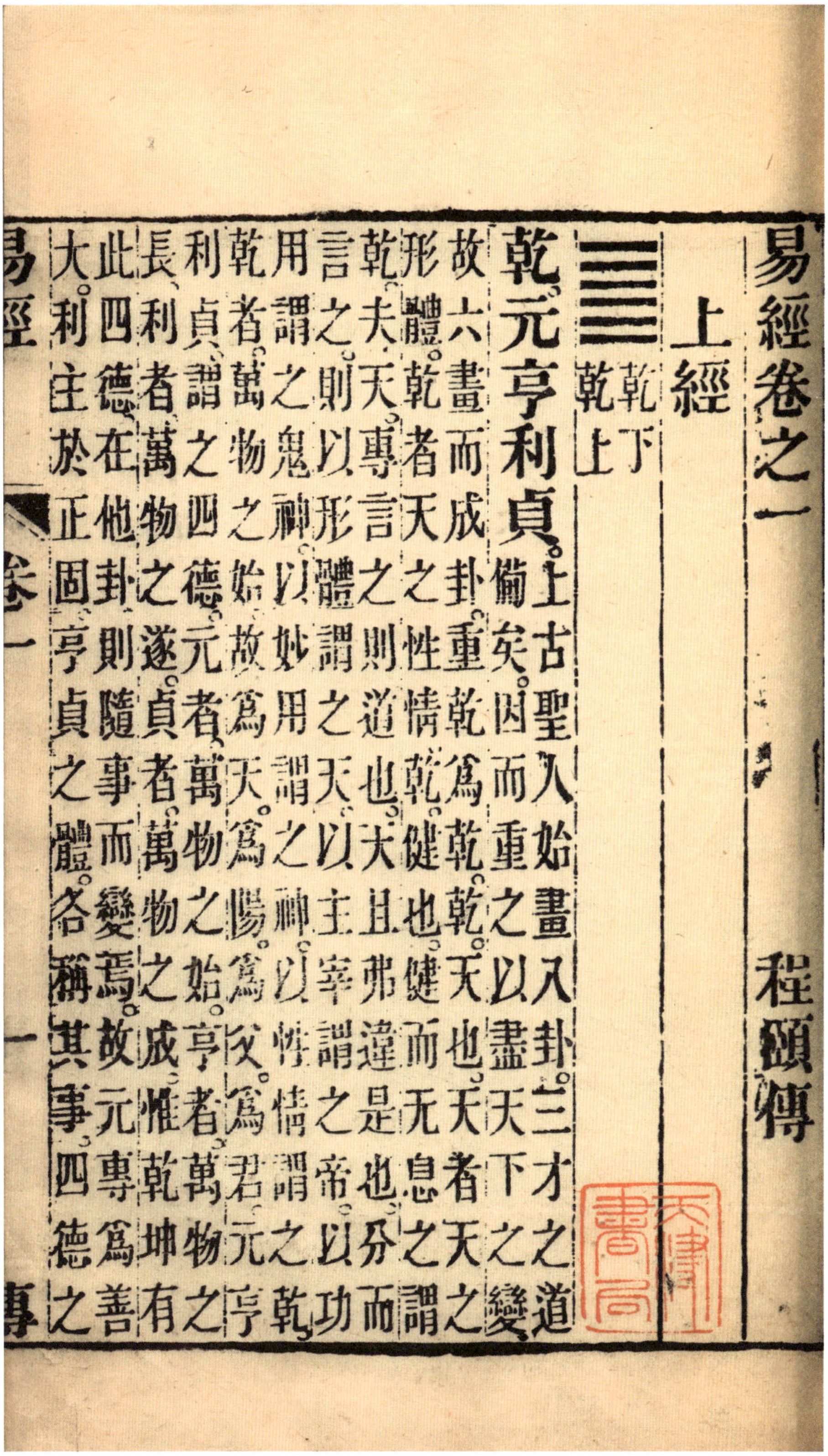
易經卷之一　程頤傳

上經

☰ 乾下乾上

乾元亨利貞。上古聖人始畫八卦三才之道備矣因而重之以盡天下之變故六畫而成卦重乾爲乾乾天也天者天之形體乾者天之性情乾健也健而无息之謂乾夫天專言之則道也天且弗違是也分而言之則以形體謂之天以主宰謂之帝以功用謂之鬼神以妙用謂之神以性情謂之乾乾者萬物之始故爲天爲陽爲父爲君元亨利貞謂之四德元者萬物之始亨者萬物之長利者萬物之遂貞者萬物之成惟乾坤有此四德在他卦則隨事而變焉故元專爲善大利主於正固亨貞之體各稱其事四德之

易經　卷一　一

032 易經八卷　（宋）程頤傳　清同治五年（1866）金陵書局刻本

匡高 17.8 釐米，寬 14 釐米。半葉九行，行十七字，小字雙行同，白口，左右雙邊。

館藏索書號：X/B992.2/6

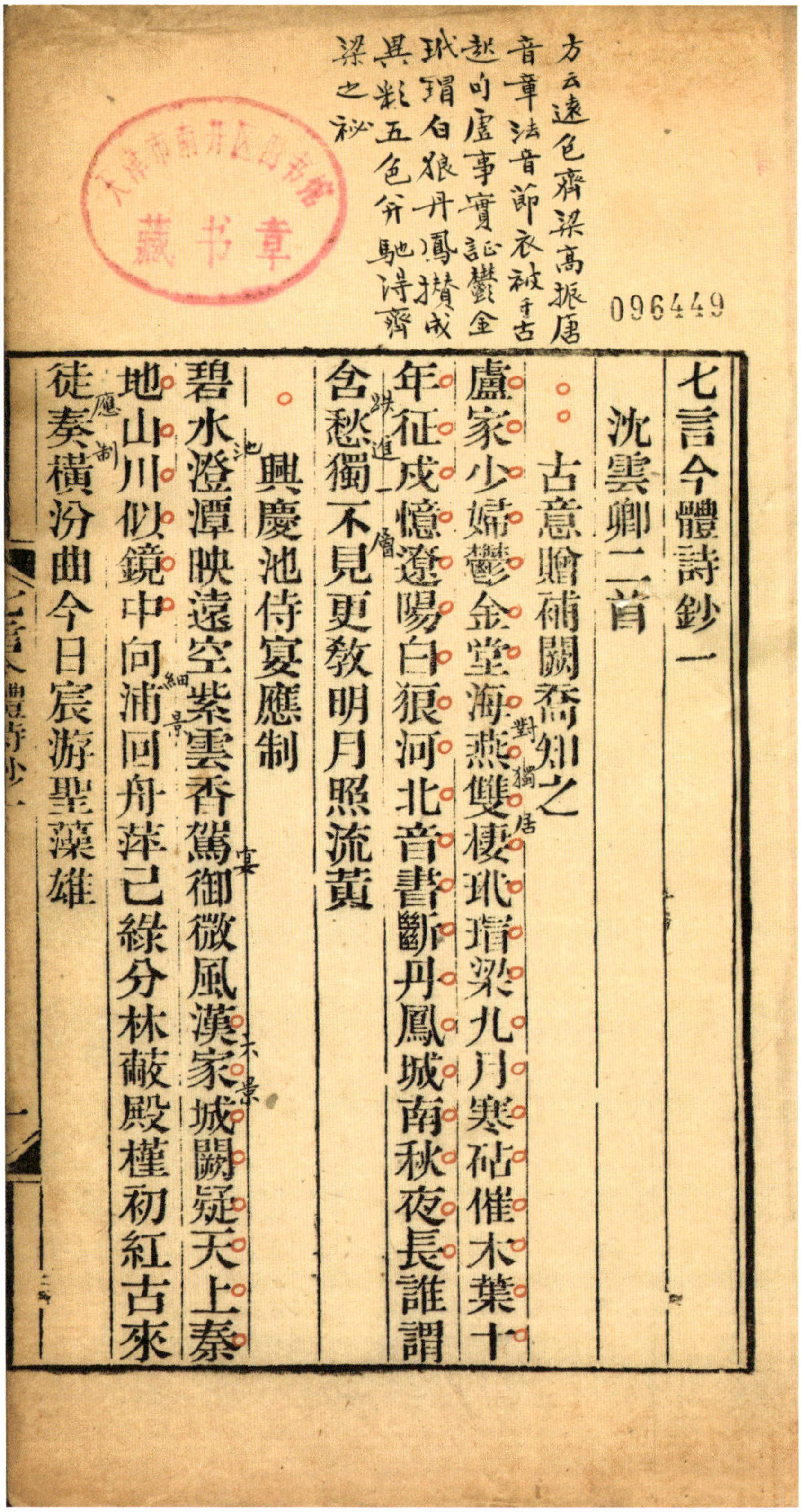

七言今體詩鈔一

沈雲卿二首

古意贈補闕喬知之

盧家少婦鬱金堂海燕雙棲玳瑁梁九月寒砧催木葉十年征戍憶遼陽白狼河北音書斷丹鳳城南秋夜長誰謂含愁獨不見更教明月照流黃

興慶池侍宴應制

碧水澄潭映遠空紫雲香駕御微風漢家城闕疑天上秦地山川似鏡中向浦回舟萍已綠分林蔽殿槿初紅古來徒奏橫汾曲今日宸游聖藻雄

033 惜抱軒今體詩鈔十八卷 （清）姚鼐選輯 清同治五年（1866）金陵書局刻本

匡高 18 釐米，寬 13.5 釐米。半葉十行，行二十二字，小字雙行同，黑口，左右雙邊。佚名墨筆批校。

館藏索書號：X/I222.7/1

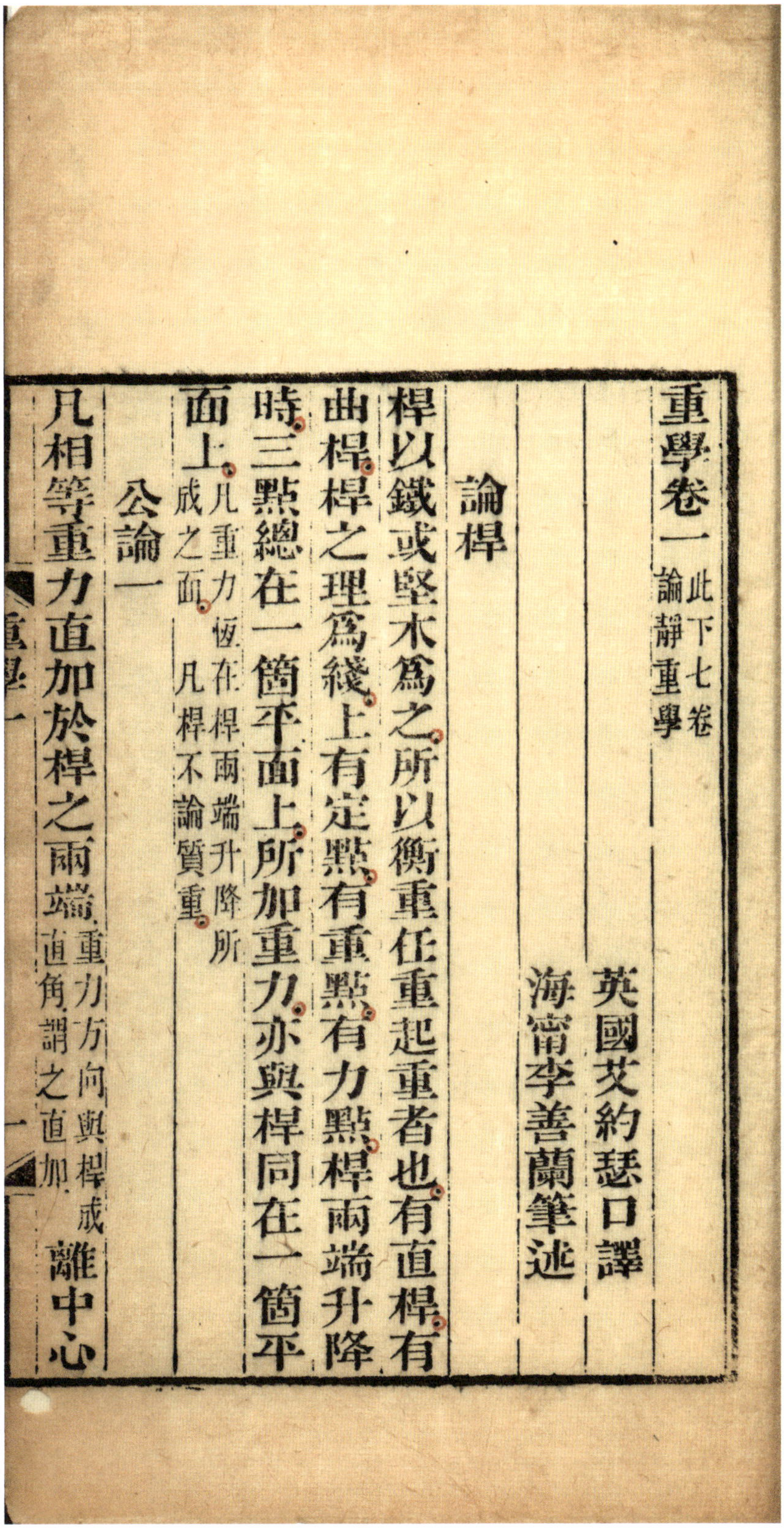

重學卷一 此下七卷論靜重學

英國艾約瑟口譯

海甯李善蘭筆述

論桿

桿以鐵或竪木爲之所以衡重任重起重者也有直桿有曲桿桿之理爲綫上有定點有重點有力點桿兩端升降時三點總在一箇平面上所加重力亦與桿同在一箇平面上凡重力恆在桿兩端升降所成之面凡桿不論質重

公論一

凡相等重力直加於桿之兩端重力方向與桿成直角謂之直加離中心

重學一　一

034 重學二十卷圜錐曲綫説三卷 （英國）艾約瑟譯 （清）李善蘭筆述

清同治五年（1866）刻本

匡高 18.2 釐米，寬 13.7 釐米。半葉十行，行二十二字，小字雙行同，黑口，左右雙邊。

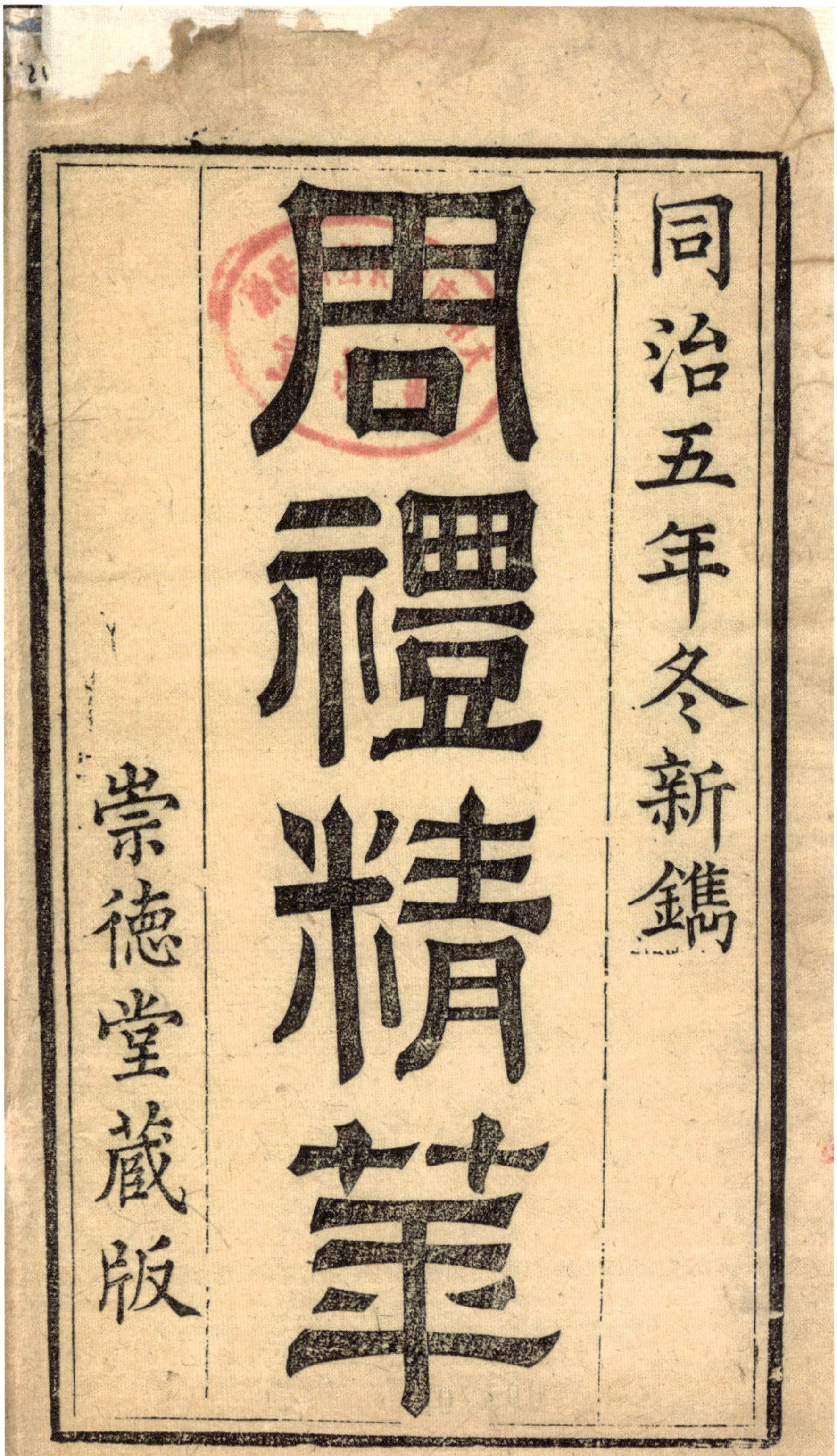

035 周禮精華六卷 （清）陳龍標編輯 清同治五年（1866）崇德堂刻本

匡高 18.8 釐米，寬 14 釐米。上下雙欄，下欄半葉行數不等，行二十字，白口，四周單邊。

館藏索書號：X/K224.6/2

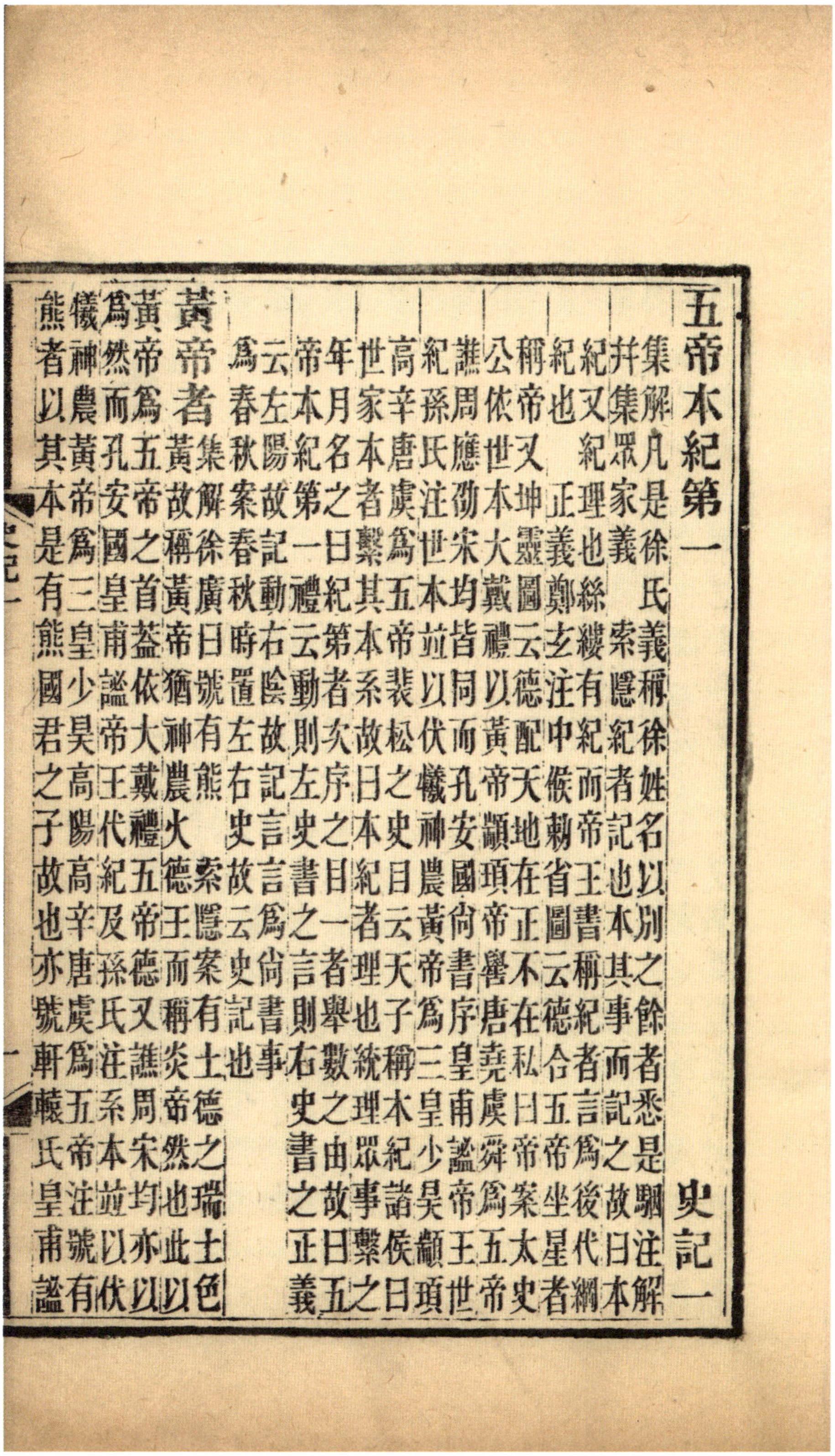

五帝本紀第一　史記一
集解凡是徐氏義稱徐姓名以別之餘者悉是駰注解
并集衆家義　索隱紀者記也本其事而記之故曰本
紀又紀理也絲縷有紀而帝王書稱紀者言爲後代綱
紀也　正義鄭玄注中候勑省圖云德合五帝坐星者
稱帝又坤靈圖云德配天地在正不在私曰帝案太史
公依世本大戴禮以黃帝顓頊帝嚳唐堯虞舜爲五帝
譙周應劭宋均皆同而孔安國尚書序皇甫謐帝王世
紀孫氏注世本竝以伏羲神農黃帝爲三皇少昊顓頊
高辛唐虞爲五帝裴松之史目云天子稱本紀諸侯曰
世家本者繫其本系故曰本紀者理也統理衆事繫之
年月名之曰紀第者次序之目一者舉數之由故曰五
帝本紀第一禮云動則左史書之言則右史書之正義
云左陽故記動右陰故記言言爲尚書事
爲春秋案春秋時置左右史故云史記也
黃帝者
集解徐廣曰號有熊　索隱案有土德之瑞土色
黃故稱黃帝猶神農火德王而稱炎帝然也此以
黃帝爲五帝之首蓋依大戴禮五帝德又譙周宋均亦以
爲然而孔安國皇甫謐帝王代紀及孫氏注系本竝以伏
犧神農黃帝爲三皇少昊高陽高辛唐虞爲五帝注號有
熊者以其本是有熊國君之子故也亦號軒轅氏皇甫謐

036 史記一百三十卷札記五卷 （漢）司馬遷撰 清同治五年至九年（1866—1870）金陵書局刻本

匡高 19.4 釐米，寬 13.6 釐米。 半葉十一行，行二十二字，小字雙行同，黑口，四周雙邊。

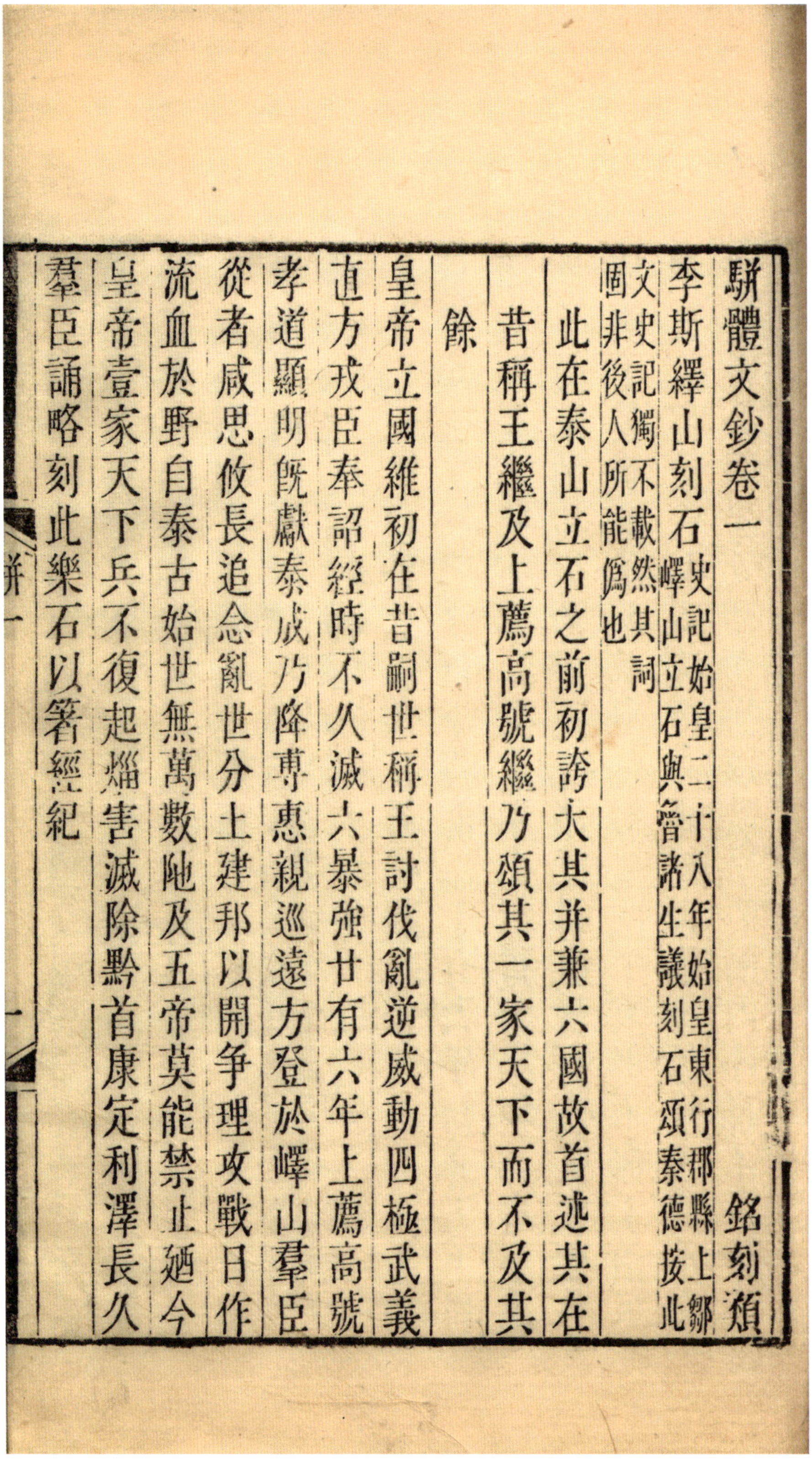

駢體文鈔卷一　　銘刻類

李斯繹山刻石史記始皇二十八年始皇東行郡縣上鄒嶧山立石與魯諸生議刻石頌秦德按此文史記獨不載然其詞固非後人所能僞也

此在泰山立石之前初誇大其并兼六國故首述其在昔稱王繼及上薦高號纔乃頌其一家天下而不及其餘

皇帝立國維初在昔嗣世稱王討伐亂逆威動四極武義直方戎臣奉詔經時不久滅六暴強廿有六年上薦高號孝道顯明既獻泰成乃降專惠親巡遠方登於嶧山羣臣從者咸思攸長追念亂世分土建邦以開爭理攻戰日作流血於野自泰古始世無萬數陁及五帝莫能禁止迺今皇帝壹家天下兵不復起災害滅除黔首康定利澤長久羣臣誦略刻此樂石以著經紀

037 駢體文鈔三十一卷　（清）李兆洛編　清同治六年（1867）婁江徐氏刻本

匡高 18 釐米，寬 13 釐米。半葉十三行，行二十二字，黑口，左右雙邊。

館藏索書號：X/I222.5/1

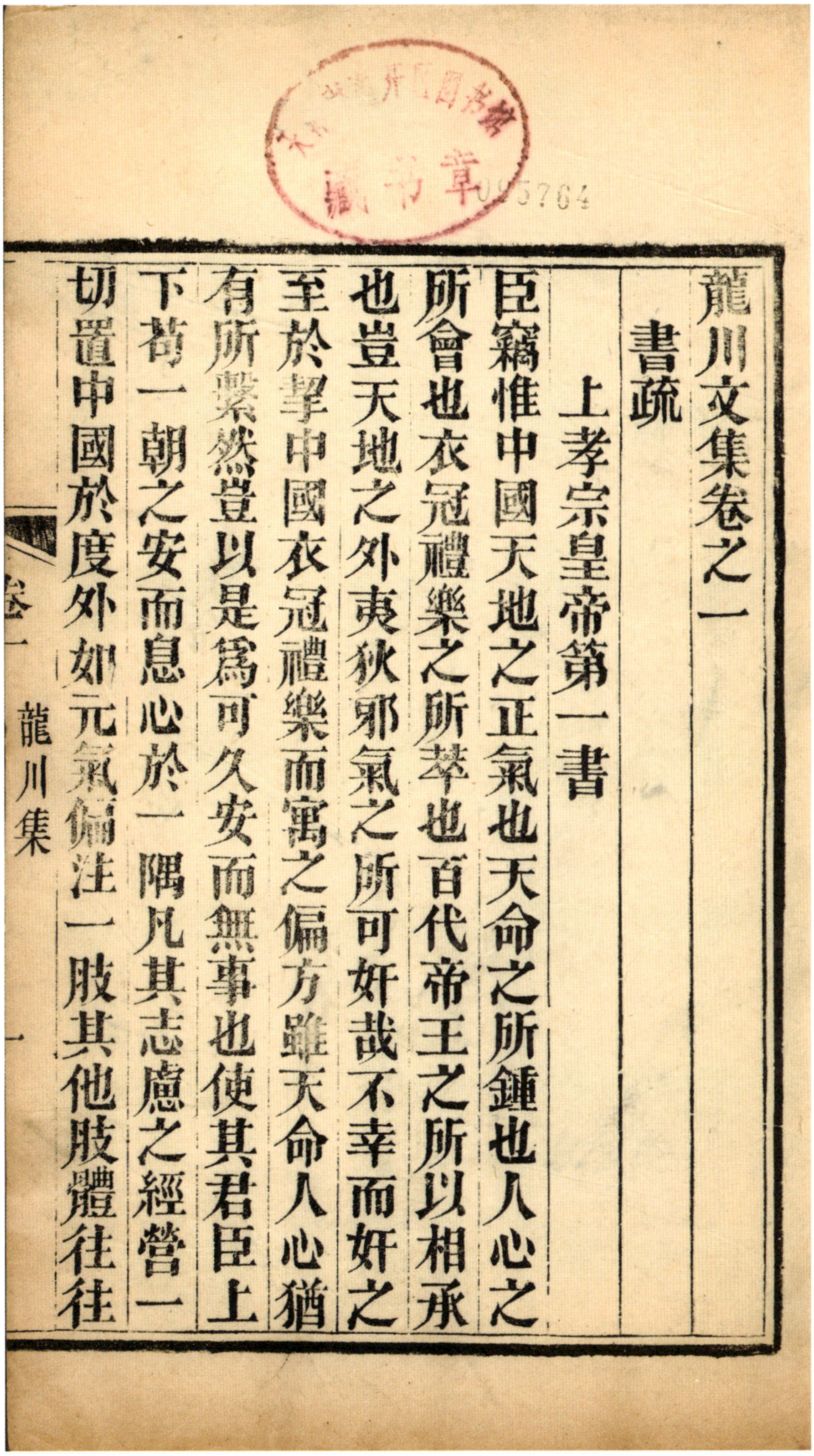

龍川文集卷之一

書疏

上孝宗皇帝第一書

臣竊惟中國天地之正氣也天命之所鍾也人心之所會也衣冠禮樂之所萃也百代帝王之所以相承也豈天地之外夷狄邪氣之所可奸哉不幸而奸之至於挈中國衣冠禮樂而寓之偏方雖天命人心猶有所繫然豈以是爲可久安而無事也使其君臣上下苟一朝之安而息心於一隅凡其志慮之經營一切置中國於度外如元氣偏注一肢其他肢體往往

卷一　龍川集　一

038 龍川文集三十卷辨僞考異二卷附録二卷　（宋）陳亮著　清同治七年（1868）刻本

匡高 19.6 釐米，寬 14.2 釐米。半葉十行，行二十字，白口，四周雙邊。

館藏索書號：X/I214.82/4

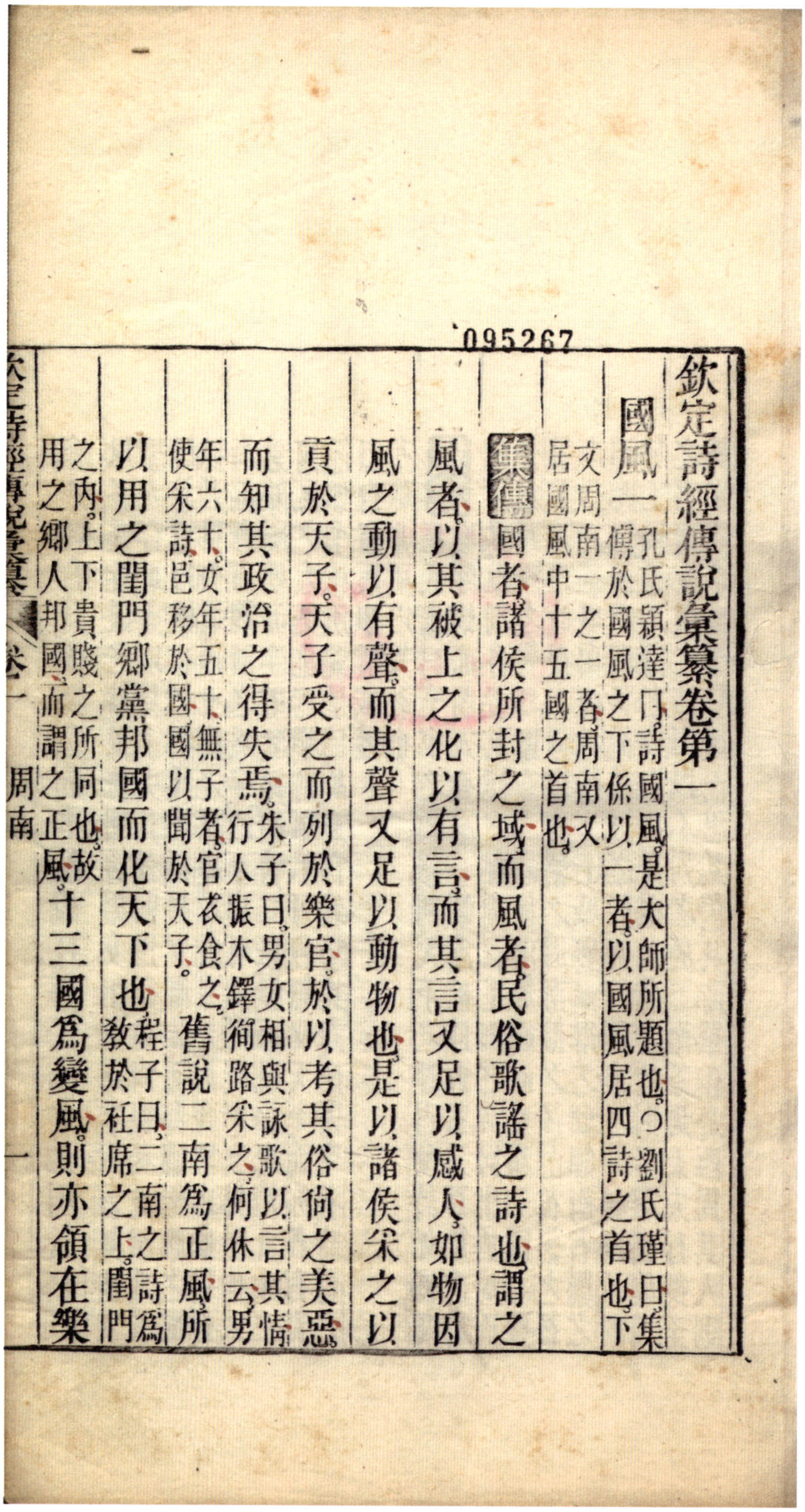

095267

欽定詩經傳說彙纂卷第一

國風一孔氏穎達曰詩國風是大師所題也○劉氏瑾曰集傳於國風之下係以一者以國風居四詩之首也下文周南一之一者周南又居國風中十五國之首也

集傳國者諸侯所封之域而風者民俗歌謠之詩也謂之風者以其被上之化以有言而其言又足以感人如物因風之動以有聲而其聲又足以動物也是以諸侯采之以貢於天子天子受之而列於樂官於以考其俗尚之美惡而知其政治之得失焉朱子曰男女相與詠歌以言其情行人振木鐸徇路采之何休云男年六十女年五十無子者官衣食之使采詩邑移於國國以聞於天子舊說二南爲正風所以用之閨門鄉黨邦國而化天下也程子曰二南之詩爲教於衽席之上閨門之內上下貴賤之所同也故用之鄉人邦國而謂之正風十三國爲變風則亦領在樂

欽定詩經傳說彙纂 卷一 周南 一

039 欽定詩經傳說彙纂二十一卷卷首二卷詩序二卷 （清）王鴻緒等纂 清同治七年（1868）刻本

匡高 18.7 釐米，寬 14.2 釐米。半葉十一行，行二十四字，小字雙行同，白口，左右雙邊。

館藏索書號：X/I222.2/2

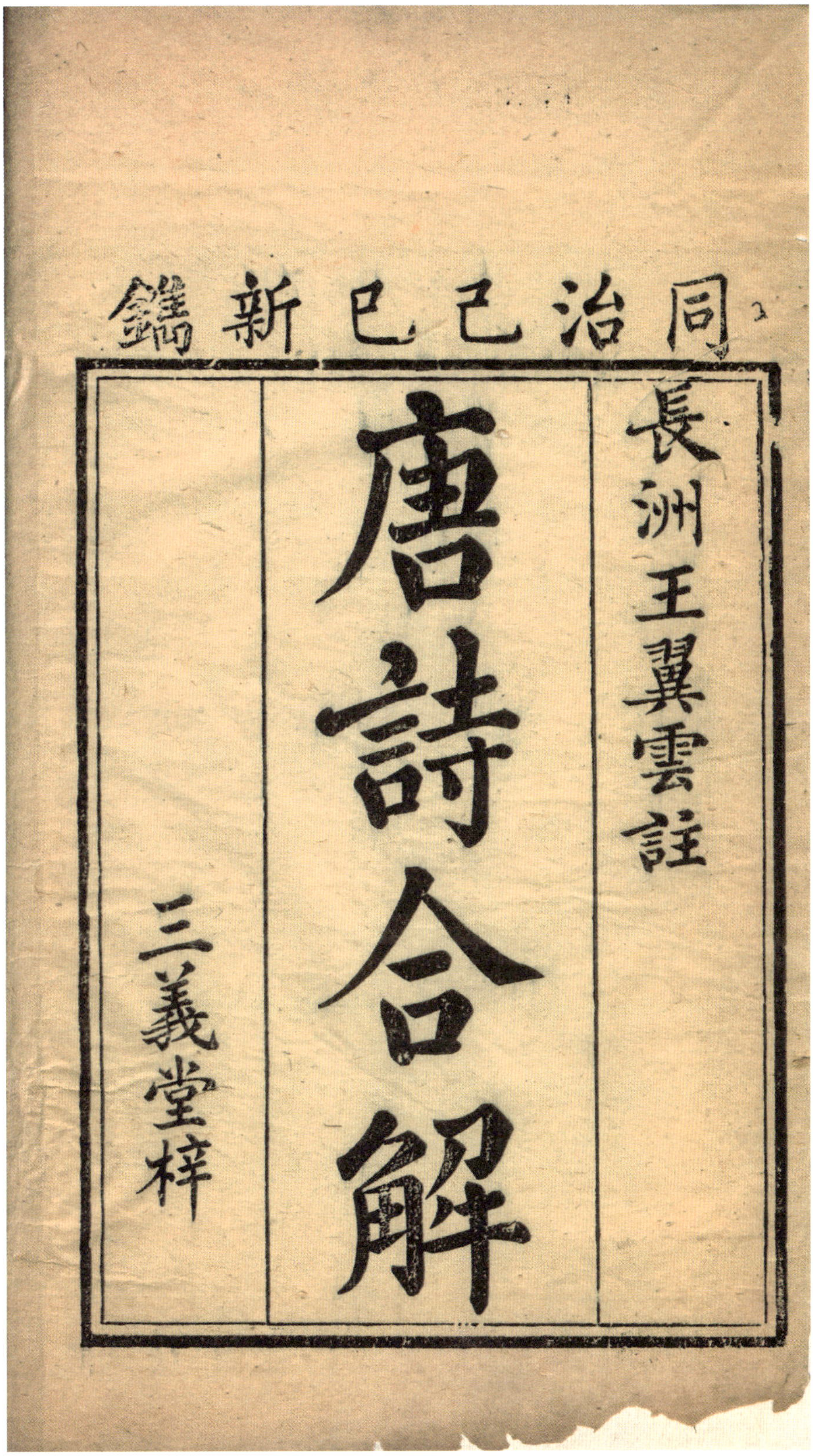

040 古唐詩合解十六卷 （清）王堯衢註 清同治八年（1869）三義堂刻本

匡高 19.2 釐米，寬 14 釐米。 半葉十一行，行二十一字，小字雙行同，白口，四周單邊。

館藏索書號：X/I222.742/4

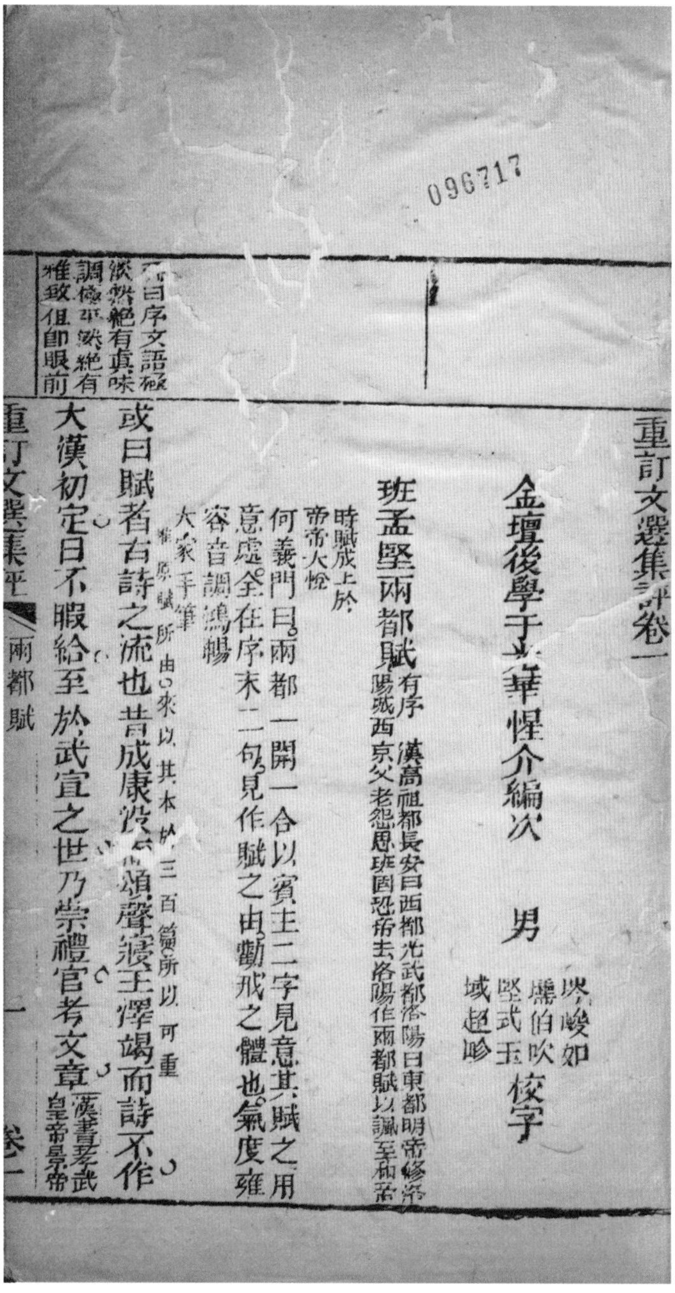

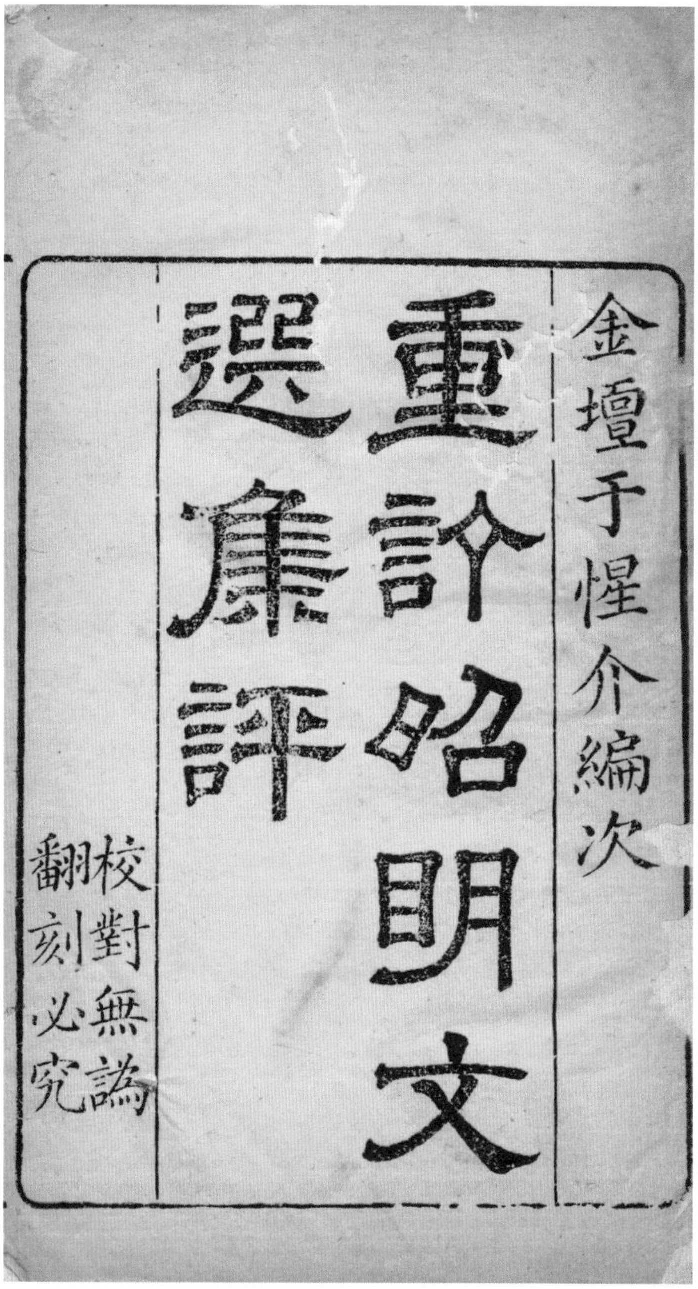

041 重訂文選集評十五卷首一卷末一卷　（梁）蕭統撰　（清）于光華編次　清同治九年（1870）刻本

匡高 19.3 釐米，寬 14.1 釐米。上下雙欄，下欄半葉十行，行格字數不等，白口，左右雙邊。

館藏索書號：X/I211/2

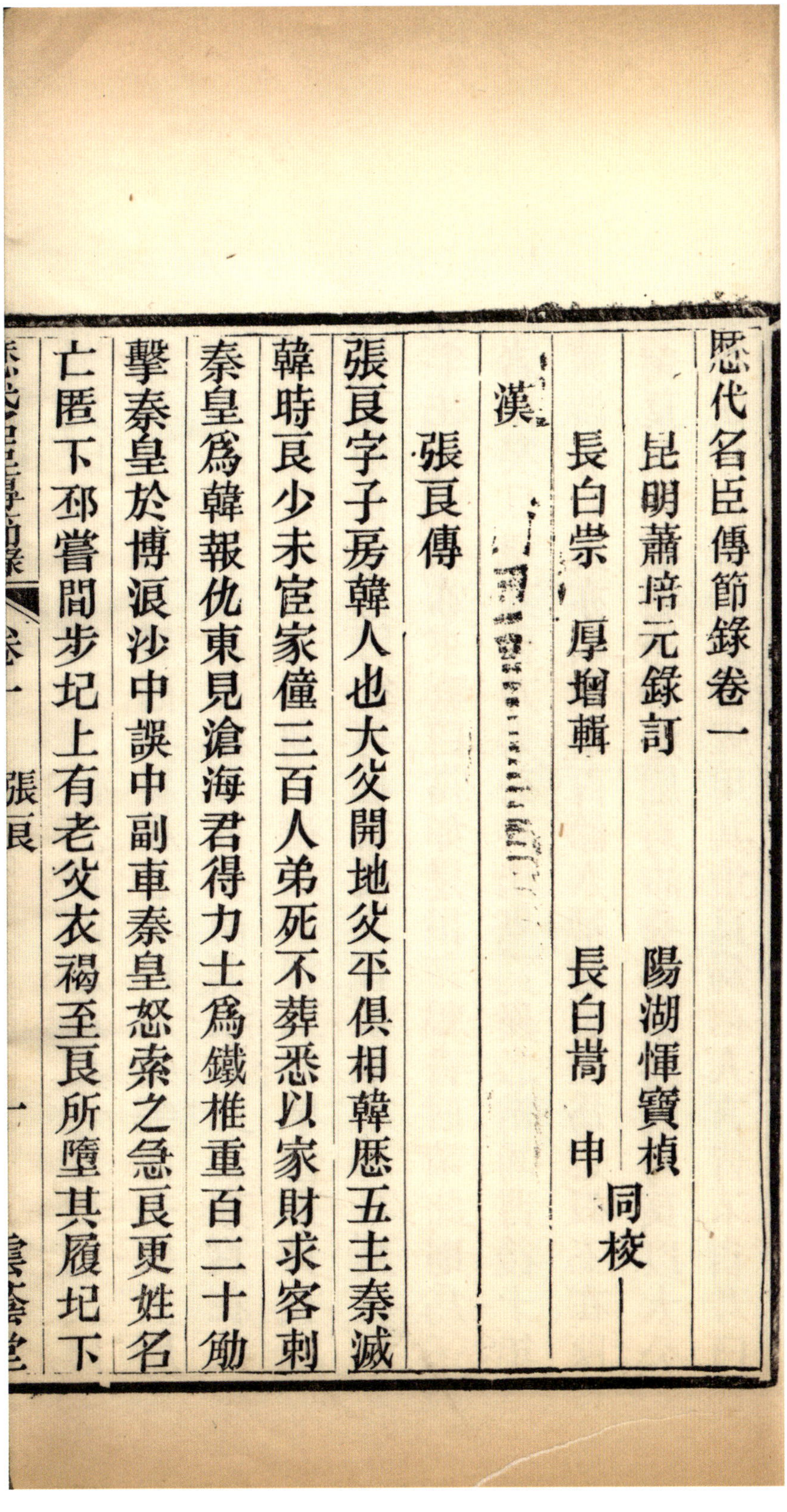
歷代名臣傳節錄卷一

昆明蕭培元錄訂　陽湖惲寶楨

長白崇　厚增輯　長白嵩　申　同校

漢

張良傳

張良字子房韓人也大父開地父平俱相韓歷五主秦滅韓時良少未宦家僮三百人弟死不葬悉以家財求客刺秦皇爲韓報仇東見滄海君得力士爲鐵椎重百二十觔擊秦皇於博浪沙中誤中副車秦皇怒索之急良更姓名亡匿下邳嘗閒步圯上有老父衣褐至良所墮其履圯下

歷代名臣傳節錄　卷一　張良　一　雲蔭堂

042 歷代名臣傳節録三十卷　（清）蕭培元録訂　清同治九年（1870）雲蔭堂刻本

匡高 19 釐米，寬 14 釐米。 半葉十行，行二十二字，白口，四周雙邊。

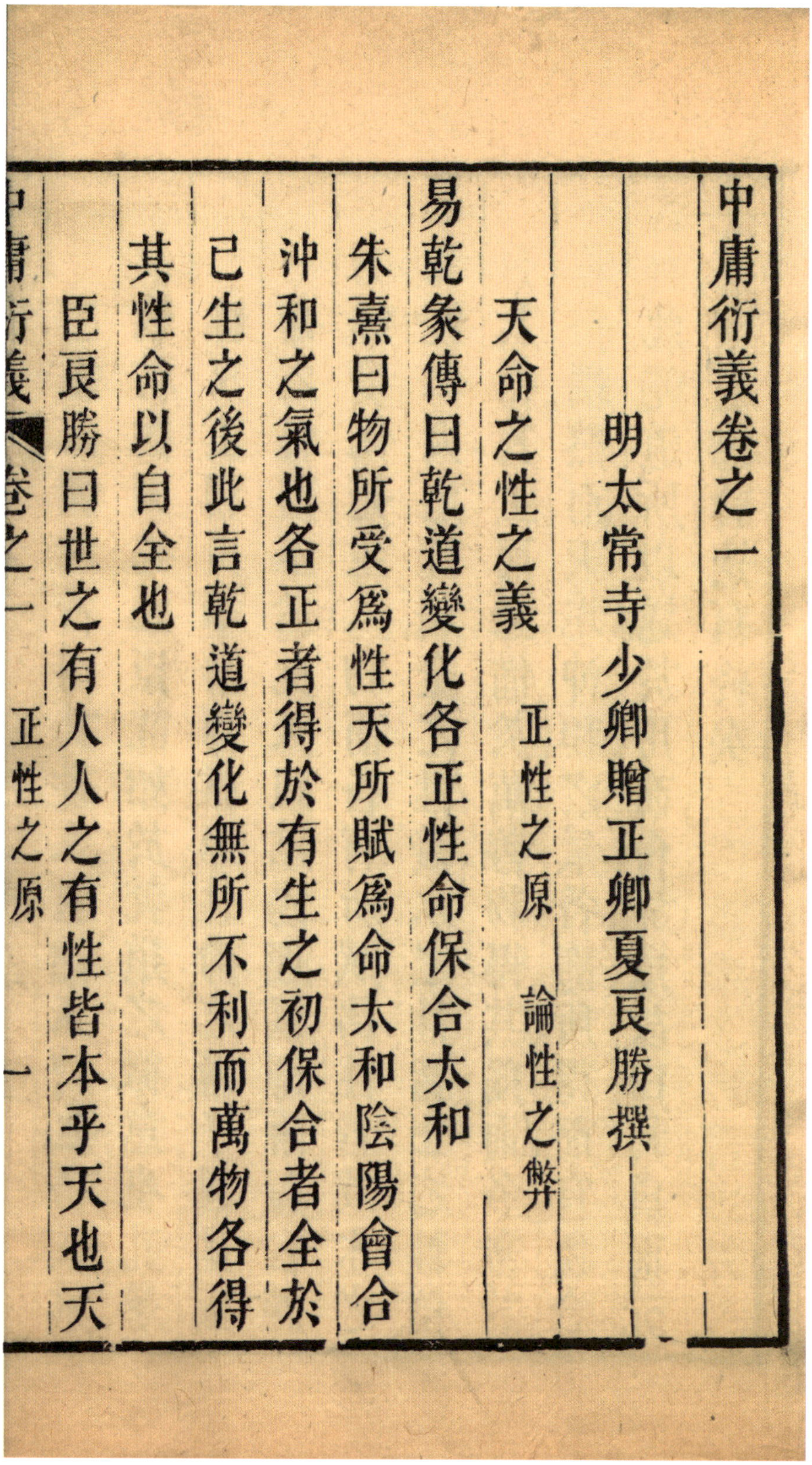
中庸衍義卷之一

明太常寺少卿贈正卿夏良勝撰

天命之性之義　正性之原　論性之弊

易乾彖傳曰乾道變化各正性命保合太和

朱熹曰物所受爲性天所賦爲命太和陰陽會合沖和之氣也各正者得於有生之初保合者全於已生之後此言乾道變化無所不利而萬物各得其性命以自全也

臣良勝曰世之有人人之有性皆本乎天也天

中庸衍義　卷之一　正性之原　一

043 中庸衍義十七卷　（明）夏良勝撰　清同治十年（1871）刻本

匡高 21 釐米，寬 14.4 釐米。半葉十行，行二十字，白口，四周單邊。

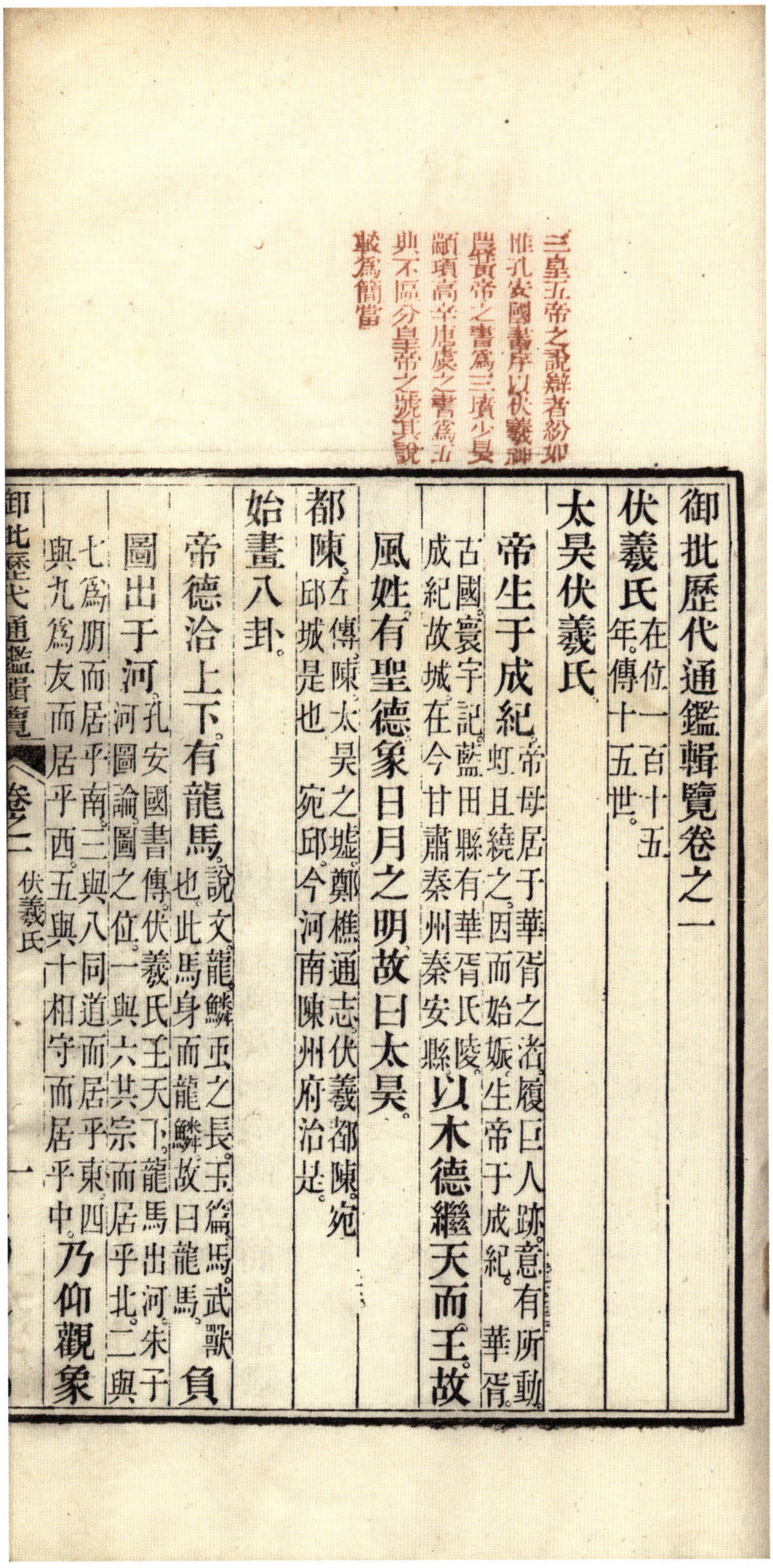

三皇五帝之說辯者紛如
惟孔安國書序以伏羲神
農黃帝之書爲三墳少昊
顓頊高辛唐虞之書爲五
典不區分皇帝之號其說
較爲簡當

御批歷代通鑑輯覽卷之一

伏羲氏在位一百十五年。傳十五世。

太昊伏羲氏

帝生于成紀。帝母居于華胥之渚。履巨人跡。意有所動。虹且繞之。因而始娠。生帝于成紀。華胥古國。寰宇記。藍田縣有華胥氏陵。成紀故城在今甘肅秦州秦安縣。以木德繼天而王。故風姓。有聖德。象日月之明。故曰太昊。

都陳。左傳。陳。太昊之墟。鄭樵通志。伏羲都陳。宛邱城是也。宛邱今河南陳州府治是。

始畫八卦。

帝德洽上下。有龍馬說文。龍。鱗虫之長。玉篇。馬。武獸也。此馬身而龍鱗。故曰龍馬。負圖出于河。孔安國書傳。伏羲氏王天下。龍馬出河。朱子河圖論。圖之位。一與六共宗而居乎北。二與七爲朋而居乎南。三與八同道而居乎東。四與九爲友而居乎西。五與十相守而居乎中。乃仰觀象

御批歷代通鑑輯覽 卷之二 伏羲氏 一

044 御批歷代通鑑輯覽一百二十卷 （清）傅恒纂 清同治十年（1871）浙江書局刻朱墨套印本

匡高 18 釐米，寬 14 釐米。 半葉十一行，行二十二字，小字雙行同，白口，四周雙邊。

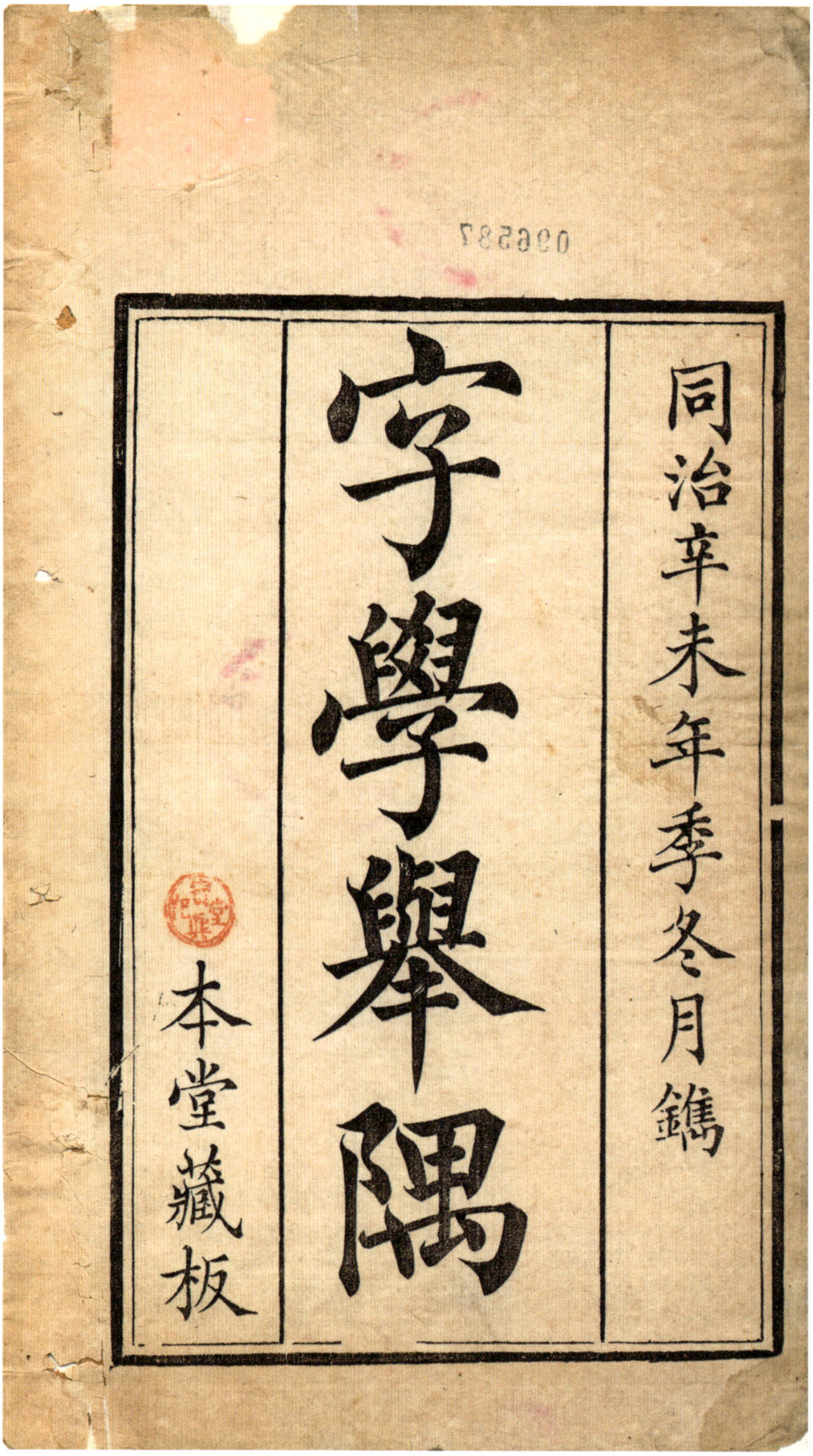

045 字學舉隅一卷 （清）龍光甸 龍啓瑞輯 清同治十年（1871）刻本

匡高 19.3 釐米，寬 14 釐米。行格字數不等，白口，左右雙邊。

館藏索書號：X/H123/2

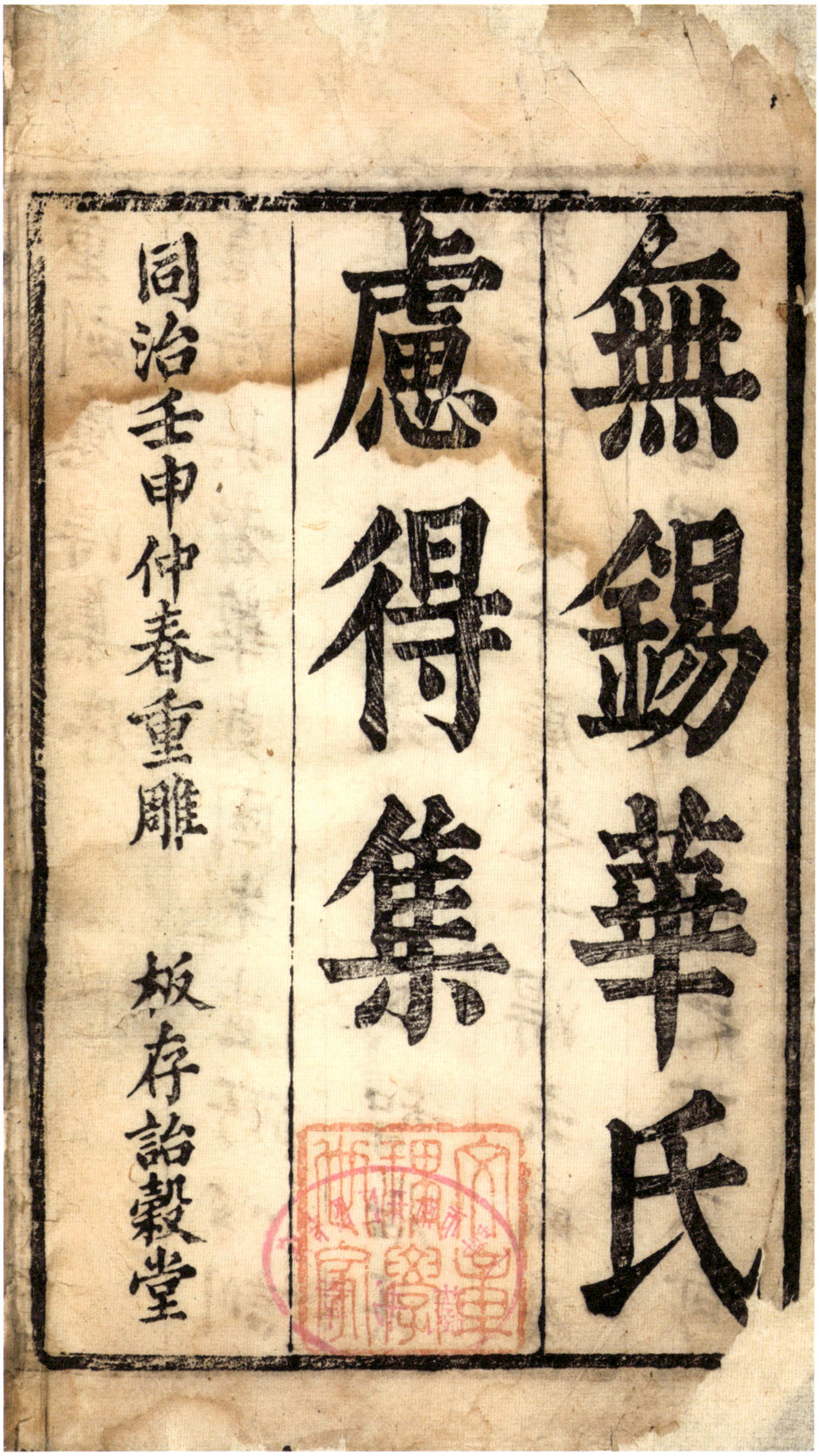

046 慮得集四卷附録二卷 （明）華悰韡撰 清同治十一年（1872）刻本

匡高 21.9 釐米，寬 15.2 釐米。 半葉十行，行十九字，白口，四周雙邊。

館藏索書號：X/K892.22/1

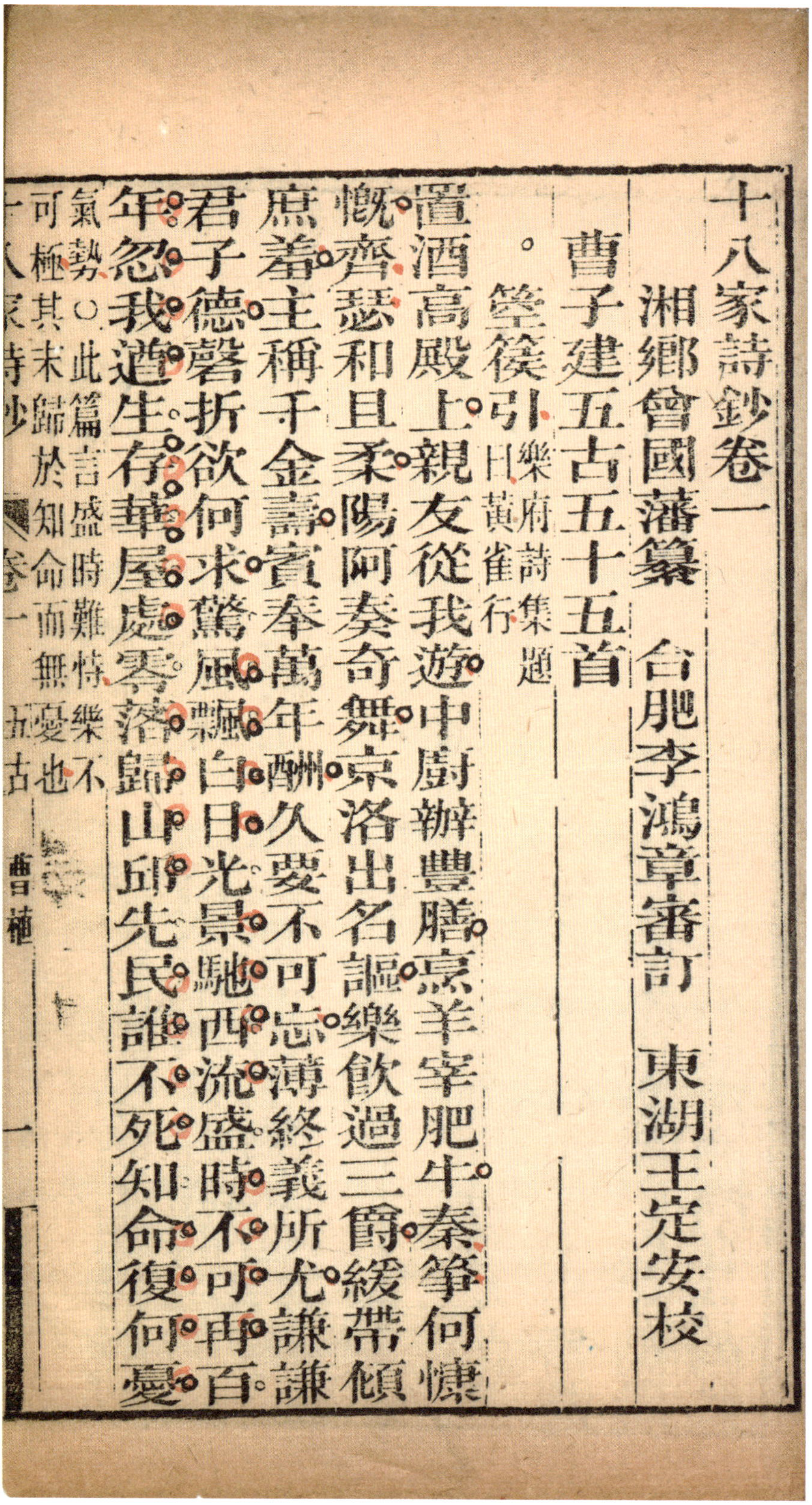
十八家詩鈔卷一
湘鄉曾國藩纂　合肥李鴻章審訂　東湖王定安校
曹子建五古五十五首
箜篌引樂府詩集題曰黃雀行
置酒高殿上親友從我遊中廚辦豐膳烹羊宰肥牛秦箏何慷
慨齊瑟和且柔陽阿奏奇舞京洛出名謳樂飲過三爵緩帶傾
庶羞主稱千金壽賓奉萬年酬久要不可忘薄終義所尤謙謙
君子德磬折欲何求驚風飄白日光景馳西流盛時不可再百
年忽我遒生存華屋處零落歸山丘先民誰不死知命復何憂
氣勢○此篇言盛時難恃樂不可極其末歸於知命而無憂也
十八家詩鈔　卷一　五古　曹植　一

047 十八家詩鈔二十八卷首一卷 （清）曾國藩纂　（清）李鴻章審訂 清同治十三年（1874）傳忠書局刻本

匡高 21.4 釐米，寬 13.7 釐米。 半葉十行，行二十四字，小字雙行同，下黑口，左右雙邊。

館藏索書號：X/I222/1

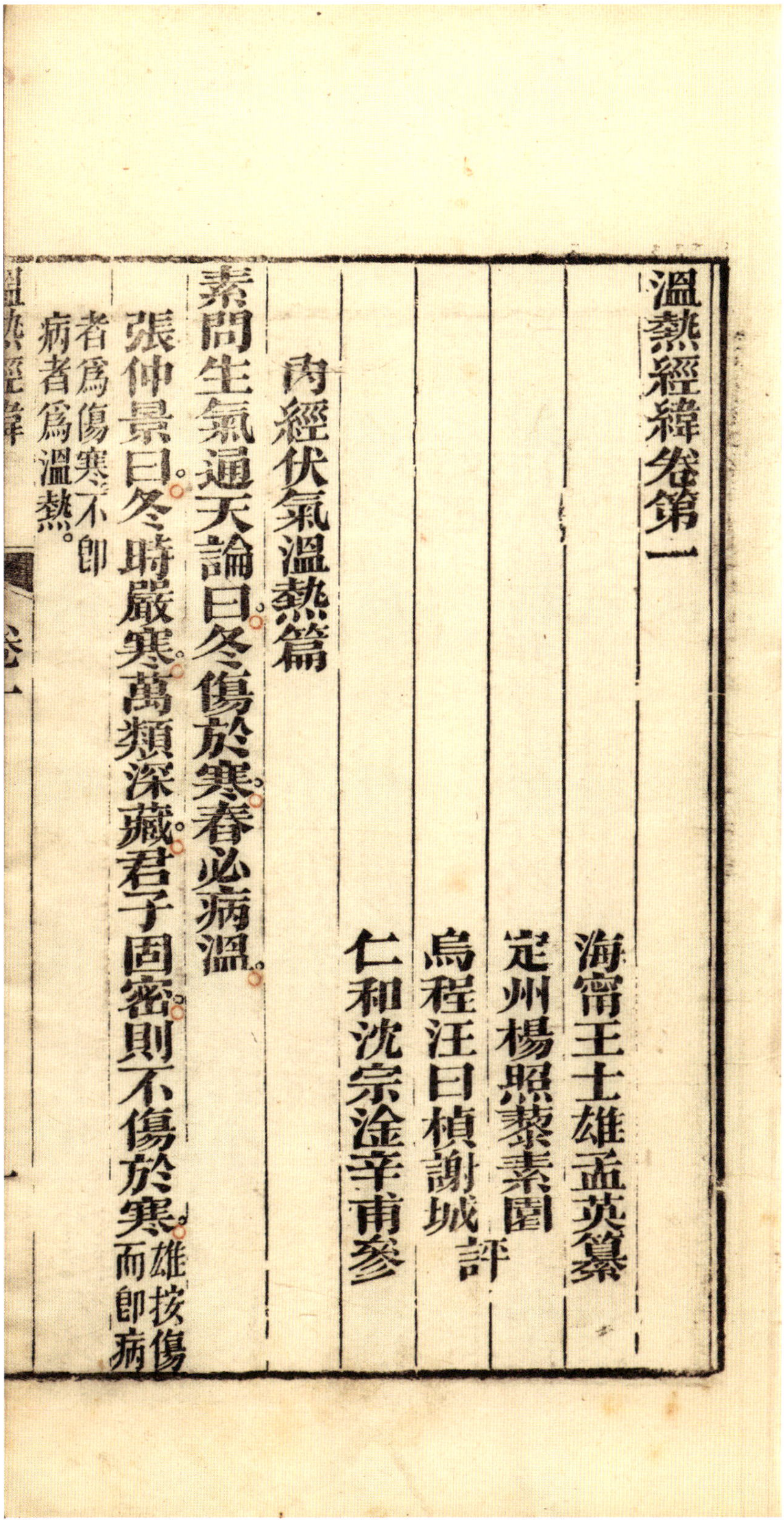
溫熱經緯卷第一
海甯王士雄孟英纂
定州楊照藜素園評
烏程汪曰楨謝城評
仁和沈宗淦辛甫參
內經伏氣溫熱篇
素問生氣通天論曰冬傷於寒春必病溫
張仲景曰冬時嚴寒萬類深藏君子固密則不傷於寒雄按傷寒而卽病者爲傷寒不卽病者爲溫熱。
溫熱經緯　卷一

048 温熱經緯五卷　（清）王士雄纂　（清）楊照藜等評　清同治十三年（1874）湖北崇文書局刻本

匡高 18 釐米，寬 12 釐米。 半葉九行，行二十五字，白口，左右雙邊。

館藏索書號：X/R254/1

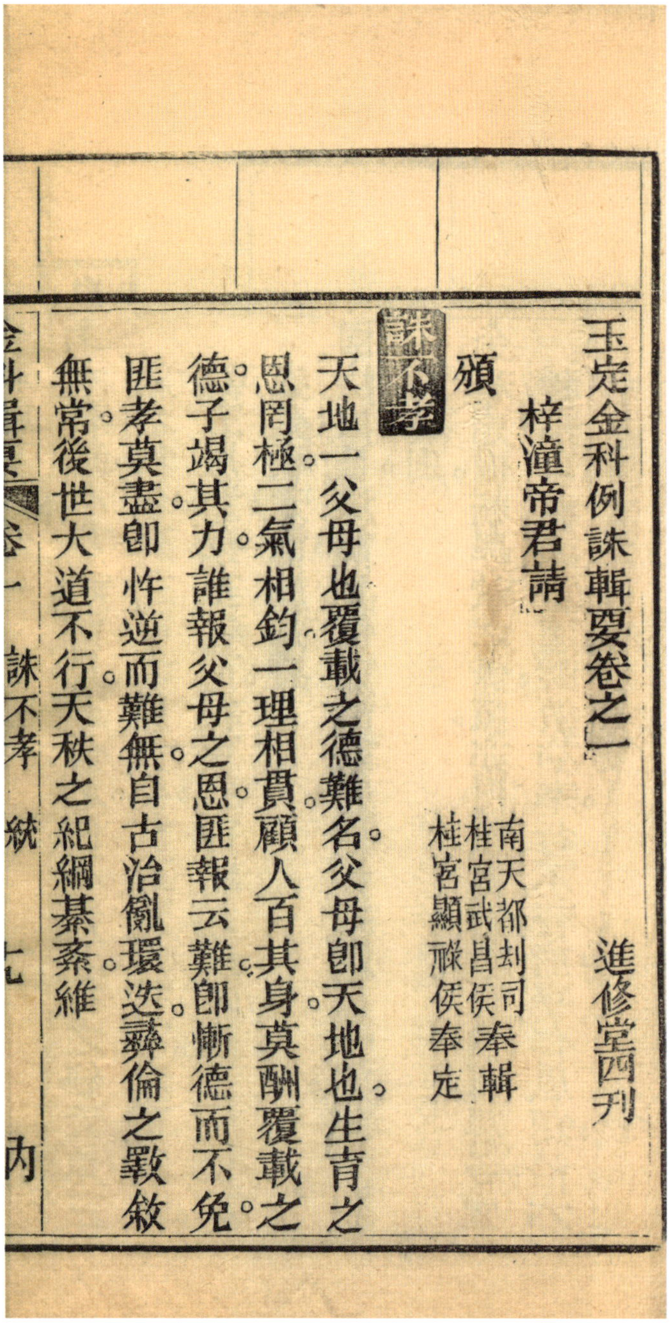

玉定金科例誅輯要卷之一　進修堂四刊

梓潼帝君誥

南天都刲司　桂宮武昌侯奉輯

桂宮顯祿侯奉定

頌

誅不孝

天地一父母也覆載之德難名父母卽天地也生育之恩罔極二氣相鈞一理相貫顧人百其身莫酬覆載之德子竭其力誰報父母之恩匪報云難卽慚德而不免匪孝莫盡卽忤逆而難無自古治亂環迭彝倫之斁敘無常後世大道不行天秩之紀綱綦紊維

金科輯要　卷一　誅不孝

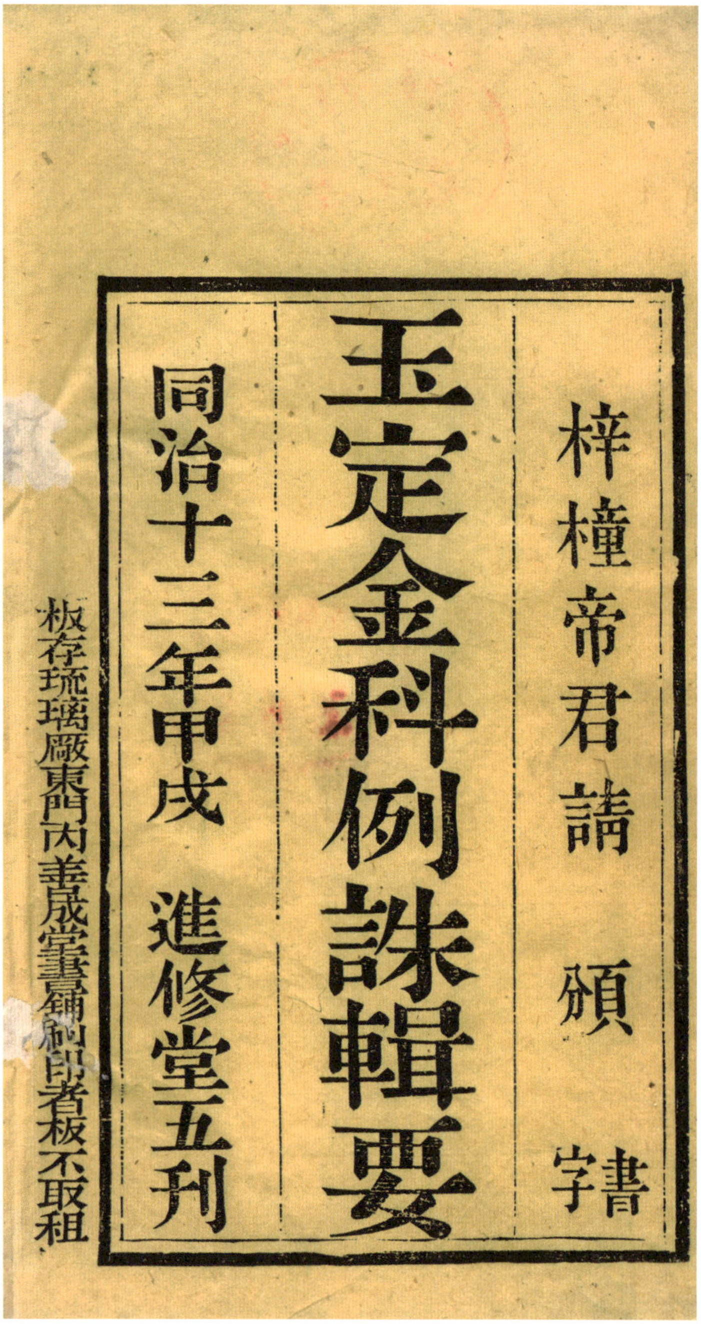

梓橦帝君誥　頌　字書

玉定金科例誅輯要

同治十三年甲戌　進修堂五刊

板存琉璃廠東門內善成堂書鋪刷印者板不取租

049 玉定金科例誅輯要十卷首一卷末一卷　（題）梓潼帝君撰　（題）南天都刲司 桂宮武昌侯奉輯 清同治十三年（1874）進修堂刻本

匡高 21 釐米，寬 12.7 釐米。上下雙欄，下欄半葉九行，行二十二字，白口，四周雙邊。

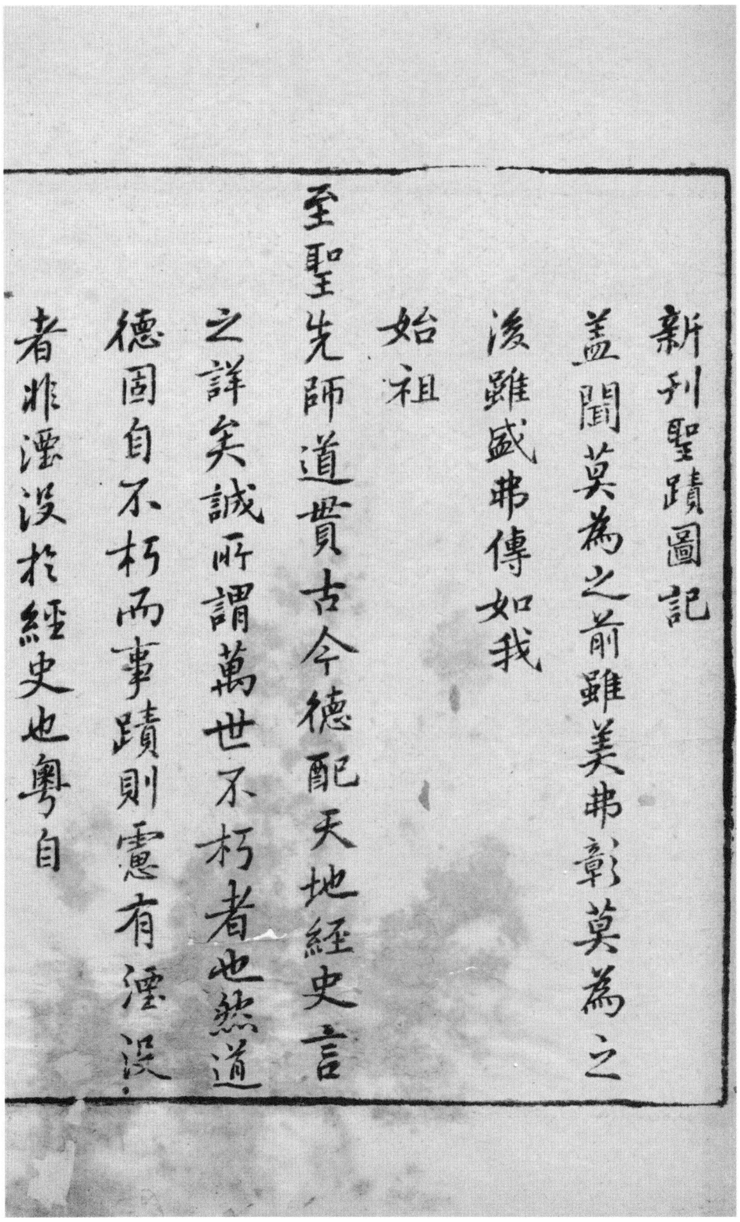

新刊聖蹟圖記

蓋聞莫為之前雖美弗彰莫為之後雖盛弗傳如我

始祖

至聖先師道貫古今德配天地經史言之詳矣誠所謂萬世不朽者也然道德固自不朽而事蹟則憲有湮沒者非湮沒於經史也粵自

050 新刊聖蹟圖 不著撰人 清同治十三年（1874）刻本

匡高 21 釐米，寬 37.5 釐米。白口，四周單邊。孔憲蘭識。

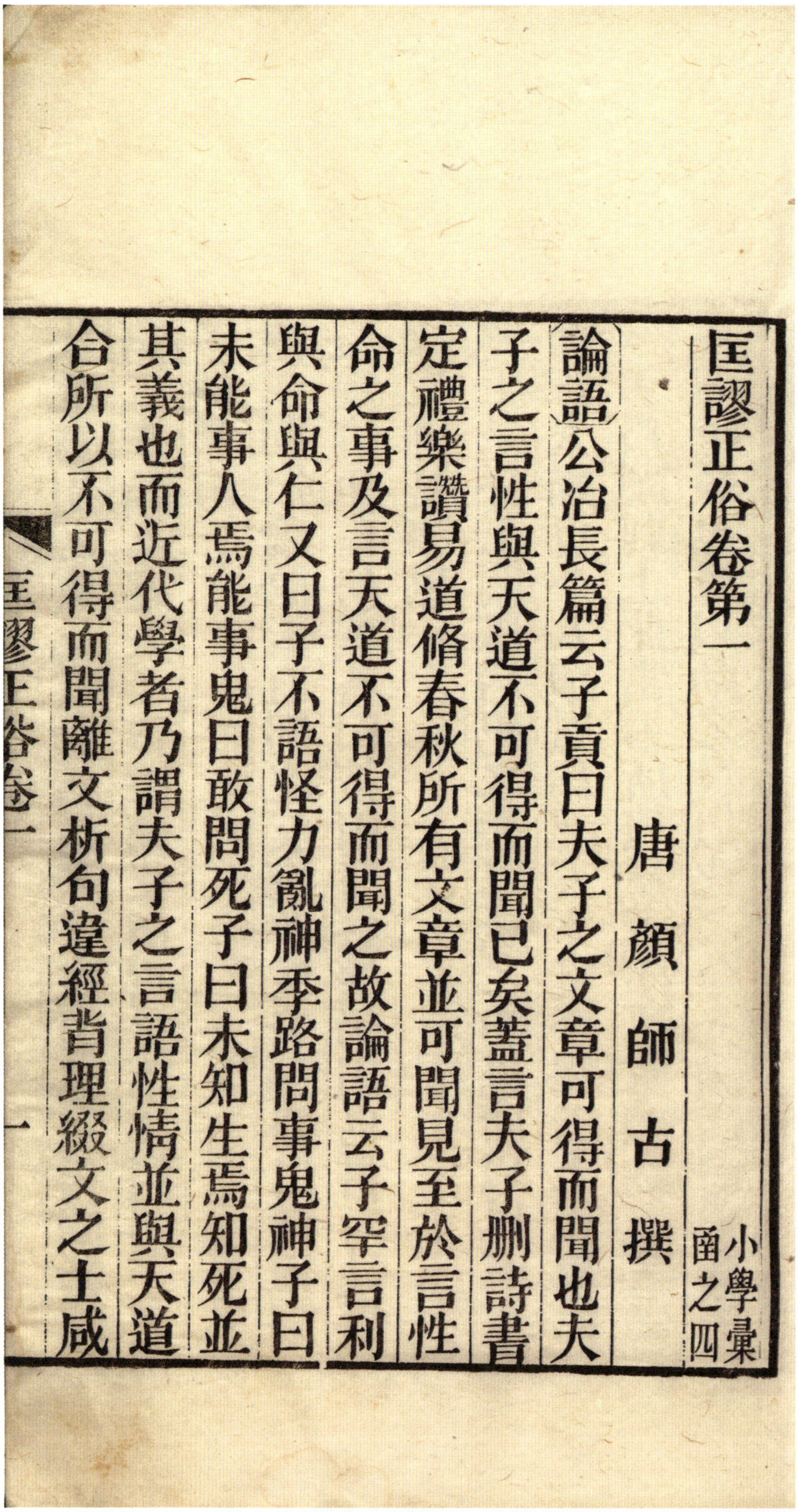

小學彙函之四

匡謬正俗卷第一

唐顏師古撰

論語公治長篇云子貢曰夫子之文章可得而聞也夫子之言性與天道不可得而聞已矣蓋言夫子刪詩書定禮樂讚易道脩春秋所有文章並可聞見至於言性命之事及言天道不可得而聞之故論語云子罕言利與命與仁又曰子不語怪力亂神季路問事鬼神子曰未能事人焉能事鬼曰敢問死子曰未知生焉知死並其義也而近代學者乃謂夫子之言語性情並與天道合所以不可得而聞離文析句違經背理綴文之士咸

匡謬正俗卷一　一

051 匡謬正俗八卷　（唐）顔師古撰　**急就章一卷**　（漢）史游撰　清同治刻小學彙函本

匡高 18.4 釐米，寬 13.8 釐米。半葉十行，行二十一字，小字雙行同，白口，左右雙邊。

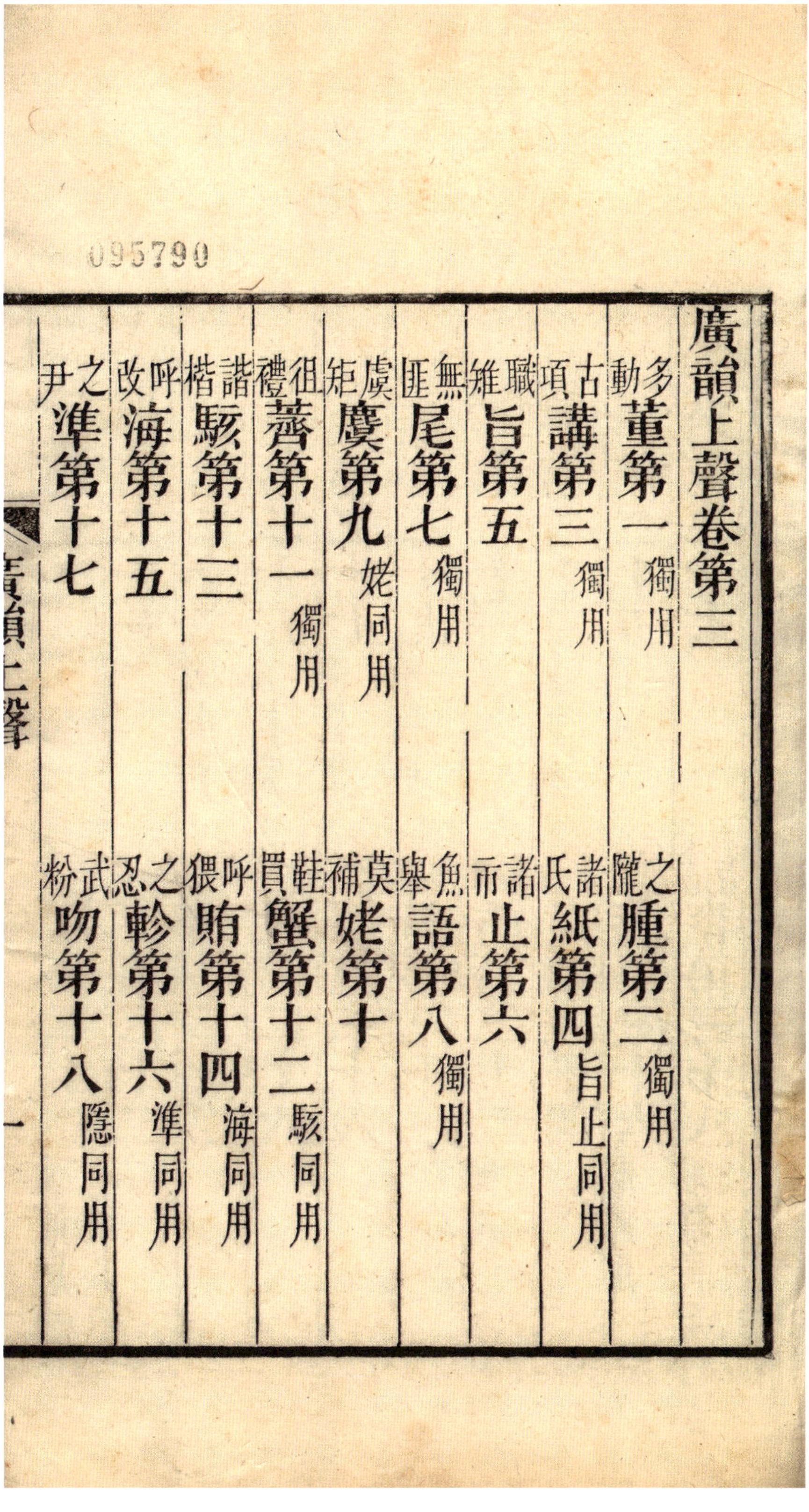

廣韻上聲卷第三
多動董第一獨用　之隴腫第二獨用
古項講第三獨用　諸氏紙第四旨止同用
職雉旨第五　諸市止第六
無匪尾第七獨用　魚舉語第八獨用
虞矩麌第九姥同用　莫補姥第十
徂禮薺第十一獨用　鞋買蟹第十二駭同用
諸楷駭第十三　呼猥賄第十四海同用
呼改海第十五　之忍軫第十六準同用
之尹準第十七　武粉吻第十八隱同用
廣韻上聲　一

052 廣韻五卷　（宋）陈彭年重修　清同治刻小學彙函本

匡高 18 釐米，寬 13.5 釐米。半葉十行，行二十一字，小字雙行同，白口，左右雙邊。

館藏索書號：X/H113.2/1

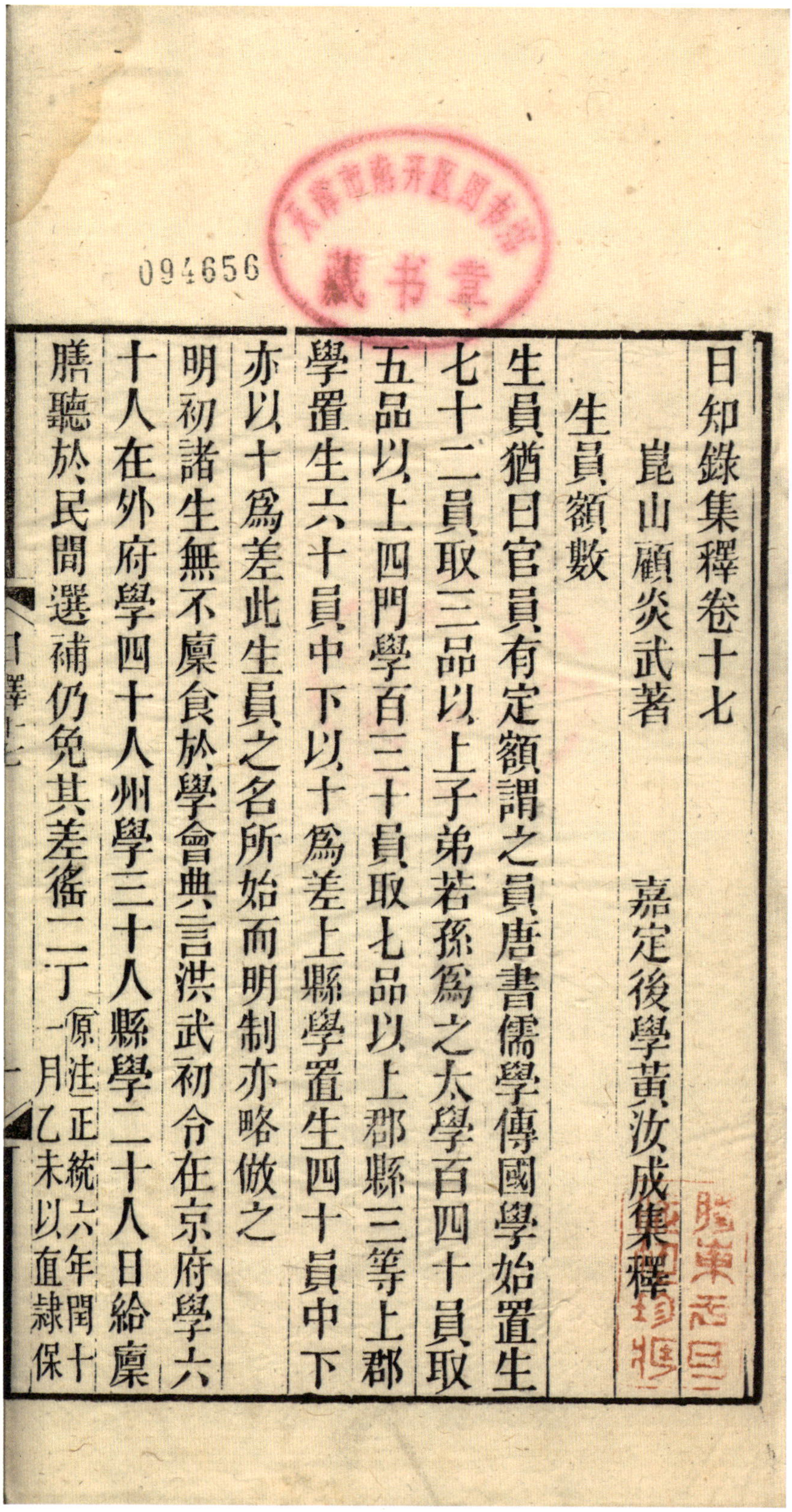

日知録集釋卷十七
崑山顧炎武著　嘉定後學黃汝成集釋
生員額數
生員猶曰官員有定額謂之員唐書儒學傳國學始置生
七十二員取三品以上子弟若孫爲之太學百四十員取
五品以上四門學百三十員取七品以上郡縣三等上郡
學置生六十員中下以十爲差上縣學置生四十員中下
亦以十爲差此生員之名所始而明制亦略倣之
明初諸生無不廪食於學會典言洪武初令在京府學六
十人在外府學四十人州學三十人縣學二十人日給廪
膳聽於民間選補仍免其差徭二丁（原注）正統六年閏十一月乙未以直隸保

053 日知録集釋三十二卷刊誤二卷續刊誤二卷　（清）顧炎武著　（清）黄汝成集釋　清同治番禺陳璞刻本

匡高 18 釐米，寬 13 釐米。半葉十一行，行二十二字，小字雙行同，黑口，左右雙邊。

館藏索書號：X/K207/3:2

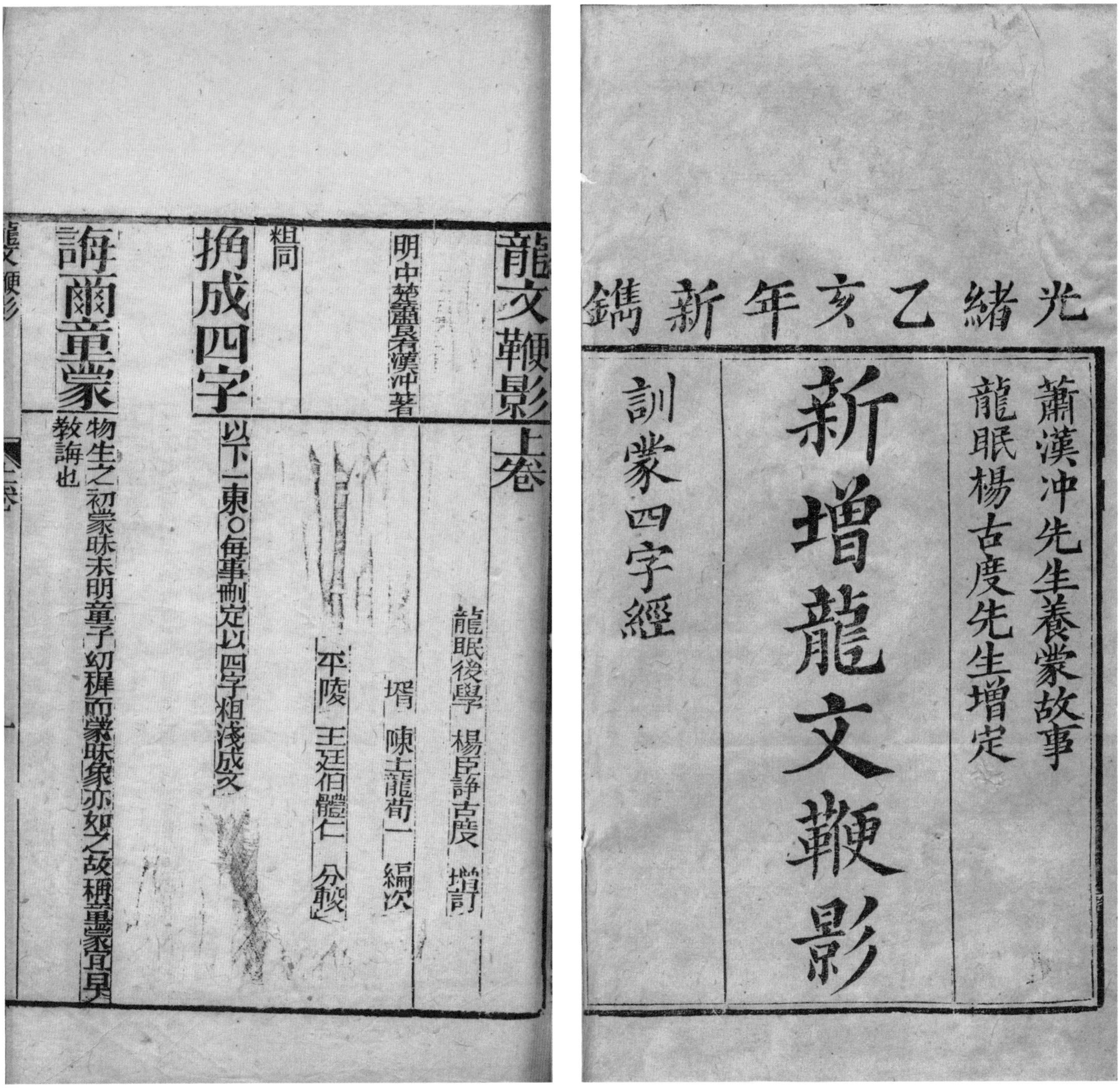

054 龍文鞭影二卷 （明）蕭良有撰 （清）楊臣諍增訂 **二集二卷** （清）李暉吉 徐灒輯 清光緒元年（1875）三義堂刻本

匡高 19.5 釐米，寬 13.5 釐米。上下雙欄，下欄半葉小字雙行二十五字，白口，四周單邊。

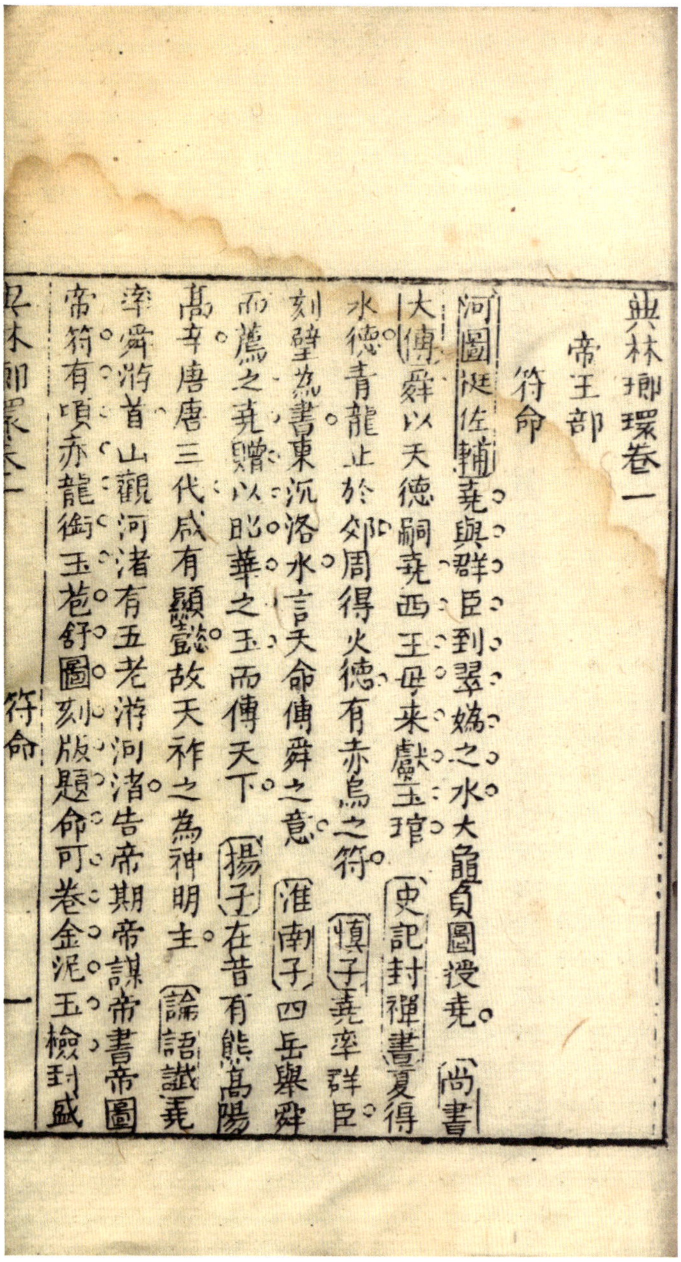

典林瑯環卷一

帝王部

符命

河圖挺佐輔堯與群臣到翠嬀之水大龜負圖授堯〔尚書

大傳〕舜以天德嗣堯西王母來獻玉琯〔史記封禪書〕夏得

水德青龍止於郊周得火德有赤烏之符〔愼子〕堯率群臣

刻璧為書東沉洛水言天命傳舜之意〔淮南子〕四岳舉舜

而薦之堯贈以昭華之玉而傳天下〔揚子〕在昔有熊高陽

高辛唐虞三代咸有顯懿故天祚之為神明主〔論語讖〕堯

率舜游首山觀河渚有五老游河渚告帝期帝謀帝書帝圖

帝符有頃赤龍銜玉苞舒圖刻版題命可卷金泥玉檢封盛

典林瑯環卷一　符命　一

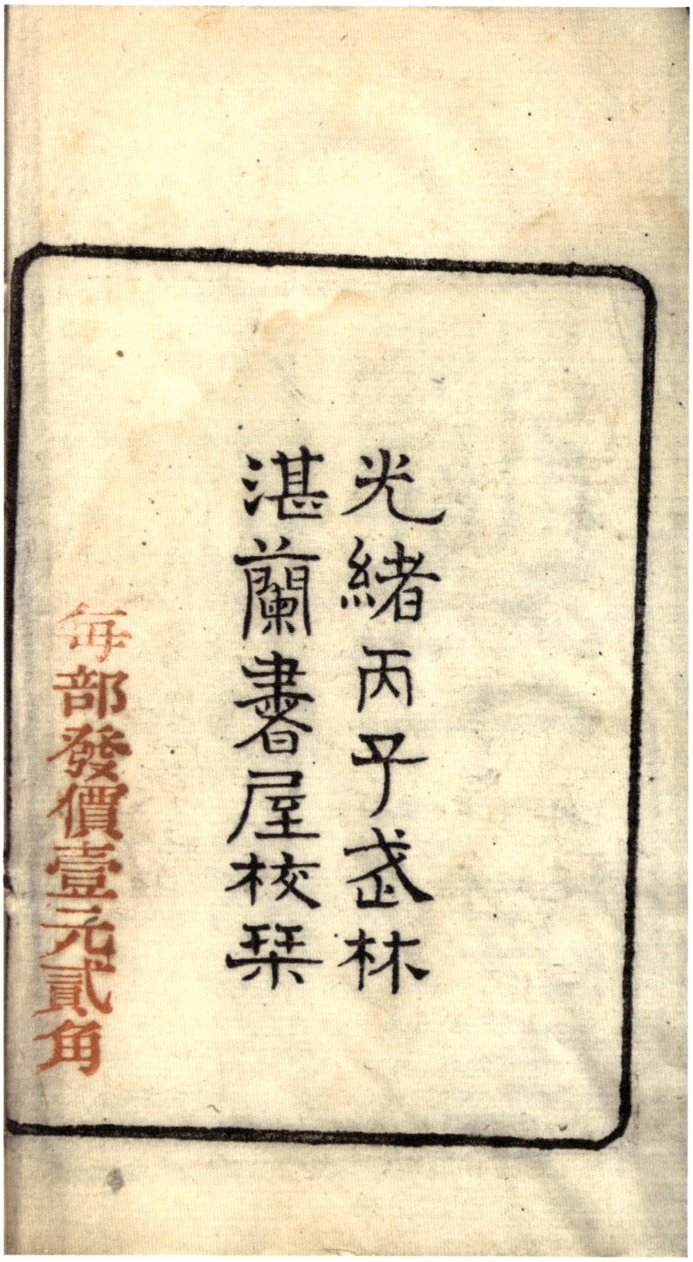

光緒丙子武林

湛蘭書屋校栞

每部發價壹元貳角

055 典林琅環二十四卷續典林琅環三十卷 不著撰人 清光緒二年(1876)

武林湛蘭書屋刻巾箱本

匡高 9.2 釐米，寬 7.5 釐米 。半葉十一行，行二十三字，白口，左右雙邊。

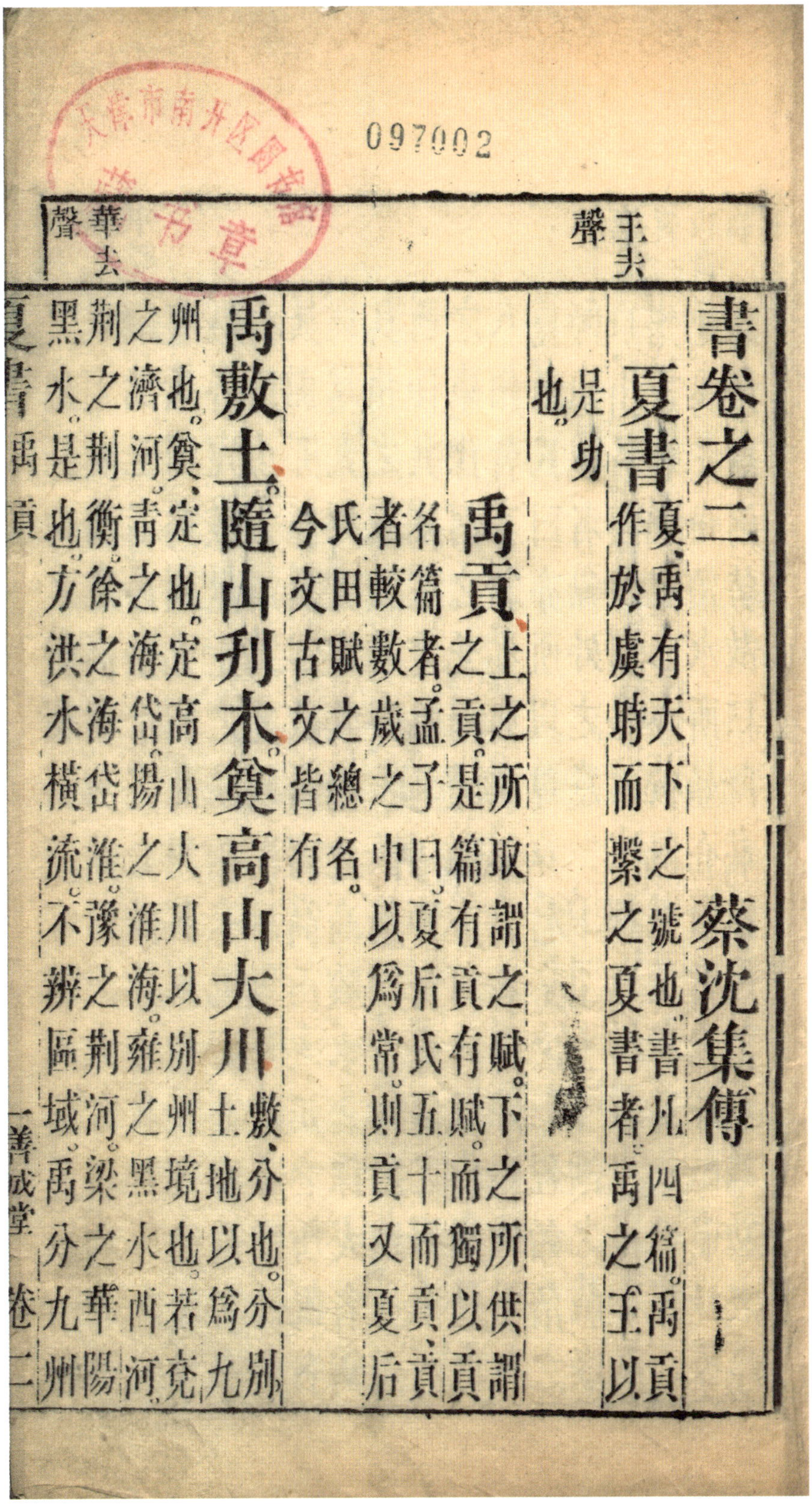

王去聲　華去聲

書卷之二　蔡沈集傳

夏書　夏、禹有天下之號也。書凡四篇。禹貢作於虞時，而繫之夏書者，禹之王以是功也。

禹貢　上之所取謂之賦，下之所供謂之貢。是篇有貢有賦，而獨以貢名篇者，孟子曰：夏后氏五十而貢。貢者，較數歲之中以爲常。則貢又夏后氏田賦之總名。今文古文皆有。

禹敷土，隨山刊木，奠高山大川。敷，分也。分別土地以爲九州也。奠，定也。定高山大川以別州境也。若兗之濟河，青之海岱，揚之淮海，雍之黑水西河，荆之荆衡，徐之海岱淮，豫之荆河，梁之華陽黑水是也。方洪水橫流，不辨區域，禹分九州

夏書　禹貢　　一　善成堂　卷二

056 書經六卷　（宋）蔡沈集傳　清光緒三年（1877）善成堂刻本

匡高20釐米，寬14.5釐米。上下雙欄，下欄半葉九行，行十七字，小字雙行同，白口，四周雙邊。

館藏索書號 :X/K221.4/2

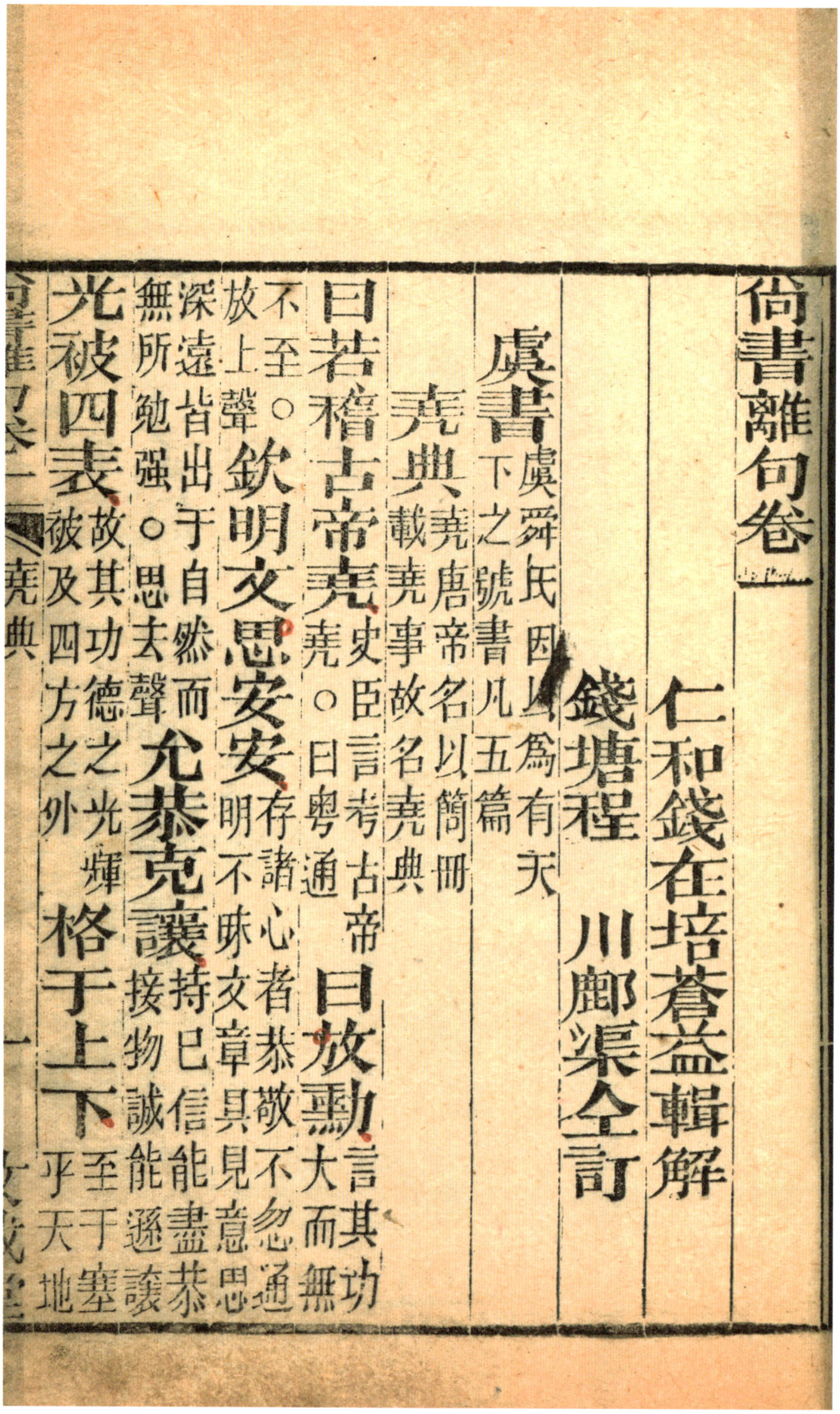

尚書離句卷一

仁和錢在培蒼益輯解

錢塘程　川鄜渠仝訂

虞書虞舜氏因以為有天下之號書凡五篇

堯典堯唐帝名以簡冊載堯事故名堯典

曰若稽古帝堯史臣言考古帝堯。曰粵通曰放勳言其功大而無不至。放上聲欽明文思安安存諸心者恭敬不忽通明不昧文章見意思深遠皆出于自然而無所勉强。思去聲允恭克讓持已信能盡恭接物誠能遜讓光被四表故其功德之光輝被及四方之外格于上下至于塞乎天地

尚書離句卷一　堯典　一　文成堂

057 尚書離句六卷　（清）錢在培輯解　清光緒四年（1878）文成堂刻本

匡高 16.8 釐米，寬 13 釐米。半葉九行，行十八字，小字雙行同，白口，左右雙邊。

館藏索書號：X/K221.4/4

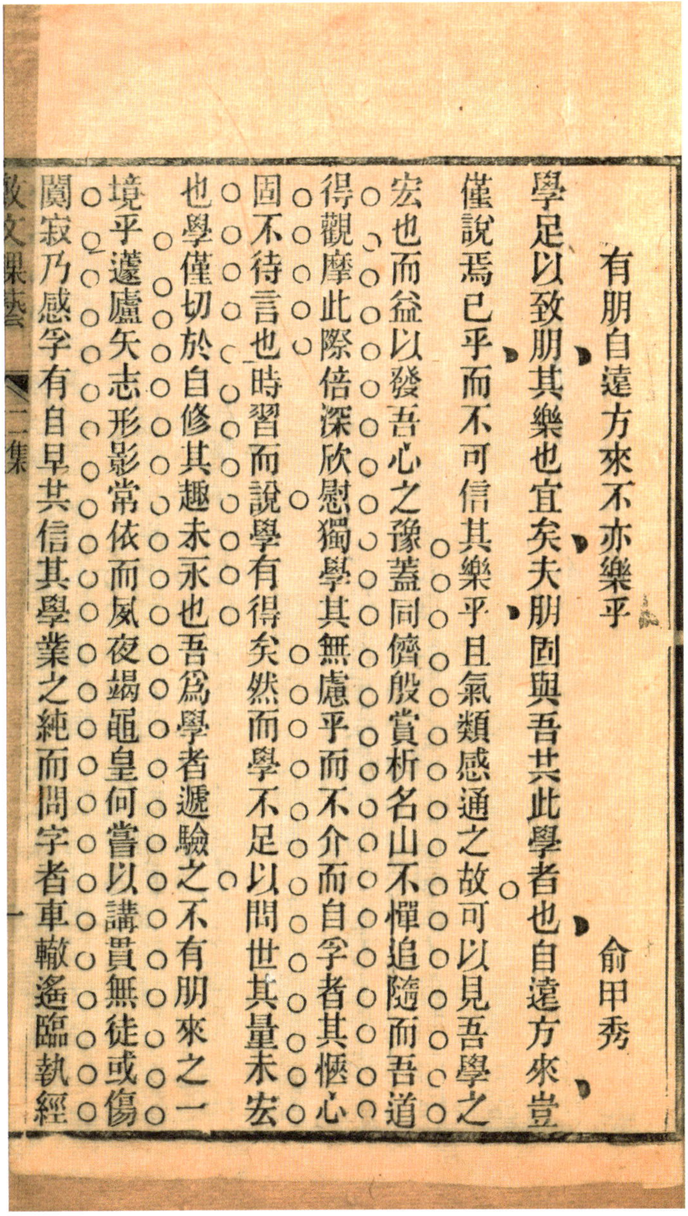

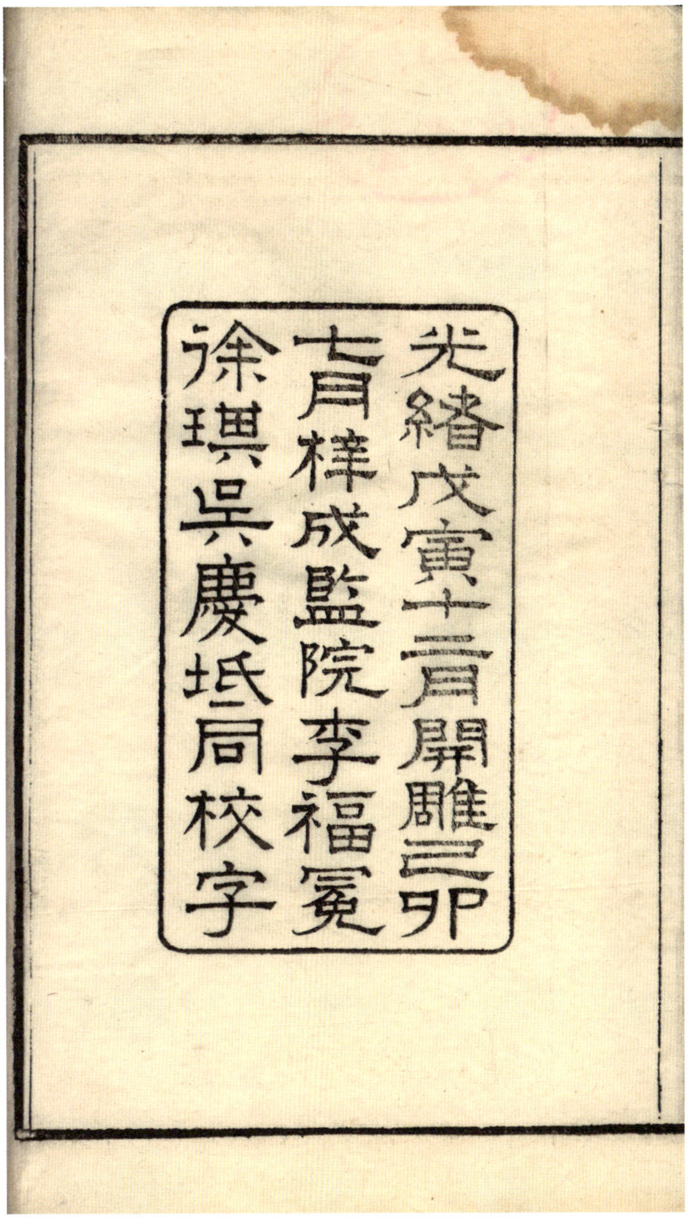

058 敷文課藝二集不分卷 （清）俞甲秀等撰　清光緒四年（1878）尊經閣刻本

匡高 18 釐米，寬 12.5 釐米。半葉九行，行二十五字，白口，左右雙邊。

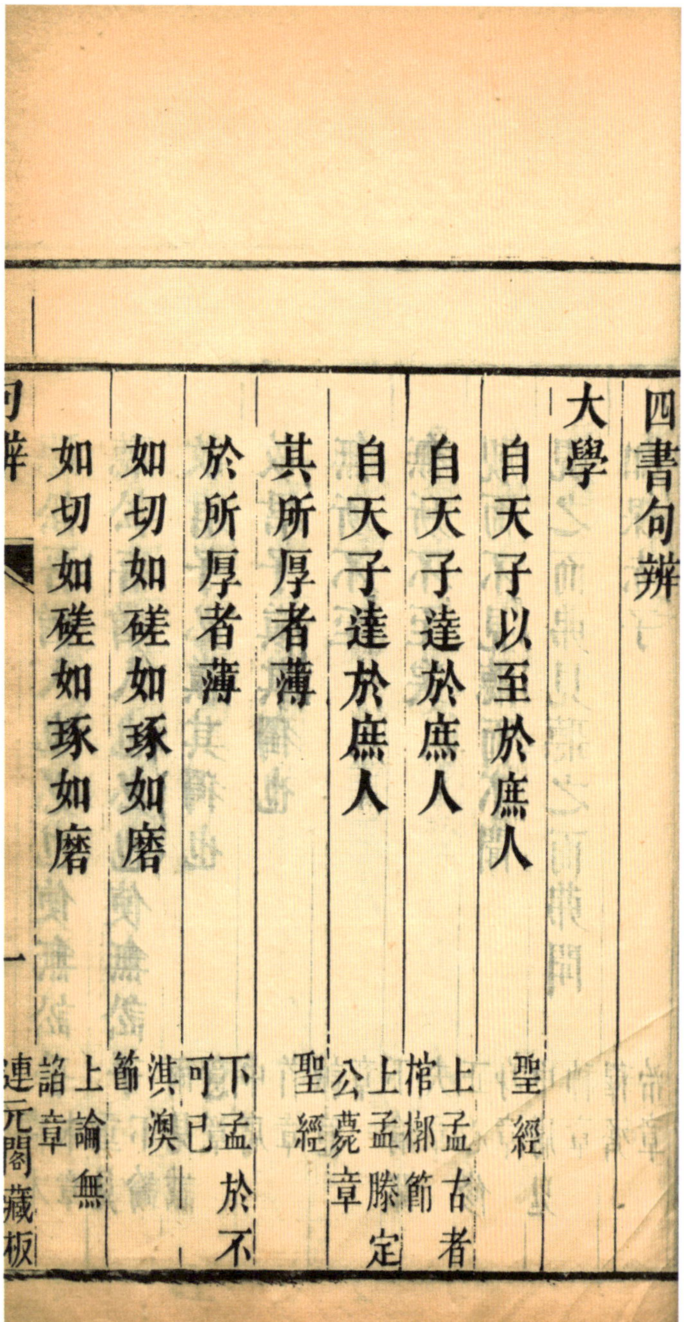

四書句辨

大學

自天子以至於庶人 聖經

自天子達於庶人 上孟古者棺槨節

自天子達於庶人 上孟滕定公薨章

其所厚者薄 聖經

於所厚者薄 下孟於不可已

如切如磋如琢如磨 淇澳節

如切如磋如琢如磨 上論無諂章

句辨 一 連元閣藏板

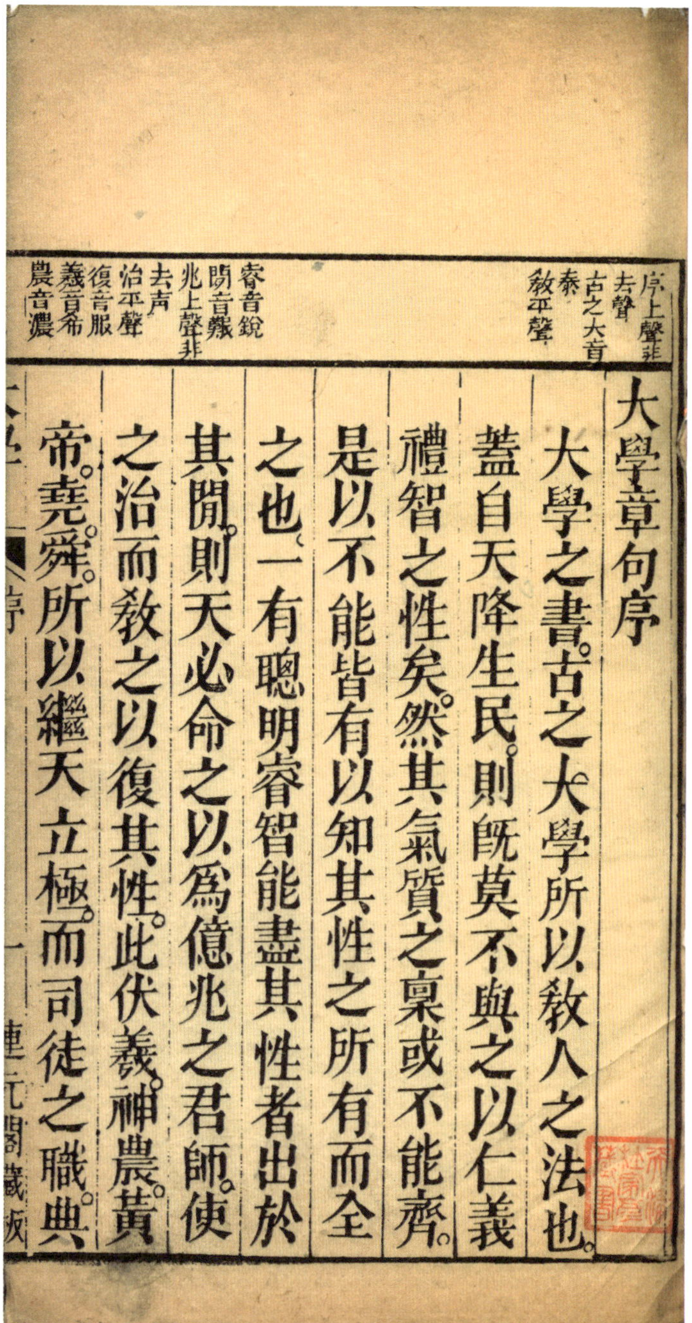

序上聲非去聲 古之大音泰 敎平聲 睿音銳 閒音艱 兆上聲非去声 治平聲 復音服 羲音希 農音濃

大學章句序

大學之書。古之大學所以敎人之法也。蓋自天降生民。則既莫不與之以仁義禮智之性矣。然其氣質之稟或不能齊。是以不能皆有以知其性之所有而全之也。一有聰明睿智能盡其性者出於其閒。則天必命之以爲億兆之君師。使之治而敎之以復其性。此伏羲神農黃帝堯舜。所以繼天立極。而司徒之職典

大學 序 一 連元閣藏板

059 四書離句集註□□卷 （宋）朱熹集註 清光緒五年（1879）連元閣刻本

匡高20.5釐米，寬13.8釐米。上下雙欄，下欄半葉九行，行十六字，小字雙行同，白口，左右雙邊。

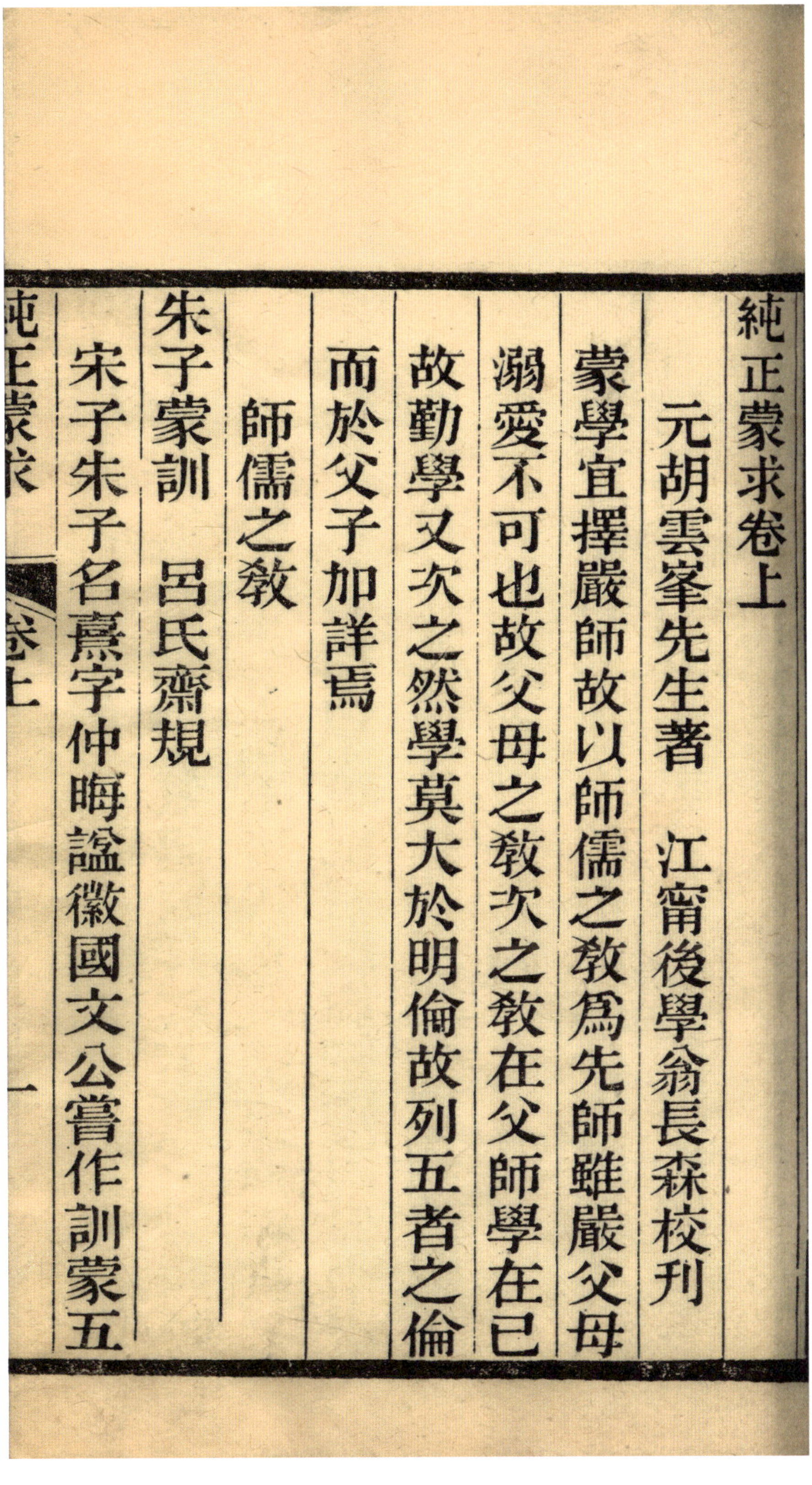
純正蒙求卷上
元胡雲峯先生著　江甯後學翁長森校刊
蒙學宜擇嚴師故以師儒之教爲先師雖嚴父母
溺愛不可也故父母之教次之教在父師學在已
故勤學又次之然學莫大於明倫故列五者之倫
而於父子加詳焉
師儒之教
朱子蒙訓　呂氏齋規
宋子朱子名熹字仲晦謚徽國文公嘗作訓蒙五
純正蒙求　卷上　一

060 純正蒙求三卷　（元）胡炳文著 清光緒五年（1879）茹古閣刻本

匡高 17.5 釐米，寬 13 釐米。半葉九行，行二十字，白口，左右雙邊。

館藏索書號：X/H194.1/2

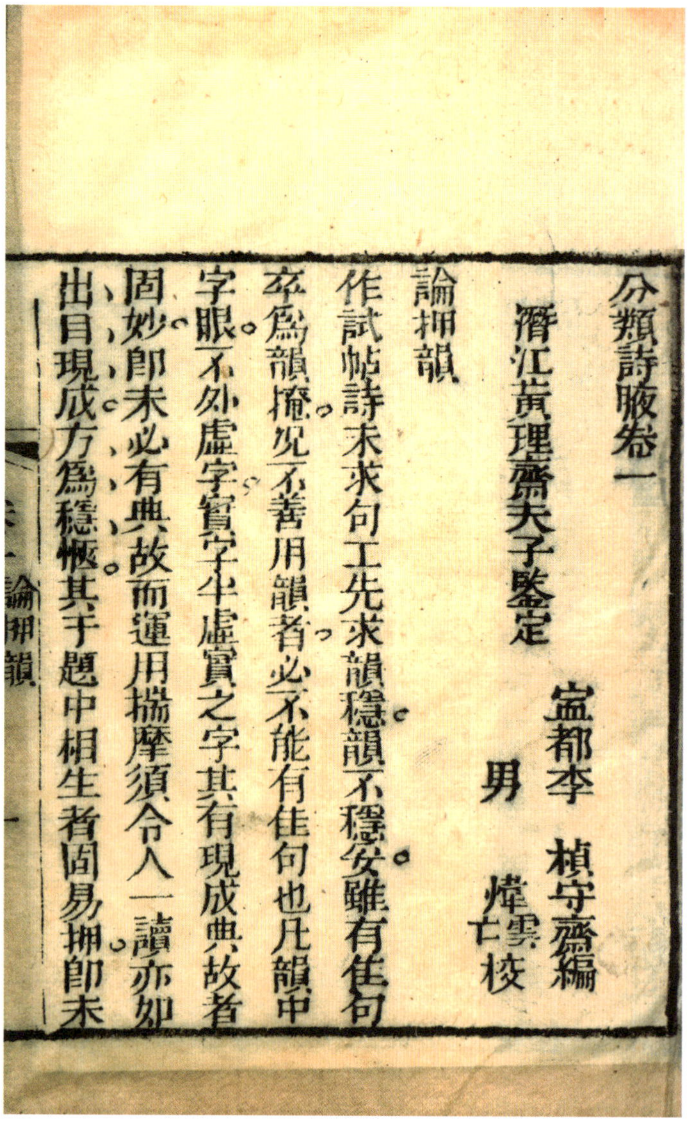

分類詩腋卷一

潛江黄理齋夫子鑒定

宜都李　楨守齋編

男　煒雲士校

論押韻

作試帖詩未求句工先求韻穩韻不穩安雖有佳句卒爲韻掩况不善用韻者必不能有佳句也凡韻中字眼不外虛字實字半虛實之字其有現成典故者固妙即未必有典故而運用揣摩須令人一讀亦如出自現成方爲穩愜其于題中相生者固易押即未

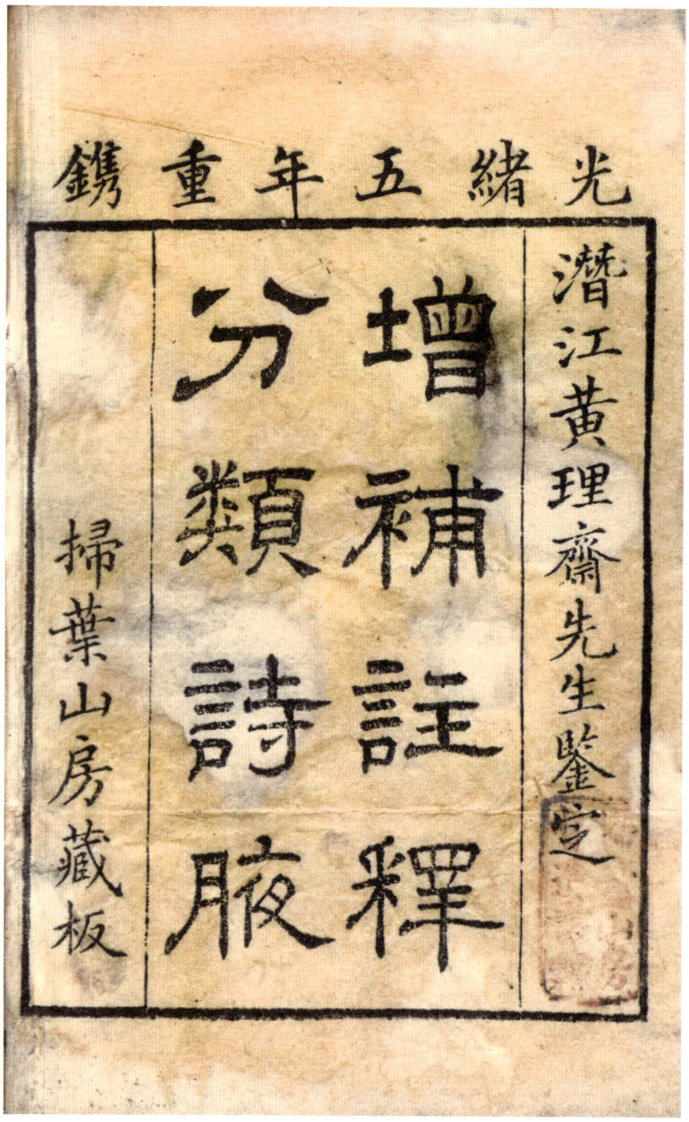

光緒五年重鐫

潛江黄理齋先生鑒定

增補註釋分類詩腋

掃葉山房藏板

061 分類詩腋八卷　（清）李楨編　清光緒五年（1879）掃葉山房刻巾箱本

匡高 11 釐米，寬 9.6 釐米。半葉九行，行二十字，小字雙行同，白口，四周單邊。

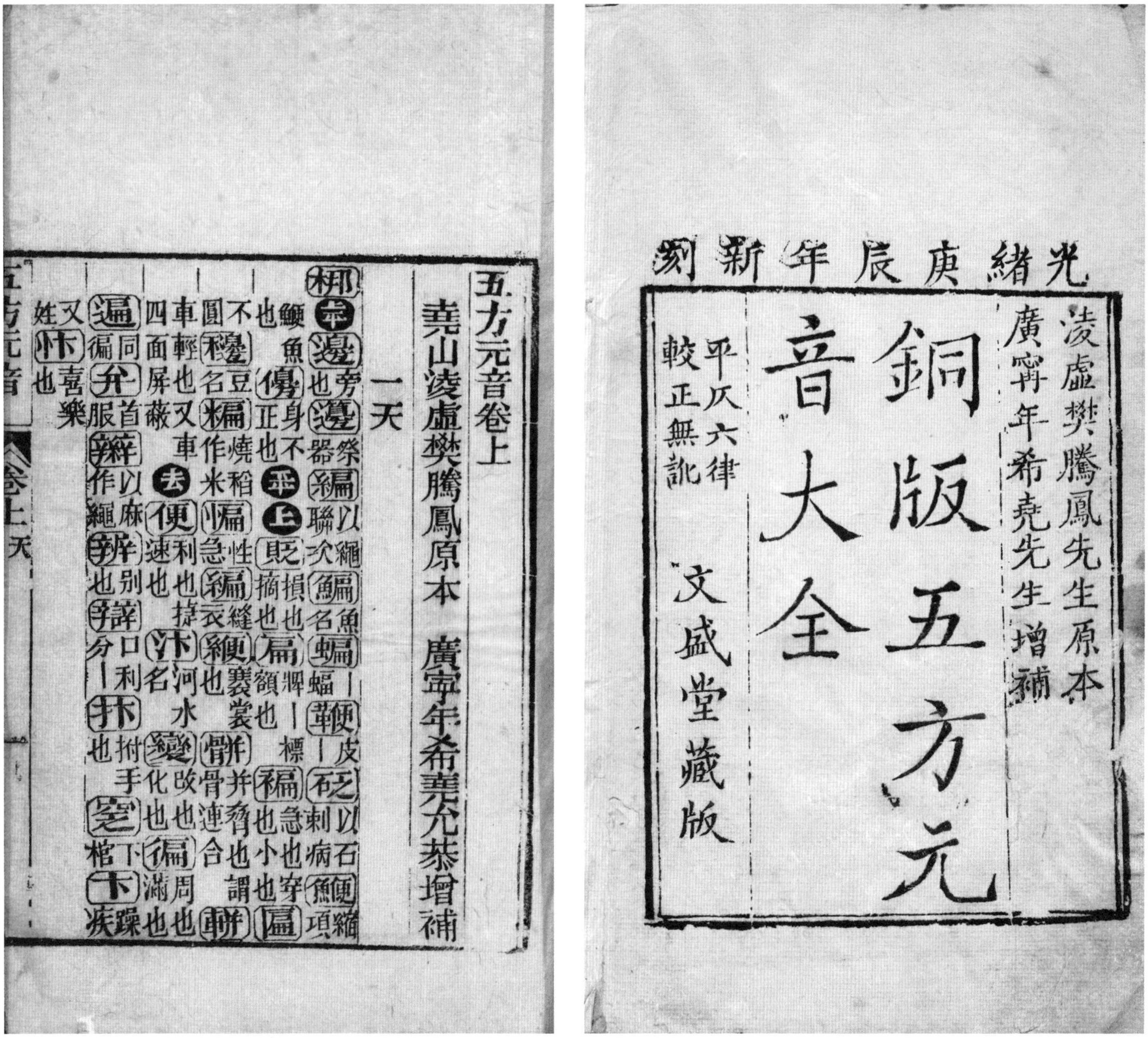

062 五方元音二卷 （清）樊騰鳳撰 （清）年希堯增補 清光緒六年（1880）

文盛堂刻本

匡高 15.8 釐米，寬 12.3 釐米。半葉九行，行二十字，小字雙行同，白口，左右雙邊。

館藏索書號：X/H113.6/2

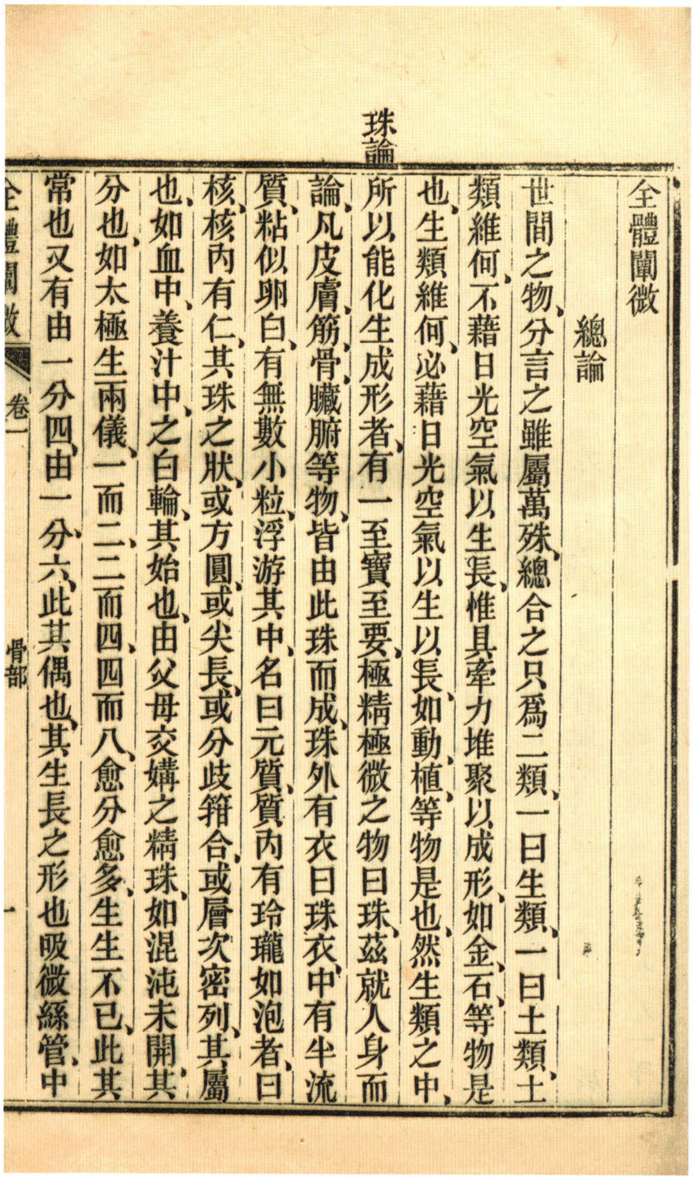
珠論

全體闡微

總論

世間之物分言之雖屬萬殊總合之只爲二類一曰生類一曰土類土類維何不藉日光空氣以生長惟具牽力堆聚以成形如金石等物是也生類維何必藉日光空氣以生以長如動植等物是也然生類之中所以能化生成形者有一至寶至要極精極微之物曰珠茲就人身而論凡皮膚筋骨臟腑等物皆由此珠而成珠外有衣曰珠衣中有半流質粘似卵白有無數小粒浮游其中名曰元質質內有玲瓏如泡者曰核核內有仁其珠之狀或方圓或尖長或分歧箝合或層次密列其屬也如血中養汁中之白輪其始也由父母交媾之精珠如混沌未開其分也如太極生兩儀一而二二而四四而八愈分愈多生生不已此其常也又有由一分四由一分六此其偶也其生長之形也吸微絲管中

全體闡微　卷一　骨部　一

光緒七年新鐫

全體闡微

福州聖教醫館藏板

063 全體闡微六卷　（美國）柯爲良　（清）林鼎文編譯　清光緒七年（1881）福州聖教醫館刻本

匡高 21 釐米，寬 15.5 釐米。半葉十二行，行二十七字，小字雙行同，白口，四周雙邊。

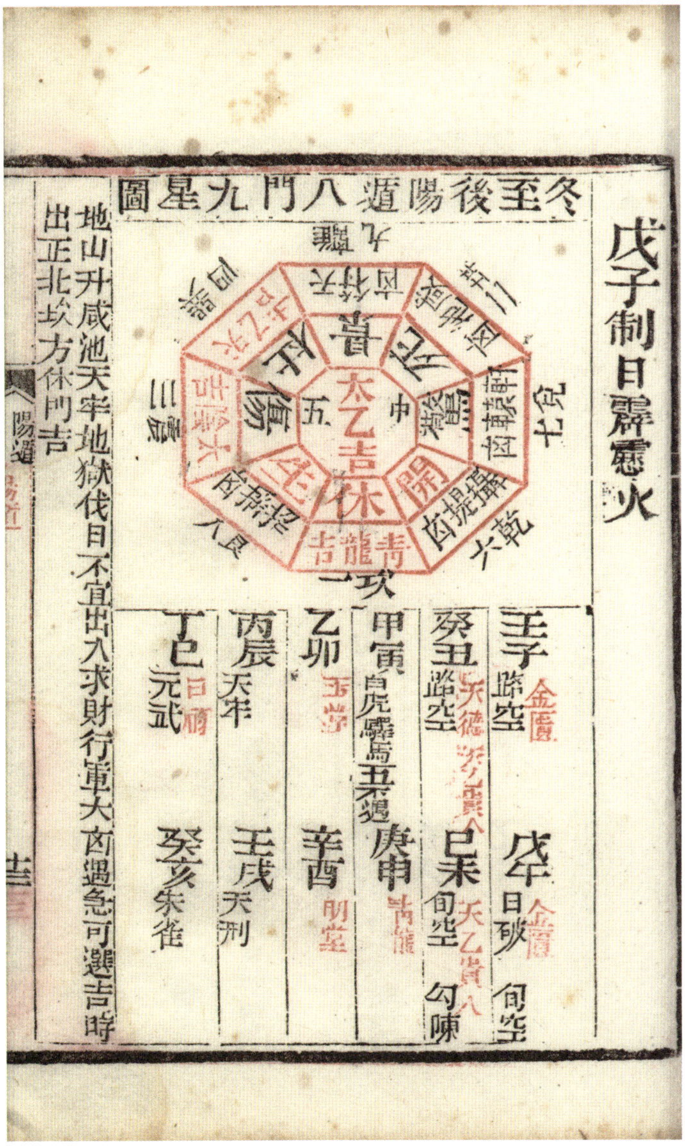

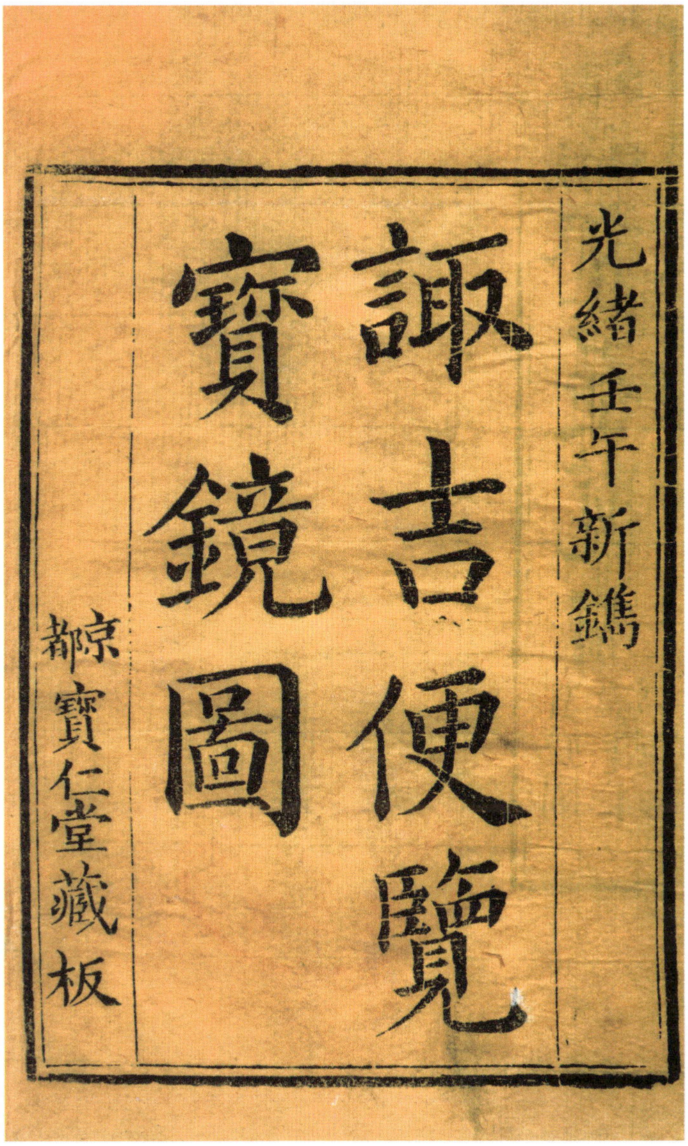

064 增補諏吉便覽不分卷附寶鏡圖一卷滚盤珠一卷 （清）俞榮寬編

清光緒八年（1882）京都寶仁堂刻朱墨套印本

匡高 15.2 釐米，寬 11.7 釐米。半葉行格字數不等，小字雙行不等，白口，四周單邊間雙邊。

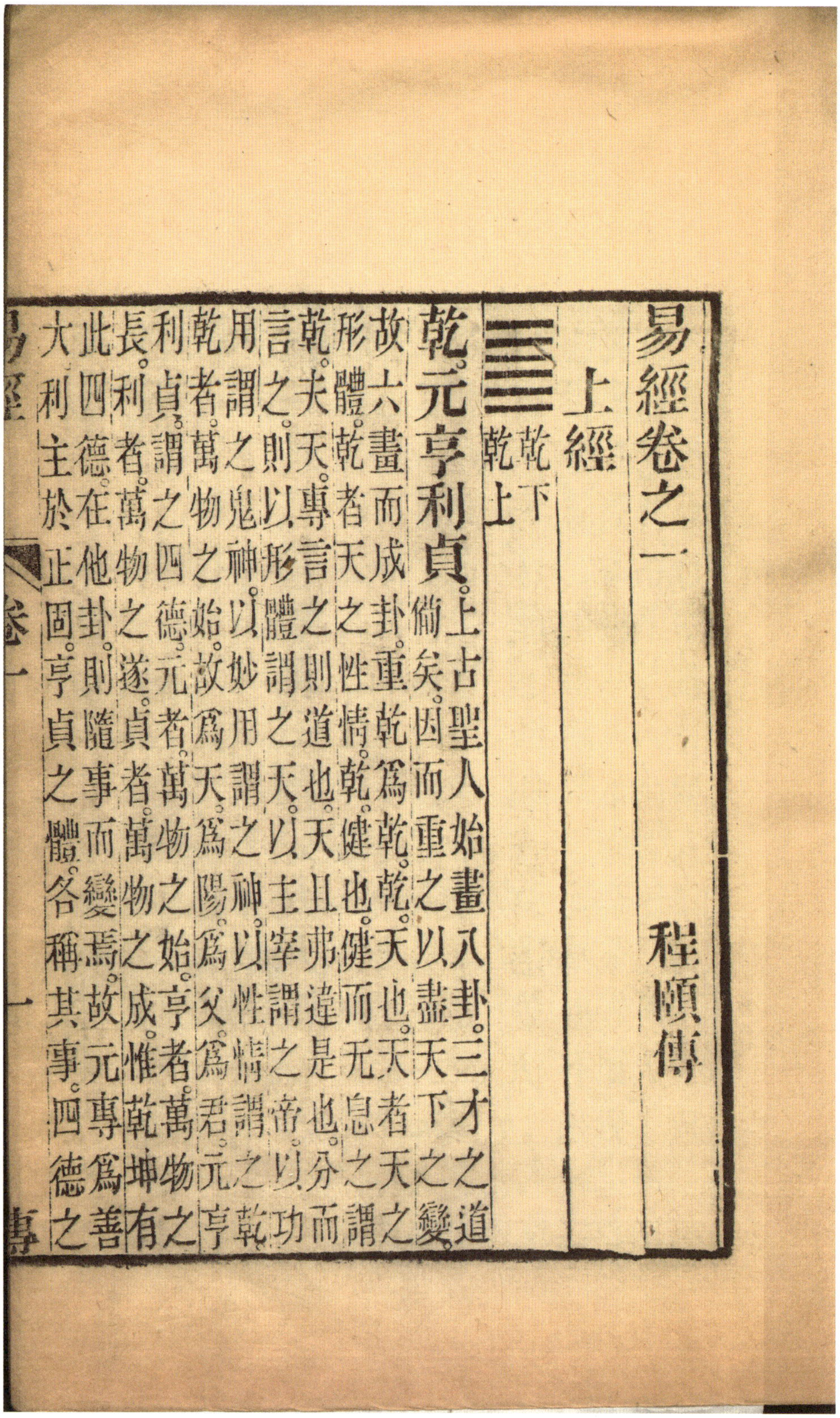

065 易經八卷　（宋）程頤傳 清光緒九年（1883）江南書局刻本

匡高 17.4 釐米，寬 13.9 釐米。半葉九行，行十七字，小字雙行同，白口，左右雙邊。

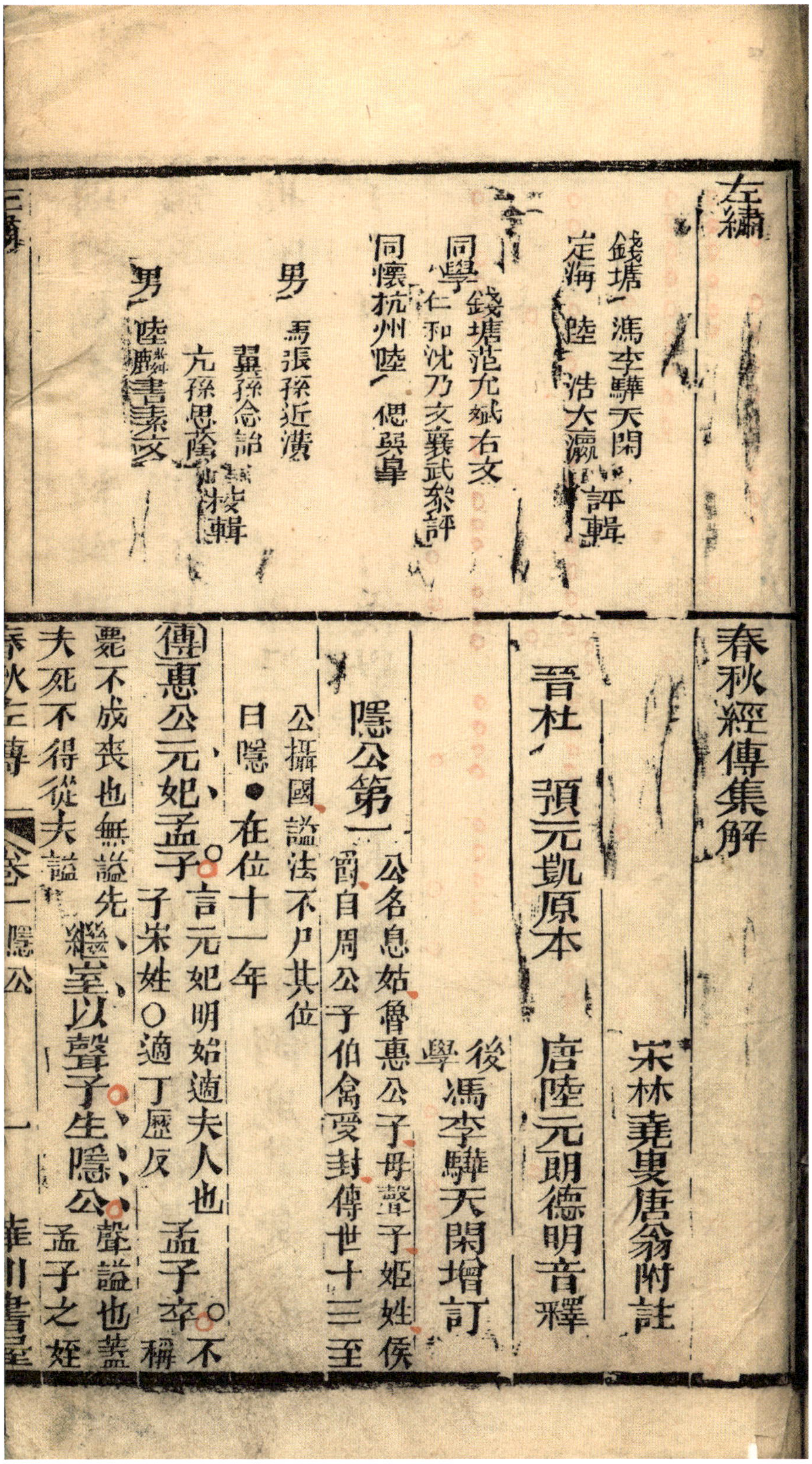

066 左繡三十卷首一卷 （清）馮李驊等評輯　清光緒九年（1883）華川書屋刻本

匡高 21 釐米，寬 14 釐米。上下雙欄，上欄半葉十六行，行十五字。下欄半葉八行，行二十字，小字雙行同，白口，左右雙邊。

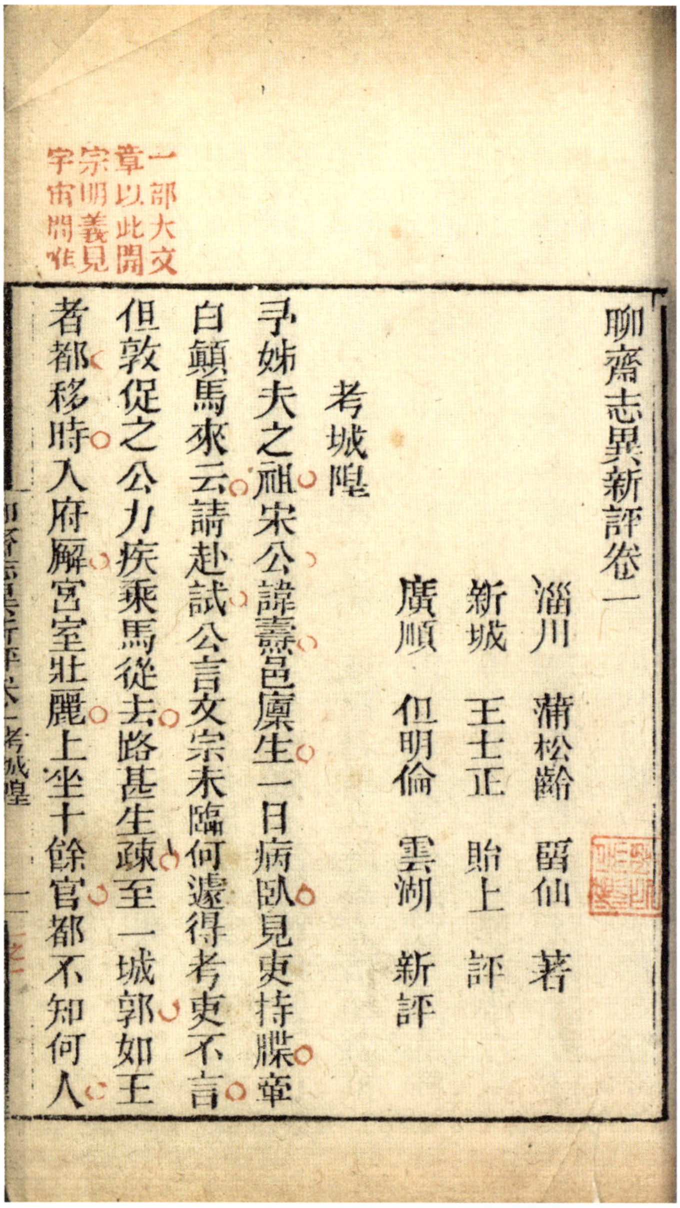

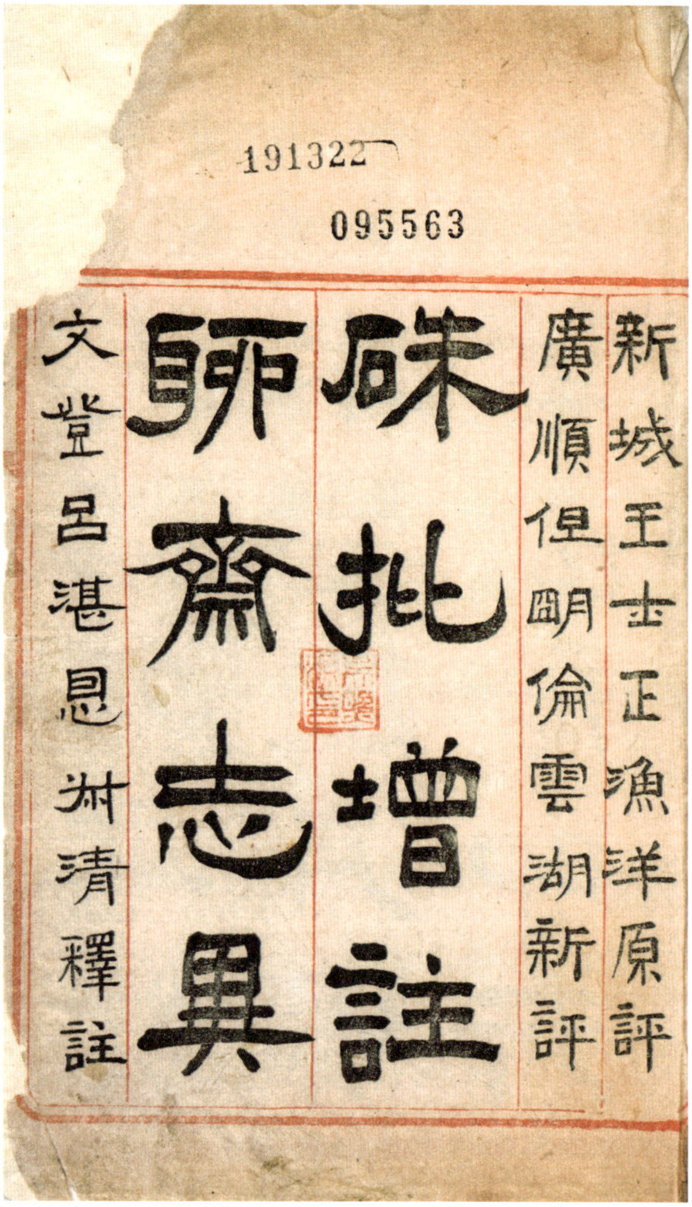

067 聊齋志異新評十六卷 （清）蒲松齡著 （清）但明倫新評 清光緒九年(1883) 掃葉山房刻朱墨套印本

匡高 13 釐米，寬 10.5 釐米。半葉九行，行二十一字，黑口，左右雙邊。

館藏索書號：X/I242.1/3

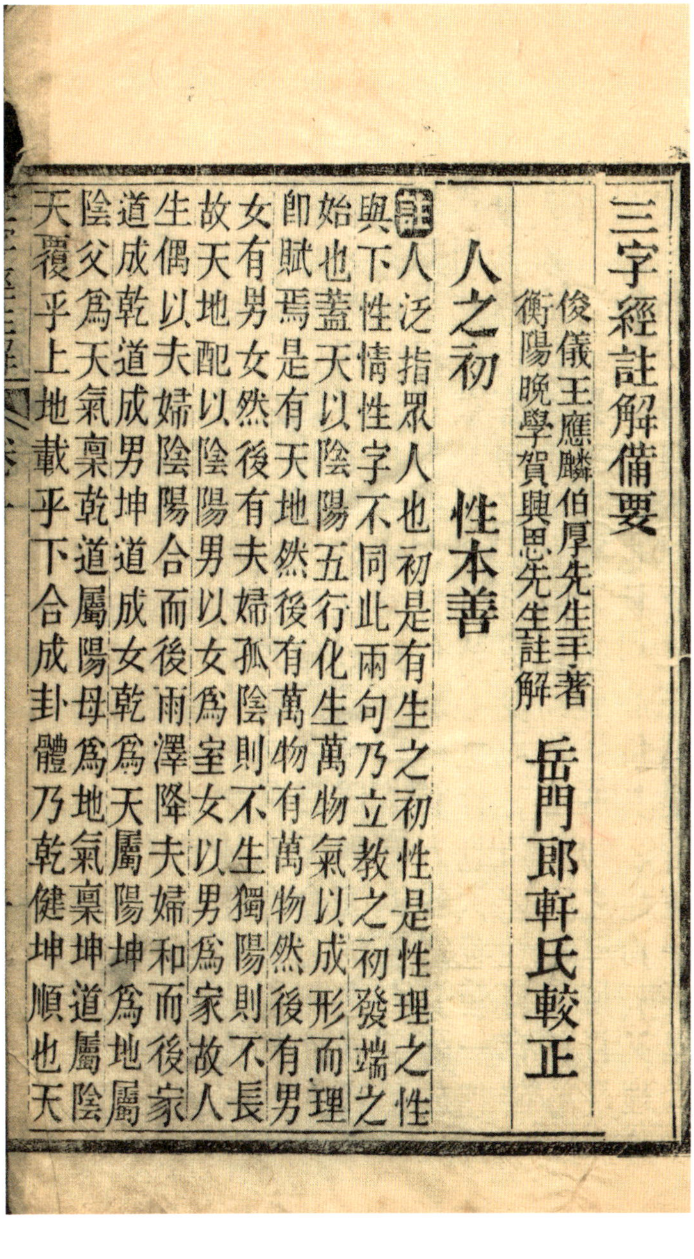

三字經註解備要

俊儀王應麟伯厚先生手著
衡陽晚學賀興思先生註解　岳門郎軒氏較正

人之初　性本善

註人泛指眾人也初是有生之初性是性理之性與下性情性字不同此兩句乃立教之初發端之始也蓋天以陰陽五行化生萬物氣以成形而理即賦焉是有天地然後有萬物有萬物然後有男女有男女然後有夫婦孤陰則不生獨陽則不長故天地配以陰陽男以女為室女以男為家故人生偶以夫婦陰陽合而後雨澤降夫婦和而後家道成乾道成男坤道成女乾為天屬陽坤為地屬陰父為天氣稟乾道屬陽母為地氣稟坤道屬陰天覆乎上地載乎下合成卦體乃乾健坤順也天

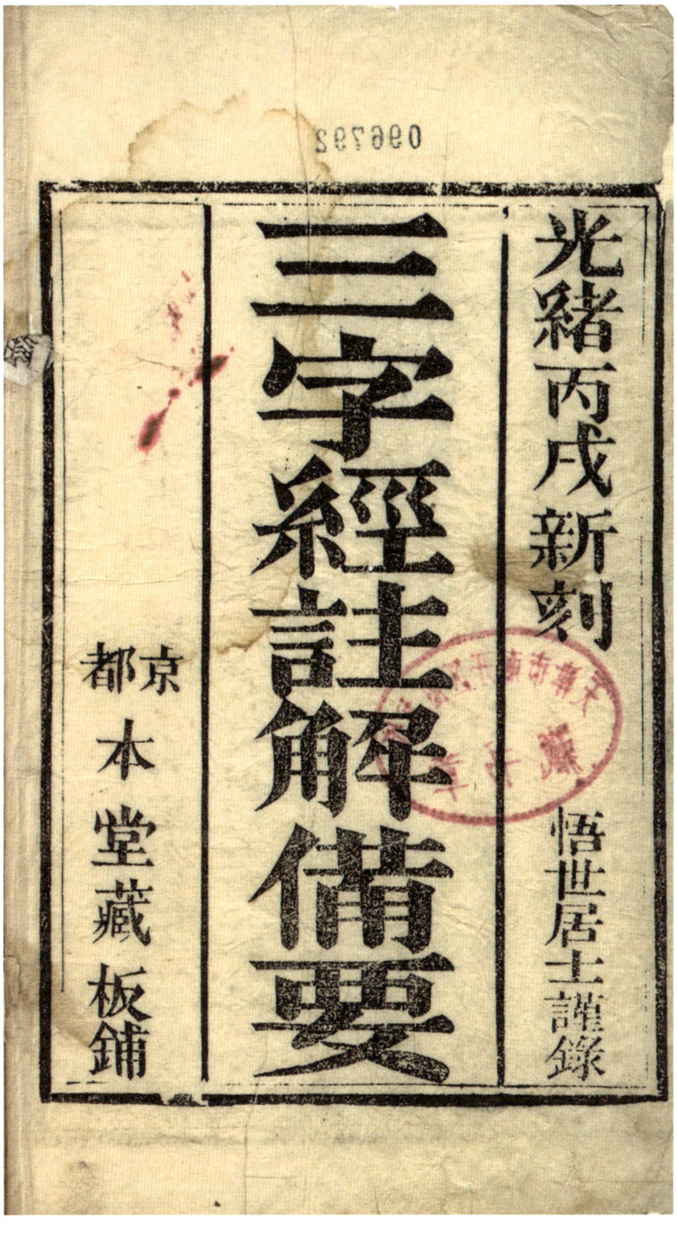

光緒丙戌新刻

三字經註解備要

悟世居士謹錄

京都本堂藏板鋪

068　三字經註解備要二卷　（宋）王應麟著　（清）賀興思註解　清光緒十二年（1886）刻本

匡高18釐米，寬12.6釐米。半葉八行，行格字數不等，小字雙行十九字，白口，四周雙邊。

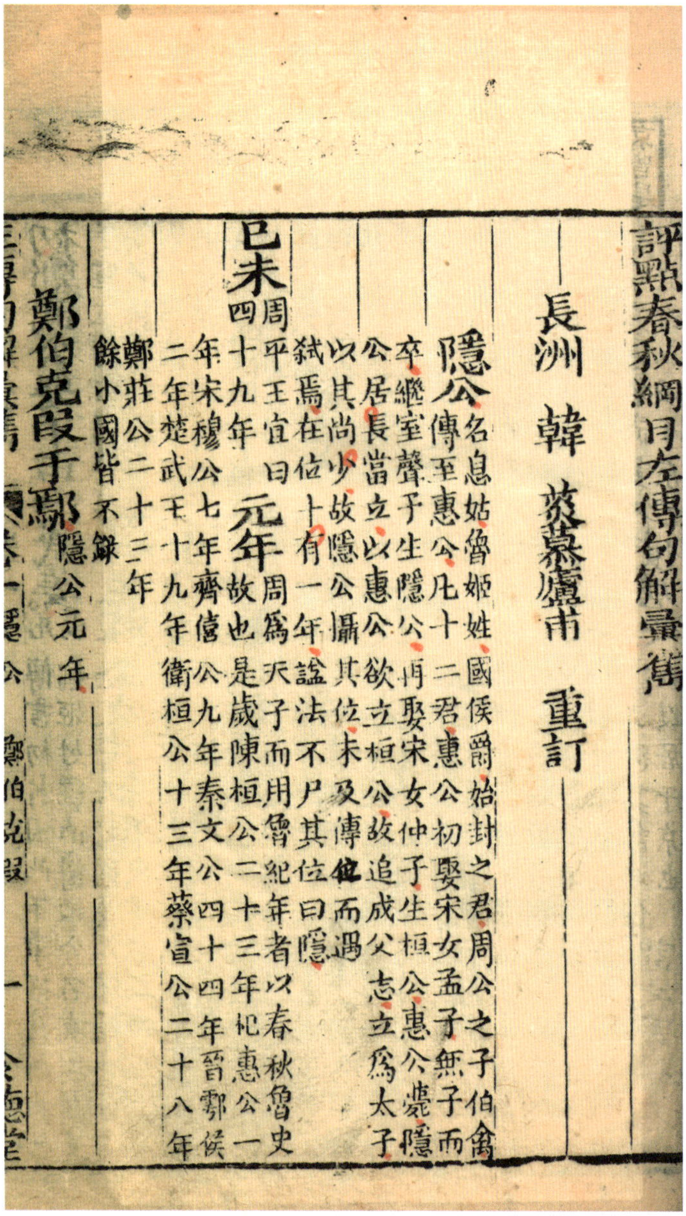
評點春秋綱目左傳句解彙雋
長洲 韓 菼慕廬甫 重訂
隱公名息姑魯姬姓國侯爵始封之君周公之子伯禽傳至惠公凡十二君惠公初娶宋女孟子無子而
卒繼室聲子生隱公再娶宋女仲子生桓公惠公薨隱
公居長當立以惠公欲立桓公故追成父志立爲太子
以其尚少故隱公攝其位未及傳位而遇
弑焉在位十有一年謚法不尸其位曰隱
己未周平王宜臼四十九年 元年周爲天子而用魯紀年者以春秋魯史故也是歲陳桓公二十三年杞惠公一
年宋穆公七年齊僖公九年秦文公四十四年晉鄂侯
二年楚武王十九年衛桓公十三年蔡宣公二十八年
鄭莊公二十三年
餘小國皆不錄
鄭伯克段于鄢 隱公元年

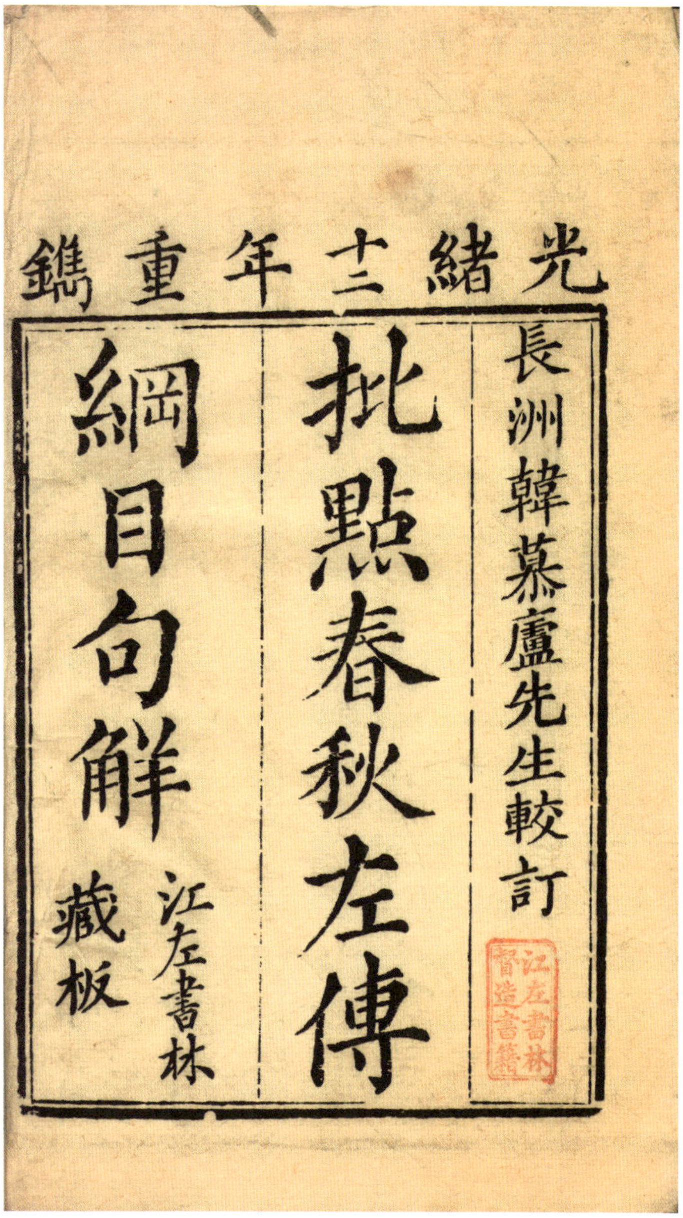
光緒十二年重鐫
長洲韓慕廬先生較訂
批點春秋左傳
綱目句解
江左書林
藏板
江左書林督造書籍

069 評點春秋綱目左傳句解彙雋六卷 （清）韓菼重訂 清光緒十二年（1886）江左書林刻本

匡高 18.5 釐米，寬 14 釐米。半葉十行，行二十四字，小字雙行同，白口，四周單邊。

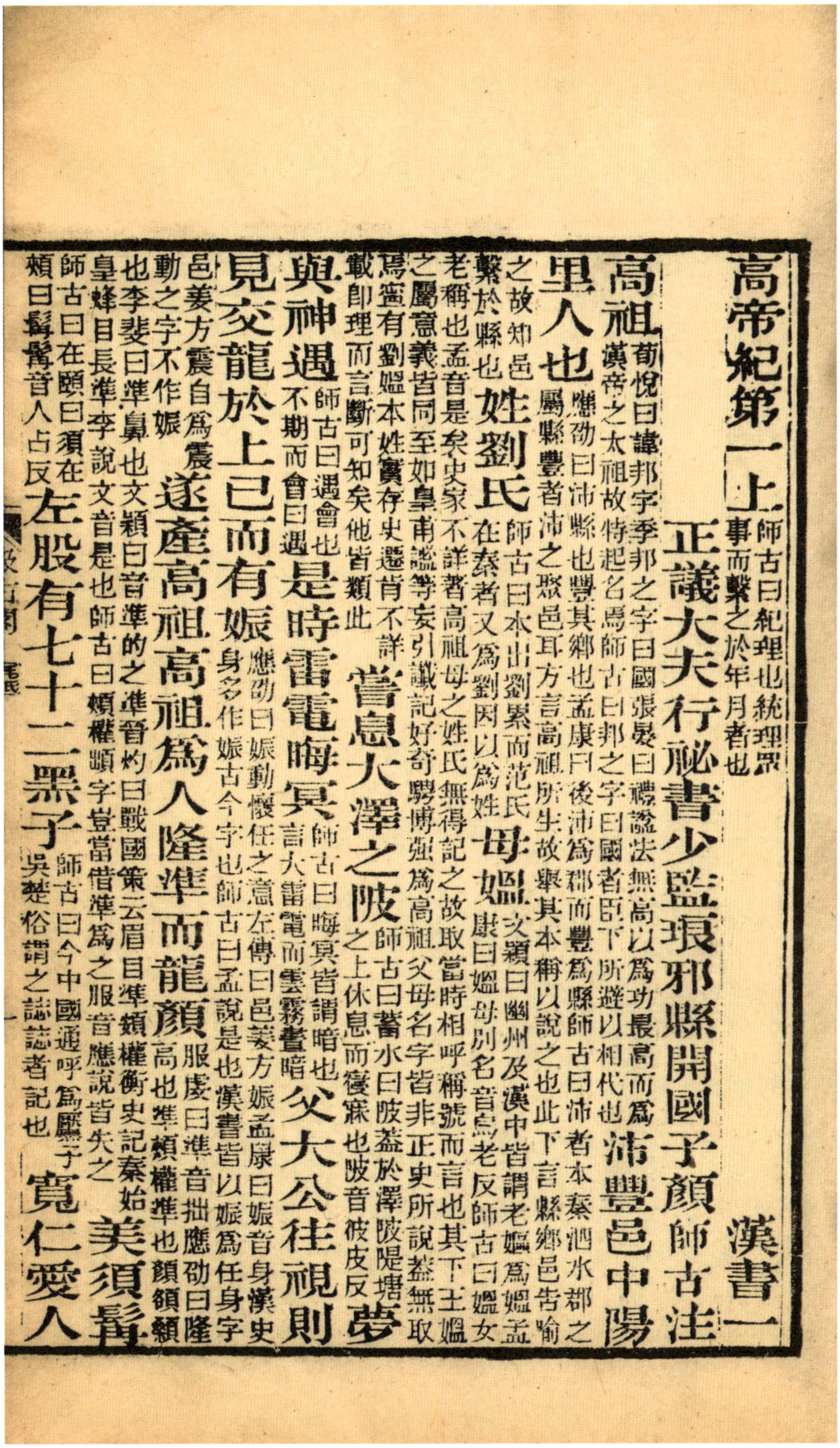
高帝紀第一上（師古曰紀理也統理眾事而繫之於年月者也）　漢書一
正義大夫行祕書少監瑯邪縣開國子顏師古注
高祖（荀悅曰諱邦字季邦之字曰國張晏曰禮謚法無高以為功最高而為漢帝之太祖故特起名焉師古曰邦之字曰國者臣下所避以相代也）沛豐邑中陽
里人也（應劭曰沛縣也豐其鄉也孟康曰後沛為郡而豐為縣師古曰沛者本秦泗水郡之屬縣豐者沛之聚邑耳方言高祖所生故舉其本稱以說之也此下言縣鄉邑告喻之故知邑繫於縣也）姓劉氏（師古曰本出劉累而范氏在秦者又為劉因以為姓）母媼（文穎曰幽州及漢中皆謂老嫗為媼孟康曰媼母別名音烏老反師古曰媼女老稱也孟音是矣史家不詳著高祖母之姓氏無得記之故取當時相呼稱號而言也其下王媼之屬意義皆同至如皇甫謐等妄引讖記好奇騁博強為高祖父母名字皆非正史所說蓋無取焉寧有劉媼本姓實存史遷肯不詳載即理而言斷可知矣他皆類此）嘗息大澤之陂（師古曰蓄水曰陂蓋於澤陂隄塘之上休息而寢寐也陂音彼皮反）夢
與神遇（師古曰遇會也不期而會曰遇）是時雷電晦冥（師古曰晦冥皆謂暗也言大雷電而雲霧晝暗）父大公往視則
見交龍於上已而有娠（應劭曰娠動懷任之意左傳曰邑姜方娠孟康曰娠音身漢史身多作娠古今字也師古曰孟說是也漢書皆以娠為任身字邑姜方震自為震動之字不作娠）遂產高祖高祖為人隆準而龍顏（服虔曰準音拙應劭曰隆高也準頰權準也顏額顙也李斐曰準鼻也文穎曰音準的之準晉灼曰戰國策云眉目準頞權衡史記秦始皇蜂目長準李說文音是也師古曰頞權頞字豈當借準為之服音應說皆失之）美須髯（師古曰在頤曰須在頰曰髯髯音人占反）左股有七十二黑子（師古曰今中國通呼為黶子吳楚俗謂之誌誌者記也）寬仁愛人

070 前漢書一百二十卷　（漢）班固撰　（唐）顏師古注　清光緒十三年（1887）金陵書局刻本

匡高 21 釐米，寬 15 釐米。半葉十二行，行二十五字，小字雙行三十七字，白口，左右雙邊。

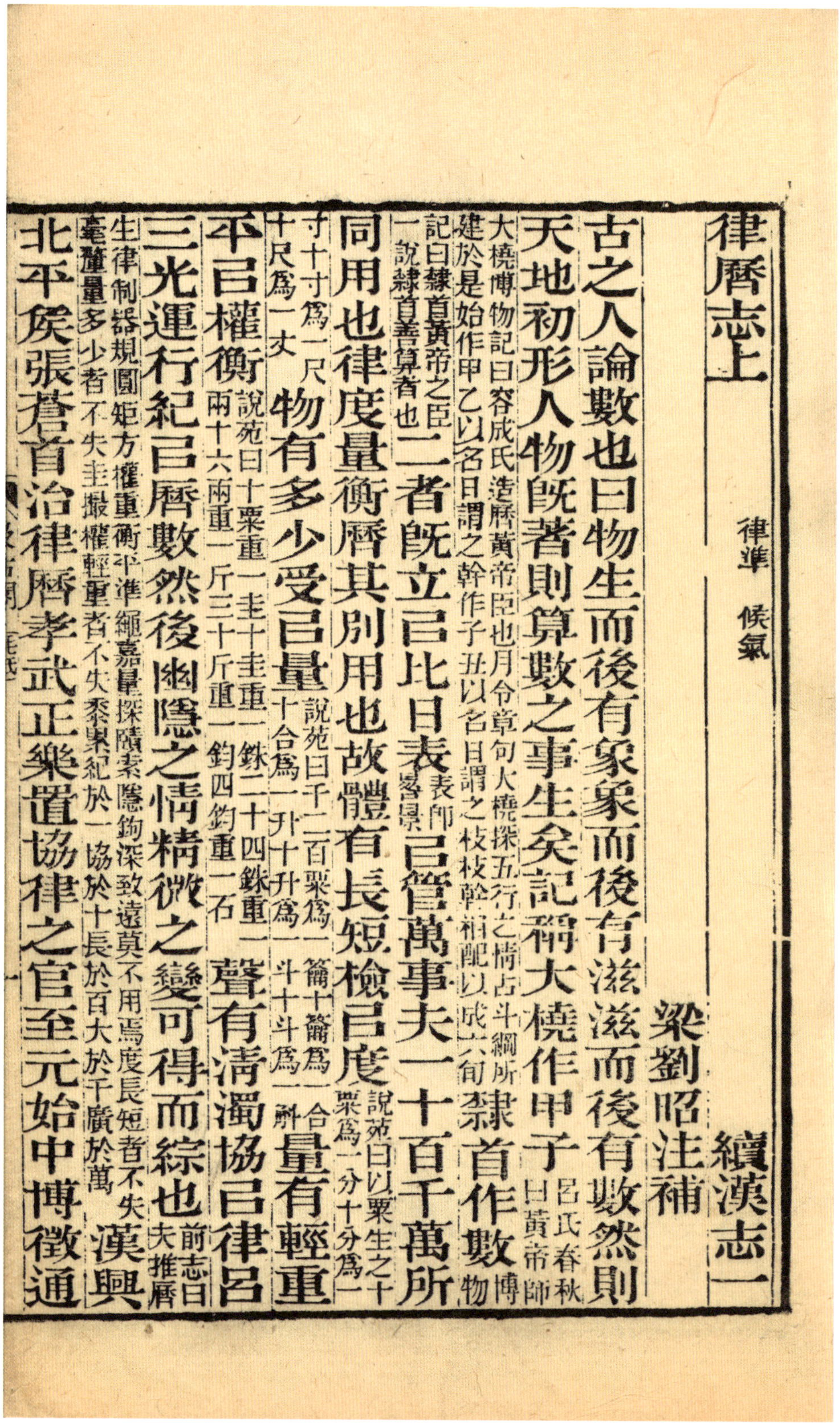
律曆志上　律準　候氣　續漢志一

梁劉昭注補

古之人論數也曰物生而後有象象而後有滋滋而後有數然則天地初形人物既著則算數之事生矣記稱大橈作甲子呂氏春秋曰黃帝師大橈博物記曰容成氏造曆黃帝臣也月令章句大橈採五行之情占斗綱所建於是始作甲乙以名日謂之幹作子丑以名日謂之枝枝幹相配以成六旬隸首作數博物記曰隸首黃帝之臣一說隸首善算者也二者既立以比日表表師晷景以管萬事夫一十百千萬所同用也律度量衡曆其別用也故體有長短檢以度說苑曰以粟生之十粟爲一分十分爲一寸十寸爲一尺十尺爲一丈物有多少受以量說苑曰千二百粟爲一籥十籥爲一合十合爲一升十升爲一斗十斗爲一斛量有輕重平以權衡說苑曰十粟重一圭十圭重一銖二十四銖重一兩十六兩重一斤三十斤重一鈞四鈞重一石聲有清濁協以律呂三光運行紀以曆數然後幽隱之情精微之變可得而綜也前志曰夫推曆生律制器規圓矩方權重衡平準繩嘉量探賾索隱鉤深致遠莫不用焉度長短者不失毫氂量多少者不失圭撮權輕重者不失黍絫紀於一協於十長於百大於千廣於萬漢興北平侯張蒼首治律曆孝武正樂置協律之官至元始中博徵通

071 續漢書八志三十卷 (晉)司馬彪撰 (梁)劉昭注補　清光緒十三年(1887)金陵書局刻本

匡高 20.8 釐米，寬 15 釐米。半葉十二行，行二十五字，小字雙行三十七字，白口，左右雙邊。

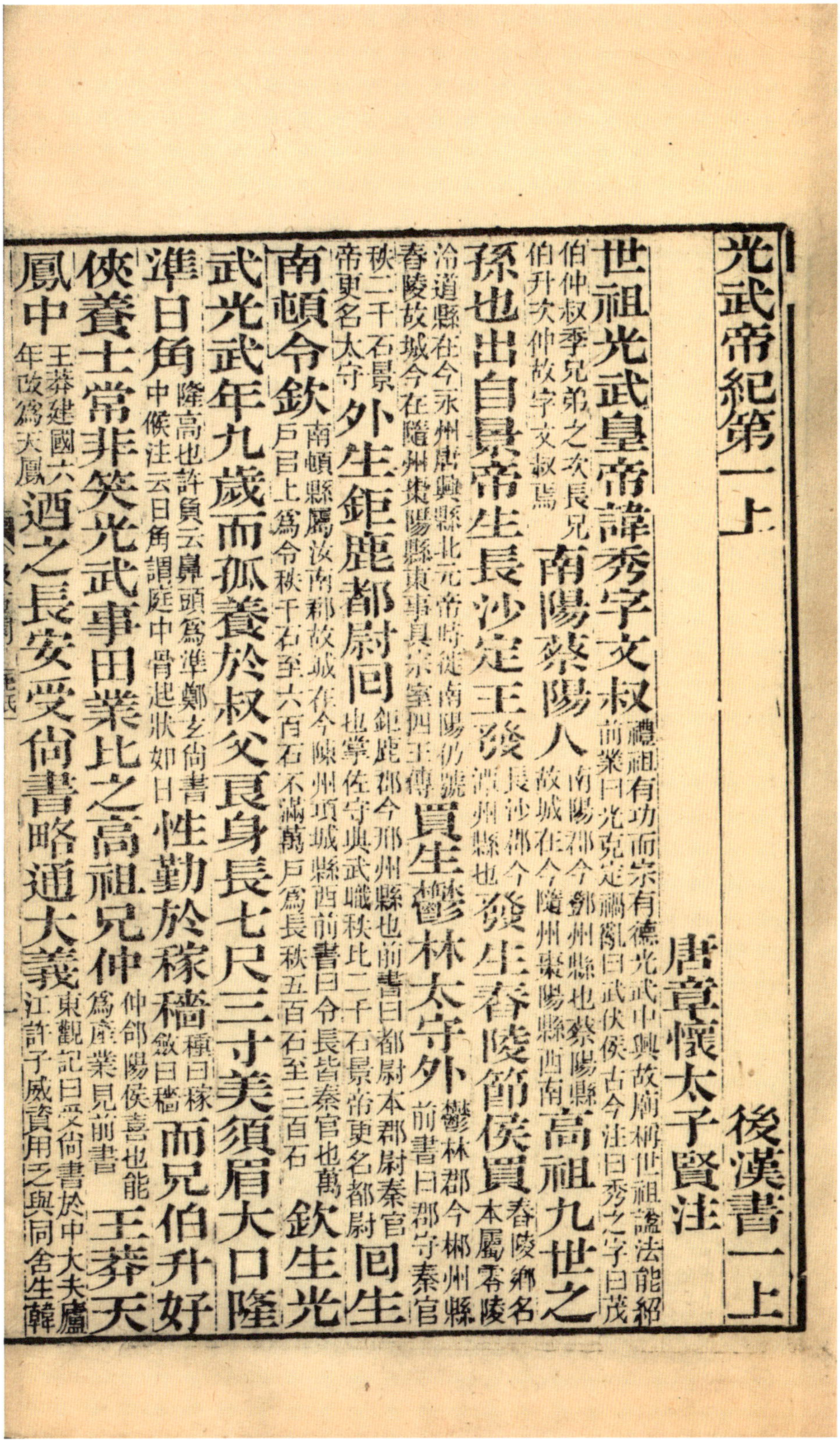
光武帝紀第一上　後漢書一上
唐章懷太子賢注
世祖光武皇帝諱秀字文叔禮祖有功而宗有德光武中興故廟稱世祖謚法能紹前業曰光克定禍亂曰武伏侯古今注曰秀之字曰茂伯仲叔季兄弟之次長兄伯升次仲故字文叔焉南陽蔡陽人南陽郡今鄧州縣也蔡陽縣故城在今隨州棗陽縣西南高祖九世之孫也出自景帝生長沙定王發長沙郡今潭州縣也發生春陵節侯買春陵鄉名本屬零陵泠道縣在今永州唐興縣北元帝時徙南陽仍號春陵故城今在隨州棗陽縣東事具宗室四王傳買生鬱林太守外鬱林郡今郴州縣前書曰郡守秦官秩二千石景帝更名太守外生鉅鹿都尉回鉅鹿郡今邢州縣也前書曰都尉本郡尉秦官也掌佐守典武職秩比二千石景帝更名都尉回生南頓令欽南頓縣屬汝南郡故城在今陳州項城縣西前書曰令長皆秦官也萬戶已上爲令秩千石至六百石不滿萬戶爲長秩五百石至三百石欽生光武光武年九歲而孤養於叔父良身長七尺三寸美須眉大口隆準日角隆高也許負云鼻頭爲準鄭玄尚書中候注云日角謂庭中骨起狀如日性勤於稼穡種曰稼斂曰穡而兄伯升好俠養士常非笑光武事田業比之高祖兄仲仲郃陽侯喜也能爲產業見前書王莽天鳳中王莽建國六年改爲天鳳迺之長安受尚書略通大義東觀記曰受尚書於中大夫廬江許子威資用乏與同舍生韓

072 後漢書一百三十卷　（南朝宋）范曄撰　清光緒十三年（1887）金陵書局刻本

匡高 20.3 釐米，寬 15.1 釐米。半葉十二行，行二十五字，小字雙行三十七字，白口，左右雙邊。

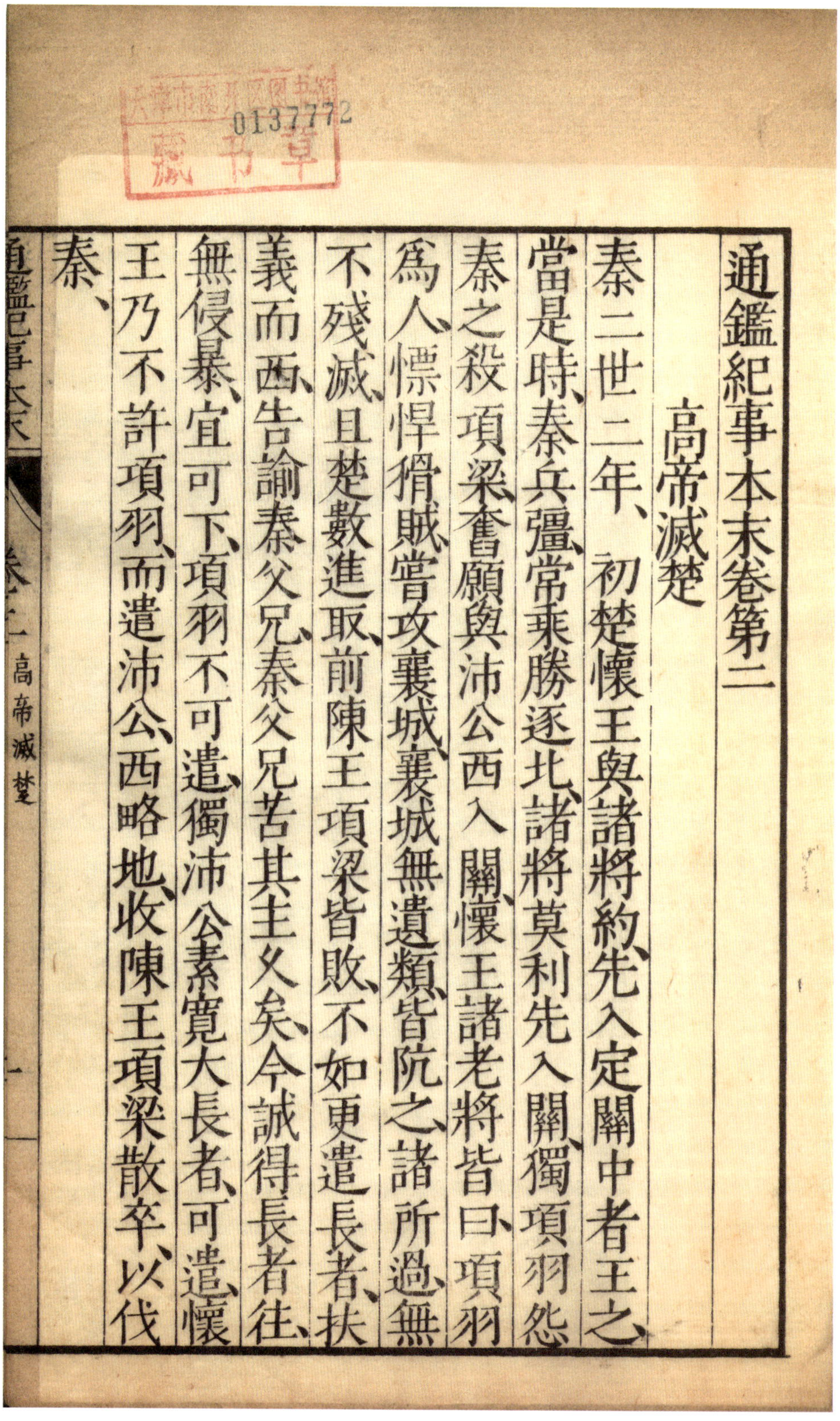

通鑑紀事本末卷第二

高帝滅楚

秦二世二年、初楚懷王與諸將約、先入定關中者王之、當是時、秦兵彊、常乘勝逐北、諸將莫利先入關、獨項羽怨秦之殺項梁、奮願與沛公西入關、懷王諸老將皆曰、項羽爲人慓悍猾賊、嘗攻襄城、襄城無遺類、皆阬之、諸所過無不殘滅、且楚數進取、前陳王項梁皆敗、不如更遣長者、扶義而西、告諭秦父兄、秦父兄苦其主久矣、今誠得長者往、無侵暴、宜可下、項羽不可遣、獨沛公素寬大長者、可遣、懷王乃不許項羽、而遣沛公西略地、收陳王項梁散卒、以伐秦、

通鑑紀事本末　卷二　高帝滅楚　一

073 通鑑紀事本末四十二卷　（宋）袁樞編　清光緒十三年（1887）六合徐氏刻本

匡高 21 釐米，寬 14.8 釐米。半葉十一行，行二十二字，白口，四周單邊。

館藏索書號：X/K204.4/1

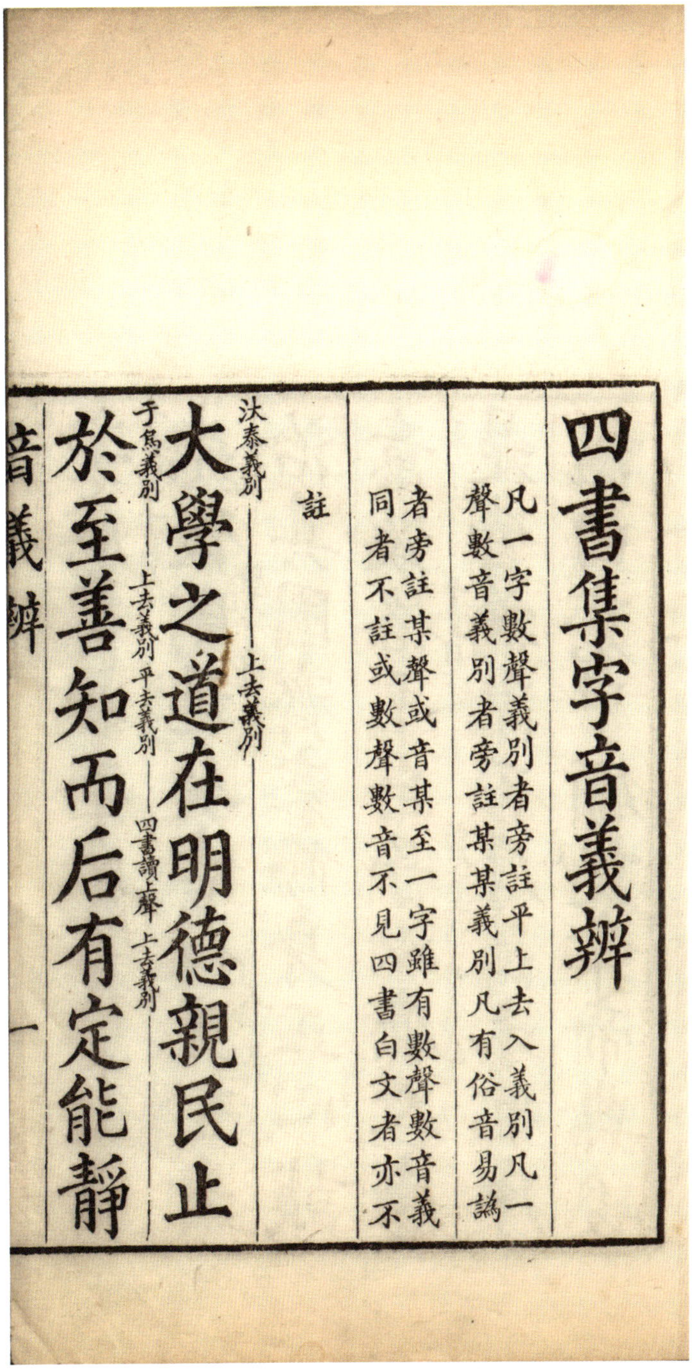
四書集字音義辨

凡一字數聲義別者旁註平上去入義別凡一聲數音義別者旁註某某義別凡有俗音易譌者旁註某聲或音某至一字雖有數聲數音義同者不註或數聲數音不見四書白文者亦不註

大學之道在明德親民止於至善知而后有定能靜

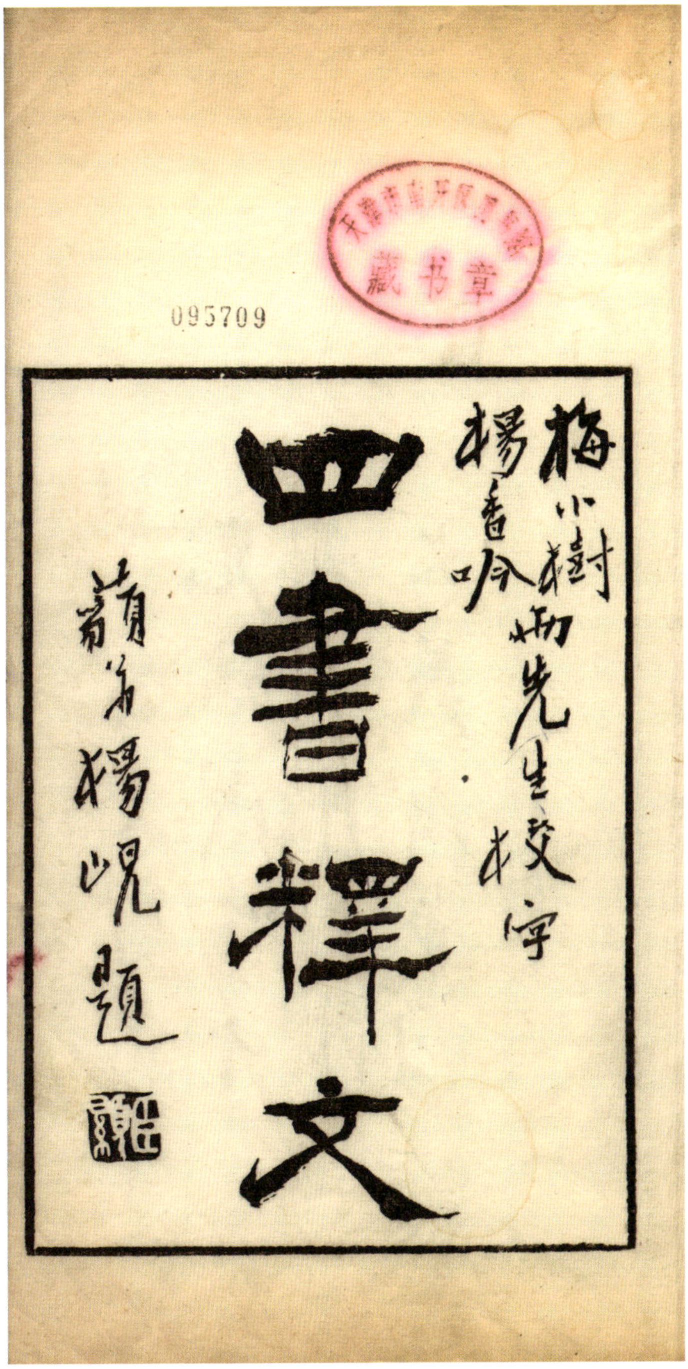

074 四書釋文□□卷 （清）何焯考訂 清光緒十四年（1888）天津文美齋刻本

匡高 18.5 釐米，寬 15.2 釐米。半葉九行，行十八字，小字雙行同，白口，四周單邊。

館藏索書號：X/B222.1/7

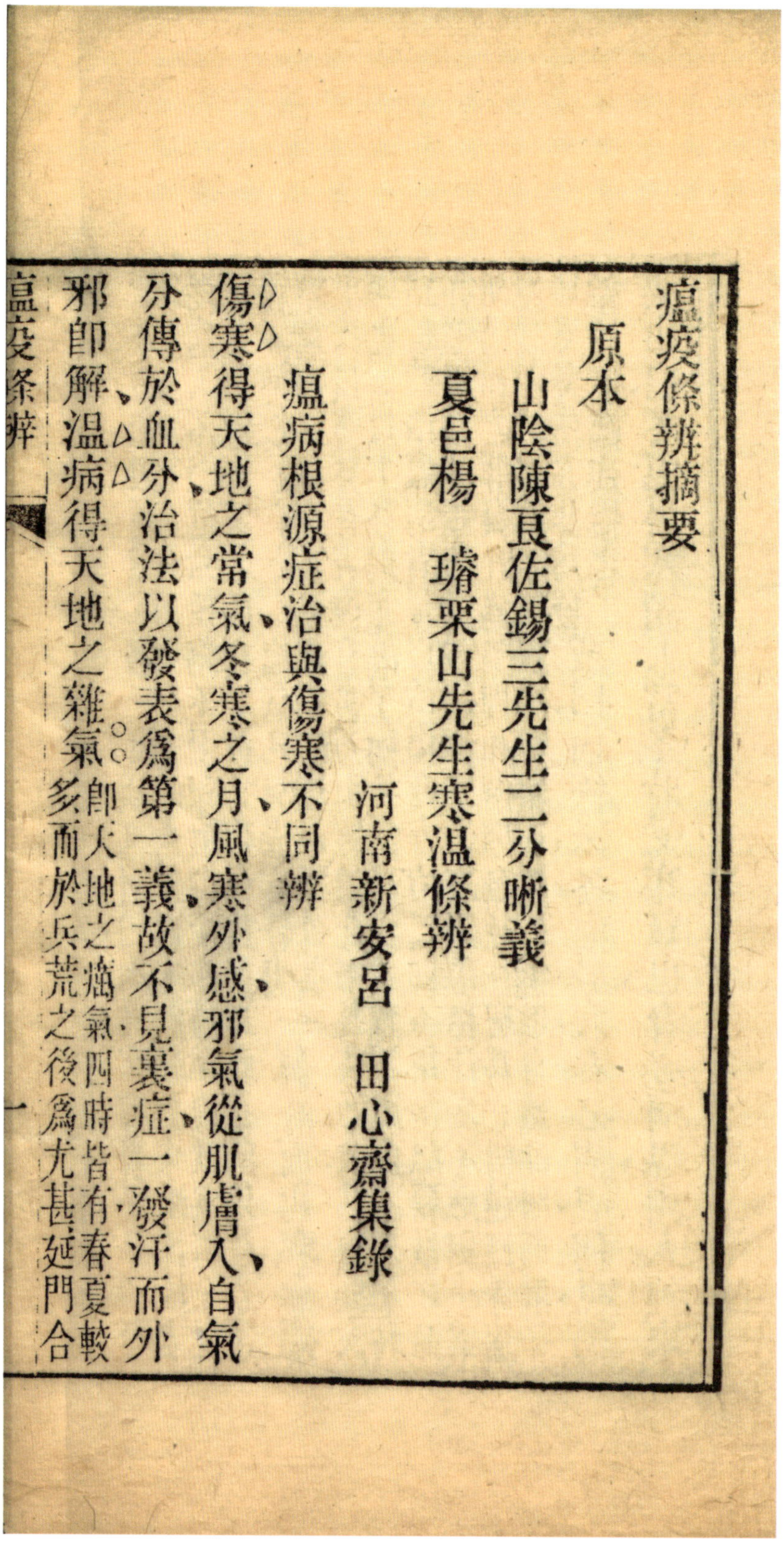
瘟疫條辨摘要

原本

山陰陳良佐錫三先生二分晰義

夏邑楊璿栗山先生寒温條辨

河南新安呂田心齋集錄

瘟病根源症治與傷寒不同辨

傷寒得天地之常氣冬寒之月風寒外感邪氣從肌膚入自氣分傳於血分治法以發表爲第一義故不見裏症一發汗而外邪即解温病得天地之雜氣即天地之癘氣四時皆有春夏較多而於兵荒之後爲尤甚延門合

瘟疫條辨　一

075 瘟疫條辨摘要一卷 （清）呂田集録 清光緒十五年（1889）浙江書局刻本

匡高 17.4 釐米，寬 11.8 釐米。半葉九行，行二十四字，小字同雙行，白口，左右雙邊。

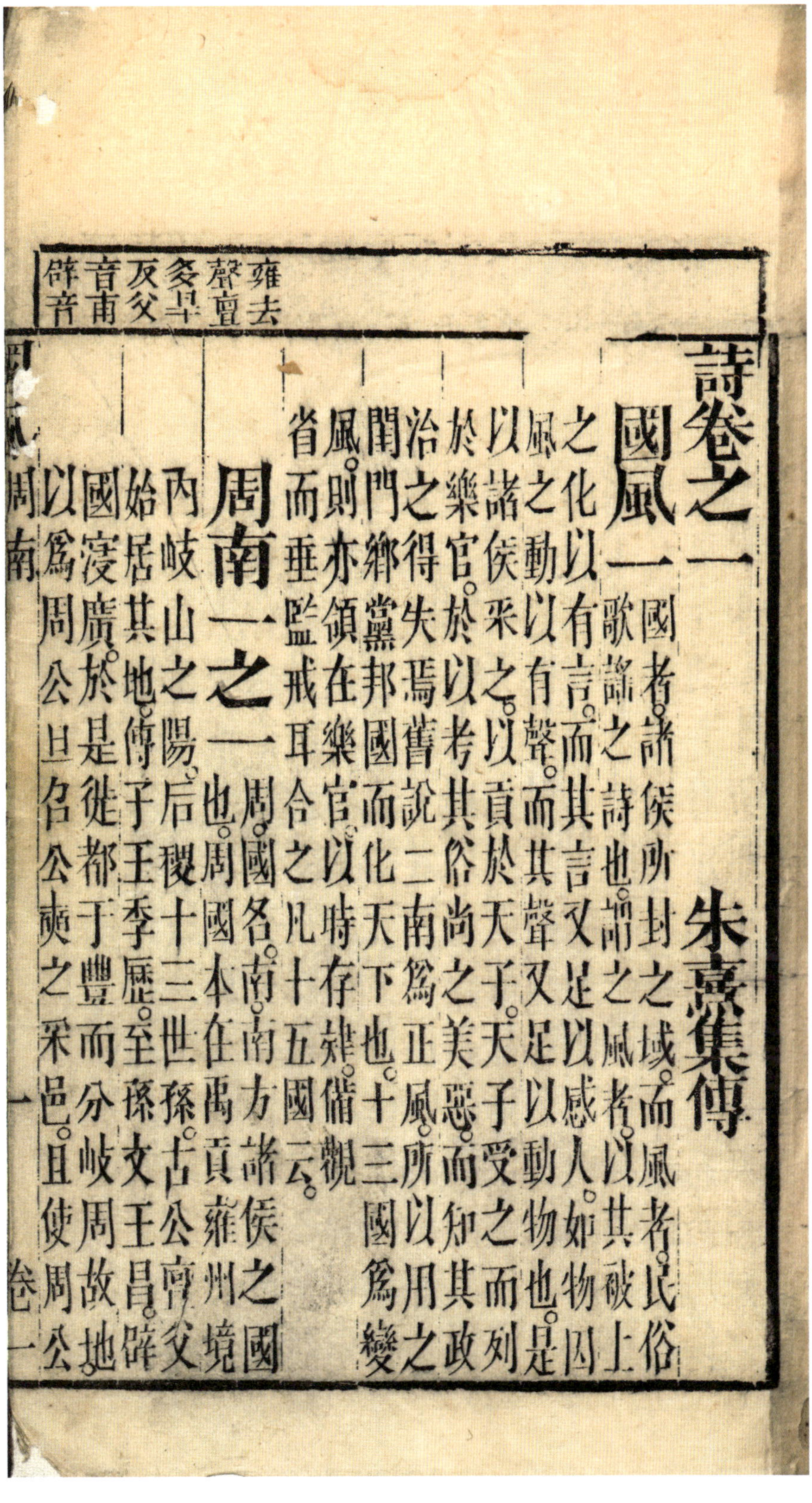
雍去聲　亶多旱反　父音甫　辟音

詩卷之一　朱熹集傳

國風一

國者諸侯所封之域而風者民俗歌謠之詩也謂之風者以其被上之化以有言而其言又足以感人如物因風之動以有聲而其聲又足以動物也是以諸侯采之以貢於天子天子受之而列於樂官於以考其俗尚之美惡而知其政治之得失焉舊說二南為正風所以用之閨門鄉黨邦國而化天下也十三國為變風則亦領在樂官以時存肄備觀省而垂監戒耳合之凡十五國云

周南一之一

周國名南南方諸侯之國也周國本在禹貢雍州境內岐山之陽后稷十三世孫古公亶父始居其地傳子王季歷至孫文王昌辟國寖廣於是徙都于豐而分岐周故地以為周公旦召公奭之采邑且使周公

076 奎壁詩經八卷　（宋）朱熹集傳　清光緒十七年（1891）天津煮字山房刻本

匡高 18.7 釐米，寬 12.9 釐米。上下雙欄，下欄半葉九行，行十七字，小字雙行同，白口，左右雙邊。

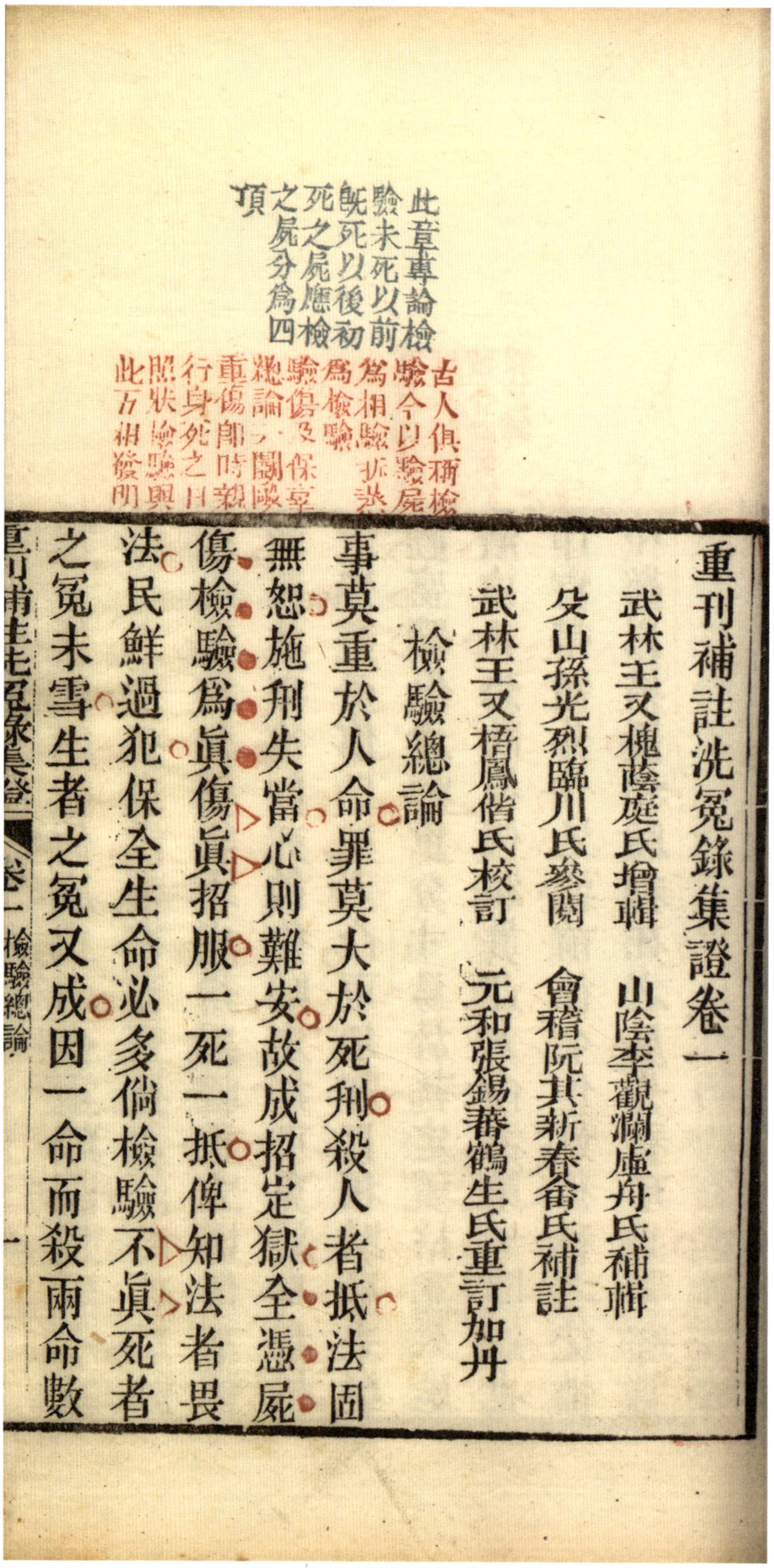

此章專論檢驗未死以前既死以後初死之屍應檢之屍分爲四項

古人俱稱檢驗今以驗屍爲相驗折獄爲檢驗驗傷及保辜總論之關繫重傷即時殺行身死之日照狀檢驗與此互相發明

重刊補註洗冤錄集證卷一

武林王又槐蔭庭氏增輯　山陰李觀瀾虛舟氏補輯

殳山孫光烈臨川氏參閱　會稽阮其新春畬氏補註

武林王又梧鳳僧氏校訂　元和張錫蕃鶴生氏重訂加丹

檢驗總論

事莫重於人命罪莫大於死刑殺人者抵法固無恕施刑失當心則難安故成招定獄全憑屍傷檢驗爲眞傷眞招服一死一抵俾知法者畏法民鮮過犯保全生命必多倘檢驗不眞死者之冤未雪生者之冤又成因一命而殺兩命數

重刊補註洗冤錄集證　卷一　檢驗總論　一

077　重刊補註洗冤録集證五卷　（宋）宋慈撰　（清）王又槐增輯　清光緒十七年（1891）刻四色套印本

匡高 15.2 釐米，寬 13.2 釐米。半葉十行，行十八字，白口，左右雙邊。

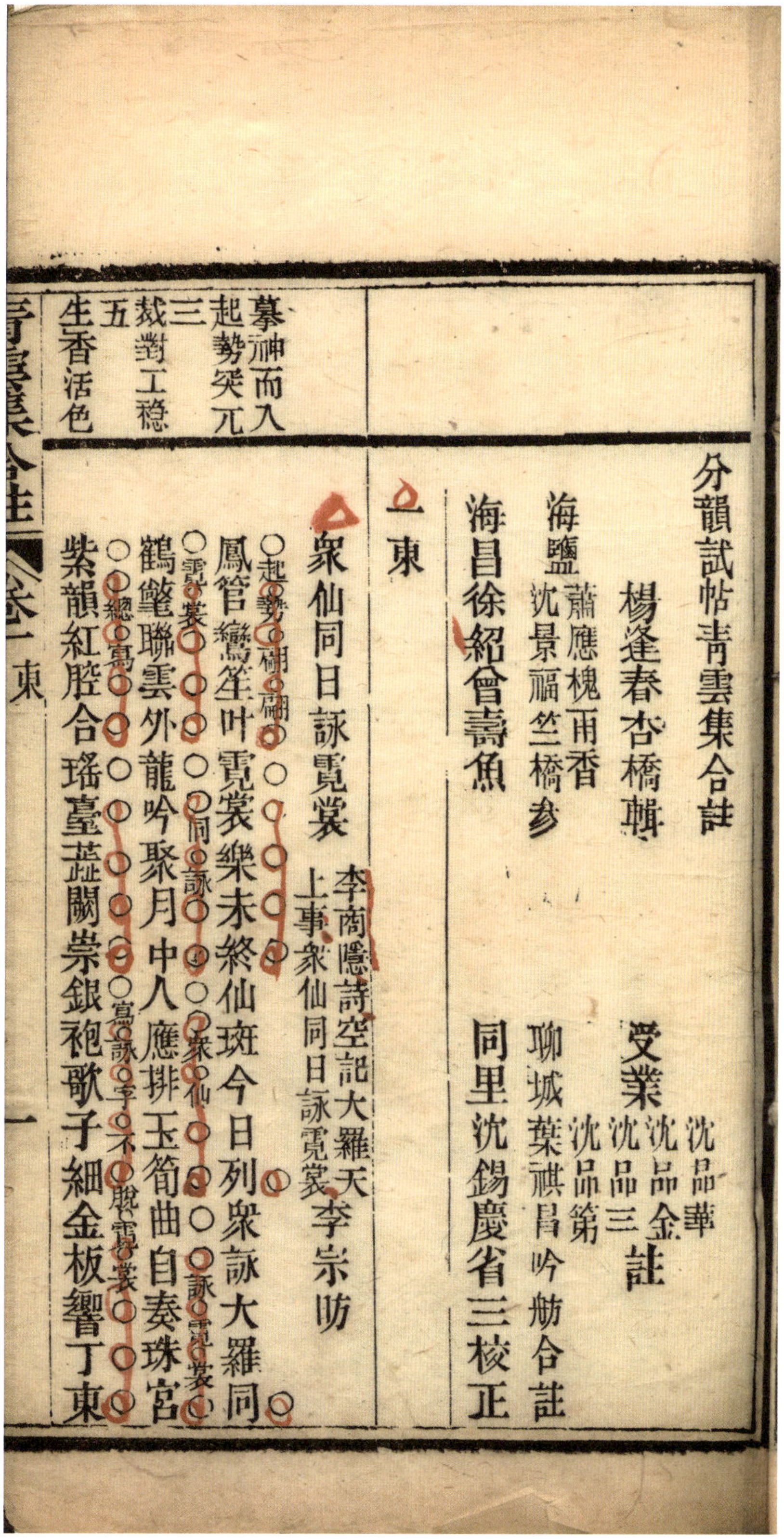
分韻試帖青雲集合註
楊逢春杏橋輯　受業沈品華　沈品金　沈品三　沈品第註
海鹽蕭應槐甫香　沈景福竺橋參　聊城葉祺昌吟舫合註
海昌徐紹曾壽魚　同里沈錫慶省三校正
一東
衆仙同日詠霓裳　李商隱詩空記大羅天上事衆仙同日詠霓裳　李宗昉
起勢翩翩　鳳管鸞笙叶霓裳樂未終仙斑今日列衆詠大羅同
霓裳　同詠　衆仙　詠霓裳
鶴氅聯雲外龍吟聚月中人應排玉筍曲自奏珠宮
總寫　寫詠字不脱霓裳
紫韻紅腔合瑤臺蕋闕崇銀袍歌子細金板響丁東
摹神而入　起勢突兀
三　裁對工穩
五　生香活色
青雲集合註　卷一　東　一

078 分韻試帖青雲集合註四卷　（清）楊逢春輯　（清）沈品華等註　清光緒十七年（1891）刻本

匡高 16.3 釐米，寬 10.8 釐米。上下雙欄，下欄半葉九行，行二十二字，小字雙行同，白口，四周雙邊。

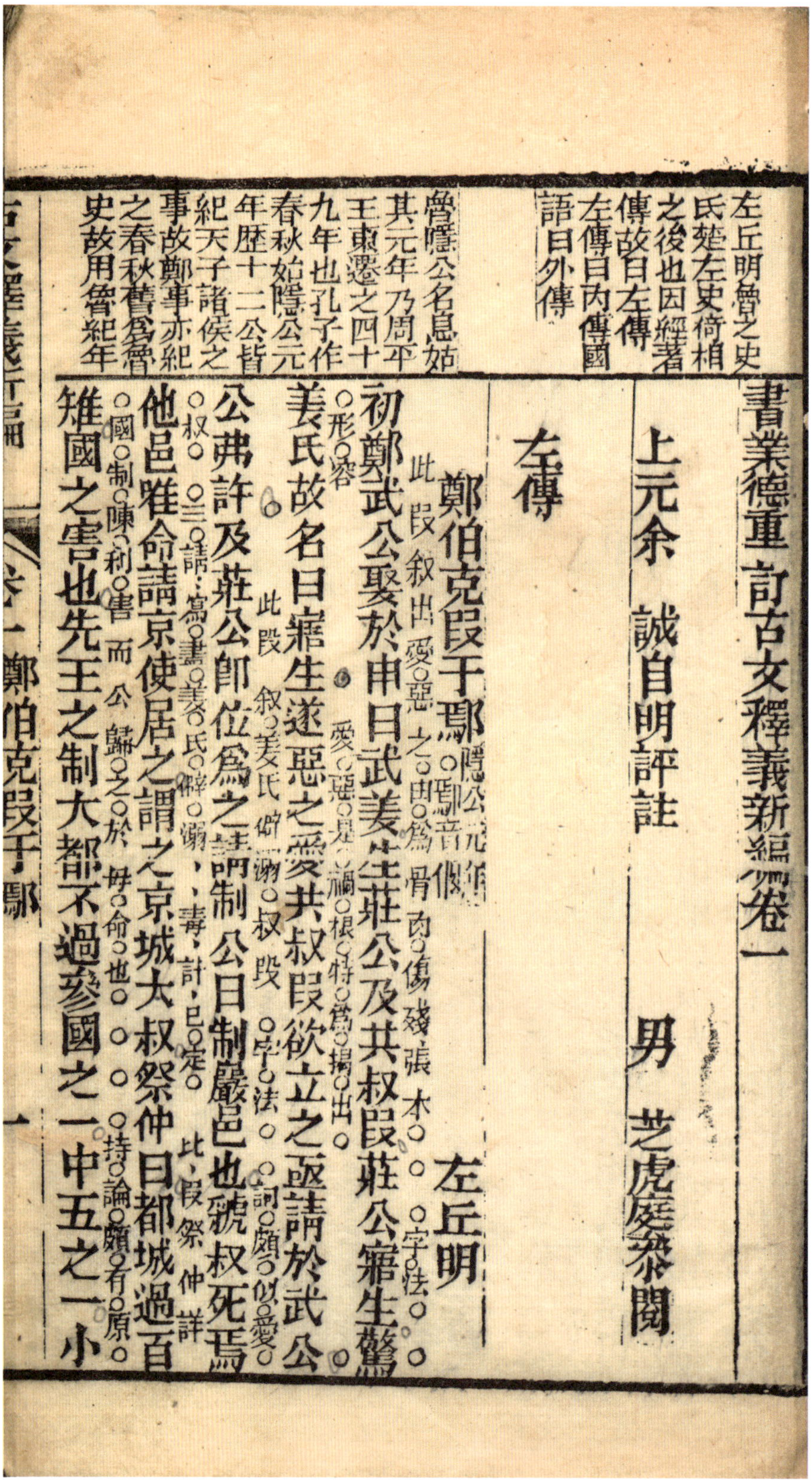

左丘明魯之史氏楚左史倚相之後也因經著傳故曰左傳左傳曰內傳國語曰外傳

魯隱公名息姑其元年乃周平王東遷之四十九年也孔子作春秋始隱公元年歷十二公皆紀天子諸侯之事故鄭事亦紀之春秋舊爲魯史故用魯紀年

書業德重訂古文釋義新編卷一

上元余　誠自明評註　男　芝虎庭參閱

左傳

鄭伯克段于鄢　○隱公元年○鄢音偃　左丘明

此段叙出愛惡之由爲骨肉傷殘張本○

初鄭武公娶於申曰武姜生莊公及共叔段莊公寤生驚○字法○姜氏故名曰寤生遂惡之○形容愛共叔段欲立之亟請於武公愛○惡○是○禍○根○特○爲○揭○出○公弗許此段叙姜氏偏溺叔段○字法○詞○意○似○愛○及莊公即位爲之請制○叔○三○請：寫○盡○姜○氏○偏○溺、毒、詐、巳○定○公曰制巖邑也虢叔死焉他邑唯命此段祭仲詳請京使居之謂之京城大叔祭仲曰都城過百雉國之害也○國○制○陳○利○害　而公歸之於毋命也○○○先王之制大都不過參國之一中五之一小○持○論○頗○有○原○

古文釋義新編　卷一　鄭伯克段于鄢　一

079 書業德重訂古文釋義新編八卷　(清) 余誠評註　清光緒十七年 (1891)

三義堂刻本

匡高 19 釐米，寬 13.5 釐米。上下雙欄，下欄半葉十行，行二十二字，小字雙行同，白口，四周單邊。

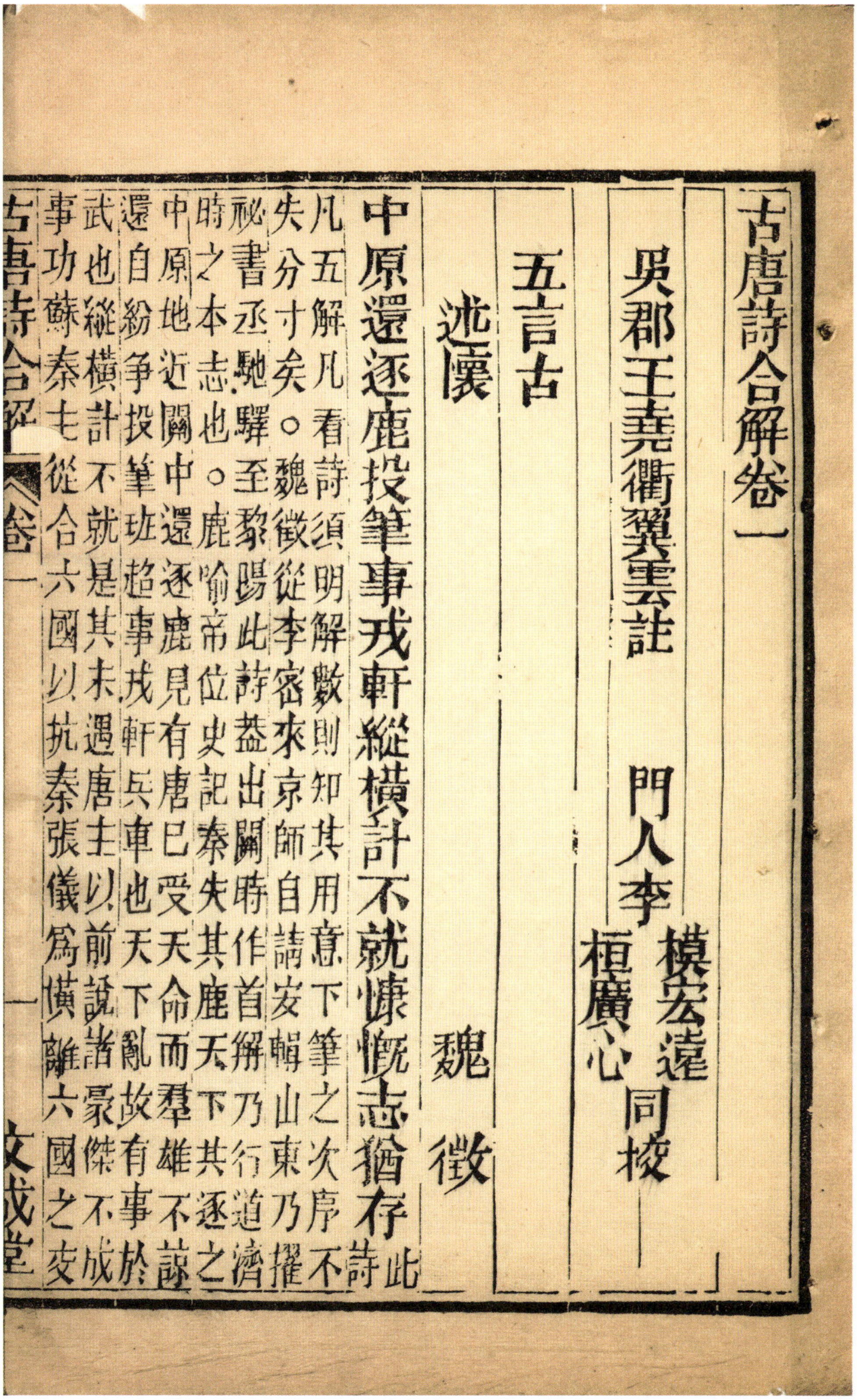

古唐詩合解卷一

吳郡王堯衢翼雲註　門人李　模宏遠
桓廣心同校

五言古

述懷　魏徵

中原還逐鹿投筆事戎軒縱橫計不就慷慨志猶存此詩凡五解凡看詩須明解數則知其用意下筆之次序不失分寸矣。魏徵從李密來京師自請安輯山東乃擢祕書丞馳驛至黎陽此詩蓋出關時作首解乃行道濟時之本志也。鹿喻帝位史記秦失其鹿天下共逐之中原地近關中還逐鹿見有唐已受天命而羣雄不識還自紛爭投筆班超事戎軒兵車也天下亂故有事於武也縱橫計不就是其未遇唐主以前說諸豪傑不成事功蘇秦屯從合六國以抗秦張儀爲衡離六國之交

古唐詩合解　卷一　一　文成堂

080 古唐詩合解十六卷　（清）王堯衢註　清光緒二十年（1894）文成堂刻本

匡高 20 釐米，寬 14 釐米。半葉十行，行二十一字，小字雙行同，白口，四周單邊間雙邊。

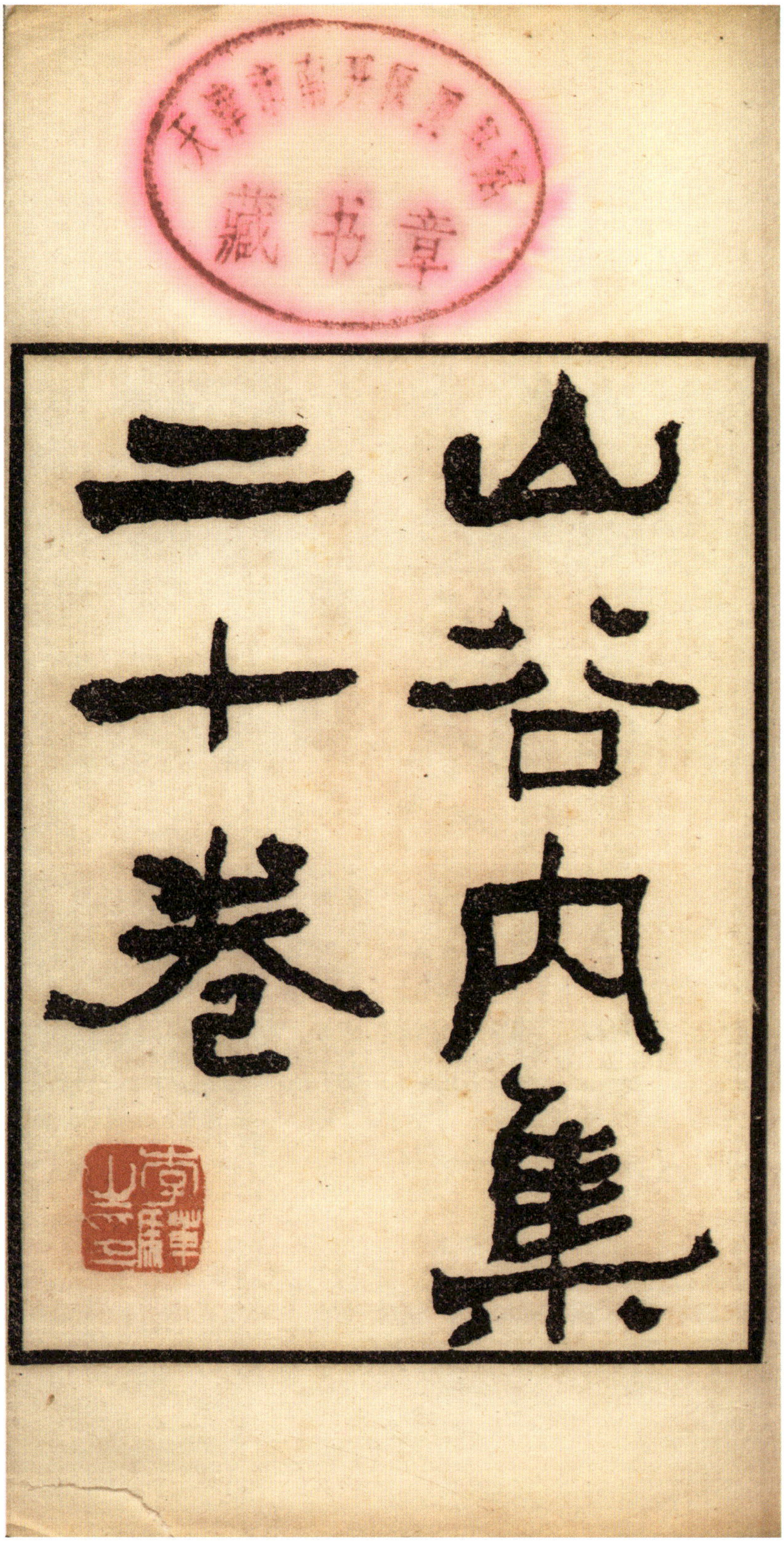

081 山谷詩集注二十卷 （宋）黄庭堅撰 清光緒二十一年至二十五年（1895-1899）刻巾箱本

匡高 11 釐米，寬 8.5 釐米。半葉九行，行十六字，小字雙行同，黑口，左右雙邊。

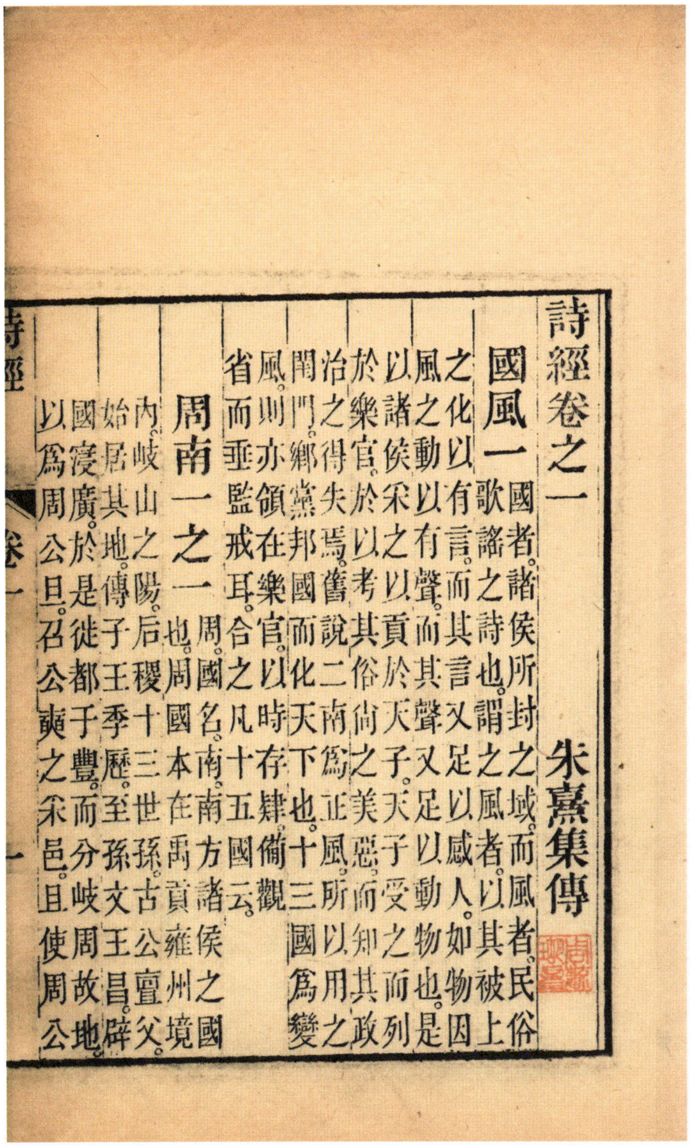

詩經卷之一　朱熹集傳

國風一 國者諸侯所封之域而風者民俗歌謠之詩也謂之風者以其被上之化以有言而其言又足以感人如物因風之動以有聲而其聲又足以動物也是以諸侯采之以貢於天子天子受之而列於樂官於以考其俗尚之美惡而知其政治之得失焉舊說二南爲正風所以用之閨門鄉黨邦國而化天下也十三國爲變風則亦領在樂官以時存肄備觀省而垂監戒耳合之凡十五國云

周南一之一 周國名南南方諸侯之國也周國本在禹貢雍州境內岐山之陽后稷十三世孫古公亶父始居其地傳子王季歷至孫文王昌辟國寖廣於是徙都于豐而分岐周故地以爲周公旦召公奭之采邑且使周公

詩經　卷一　一

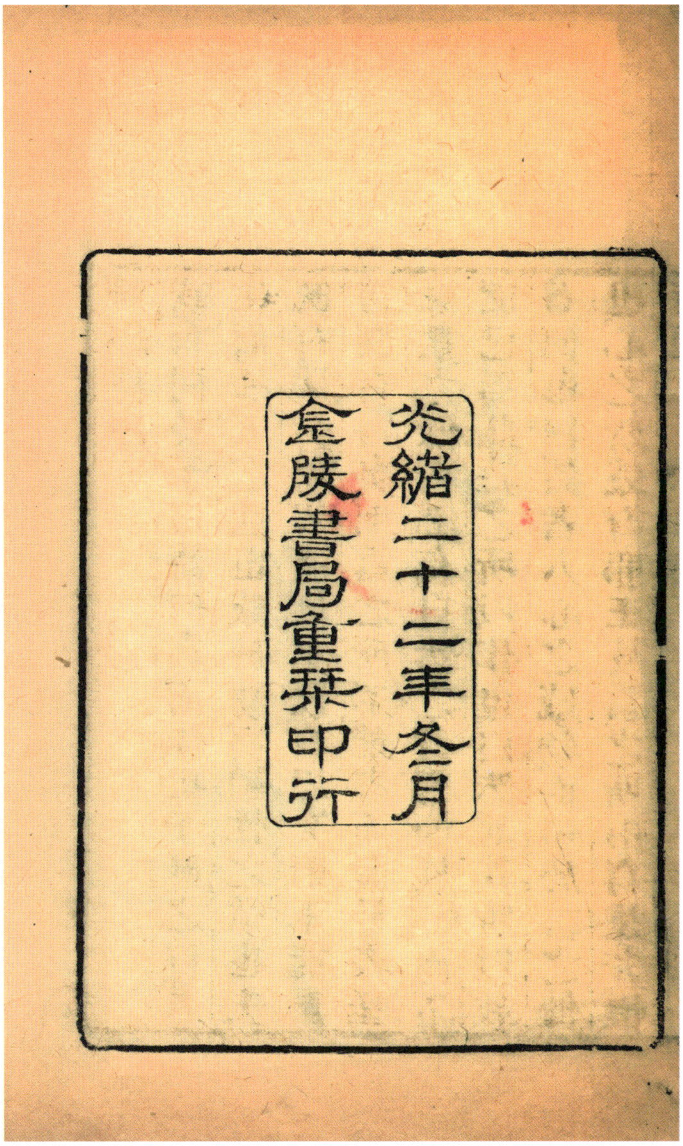

光緒二十二年冬月

金陵書局重栞印行

082 詩經八卷詩序辨說一卷　（宋）朱熹集傳　清光緒二十二年（1896）金陵書局刻本

匡高 17.5 釐米，寬 13.5 釐米。半葉九行，行十七字，小字雙行同，白口，左右雙邊。

館藏索書號：X/I222.2/4

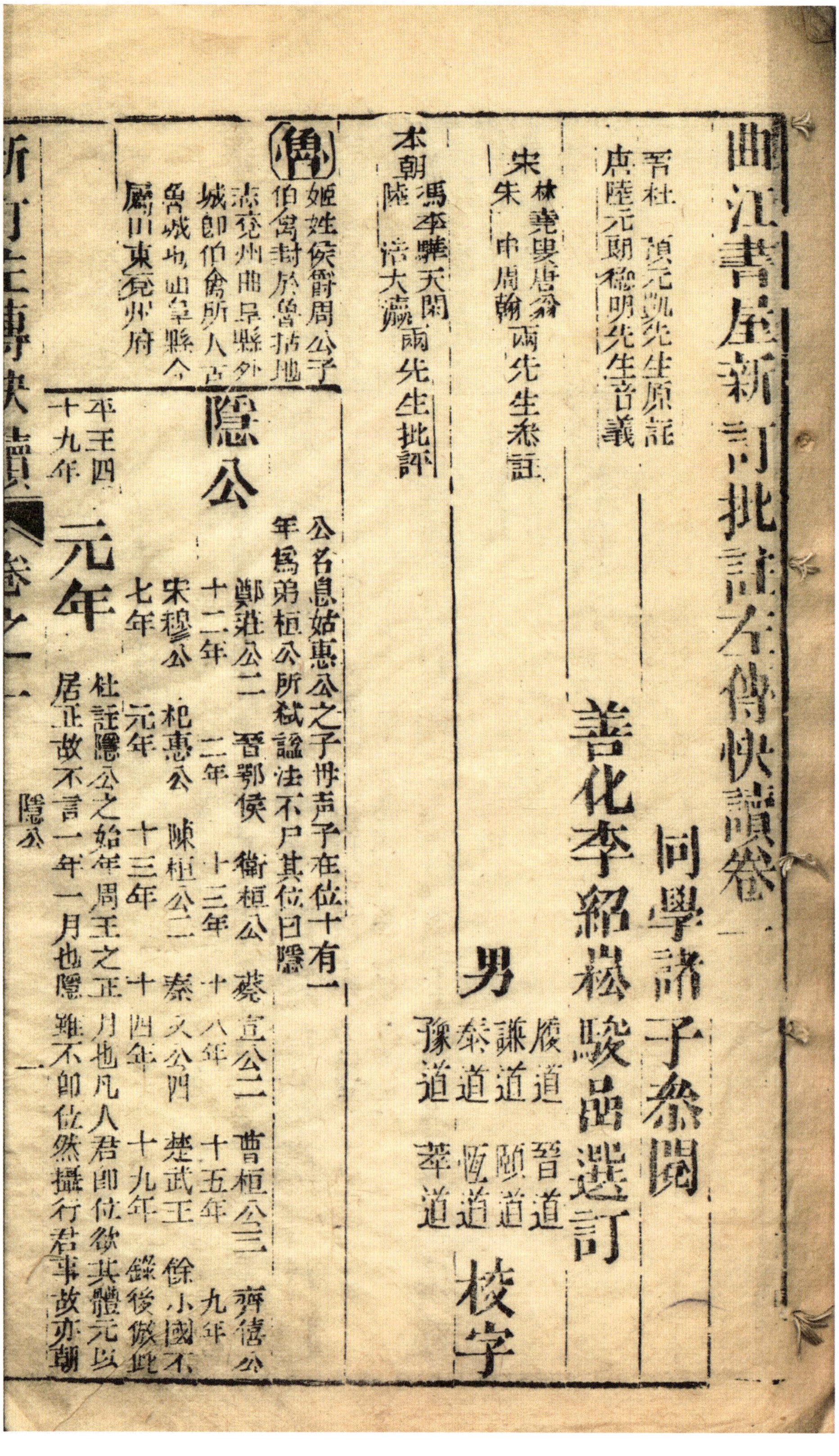

083 曲江書屋新訂批註左傳快讀十八卷首一卷 （晉）杜預註 （唐）陸德明音義 （清）李紹崧選訂 清光緒二十五年（1899）掃葉山房刻本

匡高22.6釐米，寬14.1釐米。半葉十行，行十六字，小字雙行三十二字，白口，四周單邊。

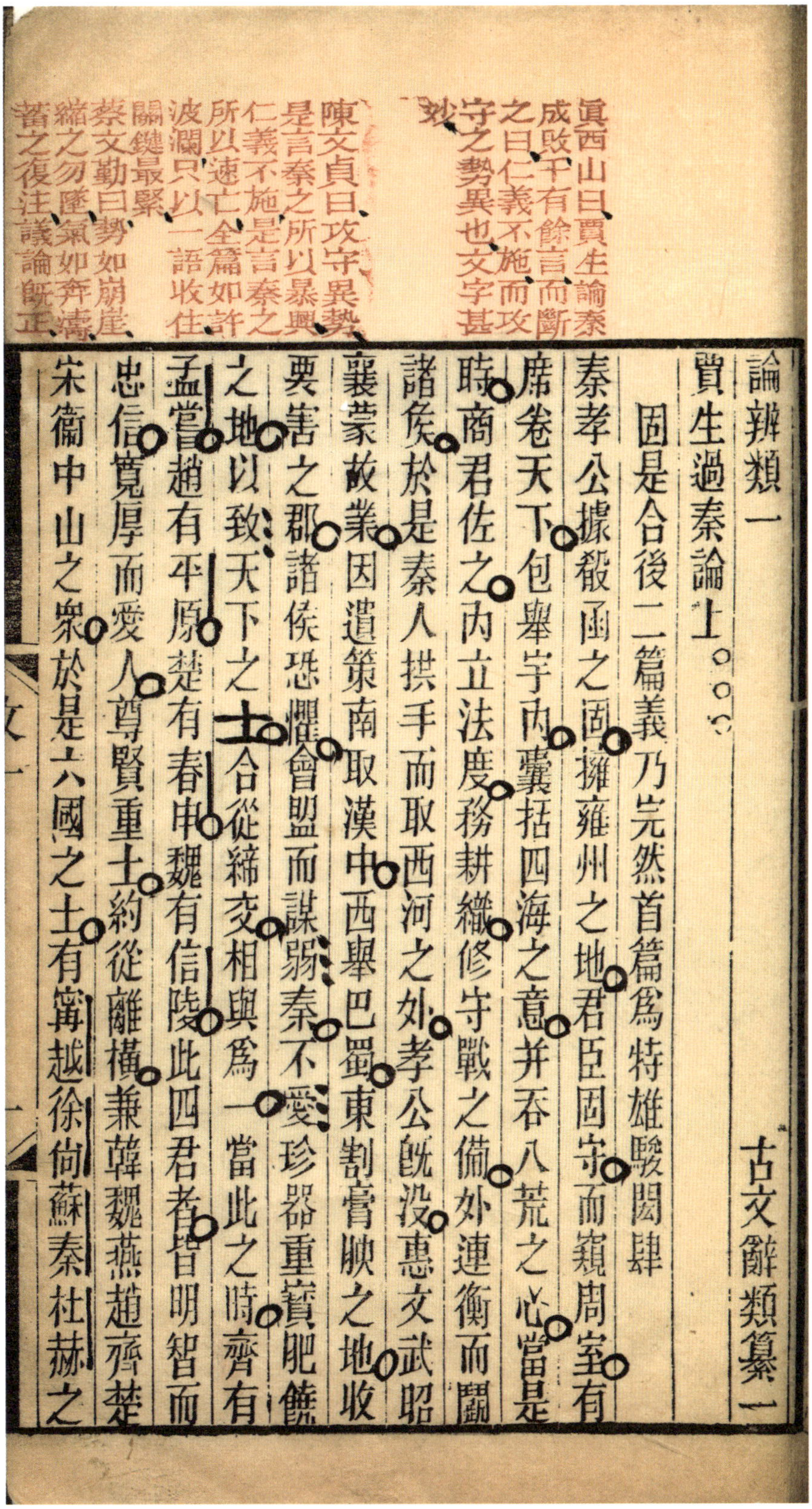
眞西山曰賈生論秦成敗千有餘言而斷之曰仁義不施而攻守之勢異也文字甚妙
陳文貞曰攻守異勢是言秦之所以暴興仁義不施是言秦之所以速亡全篇如許波瀾只以一語收住關鍵最緊
蔡文勤曰勢如崩崖縮之勿墜氣如奔濤蓄之復注議論旣正

論辨類一
賈生過秦論上
固是合後二篇義乃完然首篇爲特雄駿閎肆
秦孝公據殽函之固擁雍州之地君臣固守而窺周室有席卷天下包舉宇內囊括四海之意并吞八荒之心當是時商君佐之內立法度務耕織修守戰之備外連衡而鬭諸侯於是秦人拱手而取西河之外孝公既沒惠文武昭襄蒙故業因遺策南取漢中西舉巴蜀東割膏腴之地收要害之郡諸侯恐懼會盟而謀弱秦不愛珍器重寶肥饒之地以致天下之士合從締交相與爲一當此之時齊有孟嘗趙有平原楚有春申魏有信陵此四君者皆明智而忠信寬厚而愛人尊賢重士約從離橫兼韓魏燕趙齊楚宋衛中山之衆於是六國之士有甯越徐尚蘇秦杜赫之
古文辭類纂一

084 古文辭類纂七十四卷 （清）姚鼐輯 清光緒二十五年（1899）刻朱墨套印本

匡高 17.8 釐米，寬 13.3 釐米。半葉十三行，行二十二字，黑口，左右雙邊。

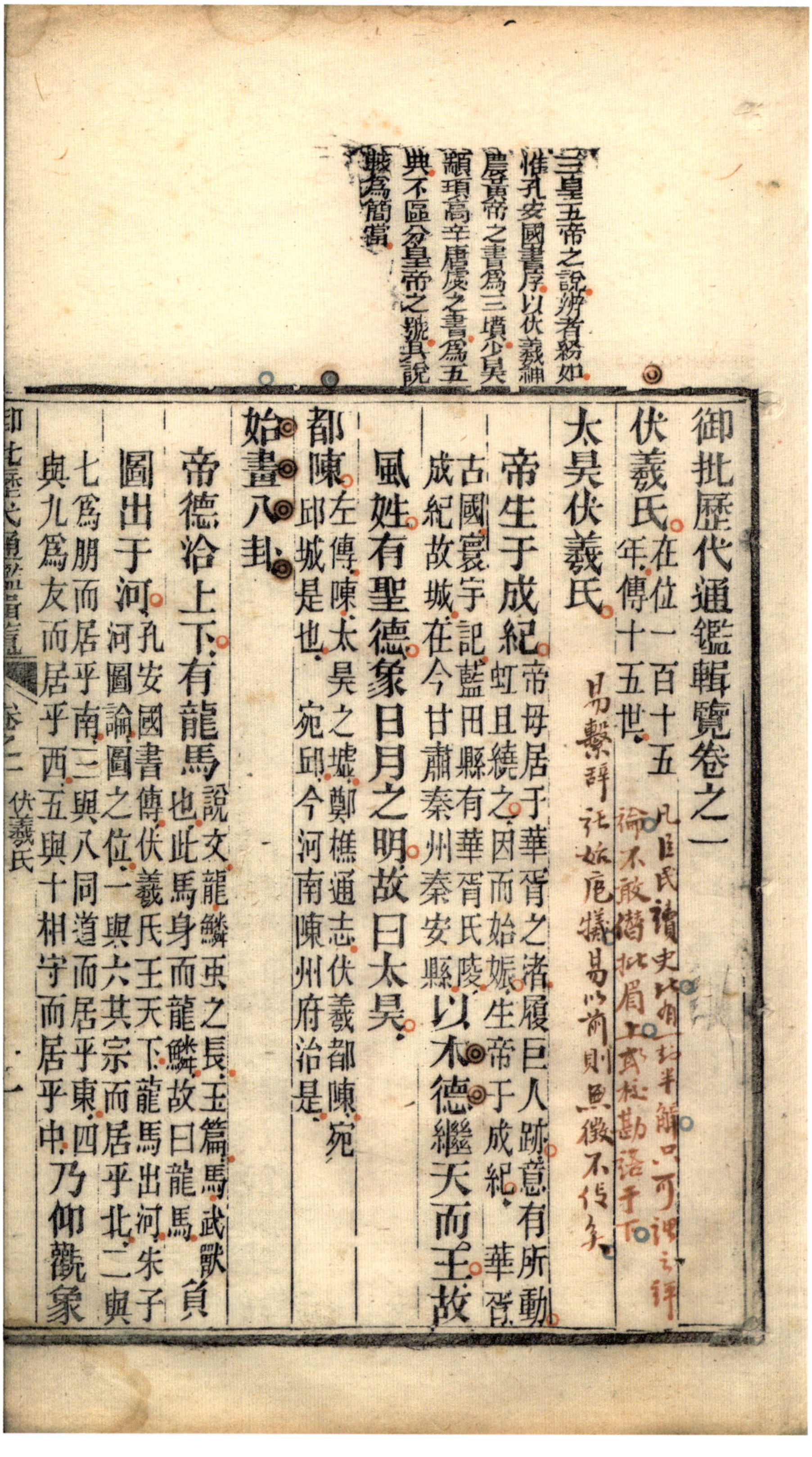

三皇五帝之說辨者紛如惟孔安國書序以伏羲神農黃帝之書爲三墳少昊顓頊高辛唐虞之書爲五典不區分皇帝之號其說較爲簡當

御批歷代通鑑輯覽卷之一

伏羲氏在位一百十五年傳十五世

凡臣民讀史此有一誌半解只可謂之評論不敢僭批眉上或校勘語于下

太昊伏羲氏

易繫辭註始庖犧易以前則無徵不信矣

帝生于成紀帝母居于華胥之渚履巨人跡意有所動虹且繞之因而始娠生帝于成紀華胥古國寰宇記藍田縣有華胥氏陵成紀故城在今甘肅秦州秦安縣以木德繼天而王故風姓有聖德象日月之明故曰太昊

都陳左傳陳太昊之墟鄭樵通志伏羲都陳宛邱城是也宛邱今河南陳州府治是

始畫八卦

帝德洽上下有龍馬說文龍鱗虫之長玉篇馬武獸負也此馬身而龍鱗故曰龍馬圖出于河孔安國書傳伏羲氏王天下龍馬出河朱子河圖論圖之位一與六共宗而居乎北二與七爲朋而居乎南三與八同道而居乎東四與九爲友而居乎西五與十相守而居乎中乃仰觀象

御批歷代通鑑輯覽 卷之一 伏羲氏 一

085 御批歷代通鑑輯覽一百二十卷（清）傅恒等撰 清光緒二十九年（1903）山東慶裕書局刻本

匡高 17.5 釐米，寬 14 釐米。半葉十一行，行二十二字，小字雙行同，白口，四周雙邊。

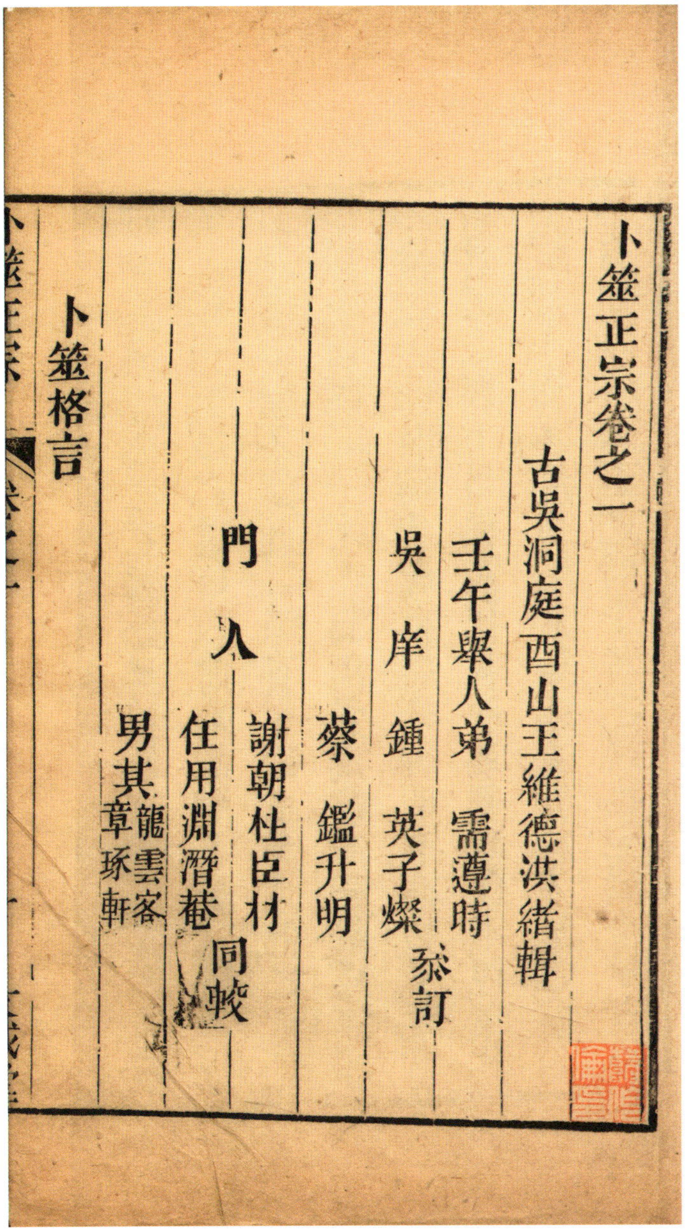
卜筮正宗卷之一
古吳洞庭西山王維德洪緒輯
壬午舉人弟霈遵時
吳庠鍾英子燦
蔡鑑升明
謝朝杜臣材
門人任用淵潛菴
男其龍雲客
其章琢軒
叅訂
同較
卜筮格言

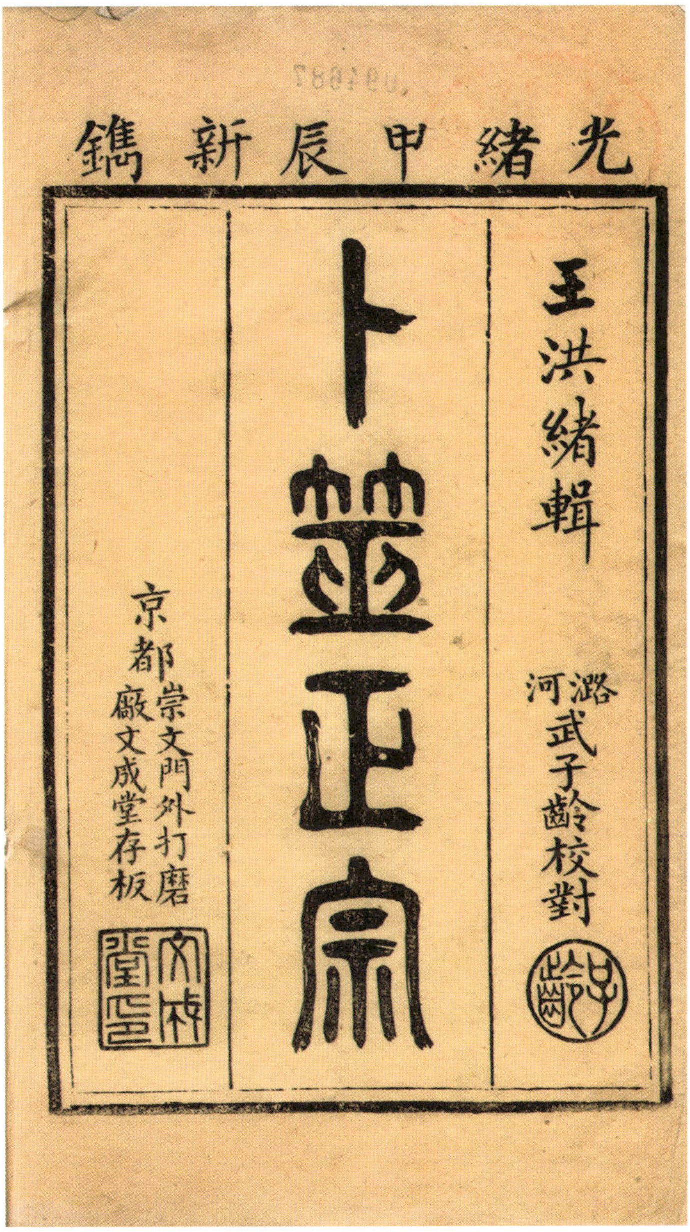
光緒甲辰新鐫
王洪緒輯
卜筮正宗
潞河武子齡校對
京都崇文門外打磨廠文成堂存板

086 卜筮正宗十四卷 （清）王維德輯 清光緒三十年（1904）京都文成堂刻本

匡高 18 釐米，寬 13.2 釐米。半葉九行，行二十字，小字雙行同，白口，左右雙邊。

館藏索書號：X/B992.2/5

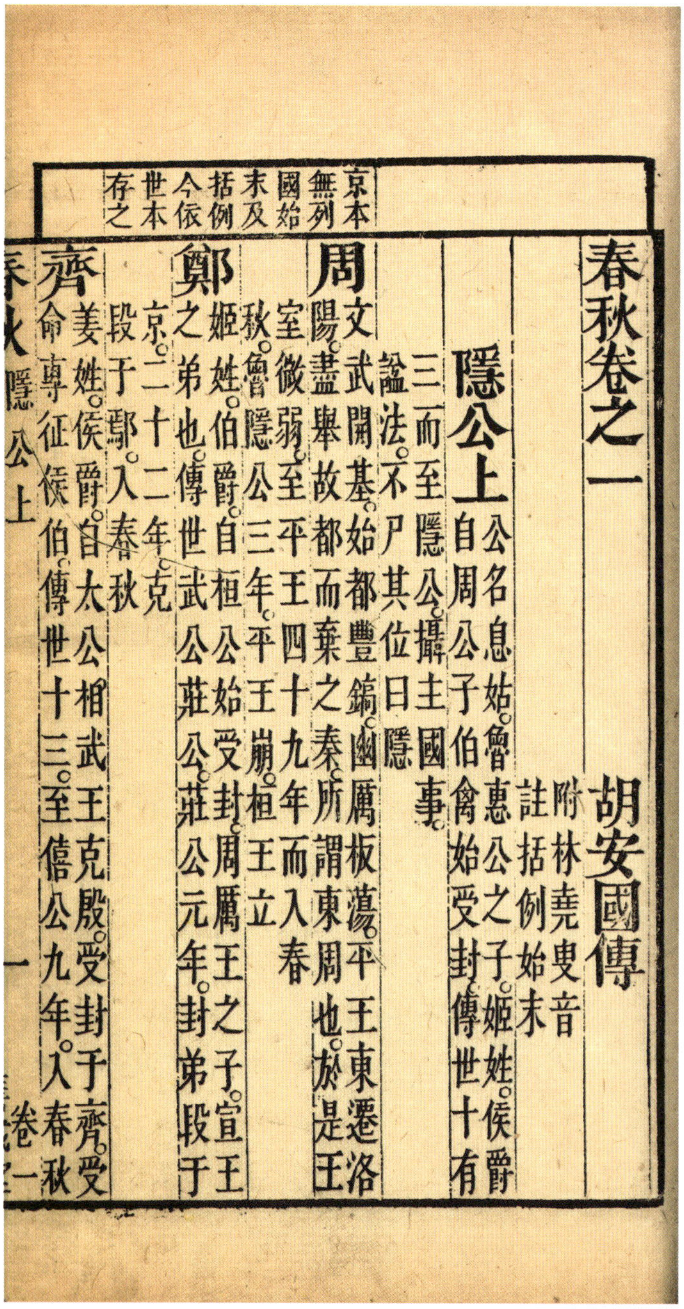

京本無列國始末及括例今依世本存之

春秋卷之一　　　胡安國傳

附林堯叟音
註括例始末

隱公上　公名息姑魯惠公之子姬姓侯爵
自周公子伯禽始受封傳世十有
三而至隱公攝主國事
謚法不尸其位曰隱

周　文武開基始都豐鎬幽厲板蕩平王東遷洛
陽盡畢故都而棄之秦所謂東周也於是王
室微弱至平王四十九年而入春
秋魯隱公三年平王崩桓王立

鄭　姬姓伯爵自桓公始受封周厲王之子宣王
之弟也傳世武公莊公莊公元年封弟段于
京二十二年克
段于鄢入春秋

齊　姜姓侯爵自太公相武王克殷受封于齊受
命專征侯伯傳世十三至僖公九年入春秋

春秋　隱公上　一　卷一

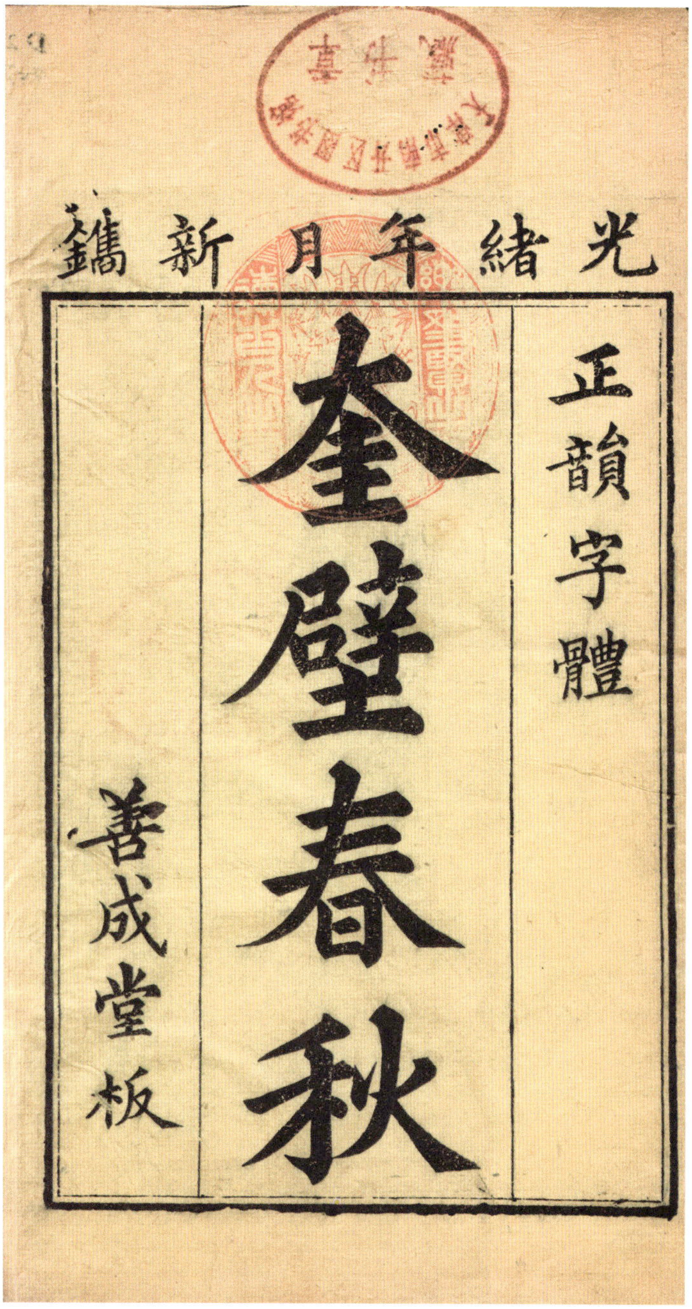

光緒年月新鐫

正韻字體

奎壁春秋

善成堂板

087 奎壁春秋三十卷　（宋）胡安國傳　清光緒善成堂刻本

匡高19.6釐米，寬13.1釐米。上下雙欄，下欄半葉九行，行十八字，小字雙行同，白口，左右雙邊。

館藏索書號：X/K225.4/9

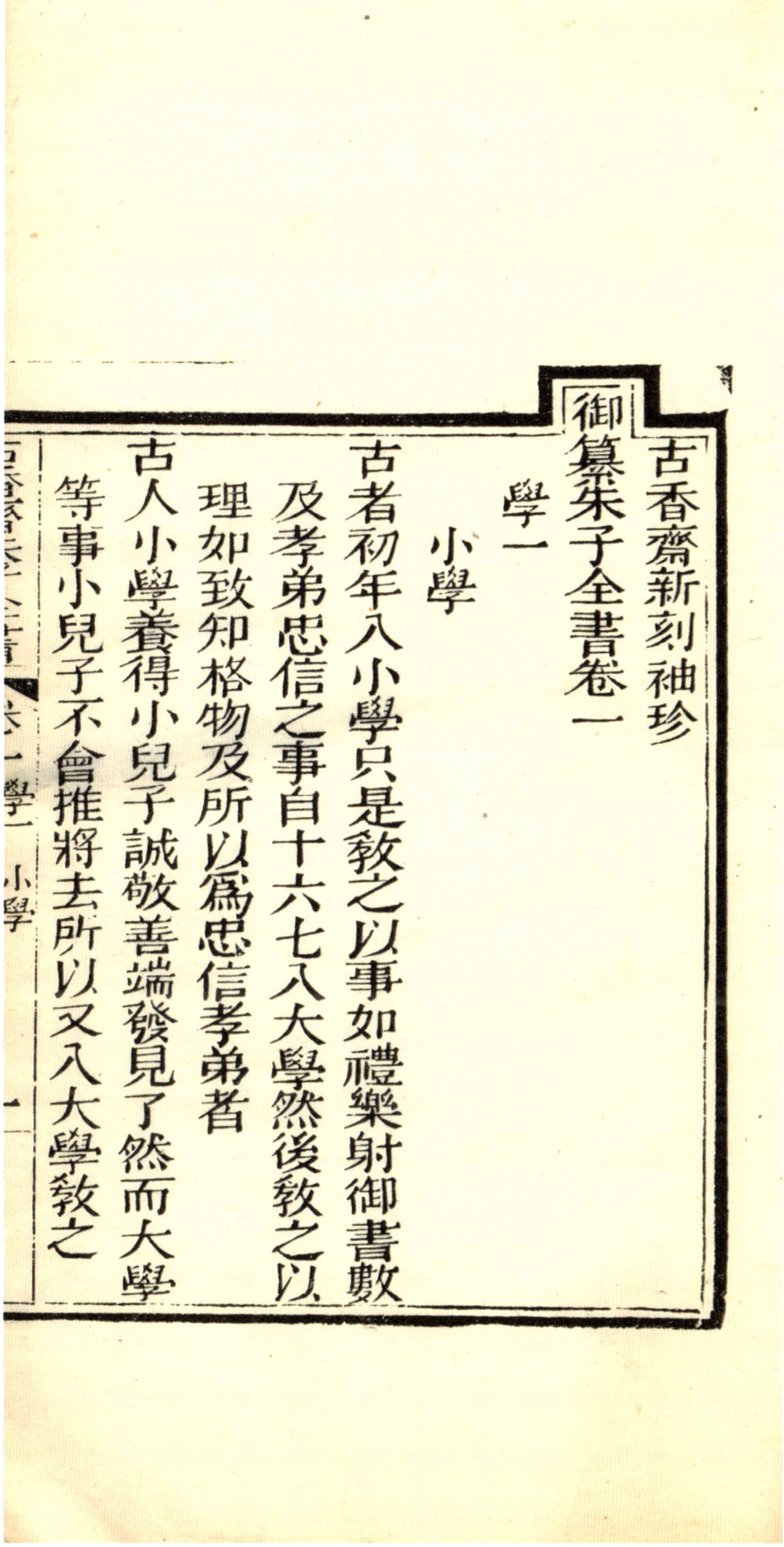

古香齋新刻袖珍
御纂朱子全書卷一
學一
小學
古者初年入小學只是教之以事如禮樂射御書數
及孝弟忠信之事自十六七入大學然後教之以
理如致知格物及所以爲忠信孝弟者
古人小學養得小兒子誠敬善端發見了然而大學
等事小兒子不會推將去所以又入大學教之

古香齋朱子全書　卷一　學一　小學　一

088 古香齋新刻袖珍御纂朱子全書六十六卷（宋）朱熹纂（清）李光地輯 清光緒古香齋刻巾箱本

匡高 10 釐米，寬 8.2 釐米。半葉九行，行二十字，白口，四周雙邊。

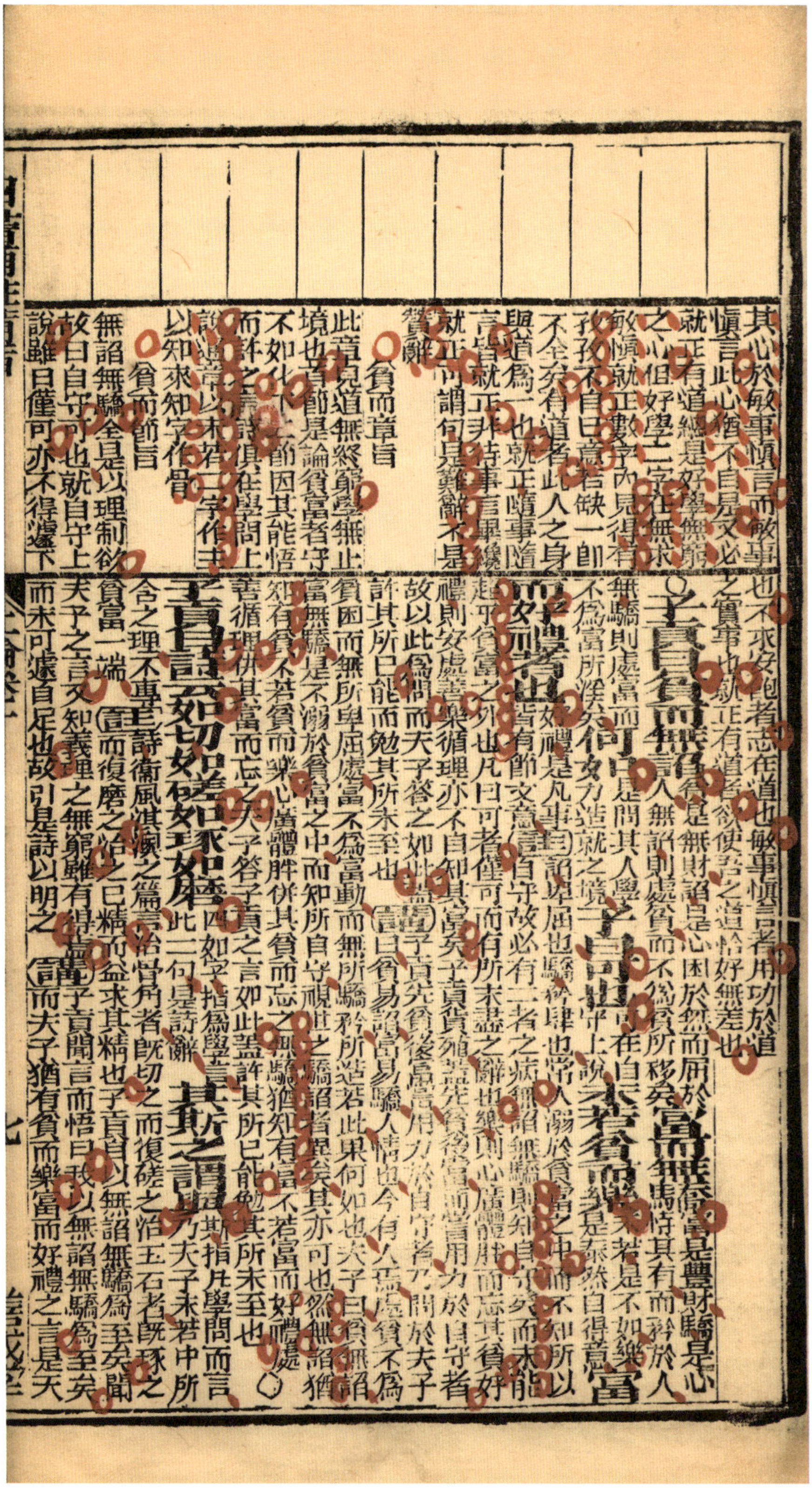

089 新訂四書補註備旨十卷 （明）鄧林手著 （清）杜定基增訂 清光緒善成堂刻本

匡高 21.5 釐米，寬 13.5 釐米。上中下三欄，行格字數不等，白口，左右雙邊。

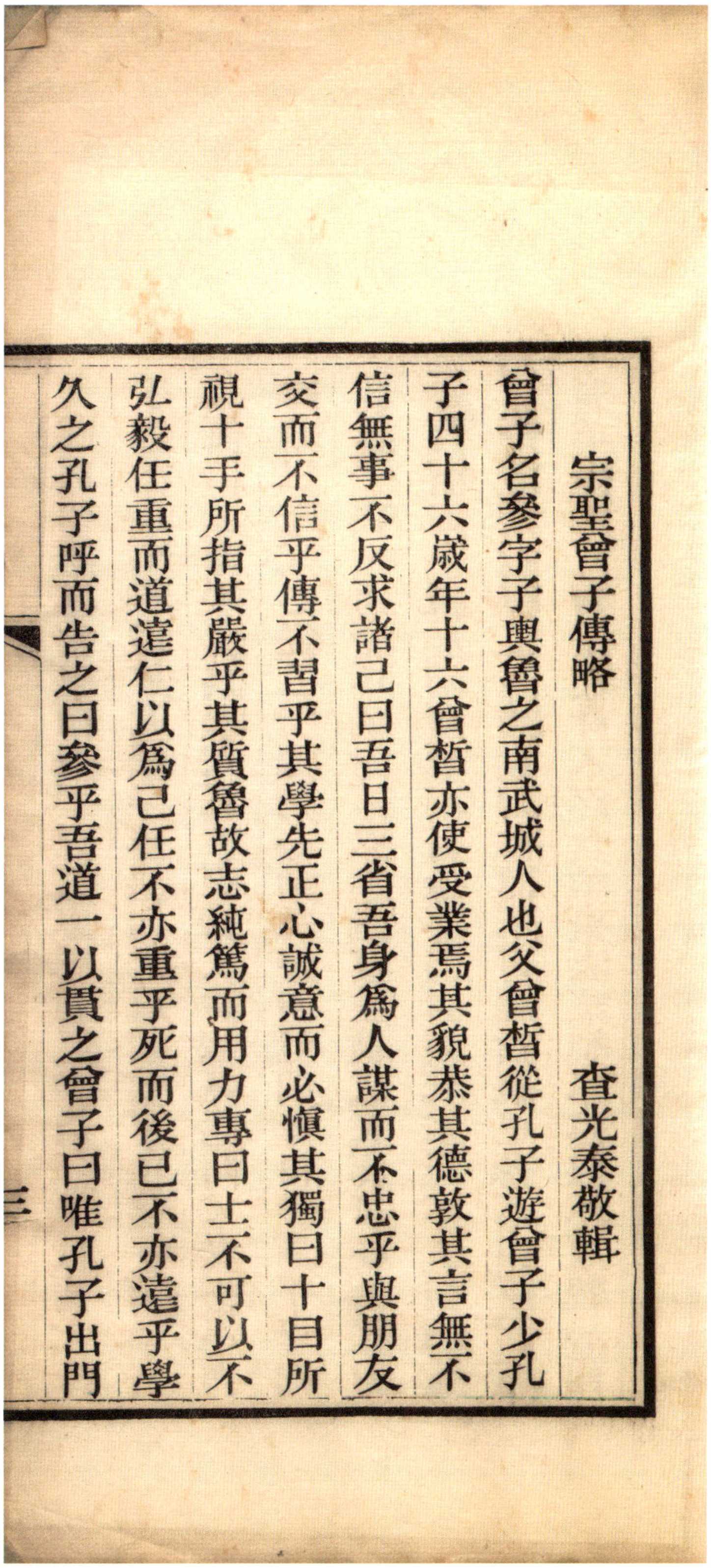
宗聖曾子傳略　查光泰敬輯
曾子名參字子輿魯之南武城人也父曾皙從孔子遊曾子少孔
子四十六歲年十六曾皙亦使受業焉其貌恭其德敦其言無不
信無事不反求諸己曰吾日三省吾身爲人謀而不忠乎與朋友
交而不信乎傳不習乎其學先正心誠意而必慎其獨曰十目所
視十手所指其嚴乎其質魯故志純篤而用力專曰士不可以不
弘毅任重而道遠仁以爲己任不亦重乎死而後已不亦遠乎學
久之孔子呼而告之曰參乎吾道一以貫之曾子曰唯孔子出門
三

090 聖門諸賢輯傳不分卷　（清）查光泰輯　清光緒刻本

匡高 18 釐米，寬 11 釐米。半葉八行，行二十五字，白口，四周雙邊。

館藏索書號：X/K825.1/1

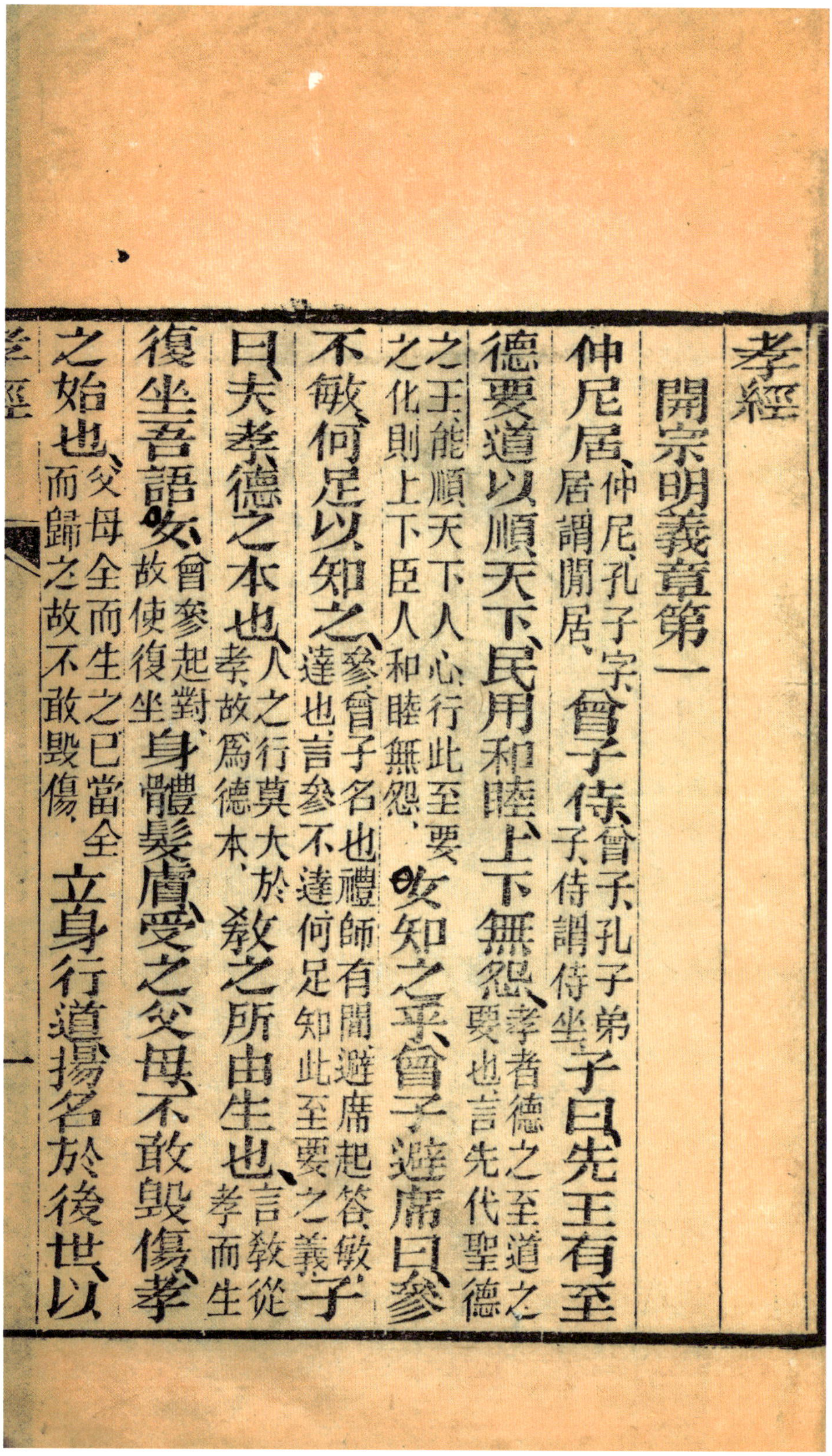
孝經
開宗明義章第一
仲尼居、仲尼孔子字、居謂閒居、曾子侍、曾子、孔子弟子、侍謂侍坐、子曰先王有至
德要道以順天下、民用和睦上下無怨、孝者德之至道之要也、言先代聖德
之王能順天下人心、行此至要之化、則上下臣人和睦無怨、女知之乎、曾子避席曰參
不敏、何足以知之、參曾子名也、禮師有問避席起荅、敏達也、言參不達何足知此至要之義、子
曰夫孝德之本也、人之行莫大於孝、故爲德本、教之所由生也、言教從孝而生、
復坐吾語女、曾參起對、故使復坐、身體髮膚受之父母不敢毀傷孝
之始也、父母全而生之、已當全而歸之、故不敢毀傷、立身行道揚名於後世以
孝經 一

091 孝經集注一卷 不著撰人 清宣統元年（1909）泊鎮聚元堂刻本

匡高 15.8 釐米，寬 13 釐米。半葉九行，行二十二字，小字雙行同，白口，左右雙邊。

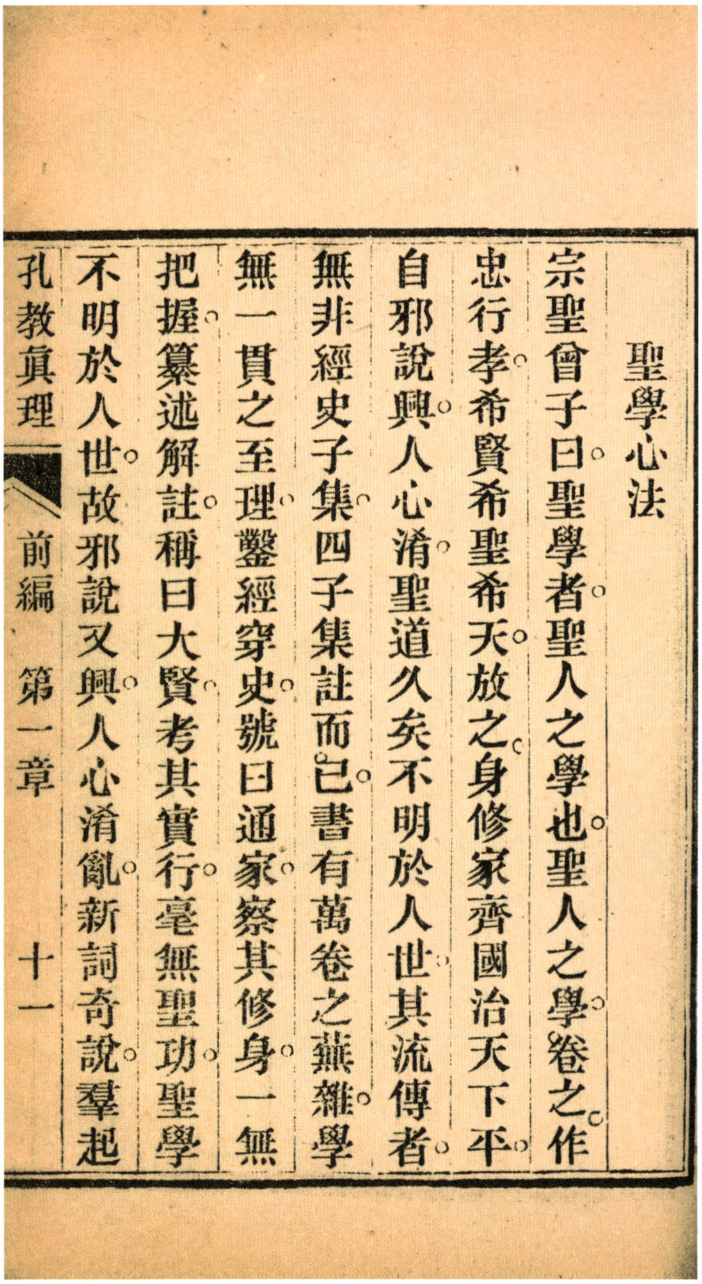

聖學心法

宗聖曾子曰聖學者聖人之學也聖人之學卷之作忠行孝希賢希聖希天放之身修家齊國治天下平自邪說興人心淆聖道久矣不明於人世其流傳者無非經史子集四子集註而已書有萬卷之蕪雜學無一貫之至理鑿經穿史號曰通家察其修身一無把握纂述解註稱曰大賢考其實行毫無聖功聖學不明於人世故邪說又興人心淆亂新詞奇說羣起

孔教真理　前編　第一章　十一

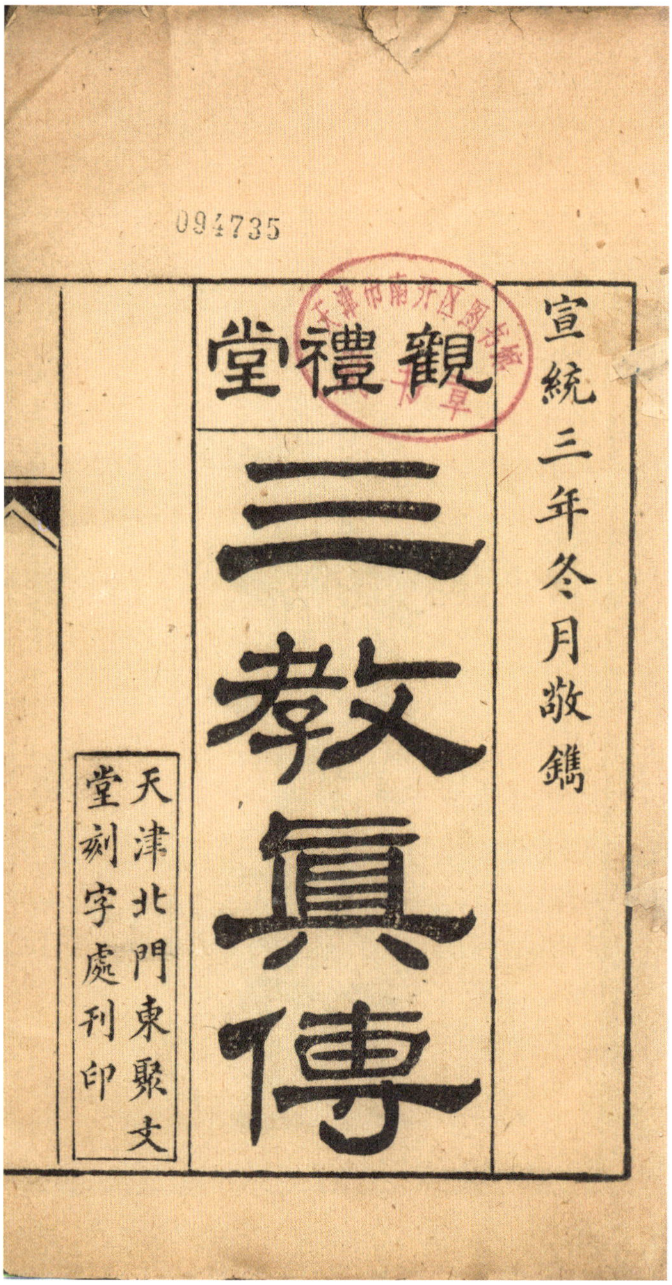

宣統三年冬月敬鐫

觀禮堂

三教眞傳

天津北門東聚文堂刻字處刊印

092 孔教真理　（春秋）曾參撰　清宣統三年（1911）天津聚文堂刻本

匡高 18 釐米，寬 13 釐米。 半葉八行， 行二十字，白口， 四周雙邊。

館藏索書號 :X/B222.2/4

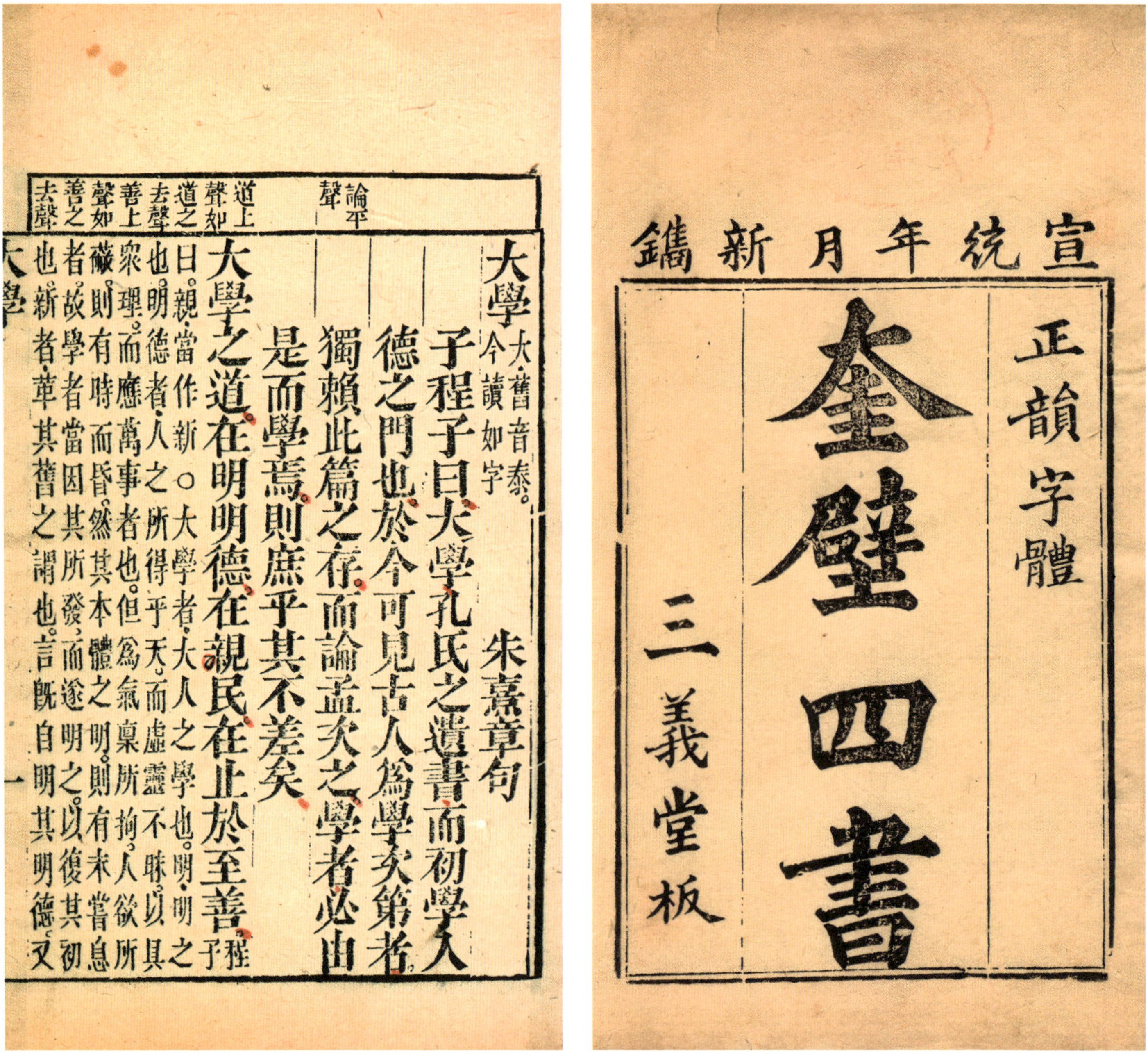

093 奎壁四書十九卷 （宋）朱熹集注 清宣統三義堂刻本

匡高 19 釐米，寬 13 釐米。上下雙欄，下欄半葉九行，行十七字，小字雙行同，白口，左右雙邊。

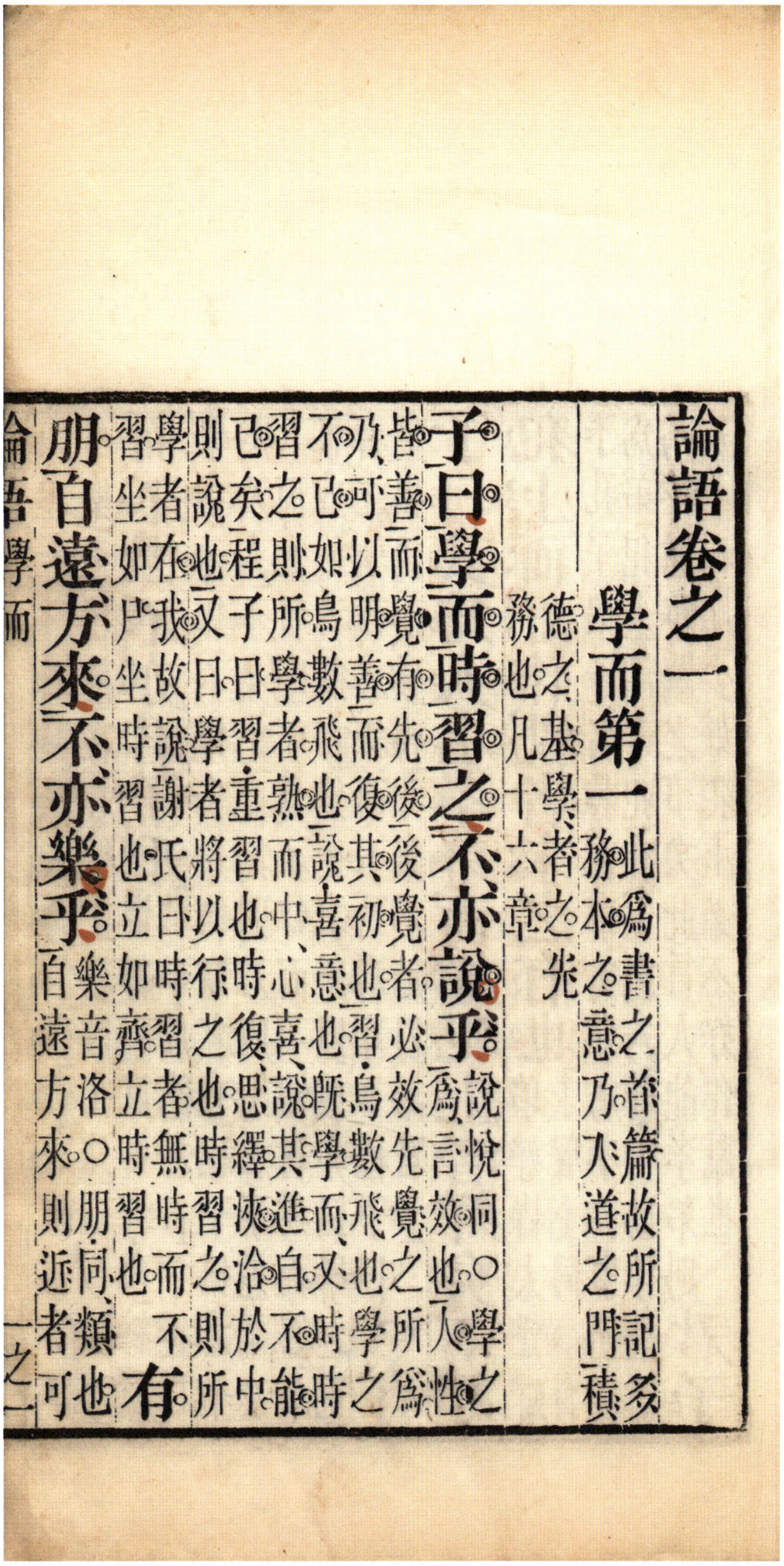

論語卷之一

學而第一　此爲書之首篇故所記多務本之意乃入道之門積德之基學者之先務也凡十六章

子曰學而時習之不亦說乎　說悅同○學之爲言效也人性皆善而覺有先後後覺者必效先覺之所爲乃可以明善而復其初也習鳥數飛也學之不已如鳥數飛也說喜意也既學而又時時習之則所學者熟而中心喜說其進自不能已矣程子曰習重習也時復思繹浹洽於中則說也又曰學者將以行之也時習之則所習者在我故說謝氏曰時習者無時而不習坐如尸坐時習也立如齊立時習也有

朋自遠方來不亦樂乎　樂音洛○朋同類也自遠方來則近者可

論語學而　一之一

094 論語十卷　（春秋）孔丘著　清刻本

匡高 18.8 釐米，寬 14.5 釐米。半葉九行，行十七字，小字雙行同，白口，四周單邊。

館藏索書號：X/B222.1/8

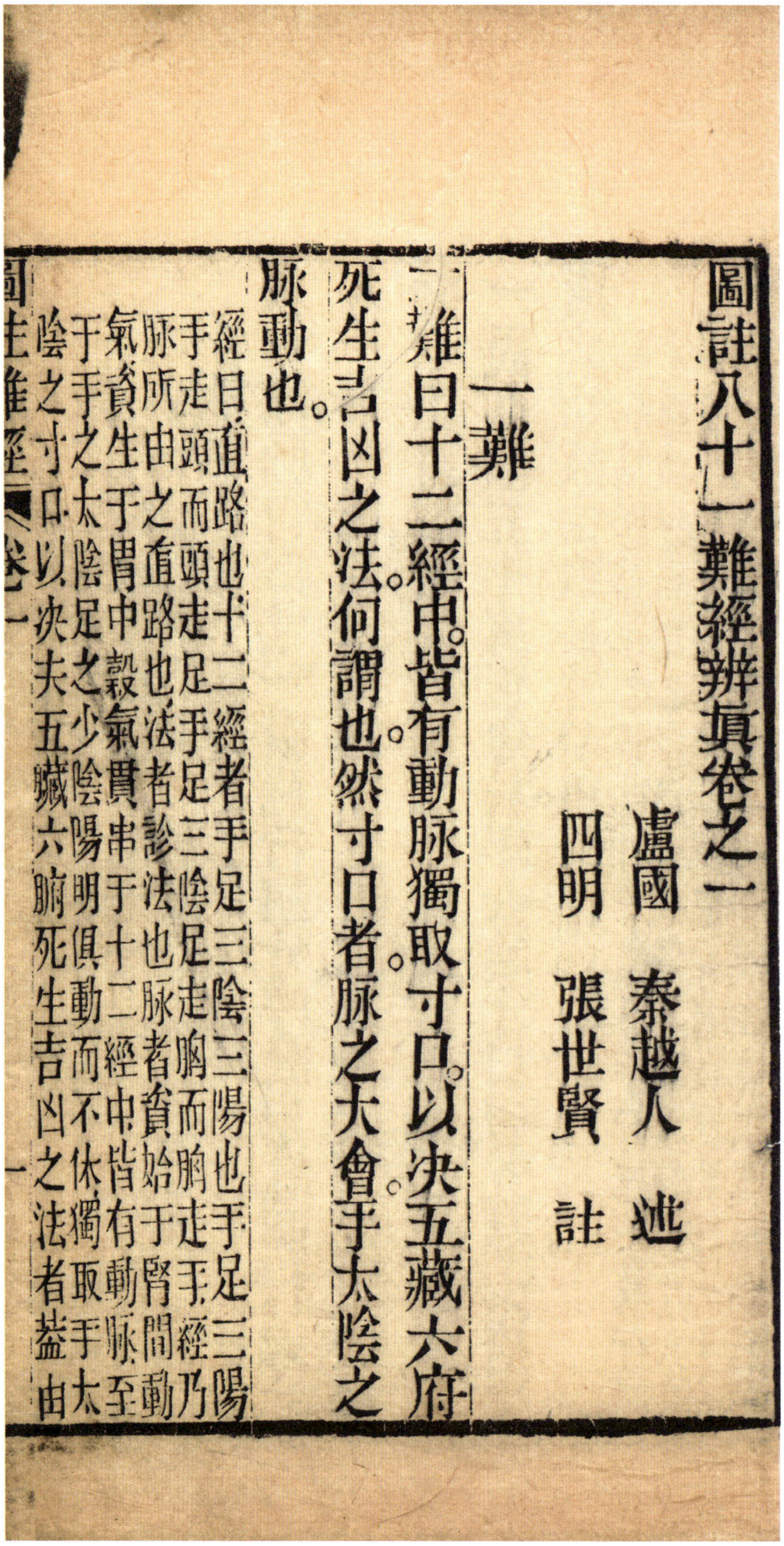

圖註八十一難經辨眞卷之一

盧國　秦越人　述

四明　張世賢　註

一難

一難曰十二經中皆有動脉獨取寸口以决五藏六府死生吉凶之法何謂也然寸口者脉之大會手太陰之脉動也

經曰直路也十二經者手足三陰三陽也手足三陽手走頭而頭走足手足三陰足走腹而腹走手手經乃脉所由之直路也法者診法也脉者資始于腎間動氣資生于胃中穀氣貫串于十二經中皆有動脉至于手之太陰足之少陰陽明俱動而不休獨取手太陰之寸口以决夫五臓六腑死生吉凶之法者葢由

圖註難經　卷一　一

095 圖註八十一難經辨真四卷　（戰國）秦越人述　（明）張世賢註　清京都文成堂刻本

匡高 17.3 釐米，寬 11.6 釐米。半葉十行，行二十一字，小字雙行同，白口，四周單邊。

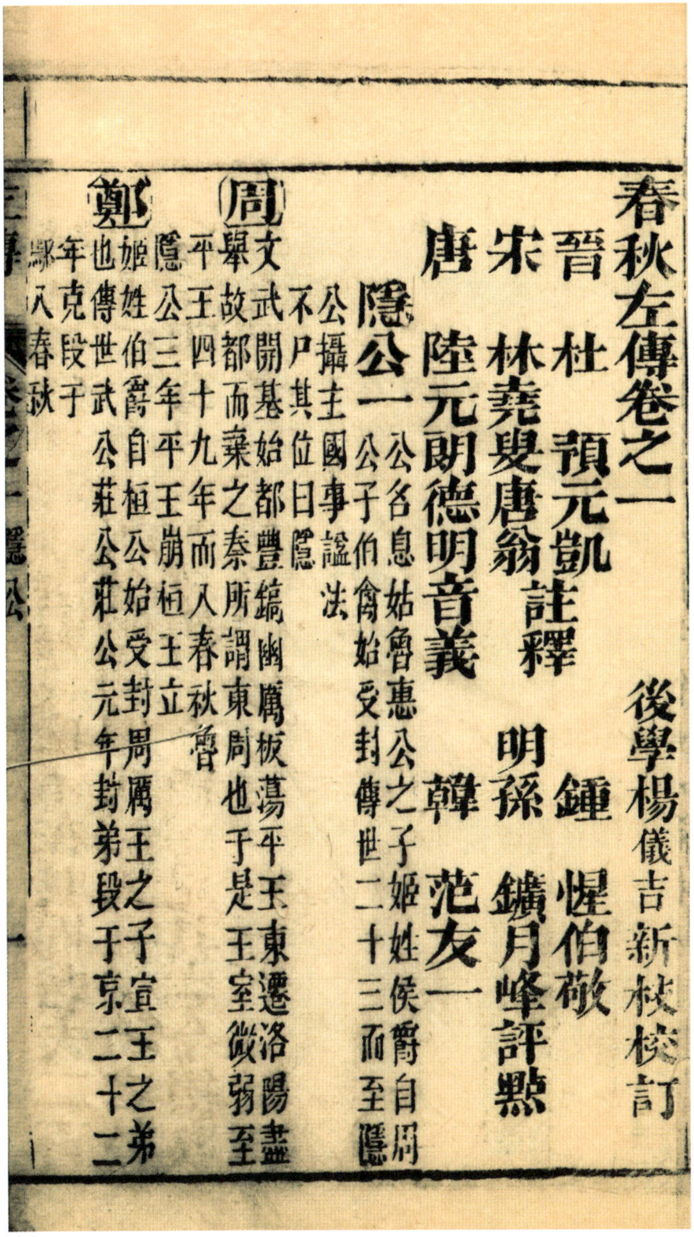

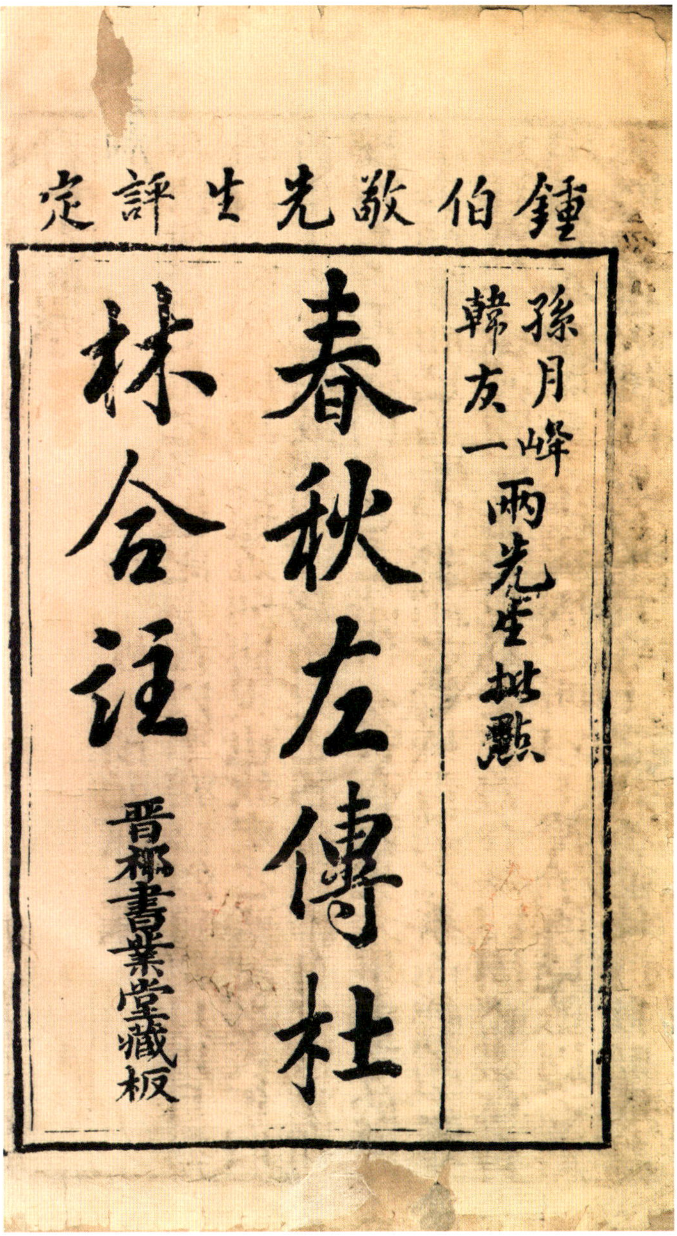

096 春秋左傳五十卷 （晉）杜預等註釋 （唐）陸德明音義 清晉祁書業堂刻本

匡高21.6釐米，寬14.1釐米。上下雙欄，下欄半葉十行，行二十字，小字雙行同，白口，左右雙邊。

館藏索書號：X/K225.4/10

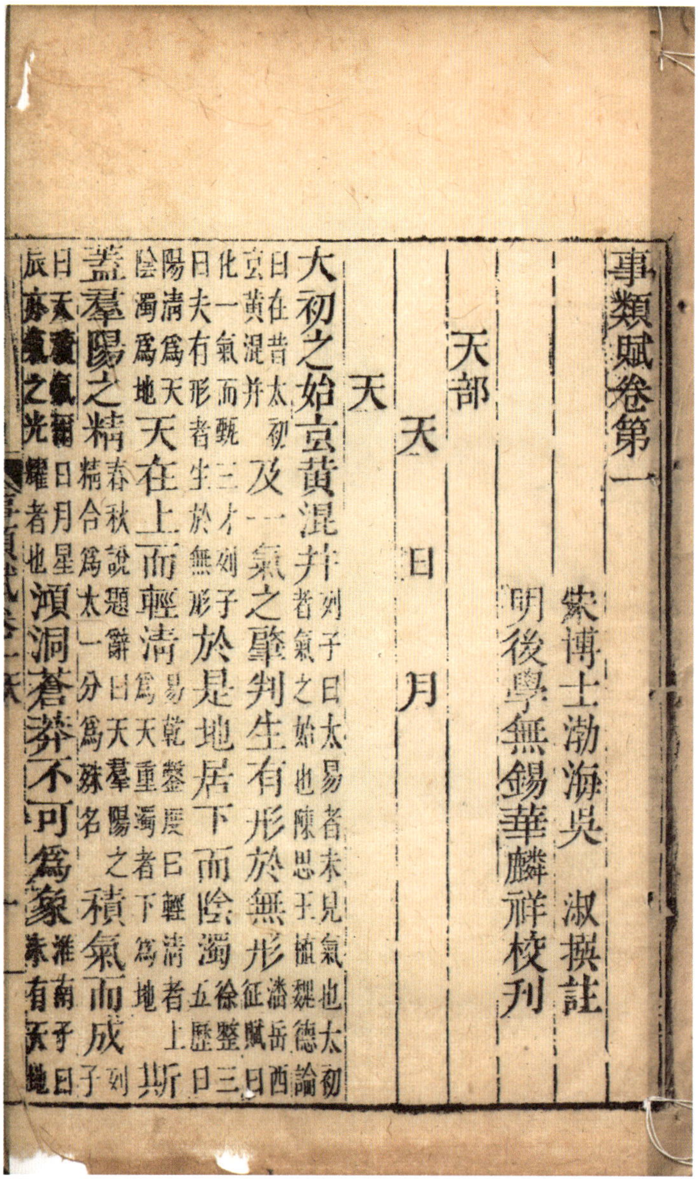
事類賦卷第一

宋博士渤海吳　淑撰註

明後學無錫華麟祥校刊

天部

天　日　月

天

大初之始玄黃混并列子曰太易者未見氣也太初者氣之始也陳思王植魏德論曰在昔太初玄黃混并及一氣之肇判生有形於無形潘岳西征賦曰化一氣而甄三才列子曰夫有形者生於無形於是地居下而陰濁徐整三五歷曰陽清為天陰濁為地天在上而輕清易乾鑿度曰輕清者上為天重濁者下為地斯蓋羣陽之精春秋說題辭曰天羣陽之精合為太一分為殊名積氣而成列子曰天積氣耳日月星辰亦積氣之光耀者也須洞蒼莽不可為象淮南子曰未有天地

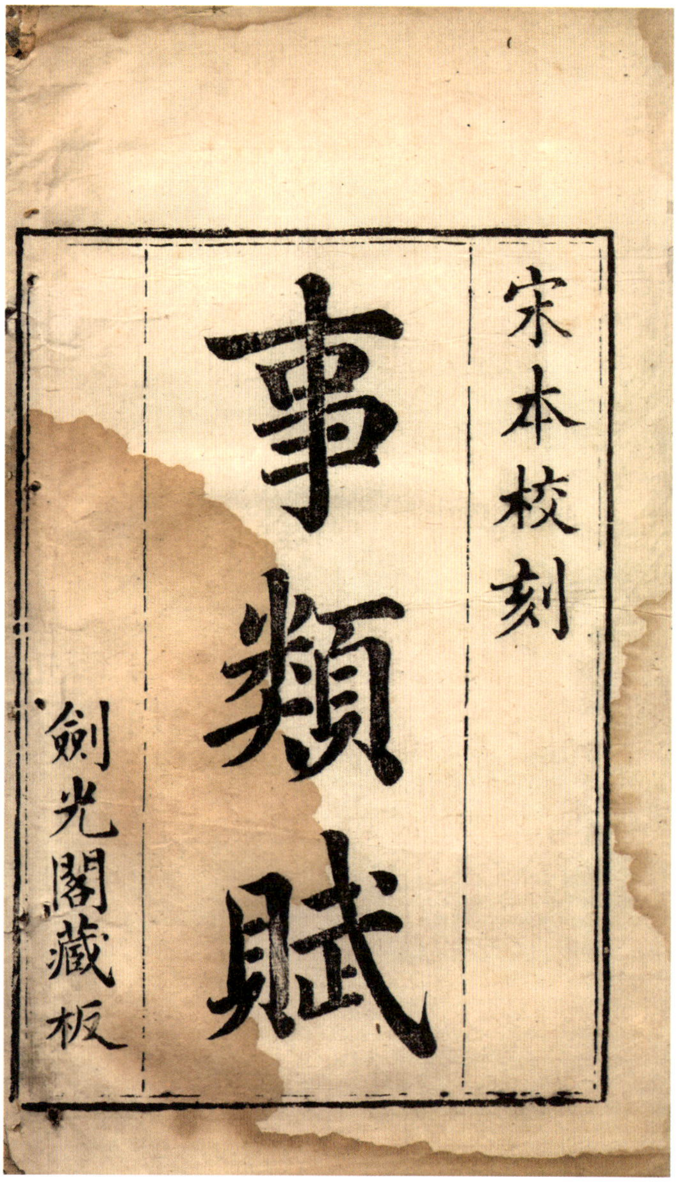
宋本校刻

事類賦

劍光閣藏板

097 事類賦三十卷　（宋）吳淑撰註　（明）華麟祥校刊　清劍光閣刻本

匡高 19 釐米，寬 14.5 釐米。半葉十二行，行二十字，小字雙行同，白口，左右雙邊。

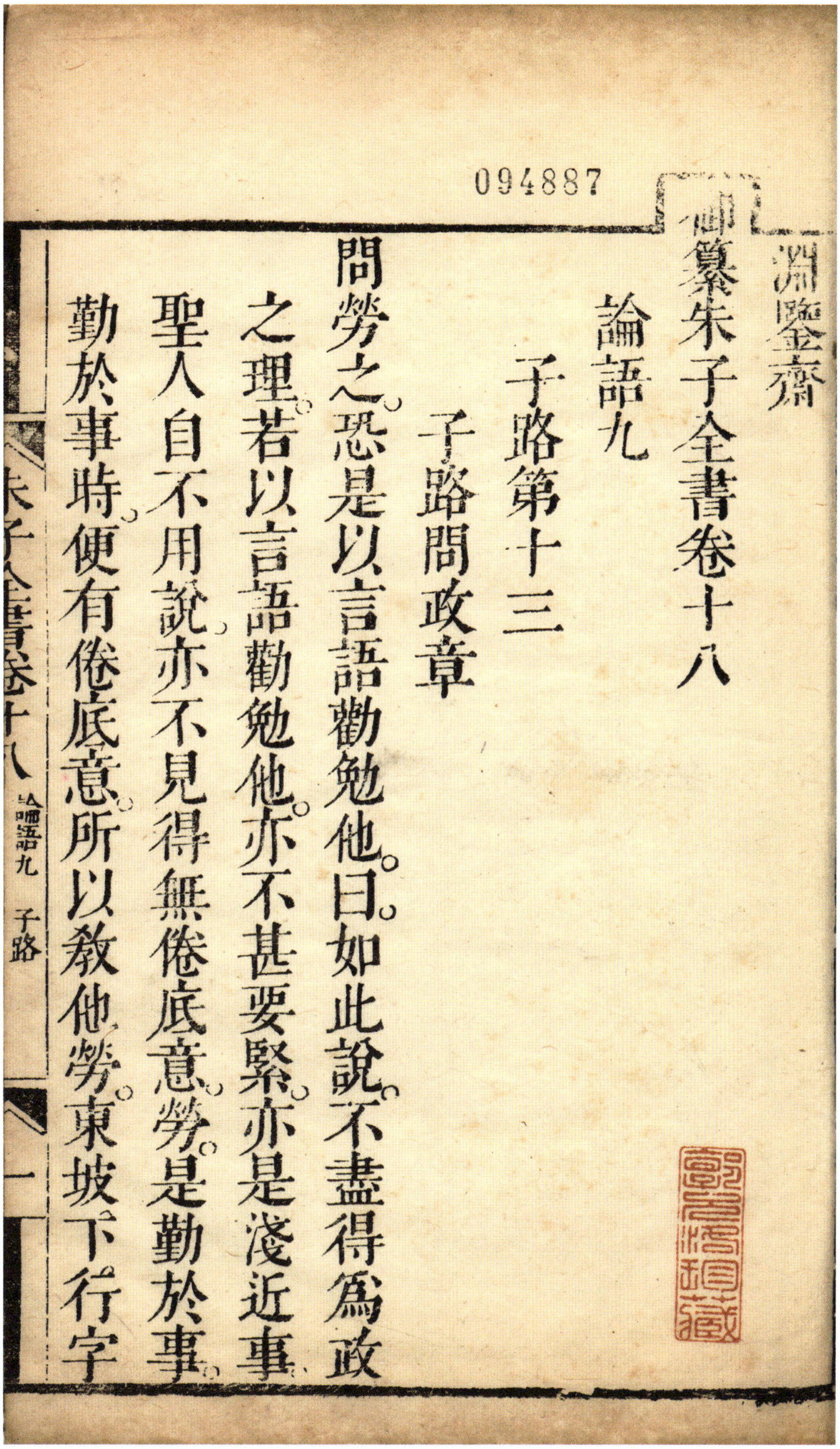

094887

淵鑑齋

御纂朱子全書卷十八

論語九

子路第十三

子路問政章

問勞之。恐是以言語勸勉他。曰。如此說。不盡得爲政之理。若以言語勸勉他。亦不甚要緊。亦是淺近事。聖人自不用說。亦不見得無倦底意。勞。是勤於事。勤於事時。便有倦底意。所以敎他勞。東坡下行字

朱子全書卷十八 論語九 子路 一

098 御纂朱子全書六十六卷 （宋）朱熹撰 清淵鑒齋刻本

匡高 19 釐米，寬 14 釐米。半葉九行，行二十字，黑口，四周單邊。

館藏索書號：X/B244.7/2

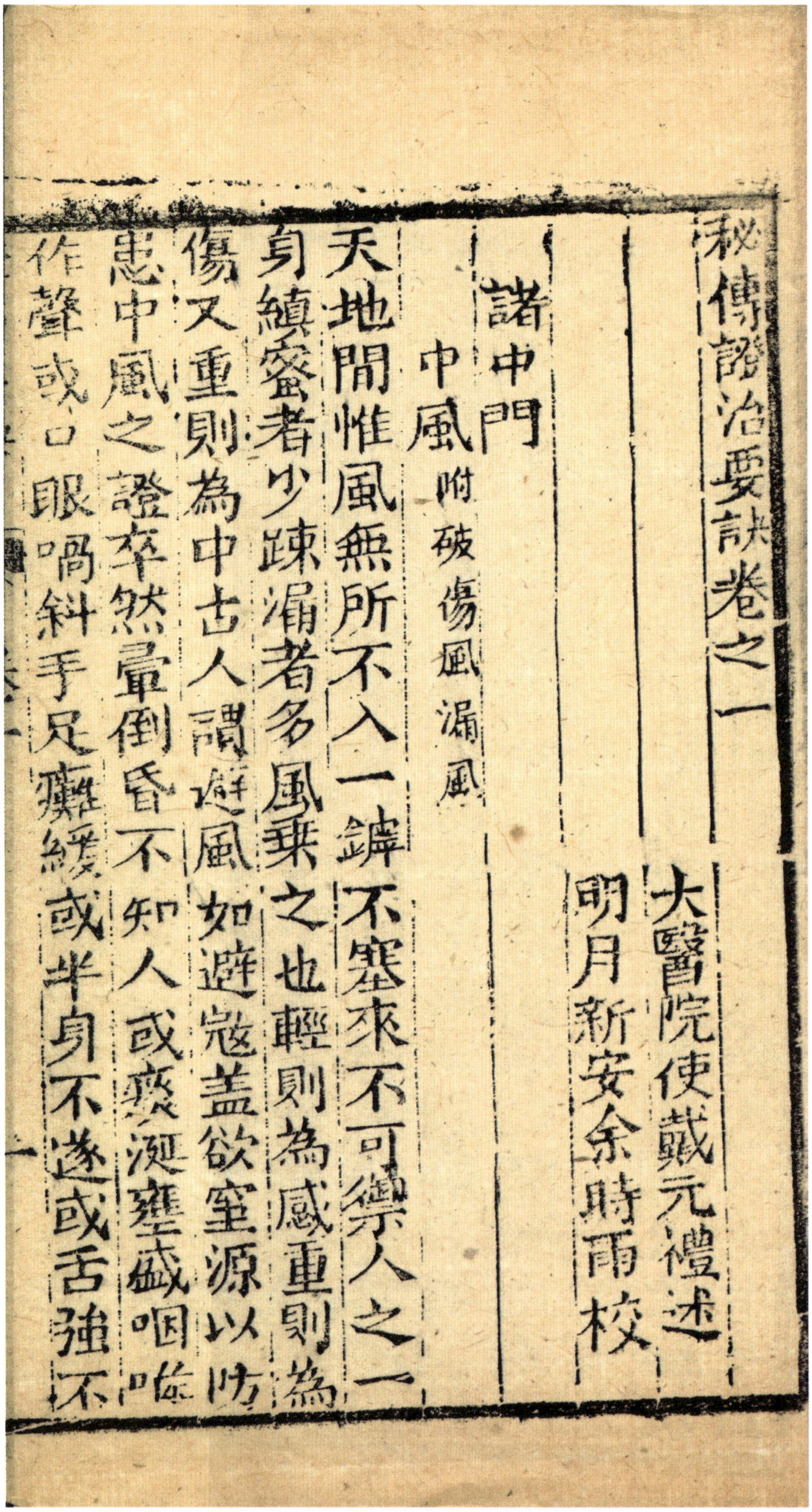

秘傳證治要訣卷之一
大醫院使戴元禮述
明月新安余時雨校
諸中門
中風附破傷風漏風
天地間惟風無所不入一罅不塞來不可禦人之一
身續發者少踈漏者多風乘之也輕則為感重則為
傷又重則為中古人謂避風如避寇蓋欲窒源以防
患中風之證卒然暈倒昏不知人或痰涎壅盛咽喉
作聲或口眼喎斜手足癱緩或半身不遂或舌強不

099 秘傳證治要訣十二卷 （明）戴元禮述 （明）余時雨校 清文奎堂刻本

匡高 14.5 釐米，寬 10 釐米。半葉十行，行二十字，白口，四周單邊。

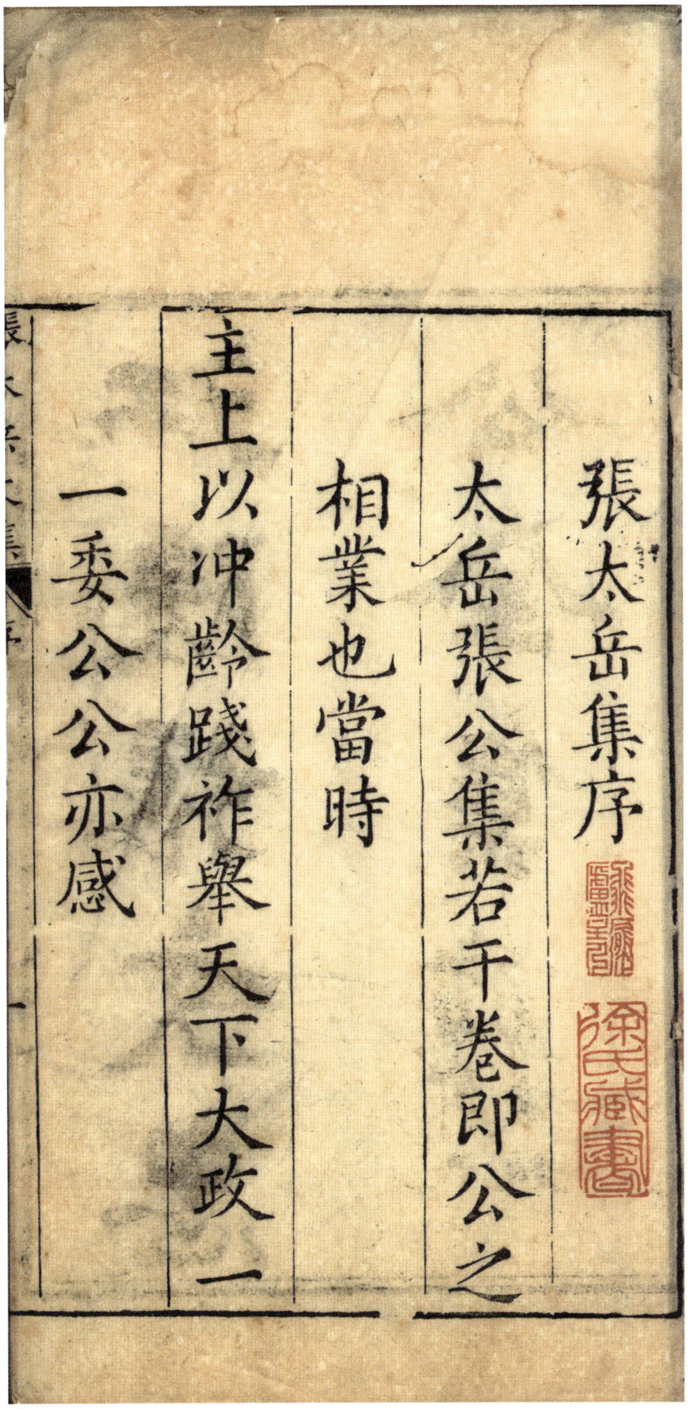
張太岳集序
太岳張公集若干卷即公之
相業也當時
主上以冲齡踐祚舉天下大政一
一委公公亦感

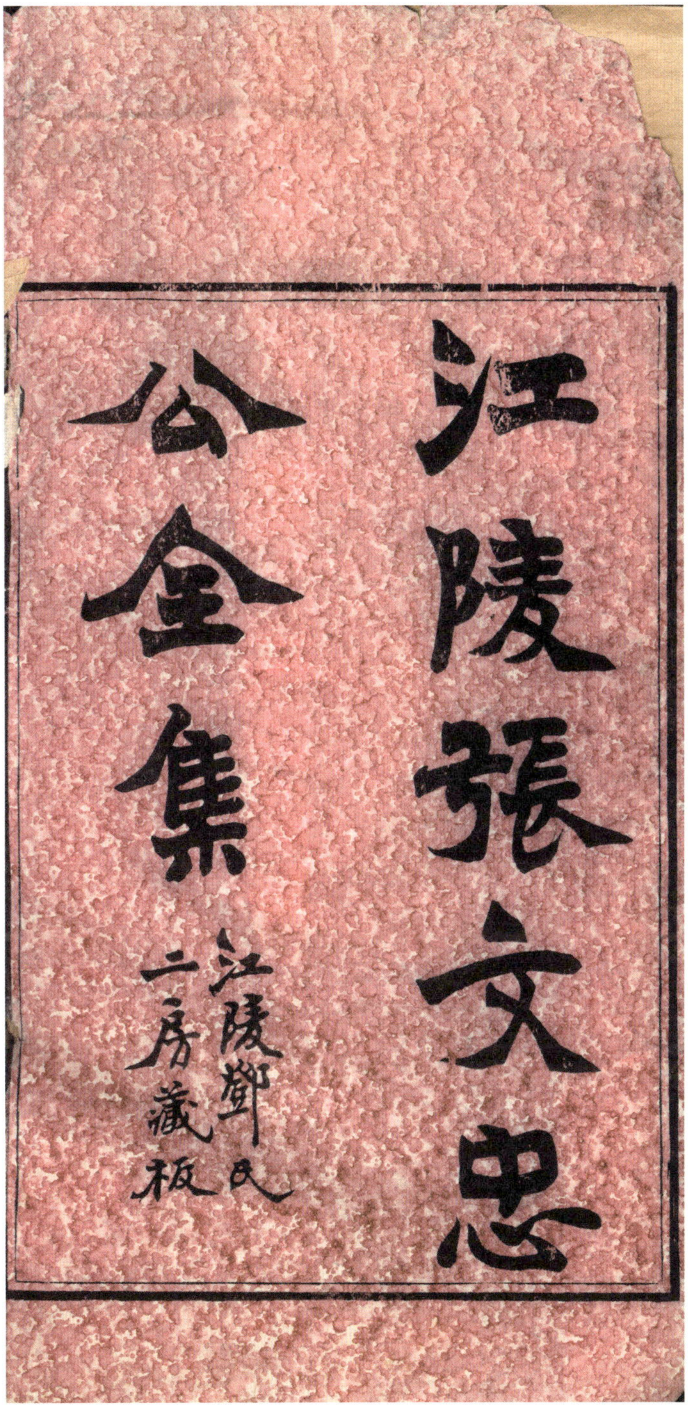
江陵張文忠公全集
江陵鄧氏二房藏板

100 新刻張太岳先生文集四十七卷 （明）張居正著 清刻本

匡高 21 釐米，寬 14 釐米。半葉十行，行二十字，白口，四周單邊。鈐“徐氏藏書”等印。

館藏索書號：X/I214.82/2

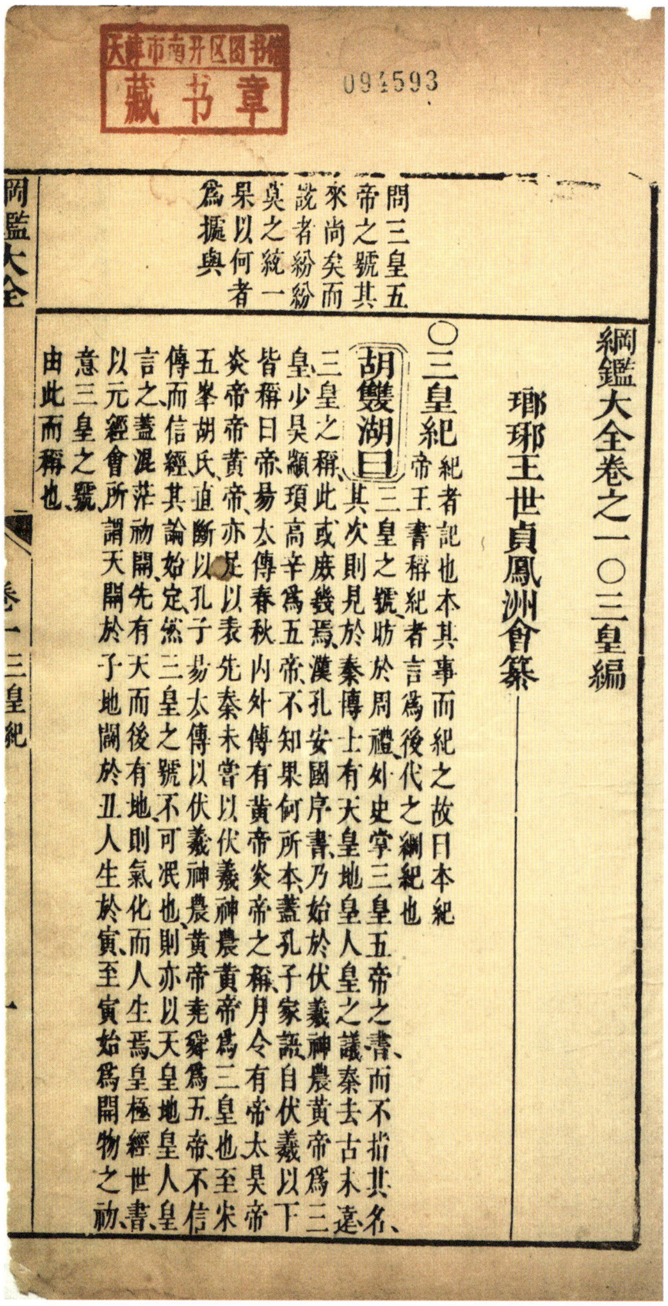

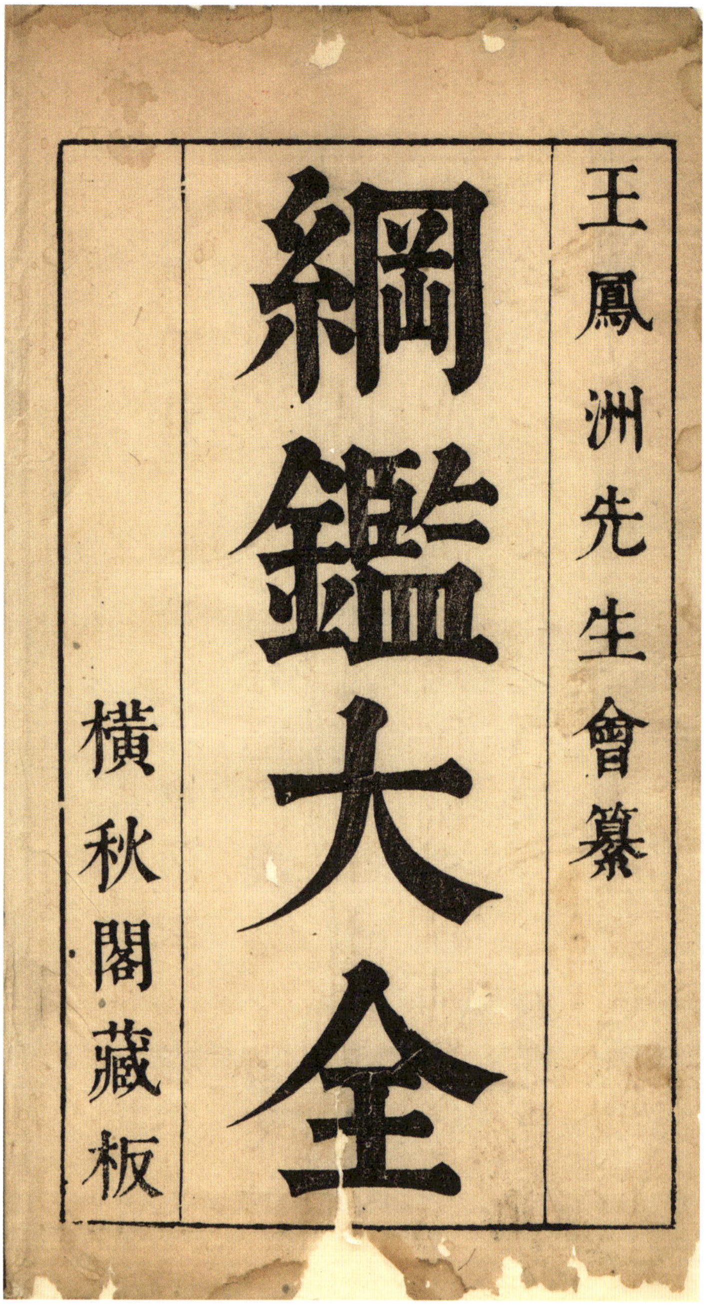

101 綱鑑大全三十九卷首一卷 （明）王世貞會纂　清橫秋閣刻本

匡高 23.2 釐米，寬 14.8 釐米。上下雙欄，下欄半葉十行，行二十七字，小字雙行同，白口，四周單邊。

館藏索書號：X/K204.3/11

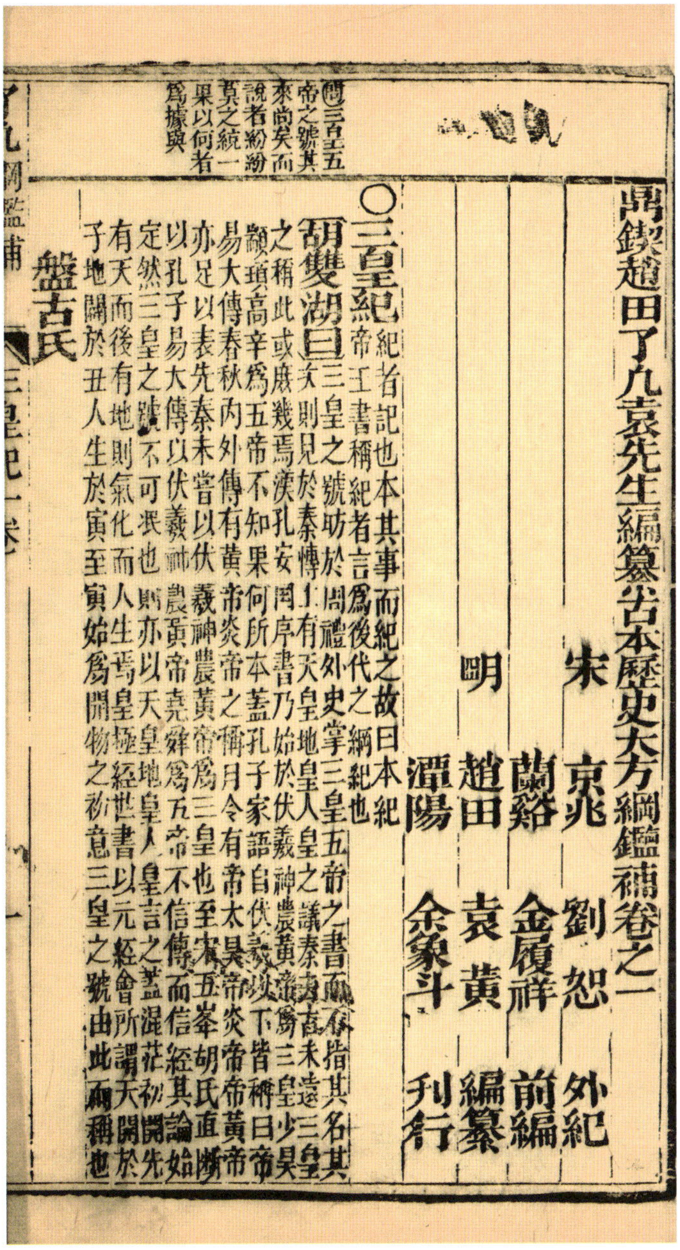
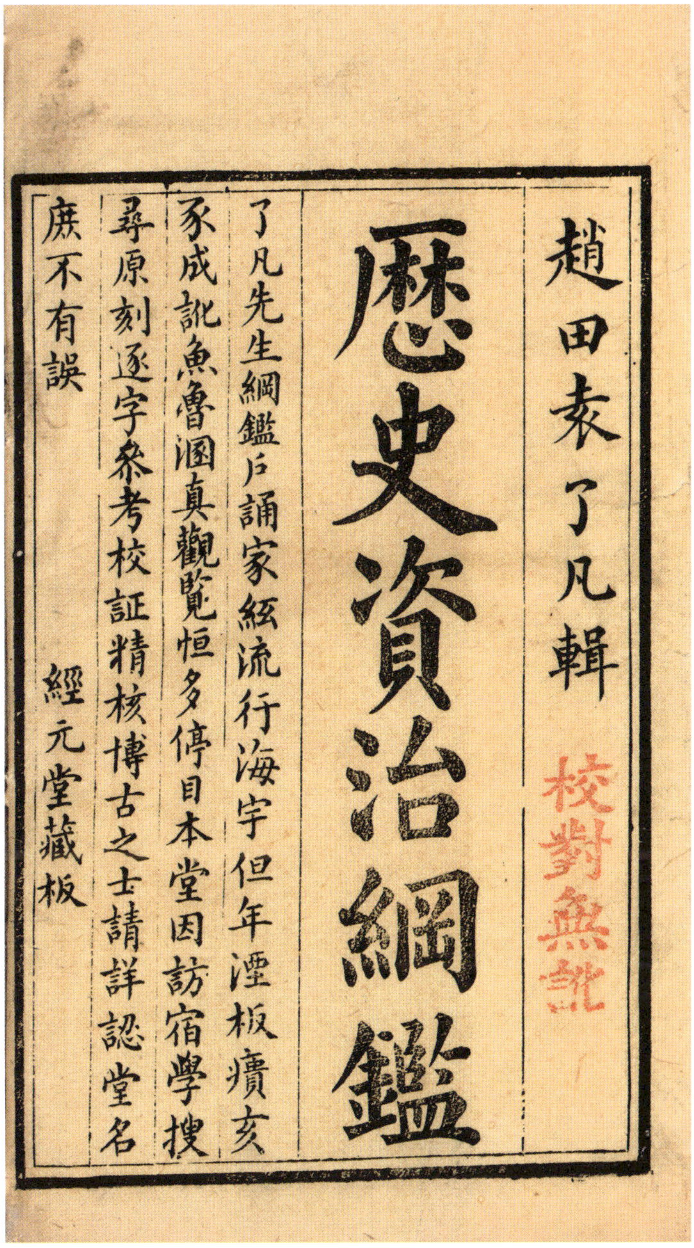

102 鼎鍥趙田了凡袁先生編纂古本歷史大方綱鑑補三十九卷首一卷

（明）袁黄纂 清經元堂刻本

匡高 24 釐米，寬 14.5 釐米。上下雙欄，下欄半葉十二行，行二十八字，小字雙行同，白口，左右雙邊。

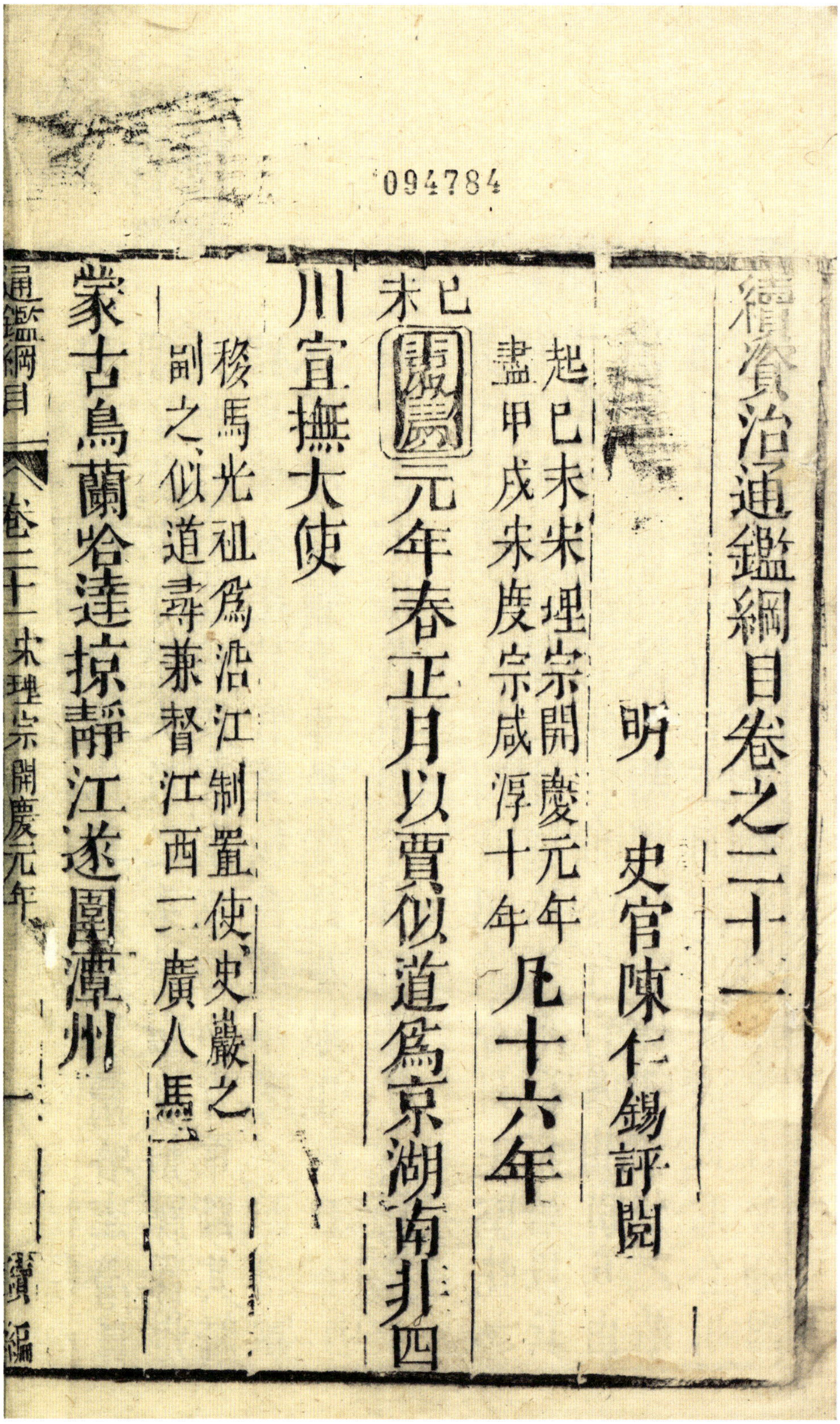

續資治通鑑綱目卷之二十一

明　史官陳仁錫評閱

起己未宋理宗開慶元年
盡甲戌宋度宗咸淳十年　凡十六年

己未　開慶元年春正月以賈似道爲京湖南北四川宣撫大使

移馬光祖爲沿江制置使史巖之副之似道尋兼督江西二廣人馬

蒙古烏蘭哈達掠靜江遂圍潭州

通鑑綱目　卷二十一　宋理宗開慶元年　一　續編

103 續資治通鑑綱目二十七卷　（明）陳仁錫評　清刻本

匡高 19.6 釐米，寬 14.4 釐米。半葉七行，行十八字，小字雙行同，白口，四周單邊。

館藏索書號：X/K204.3/13

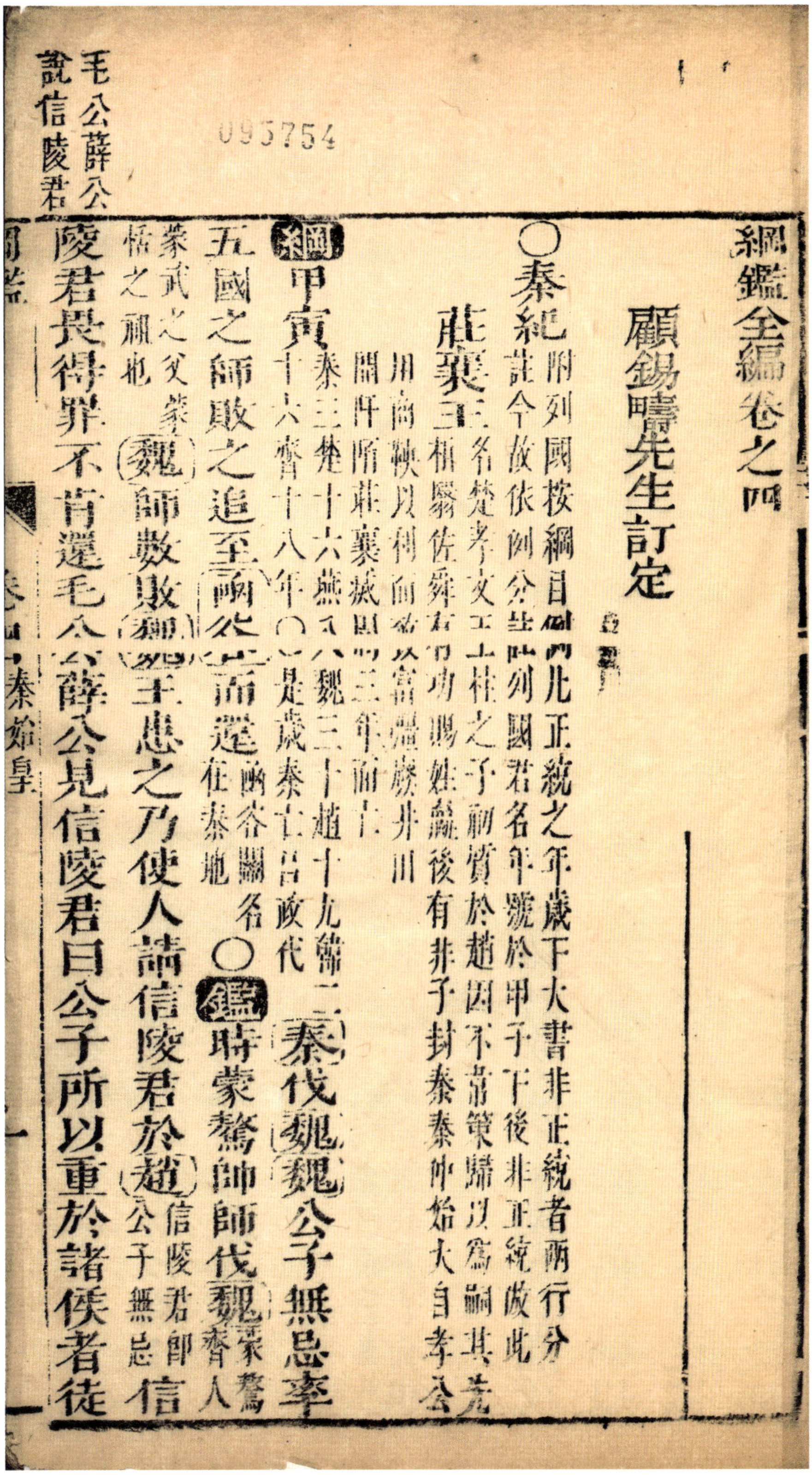

毛公薛公說信陵君

綱鑑全編卷之四

顧錫疇先生訂定

○秦紀 附列國按綱目例凡正統之年歲下大書非正統者兩行分註今依例分註附列國君名年號於甲子下後非正統倣此

莊襄王 名楚孝文王中子之子初質於趙因不韋策歸以爲嗣其先王栢翳佐舜有功賜姓嬴後有非子封秦秦仲始大自孝公用商鞅以利而強及富強殽井川開阡陌莊襄滅周四三年而亡

綱 甲寅 秦三楚十六燕孝八魏三十趙十九韓二十六齊十八年○是歲秦亡呂政代 秦伐魏魏公子無忌率五國之師敗之追至函谷而還 函谷關名在秦地 ○鑑 時蒙驁帥師伐魏 蒙驁齊人蒙武之父蒙恬之祖也 魏師數敗魏王患之乃使人請信陵君於趙 信陵君即信陵公子無忌 信陵君畏得罪不肯還毛公薛公見信陵君曰公子所以重於諸侯者徒

綱鑑 卷四 秦始皇

104 **綱鑑全編□□卷** （明）顧錫疇訂定 清刻本

匡高 21 釐米，寬 14.5 釐米。半葉十行，行二十七字，小字雙行同，白口，四周單邊。

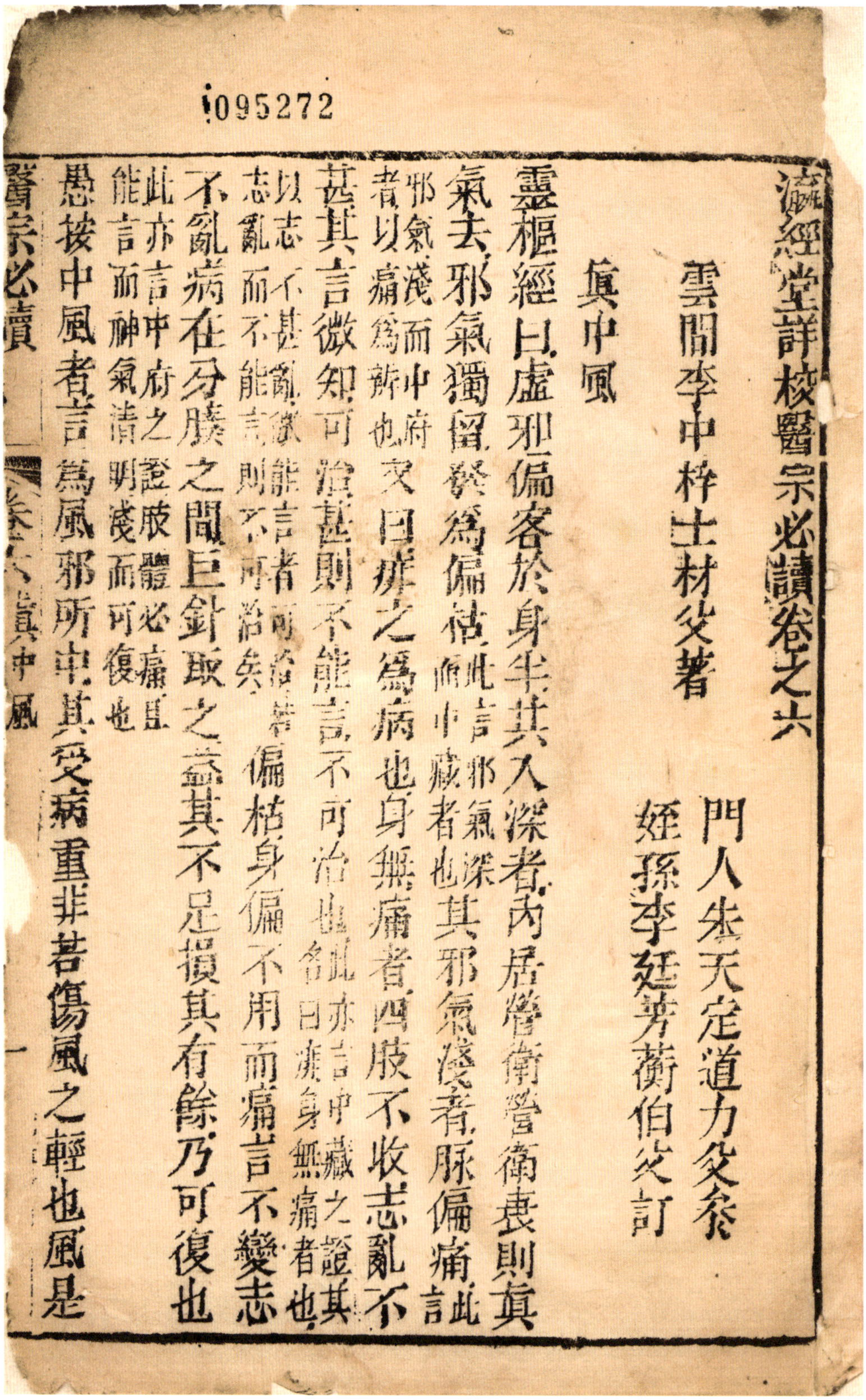

瀛經堂詳校醫宗必讀卷之六

雲間李中梓士材父著

門人朱天定道力父參

姪孫李廷芳蘅伯父訂

真中風

靈樞經曰虛邪偏客於身半其入深者內居營衛營衛衰則真氣去邪氣獨留發為偏枯此言邪氣深而中藏者也其邪氣淺者脉偏痛此詳邪氣淺而中府者以痛為辨也又曰痱之為病也身無痛者四肢不收志亂不甚其言微知可治甚則不能言不可治也此亦言中藏之證其名曰痱身無痛者也以志不甚亂微能言者可治若志亂而不能言則不可治矣偏枯身偏不用而痛言不變志不亂病在分腠之間巨針取之益其不足損其有餘乃可復也此亦言中府之證肢體必痛且能言而神氣清明淺而可復也

愚按中風者言為風邪所中其受病重非若傷風之輕也風是

醫宗必讀　卷六　真中風　一

105 瀛經堂詳校醫宗必讀□□卷　（明）李中梓著　清刻本

匡高 20.5 釐米，寬 14.3 釐米。半葉十二行，行二十四字，白口，四周單邊。

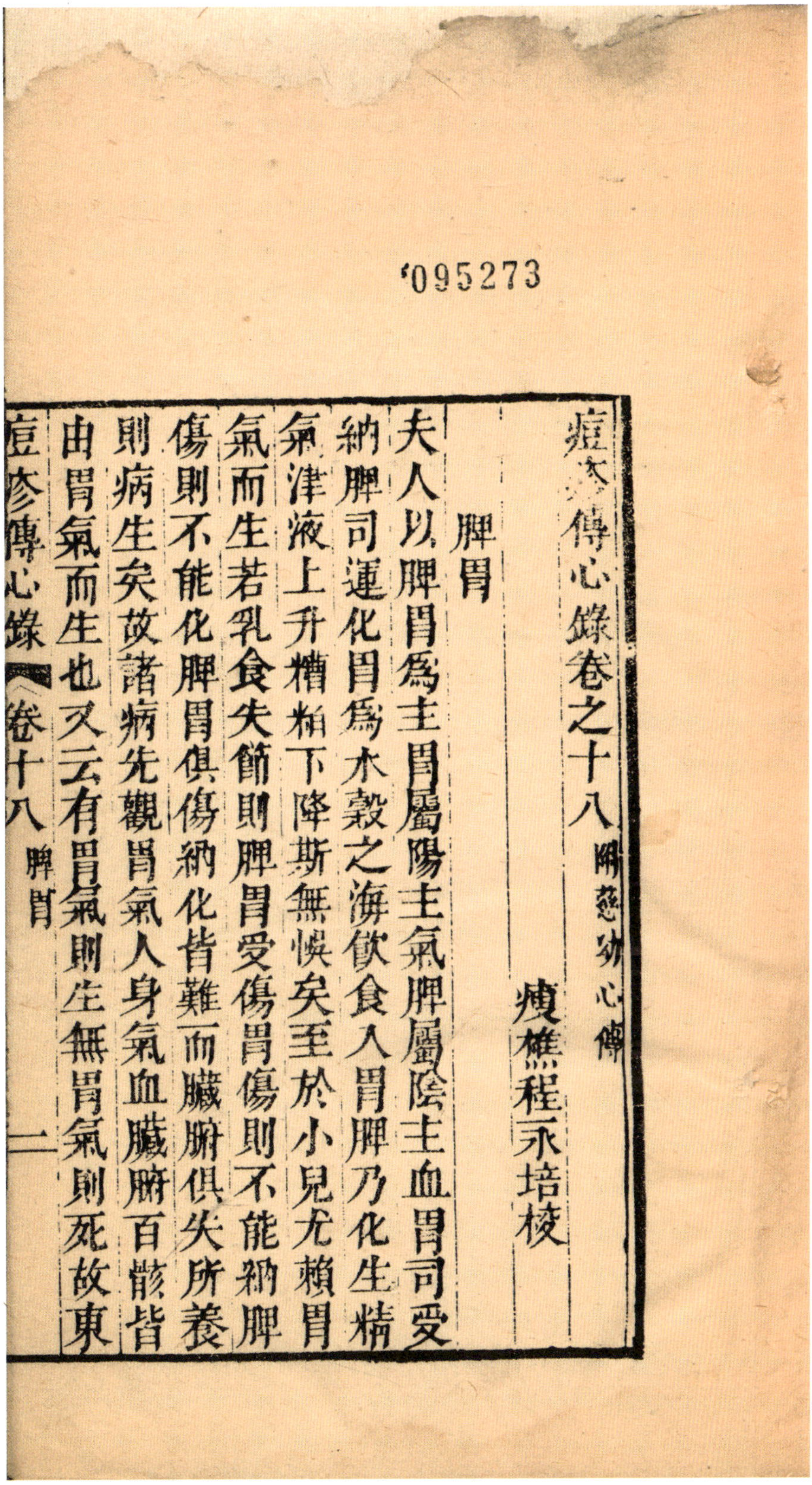

痘疹傳心錄卷之十八　明慈幼心傳
瘦樵程永培校
脾胃
夫人以脾胃爲主胃屬陽主氣脾屬陰主血胃司受納脾司運化胃爲水穀之海飲食入胃脾乃化生精氣津液上升糟粕下降斯無恙矣至於小兒尤賴胃氣而生若乳食失節則脾胃受傷胃傷則不能納脾傷則不能化脾胃俱傷納化皆難而臟腑俱失所養則病生矣故諸病先觀胃氣人身氣血臟腑百骸皆由胃氣而生也又云有胃氣則生無胃氣則死故東

痘疹傳心錄　卷十八　脾胃　二

106 痘疹傳心録□□卷　（明）朱惠明撰（清）程永培校　清刻本

匡高 15 釐米，寬 10 釐米。半葉十行，行二十字，白口，左右雙邊。

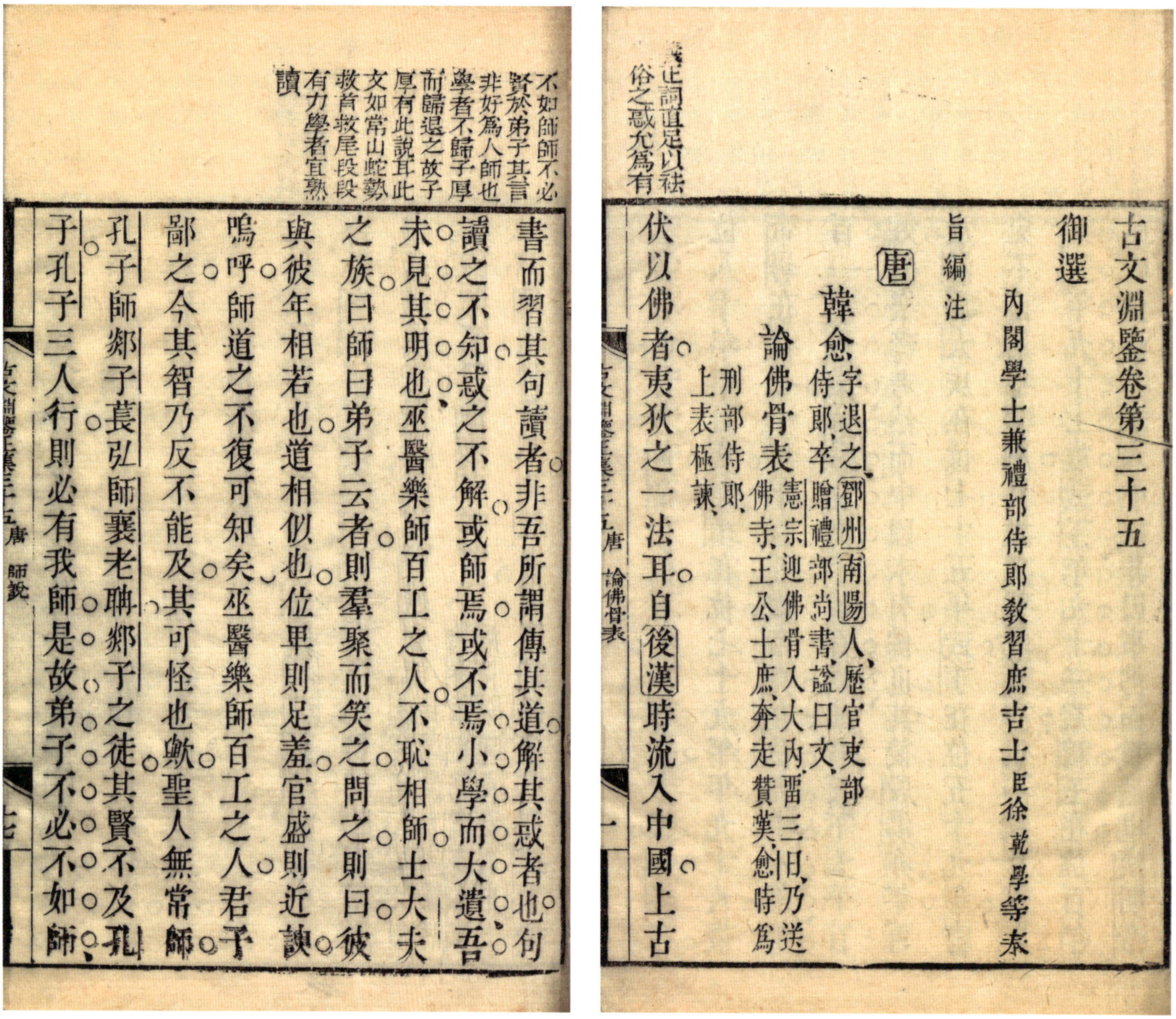

古文淵鑒卷第三十五

御選

內閣學士兼禮部侍郎教習庶吉士臣徐乾學等奉

旨編注

唐

韓愈字退之鄧州南陽人歷官吏部侍郎卒贈禮部尚書謚曰文

論佛骨表 憲宗迎佛骨入大內留三日乃送佛寺王公士庶奔走贊歎愈時爲刑部侍郎上表極諫

伏以佛者夷狄之一法耳自後漢時流入中國上古

義正詞直足以袪俗之惑允爲有

書而習其句讀者非吾所謂傳其道解其惑者也句讀之不知惑之不解或師焉或不焉小學而大遺吾未見其明也巫醫樂師百工之人不恥相師士大夫之族曰師曰弟子云者則羣聚而笑之問之則曰彼與彼年相若也道相似也位卑則足羞官盛則近諛嗚呼師道之不復可知矣巫醫樂師百工之人君子鄙之今其智乃反不能及其可怪也歟聖人無常師孔子師郯子萇弘師襄老聃郯子之徒其賢不及孔子孔子三人行則必有我師是故弟子不必不如師

不如師師不必賢於弟子其言非好爲人師也學者不歸子厚而歸退之故子厚有此說耳此文如常山蛇勢救首救尾段段有力學者宜熟讀

107 古文淵鑒六十四卷 （明）徐乾學編注 清刻本

匡高 18 釐米，寬 14 釐米。半葉九行，行二十字，黑口，四周單邊。

館藏索書號：X/I26/2

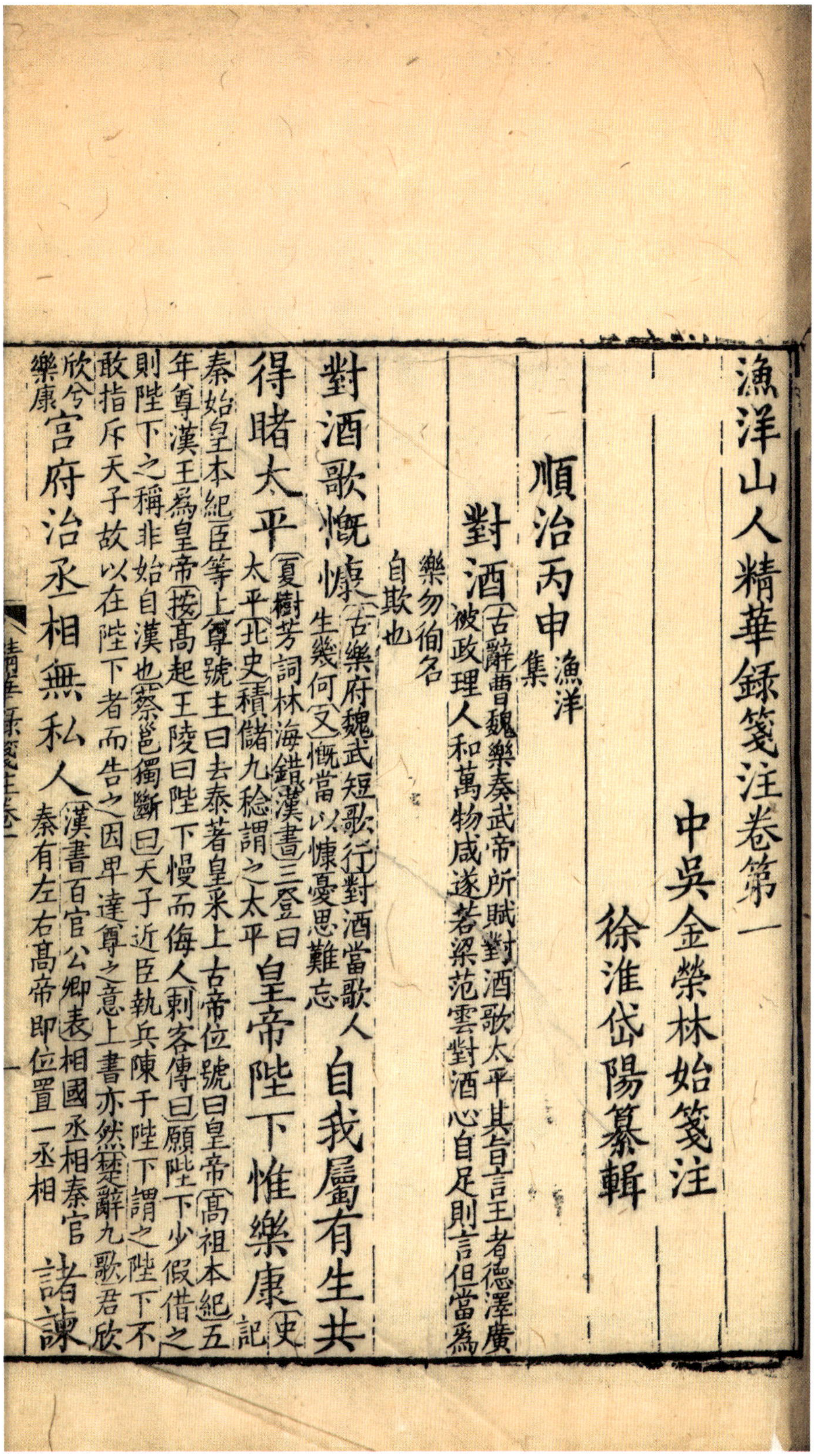

漁洋山人精華録箋注卷第一

中吳金榮林始箋注

徐淮岱陽纂輯

順治丙申集漁洋

對酒古辭曹魏樂奏武帝所賦對酒歌太平其旨言王者德澤廣被政理人和萬物咸遂若梁范雲對酒心自足則言但當爲樂勿徇名自欺也

對酒歌慨慷古樂府魏武短歌行對酒當歌人生幾何又慨當以慷憂思難忘自我屬有生共得睹太平夏樹芳詞林海錯漢書三登曰太平北史積儲九稔謂之太平皇帝陛下惟樂康史記秦始皇本紀臣等上尊號王曰去泰著皇采上古帝位號曰皇帝高祖本紀五年尊漢王爲皇帝按高起王陵曰陛下慢而侮人刺客傳曰願陛下少假借之則陛下之稱非始自漢也蔡邕獨斷曰天子近臣執兵陳于陛下謂之陛下不敢指斥天子故以在陛下者而告之因卑達尊之意上書亦然楚辭九歌君欣欣兮樂康宮府治丞相無私人漢書百官公卿表相國丞相秦官秦有左右高帝即位置一丞相諸諫

精華録箋注卷一　一

108 漁洋山人精華録箋注十二卷 （清）王士禛撰（清）金榮箋注 清刻本

匡高 18.2 釐米，寬 14.5 釐米。半葉十一行，行二十字，小字雙行三十字，白口，左右雙邊。

館藏索書號：X/I222.749/6=2

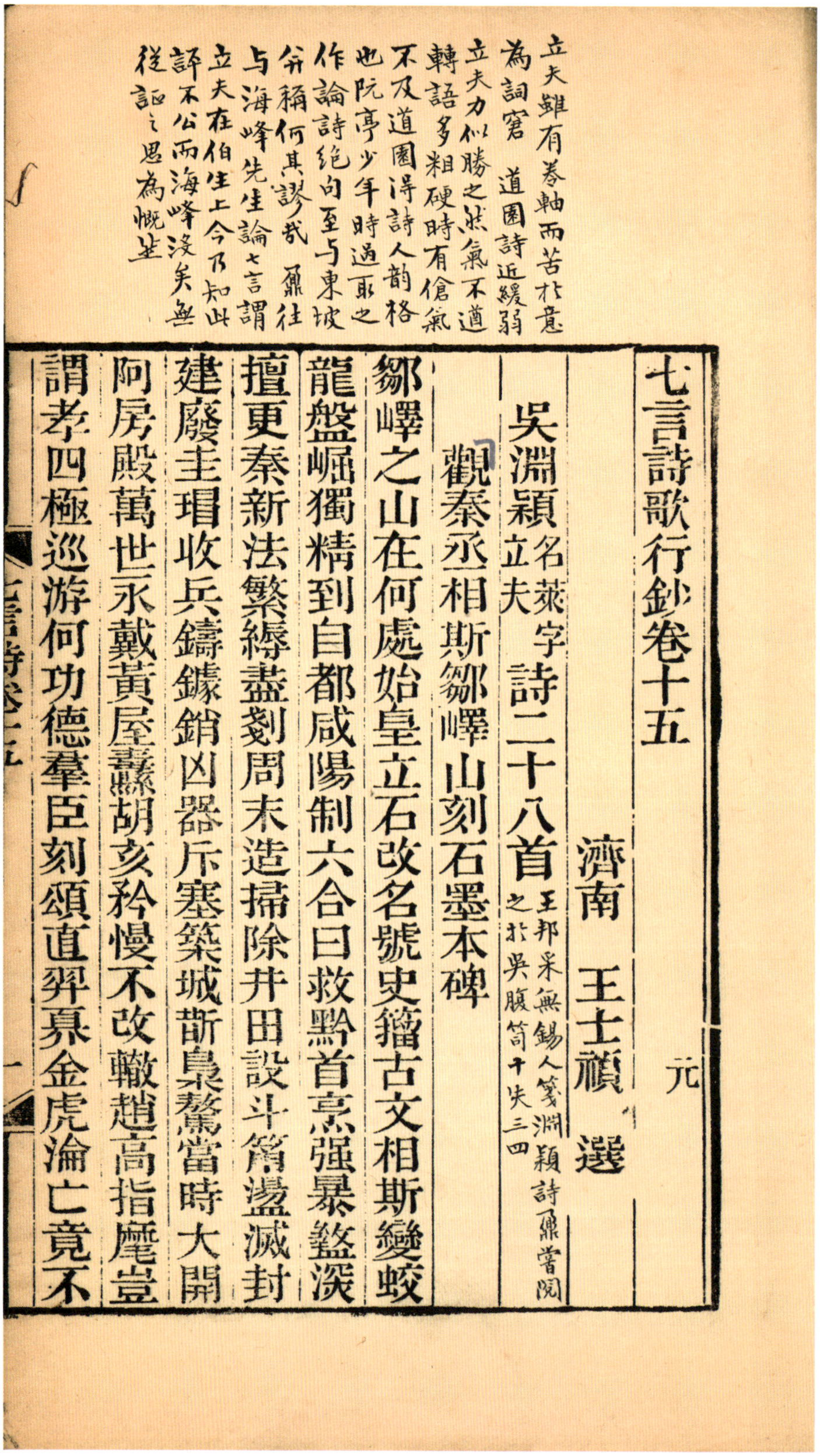
立夫雖有卷軸而苦於意
為詞窘　道園詩近緩弱
立夫力似勝之然氣不道
轉語多粗硬時有傖氣
不及道園得詩人韵格
也阮亭少年時過取之
作論詩絕句至与東坡
并稱何其謬哉　鼐往
与海峰先生論七言謂
立夫在伯生上今乃知此
評不公而海峰沒矣無
從証之思為慨然

七言詩歌行鈔卷十五　　　　元

濟南　王士禛　選

吳淵穎名萊字立夫　詩二十八首　王邦采無錫人箋淵穎詩鼐嘗閱之於吳腹笥十失三四

觀秦丞相斯鄒嶧山刻石墨本碑

鄒嶧之山在何處始皇立石改名號史籀古文相斯變蛟龍盤屈獨精到自都咸陽制六合曰救黔首烹強暴盭溪擅更秦新法繁縟盡剗周末造掃除井田設斗筩盪滅封建廢圭瑁收兵鑄鐻銷凶器斥塞築城斬梟驁當時大開阿房殿萬世永戴黃屋纛胡亥矜慢不改轍趙高指麾豈謂孝四極巡游何功德羣臣刻頌直羿奡金虎淪亡竟不

109 七言詩歌行鈔十五卷　（清）王士禛選　清刻本

匡高 18 釐米，寬 13.5 釐米。半葉十行，行二十二字，小字雙行同，黑口，左右雙邊。佚名墨筆批校。

館藏索書號：X/I222.7/2

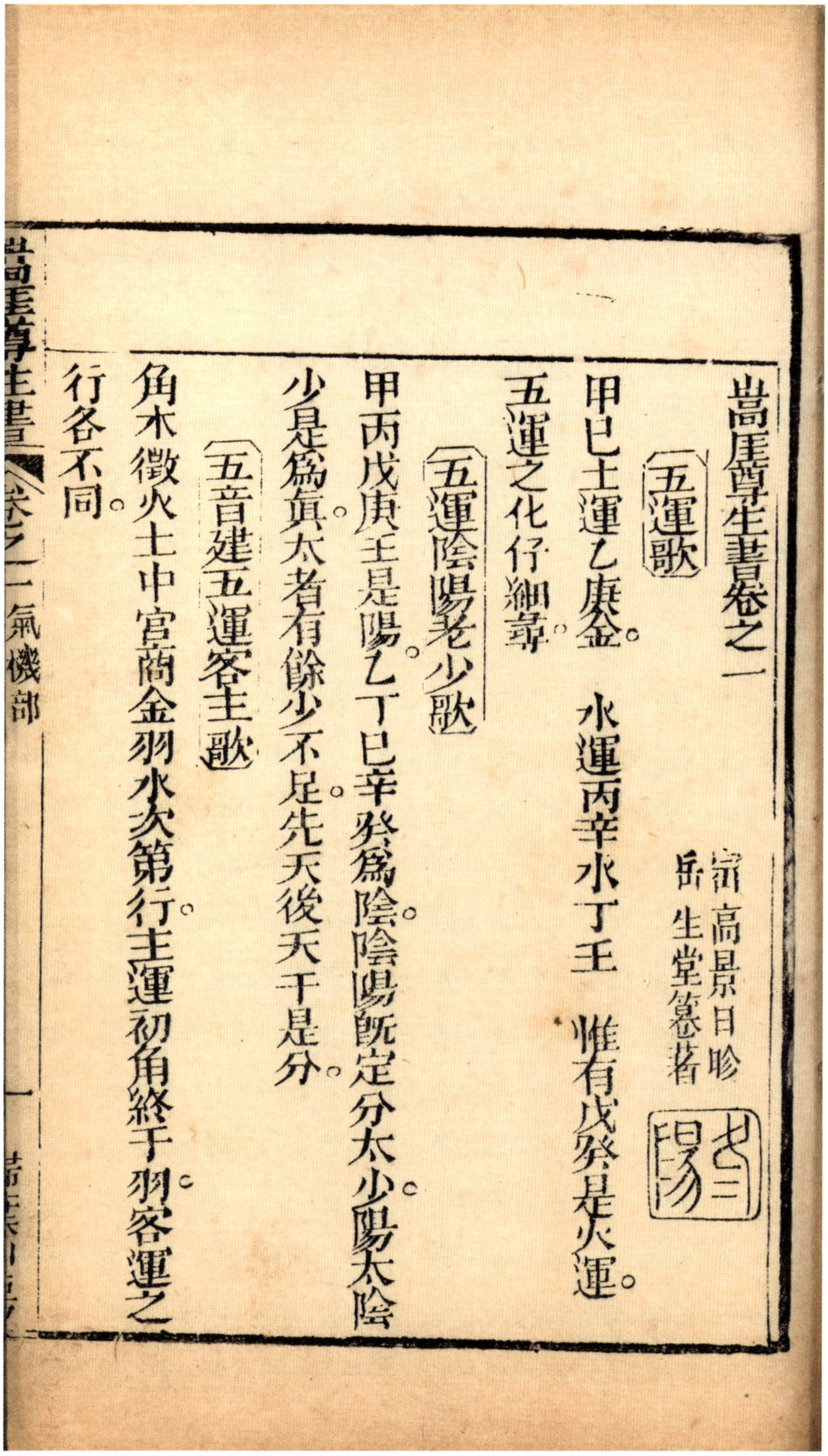

嵩厓尊生書卷之一

嵩高景日昣

岳生堂纂著

〔五運歌〕

甲巳土運乙庚金。水運丙辛水丁壬　惟有戊癸是火運。

五運之化仔細尋

〔五運陰陽老少歌〕

甲丙戊庚壬是陽。乙丁巳辛癸爲陰。陰陽旣定分太少。陽太陰

少是爲眞。太者有餘少不足。先天後天干是分。

〔五音建五運客主歌〕

角木徵火土中宫商金羽水次第行。主運初角終于羽。客運之

行各不同。

嵩厓尊生書　卷之一　氣機部　一

110　嵩厓尊生書十五卷　（清）景日昣纂著　清刻本

匡高 18.2 釐米，寬 13.1 釐米。上下雙欄，下欄半葉十行，行二十四字，小字雙行同，白口，左右雙邊。

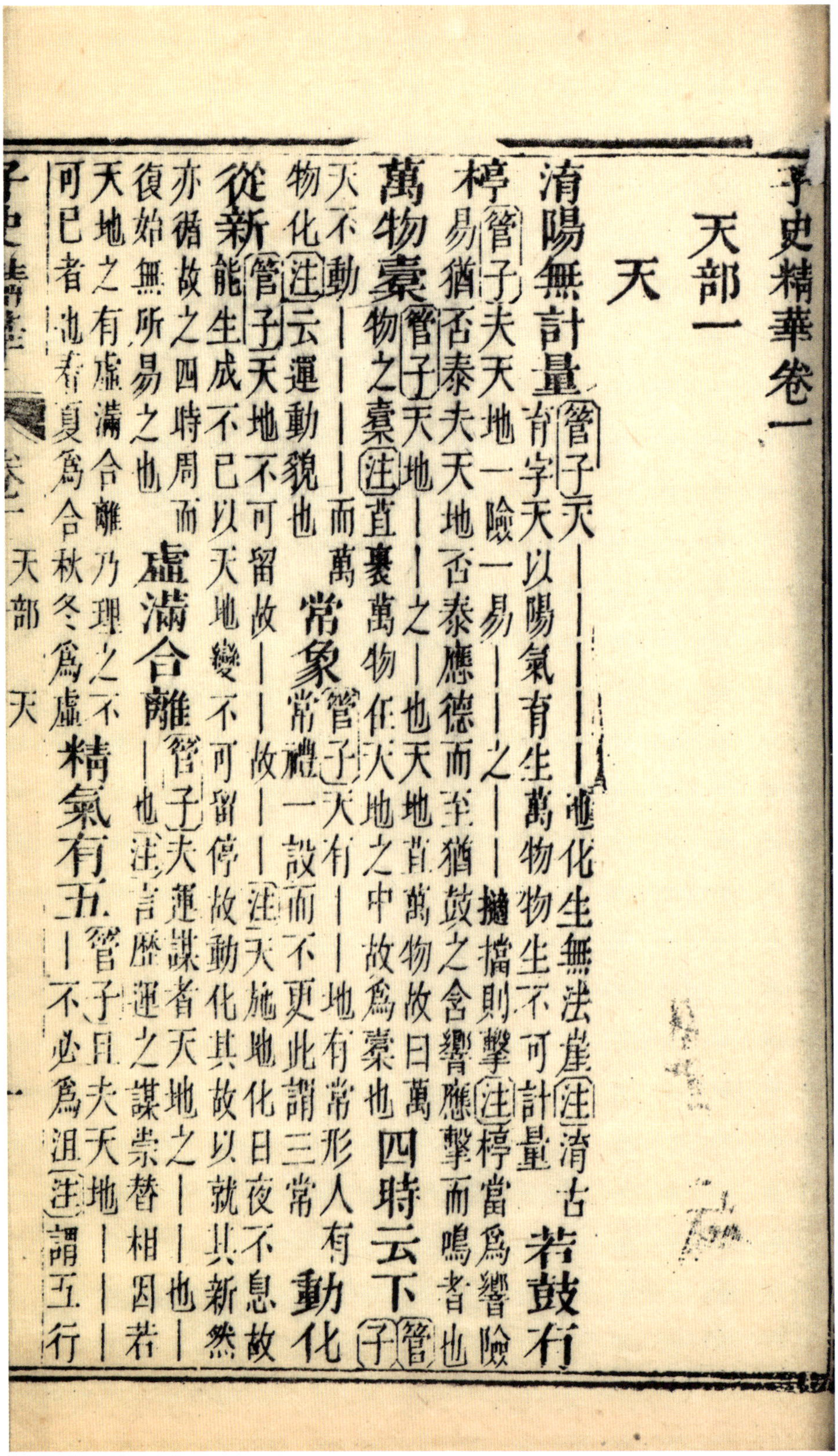

子史精華卷一

天部一

天

淯陽無計量【管子】天｜｜｜｜｜地化生無法崖【注】淯古育字天以陽氣育生萬物物生不可計量若鼓有椁【管子】夫天地一險一易｜｜之｜｜擿擋則擊【注】椁當爲響險易猶否泰夫天地否泰應德而至猶鼓之含響應擊而鳴者也萬物橐【管子】天地｜｜之｜也天地苴萬物故曰萬物之橐【注】苴裹萬物在天地之中故爲橐也四時云下【管子】天不動｜｜｜｜而萬物化【注】云運動貌也常象【管子】天有｜｜地有常形人有常禮一設而不更此謂三常動化從新【管子】天地不可留故｜｜故｜｜【注】天施地化日夜不息故能生成不已以天地變不可留停故動化其故以就其新然亦循故之四時周而復始無所易之也虛滿合離【管子】夫運謀者天地之｜｜也｜也【注】言歷運之謀崇替相因若天地之有虛滿合離乃理之不可已者也春夏爲合秋冬爲虛精氣有五【管子】且夫天地｜｜｜｜不必爲沮【注】謂五行

子史精華　卷一　天部　天　一

111 子史精華一百六十卷　（清）吴士玉等輯　清文會堂刻本

匡高 21 釐米，寬 14.5 釐米。半葉十行，行二十五字，小字雙行同，白口，四周雙邊。

館藏索書號：X/Z225/1

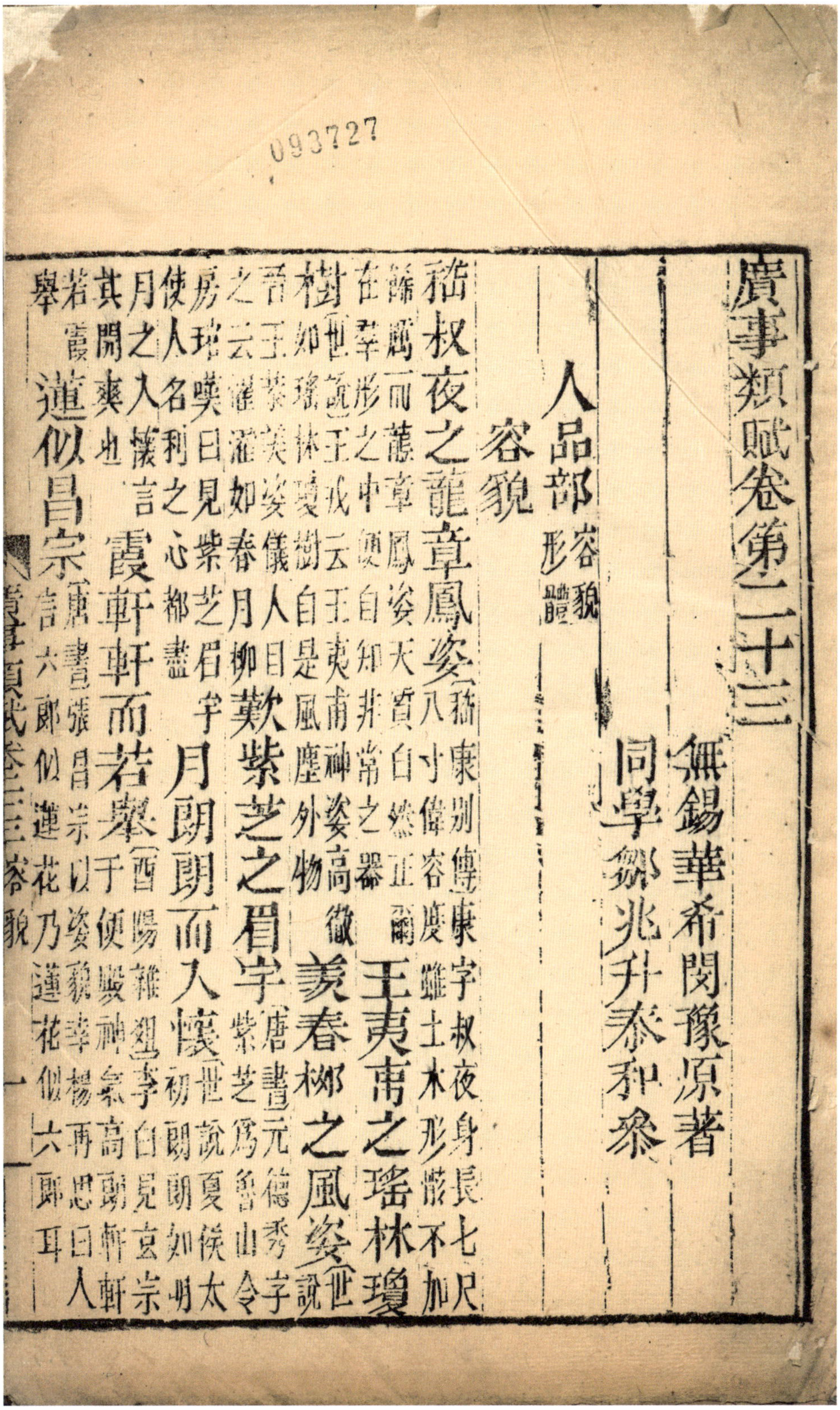

廣事類賦卷第二十三

無錫華希閔豫原著

同學鄒兆升泰和叅

人品部 容貌 形體

容貌

嵇叔夜之龍章鳳姿（嵇康別傳康字叔夜身長七尺八寸偉容度雖土木形骸不加飾厲而龍章鳳姿天質自然正爾在羣形之中便自知非常之器）王夷甫之瑤林瓊樹（世說王戎云王夷甫神姿高徹如瑤林瓊樹自是風塵外物）羨春柳之風姿（世說晉王恭美姿儀人目之云濯濯如春月柳）歎紫芝之眉宇（唐書元德秀字紫芝爲魯山令房琯嘆曰見紫芝眉宇使人名利之心都盡）月朗朗而入懷（世說夏侯太初朗朗如明月之入懷言其開爽也）霞軒軒而若舉（酉陽雜俎李白見玄宗于便嬖神氣高朗軒軒若霞舉）蓮似昌宗（唐書張昌宗以姿貌幸楊再思曰人言六郎似蓮花乃蓮花似六郎耳）

廣事類賦卷二十三 容貌 一

112 廣事類賦□□卷 （清）華希閔著 清刻本

匡高 19 釐米，寬 15 釐米。半葉十二行，行二十字，小字雙行同，白口，四周單邊。

館藏索書號：X/Z225/2

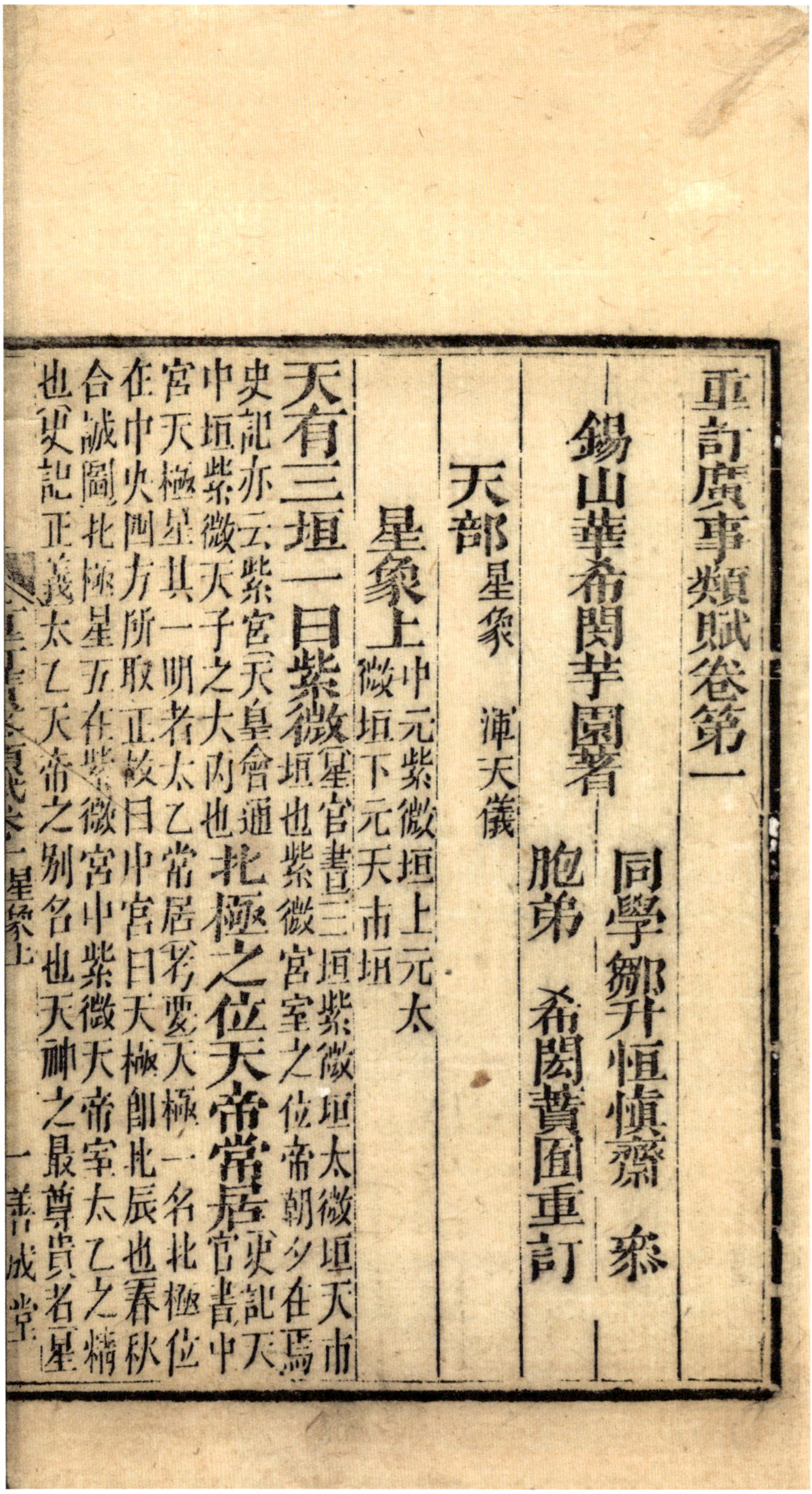

重訂廣事類賦卷第一

錫山華希閔芋園著　同學鄒升恒慎齋　參

胞弟　希閎賁園重訂

天部　星象　渾天儀

星象上（中元紫微垣上元太微垣下元天市垣）

天有三垣一曰紫微（星官書曰三垣紫微垣太微垣天市垣也紫微垣也紫微宮室之位帝朝夕在焉史記亦云紫宮天皇會通中垣紫微天子之大內也）北極之位天帝常居（史記天官書中宮天極星其一明者太乙常居考要天極一名北極位在中央四方所取正故曰中宮曰天極即北辰也春秋合誠圖北極星五在紫微宮中紫微天帝室太乙之精也史記正義太乙天帝之別名也天神之最尊貴者星

卷一　星象上　一　善成堂

113 重訂廣事類賦四十卷　（清）華希閔撰　清善成堂刻本

匡高 13 釐米，寬 9.5 釐米。　半葉九行，行二十一字，小字雙行同，白口，四周雙邊。

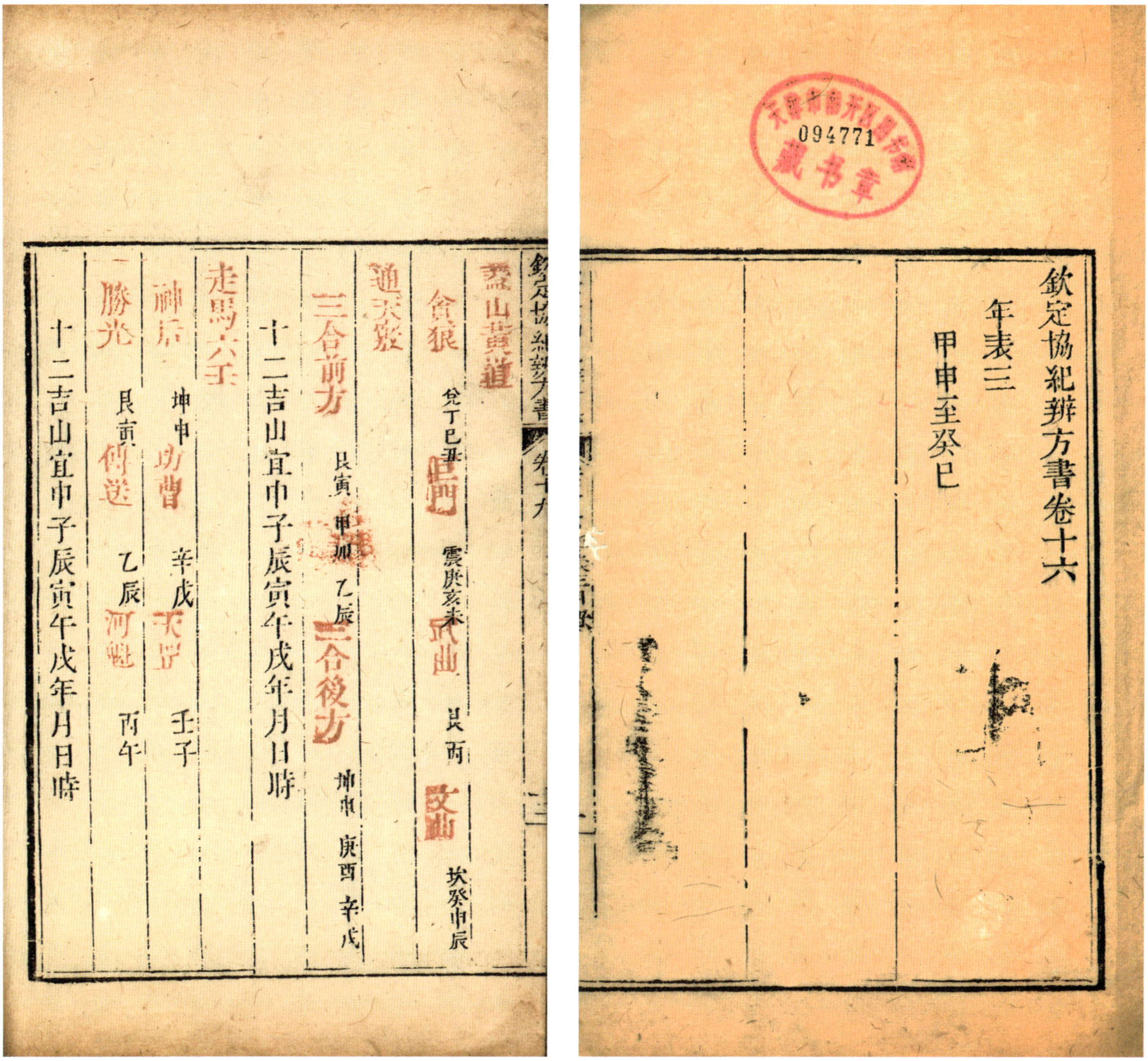

欽定協紀辨方書卷十六

年表三

甲申至癸巳

蓋山黃道

貪狼 兌丁巳丑 巨門 震庚亥未 武曲 艮丙 文曲 坎癸申辰

通天竅

三合前方 艮寅 甲卯 乙辰 三合後方 坤申 庚酉 辛戌

十二吉山宜申子辰寅午戌年月日時

走馬六壬

神后 坤申 功曹 辛戌 天罡 壬子

勝光 艮寅 傳送 乙辰 河魁 丙午

十二吉山宜申子辰寅午戌年月日時

114 欽定協紀辨方書三十六卷 （清）允禄等纂 清刻朱墨套印本

匡高 20 釐米，寬 14.5 釐米。半葉九行，行二十字，白口，四周雙邊。

館藏索書號：X/B992/1

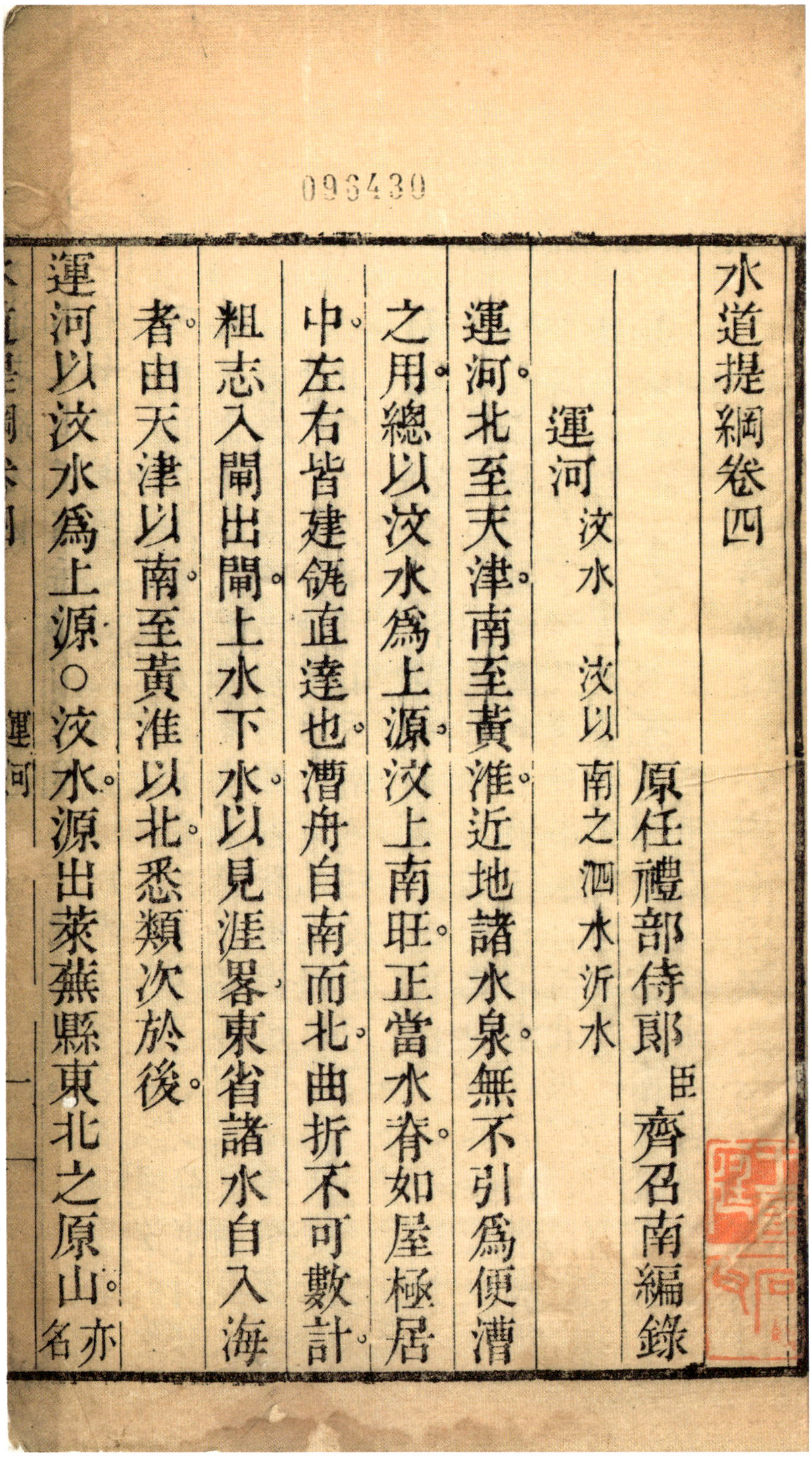

水道提綱卷四

原任禮部侍郎臣齊召南編錄

運河　汶水　汶以南之泗水沂水

運河北至天津南至黃淮近地諸水泉無不引爲便漕之用總以汶水爲上源汶上南旺正當水脊如屋極居中左右皆建牐直達也漕舟自南而北曲折不可數計粗志入閘出閘上水下水以見涯畧東省諸水自入海者由天津以南至黃淮以北悉類次於後

運河以汶水爲上源○汶水源出萊蕪縣東北之原山亦名

水道提綱卷四　運河　一

115 水道提綱二十八卷　（清）齊召南編録　清刻本

匡高 18 釐米，寬 13.5 釐米。半葉九行，行二十二字，小字雙行同，白口，左右雙邊。

館藏索書號：X/TV882/1

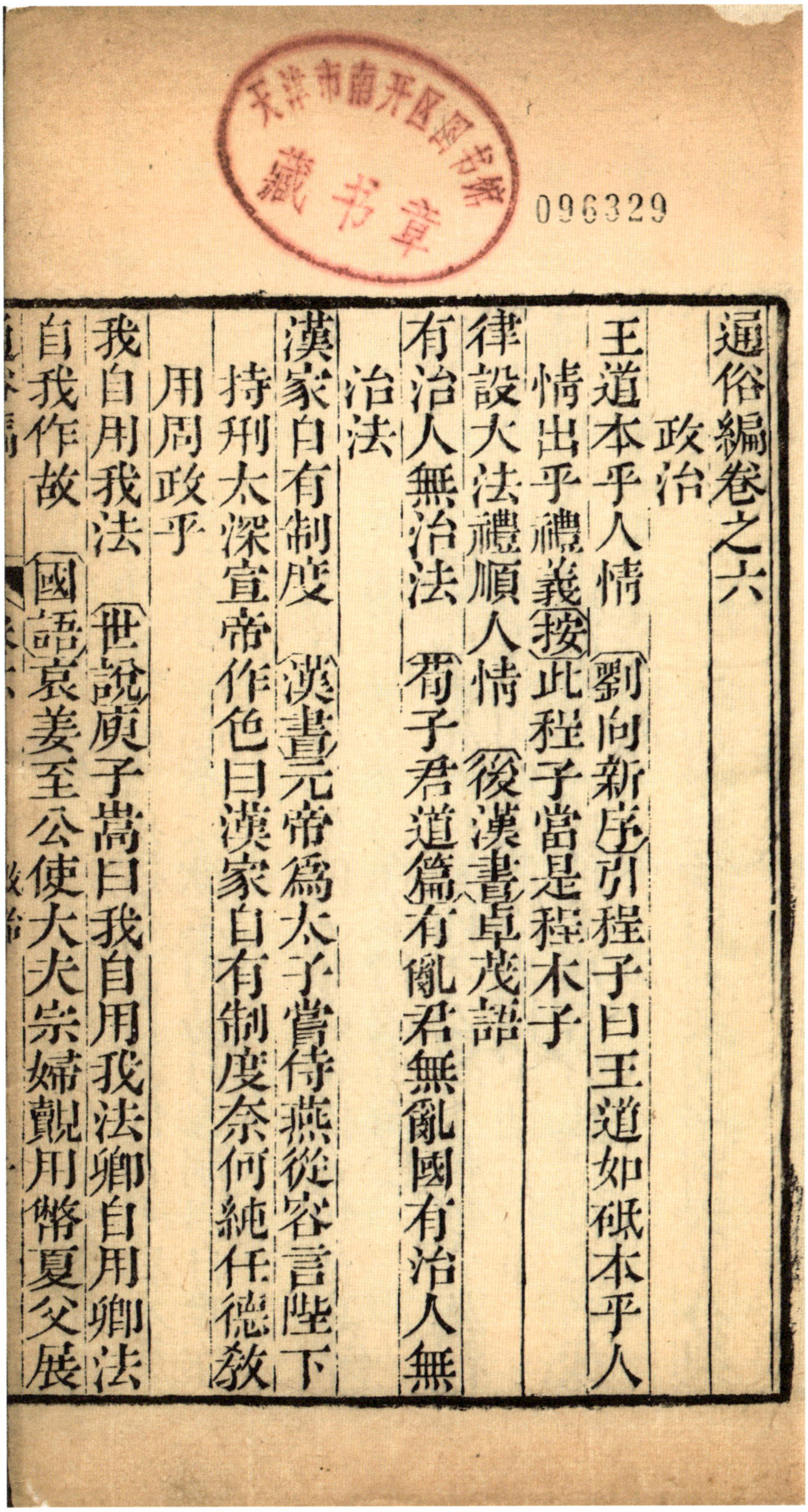

通俗編卷之六

政治

王道本乎人情〔劉向新序〕引程子曰王道如砥本乎人情出乎禮義按此程子當是程本子

律設大法禮順人情〔後漢書卓茂語〕

有治人無治法〔荀子君道篇〕有亂君無亂國有治人無治法

漢家自有制度〔漢書〕元帝爲太子嘗侍燕從容言陛下持刑太深宣帝作色曰漢家自有制度奈何純任德教用周政乎

我自用我法〔世說〕庾子嵩曰我自用我法卿自用卿法

自我作故〔國語〕哀姜至公使大夫宗婦覿用幣夏父展

116 通俗編三十八卷 （清）翟灝編 清刻本

匡高 17.1 釐米，寬 12.8 釐米。半葉十二行，行二十二字，左右雙邊。

館藏索書號：X/H164/1

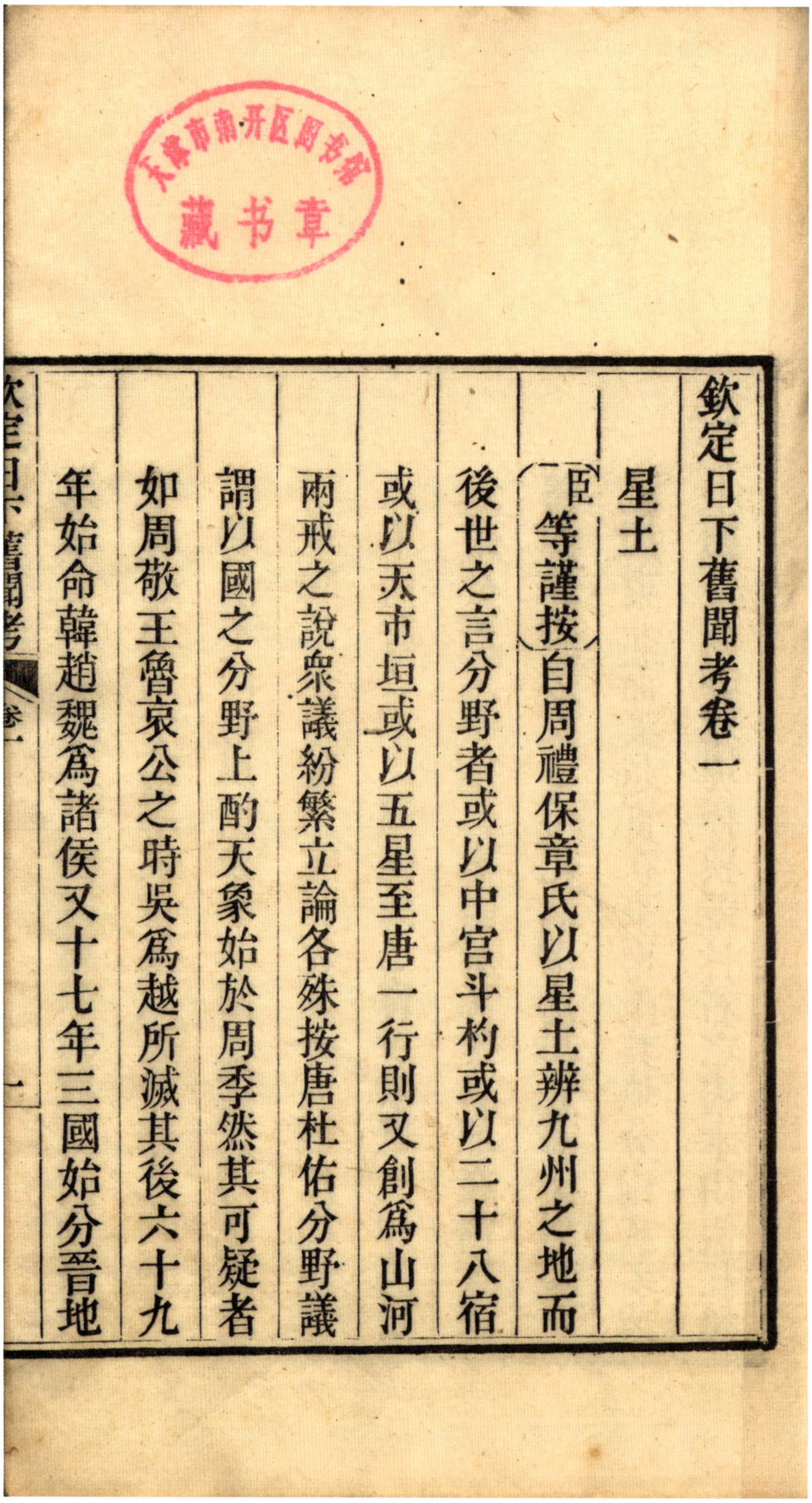

天津市南开区图书馆
藏书章

欽定日下舊聞考卷一

星土

臣等謹按自周禮保章氏以星土辨九州之地而後世之言分野者或以中宮斗杓或以二十八宿或以天市垣或以五星至唐一行則又創爲山河兩戒之說衆議紛緐立論各殊按唐杜佑分野議謂以國之分野上酌天象始於周季然其可疑者如周敬王魯哀公之時吳爲越所滅其後六十九年始命韓趙魏爲諸侯又十七年三國始分晉地

欽定日下舊聞考　卷一　一

117 欽定日下舊聞考一百六十卷 （清）竇光鼐纂 清刻本

匡高 18 釐米，寬 14 釐米。半葉九行，行二十一字，小字雙行同，白口，四周雙邊。

館藏索書號：X/K291/1

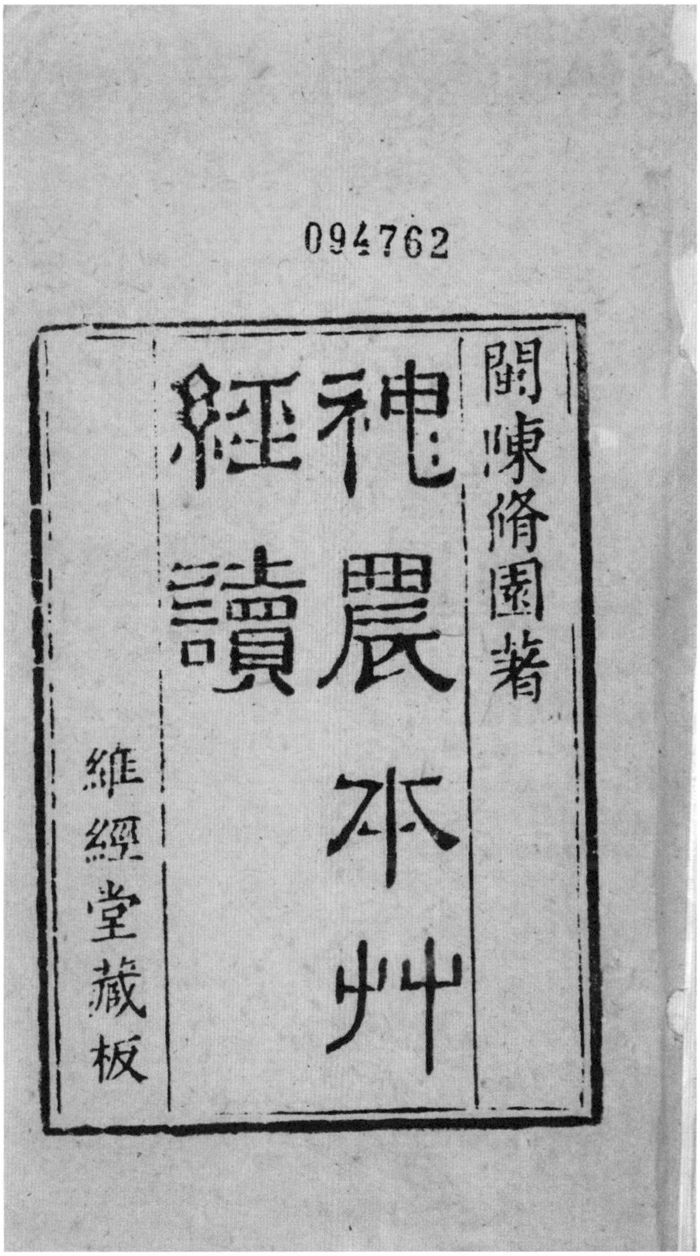

094762

閩陳脩園著

神農本艸經讀

維經堂藏板

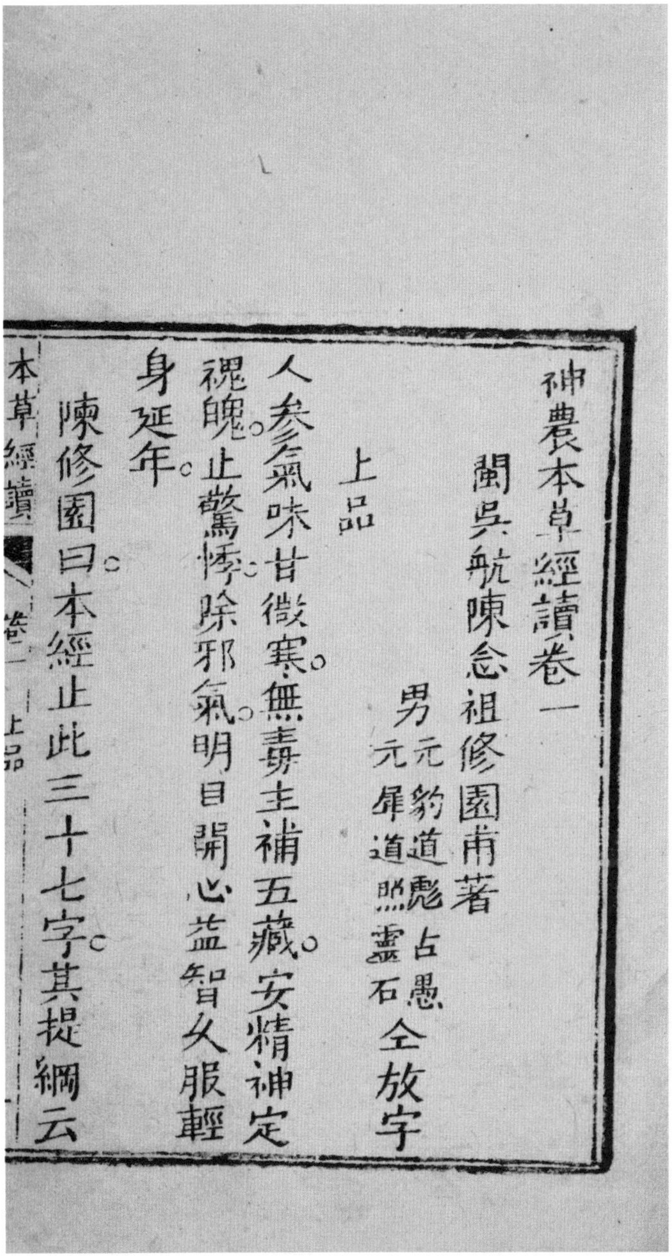

神農本草經讀卷一

閩吳航陳念祖修園甫著

男元豹道彪古愚 元犀道照靈石 仝校字

上品

人參氣味甘微寒。無毒。主補五藏。安精神。定魂魄。止驚悸。除邪氣。明目。開心益智。久服輕身延年。

陳修園曰。本經止此三十七字。其提綱云

本草經讀 卷一 上品

118 神農本草經讀四卷附録一卷 （清）陳念祖著 清維經堂刻巾箱本

匡高 11 釐米，寬 8 釐米。半葉八行，行十七字，小字雙行同，白口，四周雙邊。

館藏索書號：X/R932.2/1

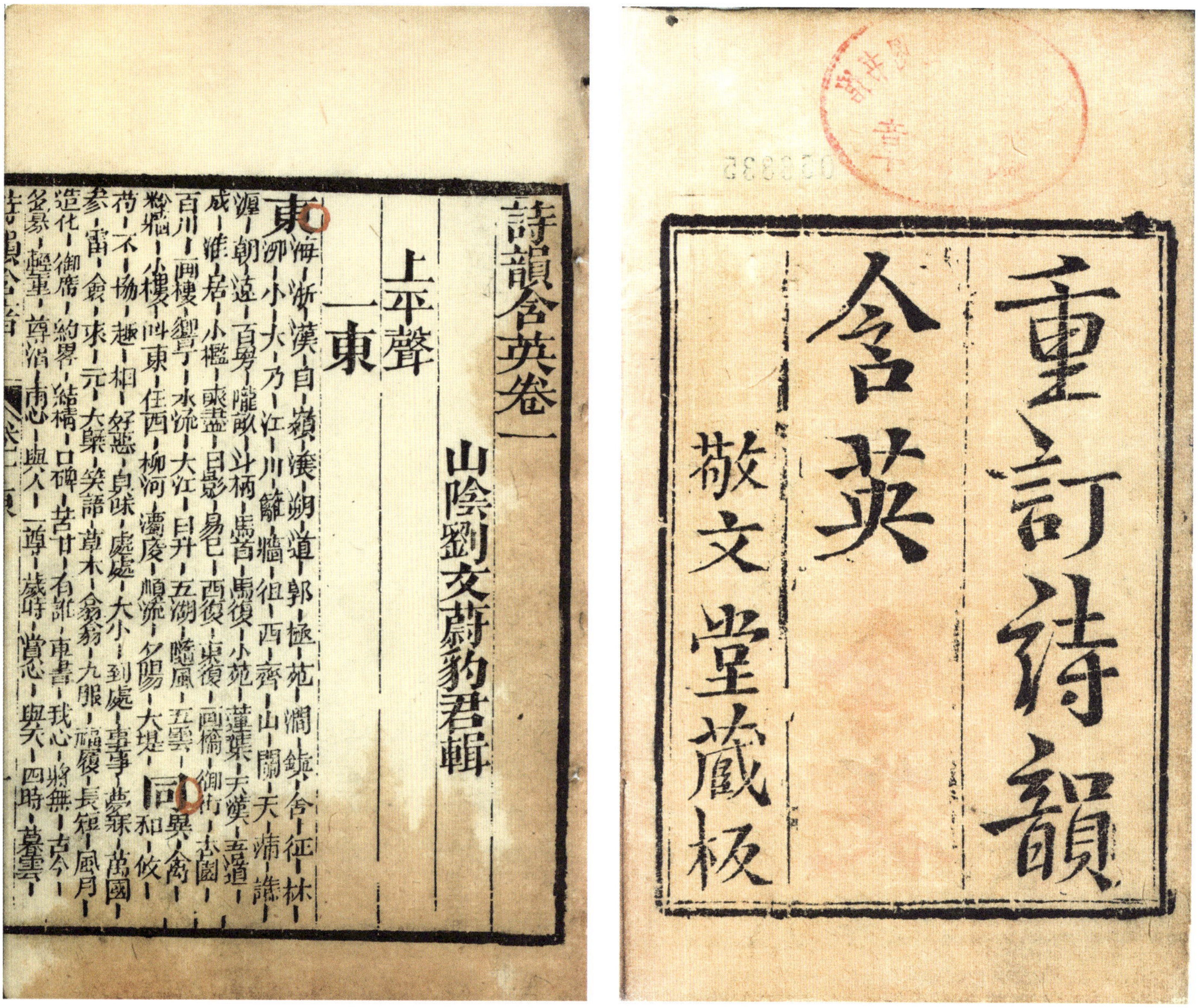

119 詩韻含英四卷 （清）劉文蔚輯 清敬文堂刻本

匡高 14 釐米，寬 10 釐米。半葉九行，行格字數不等，白口，四周單邊。

館藏索書號：X/H114.9/2

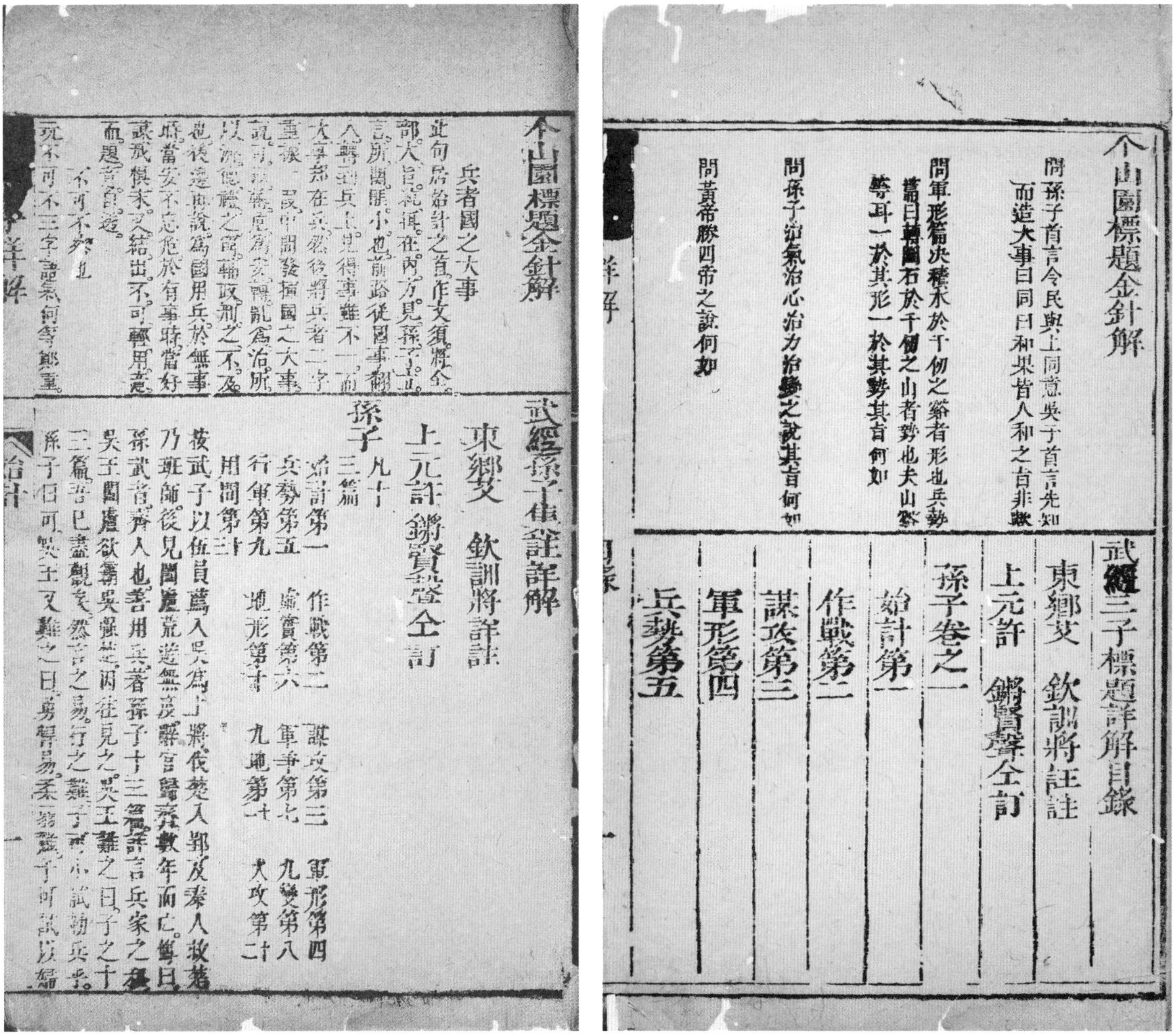

120 武經三子詳解三卷 （清）艾欽註 （清）許鏘訂 清刻本

匡高 21.5 釐米，寬 14 釐米。上下雙欄，下欄半葉行格字數不等，白口，四周單邊。

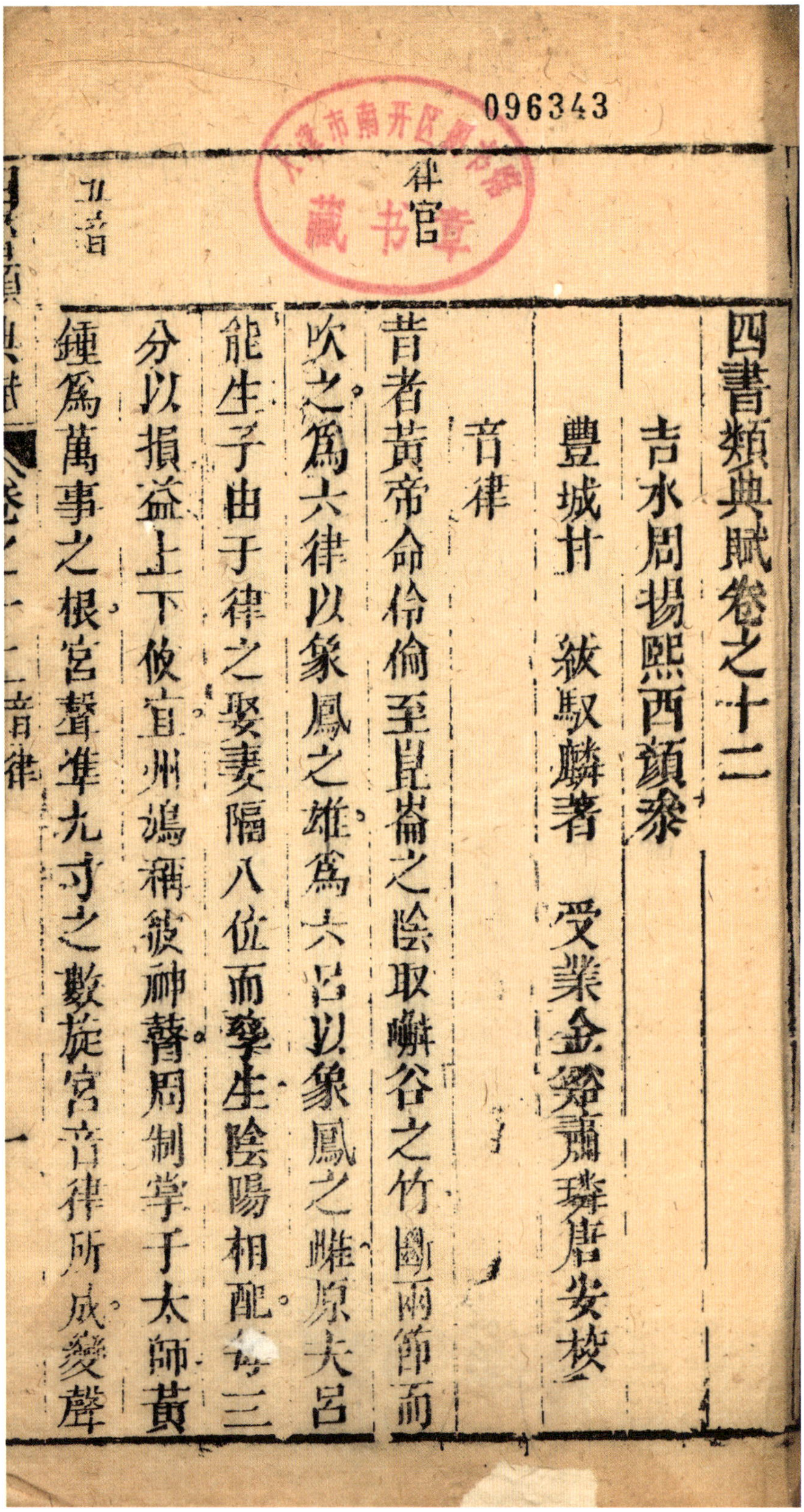

律宮

五音

四書類典賦卷之十二

吉水周揚熙西顏參

豐城甘　紱馭麟著　受業金谿蕭璘唐安梓

音律

昔者黃帝命伶倫至崑崙之陰取嶰谷之竹圖兩節而吹之爲六律以象鳳之雄爲六呂以象鳳之雌原夫呂能生子由于律之娶妻隔八位而孳生陰陽相配每三分以損益上下依宜州鳩稱彼神瞽周制掌于太師黃鍾爲萬事之根宮聲準九寸之數旋宮音律所成變聲

四書類典賦　卷之十二　音律　一

121 四書類典賦六十六卷 （清）甘紱著 清刻本

匡高 21.5 釐米，寬 13.7 釐米。上下雙欄，下欄半葉九行，行二十一字，白口，左右雙邊。

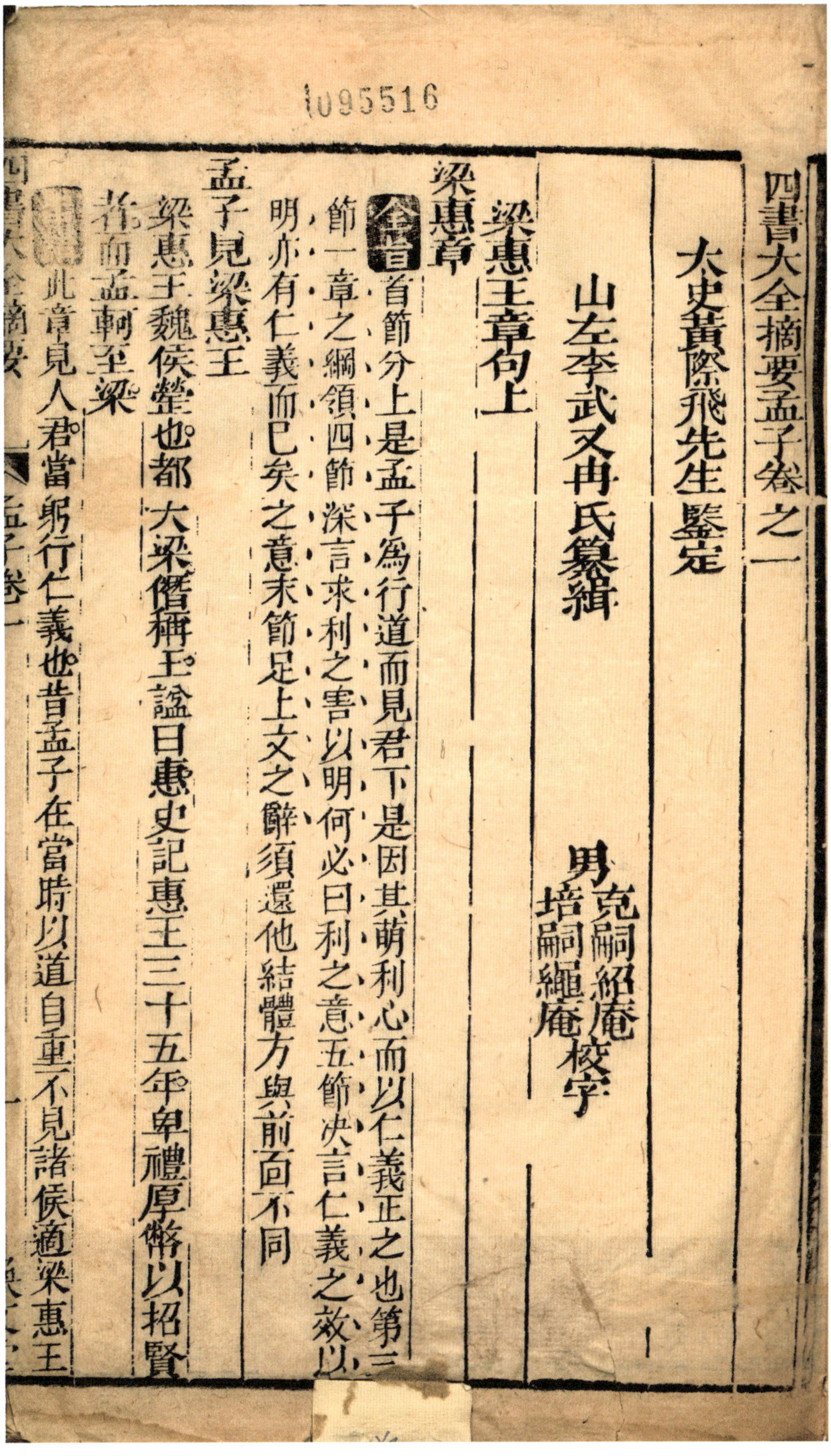

四書大全摘要孟子卷之一

太史黃際飛先生鑒定

山左李武又冉氏纂緝　男克嗣紹庵 培嗣繩庵 校字

梁惠王章句上

梁惠章

全旨 首節分上是孟子爲行道而見君下是因其萌利心而以仁義正之也第三節一章之綱領四節深言求利之害以明何必曰利之意五節决言仁義之效以明亦有仁義而已矣之意末節足上文之辭須還他結體方與前面不同

孟子見梁惠王

梁惠王魏侯罃也都大梁僭稱王謚曰惠史記惠王三十五年卑禮厚幣以招賢者而孟軻至梁

此章見人君當躬行仁義也昔孟子在當時以道自重不見諸侯適梁惠王

四書大全摘要　孟子卷一　一

122 四書大全摘要□□卷　（清）李武纂輯　清刻本

匡高 21 釐米，寬 14 釐米。半葉十四行，行三十二字，小字雙行同，白口，四周單邊間雙邊。

館藏索書號：X/B222.1/4

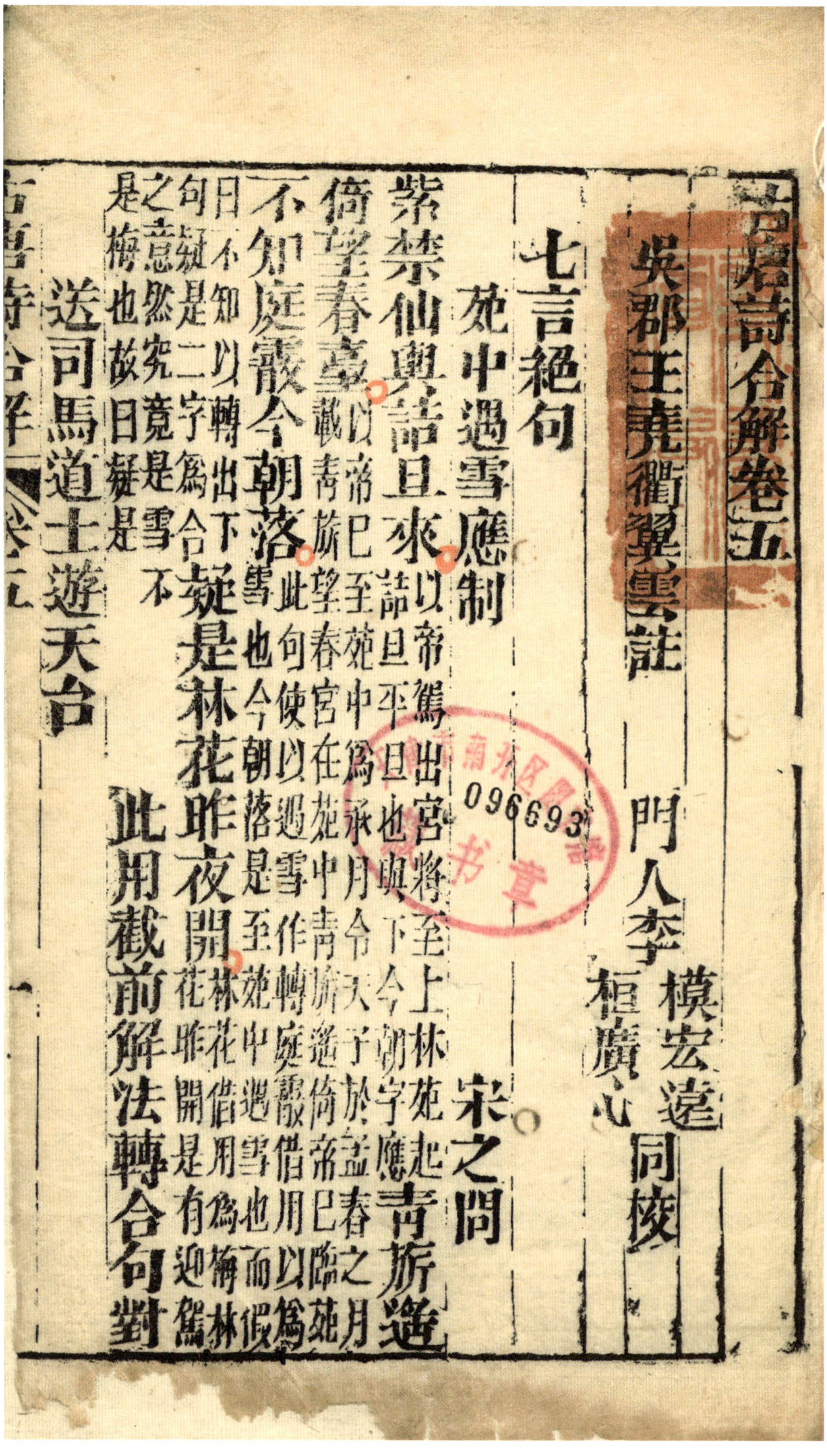
古唐詩合解卷五
吴郡王堯衢翼雲註
門人李模宏遠
李桓廣心 同校
七言絕句
苑中遇雪應制　宋之問
紫禁仙輿詰旦來以帝駕出宮將至上林苑起詰旦平旦也輿下今朝字應青旂遥倚望春臺以帝已至苑中爲承月令天子於孟春之月截青旂望春宮在苑中青旂遥倚帝已臨苑不知庭霰今朝落此句使以遇雪作轉庭霰借用以爲雪也今朝落是至苑中遇雪也而假曰不知以轉出下句疑是二字爲合疑是林花昨夜開林花借用爲梅林花昨開是有迎駕之意然究竟是雪不是梅也故曰疑是
此用截前解法轉合句對
送司馬道士遊天台
古唐詩合解　卷五

123 古唐詩合解十六卷　（清）王堯衢註　清刻本

匡高 19.7 釐米，寬 13.5 釐米。半葉十一行，行二十一字，小字雙行同，白口，四周單邊 。

館藏索書號：X/I222.742/4

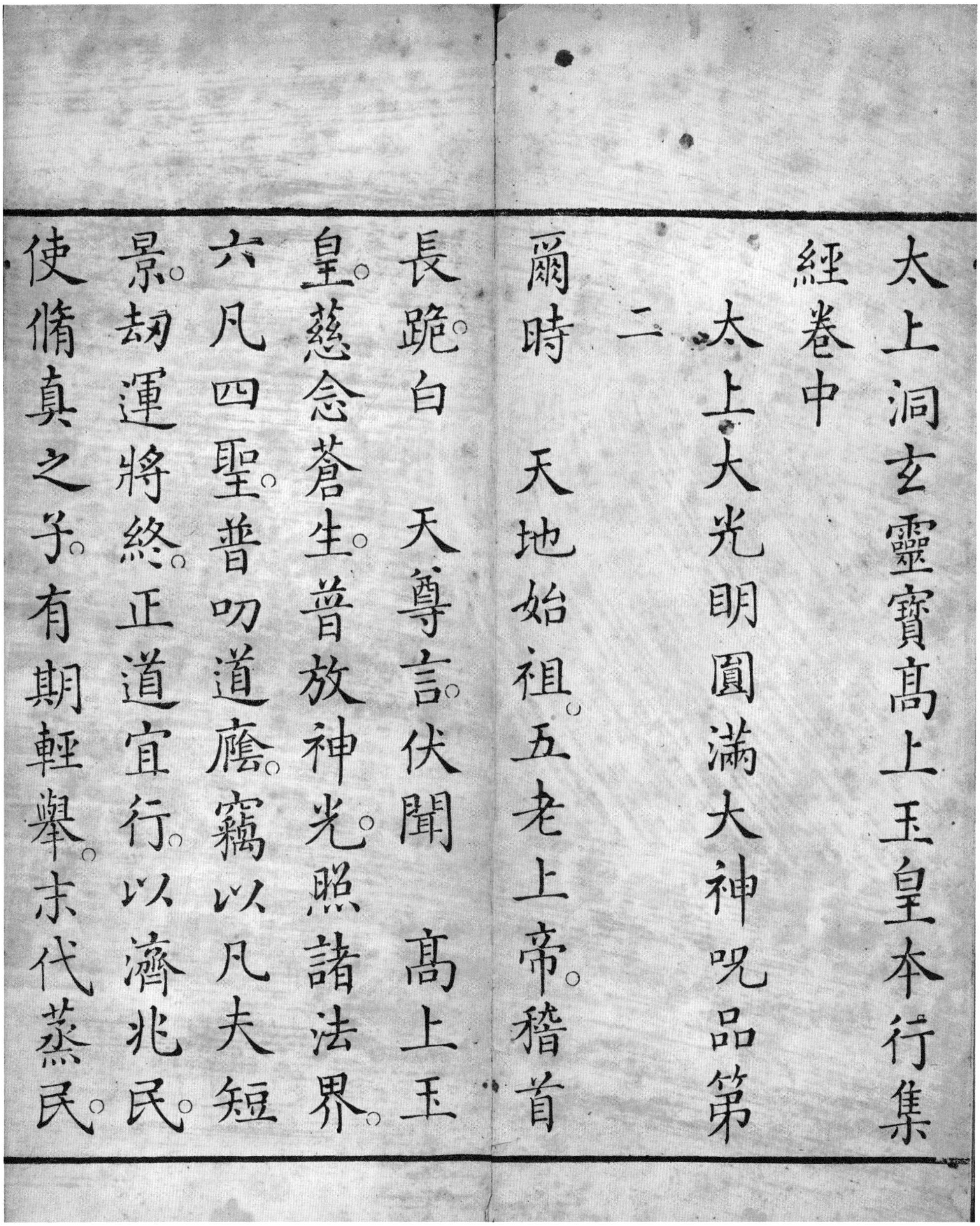

太上洞玄靈寶高上玉皇本行集
經卷中
太上大光明圓滿大神呪品第
二
爾時　天地始祖。五老上帝。稽首
長跪。白　天尊言。伏聞。高上玉
皇。慈念蒼生。普放神光。照諸法界。
六凡四聖。普叨道廕。竊以凡夫短
景。刼運將終。正道宜行。以濟兆民。
使脩真之子。有期輕舉。末代蒸民。

124 太上洞玄靈寶高上玉皇本行集經三卷　不著撰人 清刻本

經折裝。匡高 24 釐米，寬 12.6 釐米。半葉五行，行十三字。

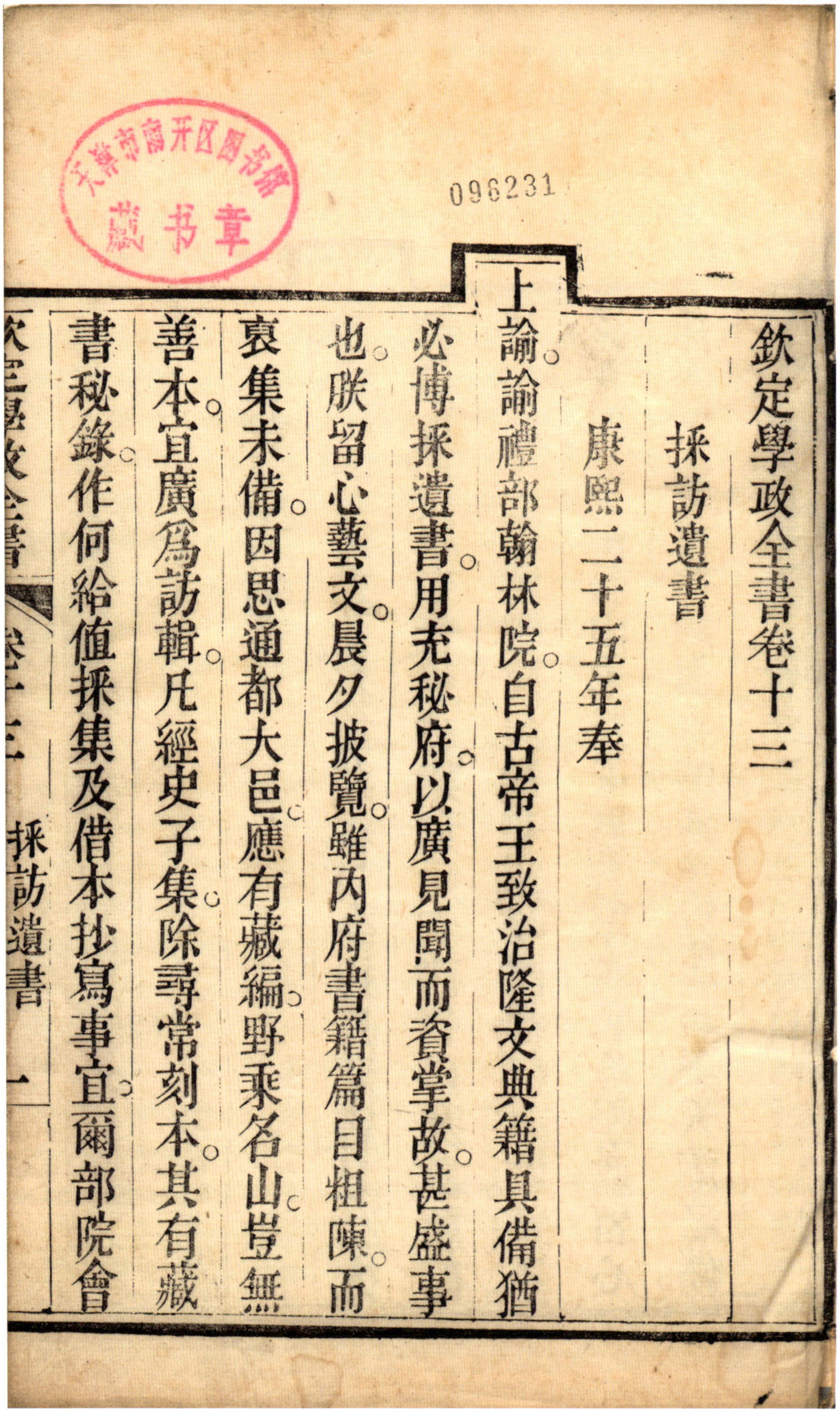

欽定學政全書卷十三

採訪遺書

康熙二十五年奉

上諭諭禮部翰林院自古帝王致治隆文典籍具備猶必博採遺書用充秘府以廣見聞而資掌故甚盛事也朕留心藝文晨夕披覽雖內府書籍篇目粗陳而裒集未備因思通都大邑應有藏編野乘名山豈無善本宜廣爲訪輯凡經史子集除尋常刻本其有藏書秘錄作何給值採集及借本抄寫事宜爾部院會

欽定學政全書　卷十三　採訪遺書　一

125 欽定學政全書□□卷　不著撰人　清刻本

匡高 19.5 釐米，寬 16.5 釐米。半葉九行，行二十字，白口，四周雙邊。

館藏索書號：X/G529.49/1

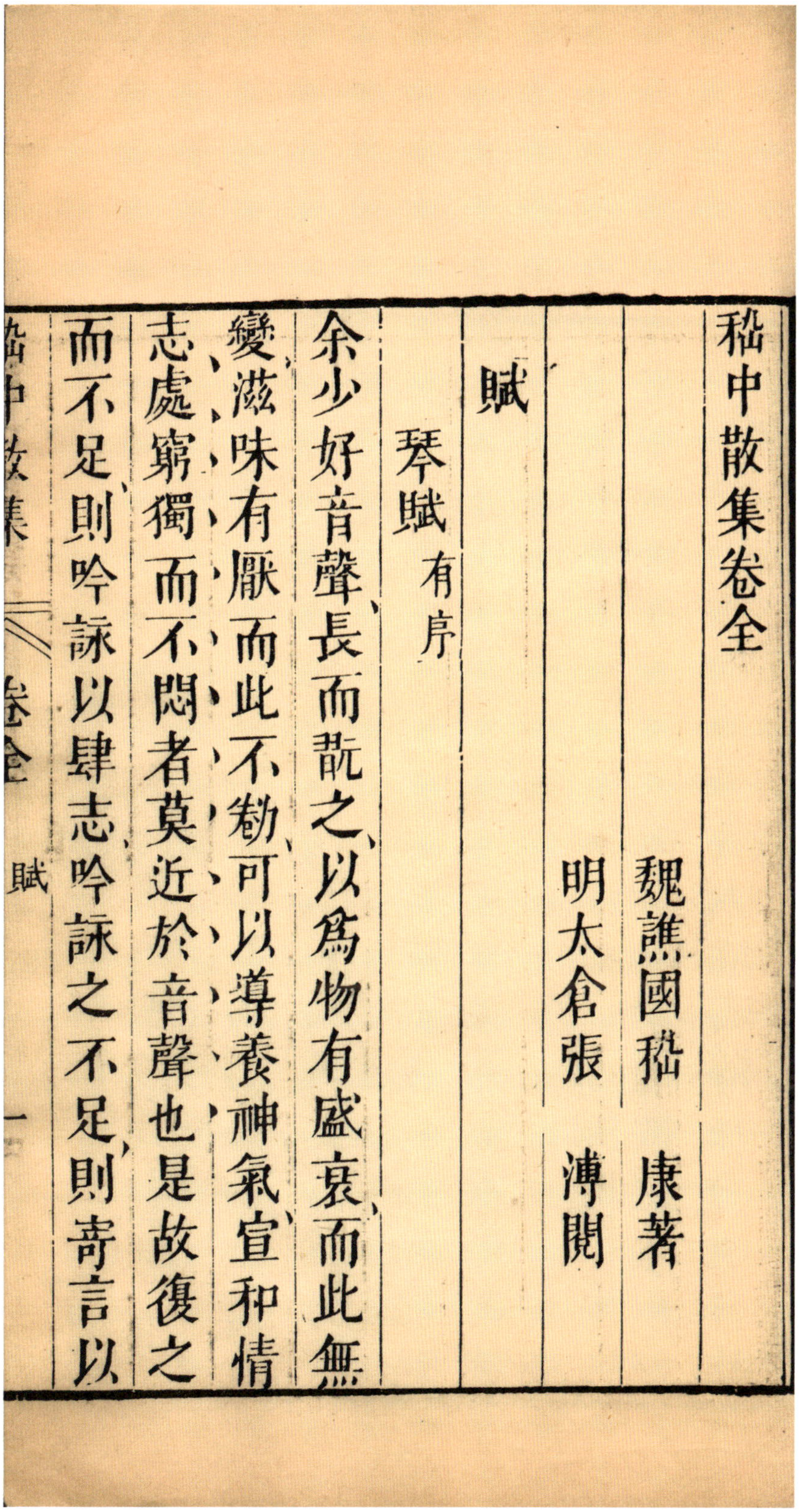

嵇中散集卷全

魏譙國嵇　康著

明太倉張　溥閱

賦

琴賦有序

余少好音聲長而翫之以爲物有盛衰而此無變滋味有猒而此不勌可以導養神氣宣和情志處窮獨而不悶者莫近於音聲也是故復之而不足則吟詠以肆志吟詠之不足則寄言以

嵇中散集　卷全　賦　一

126 嵇中散集　（三國魏）嵇康著　清末刻本

匡高 19 釐米，寬 14 釐米。半葉九行，行十八字，白口，左右雙邊。

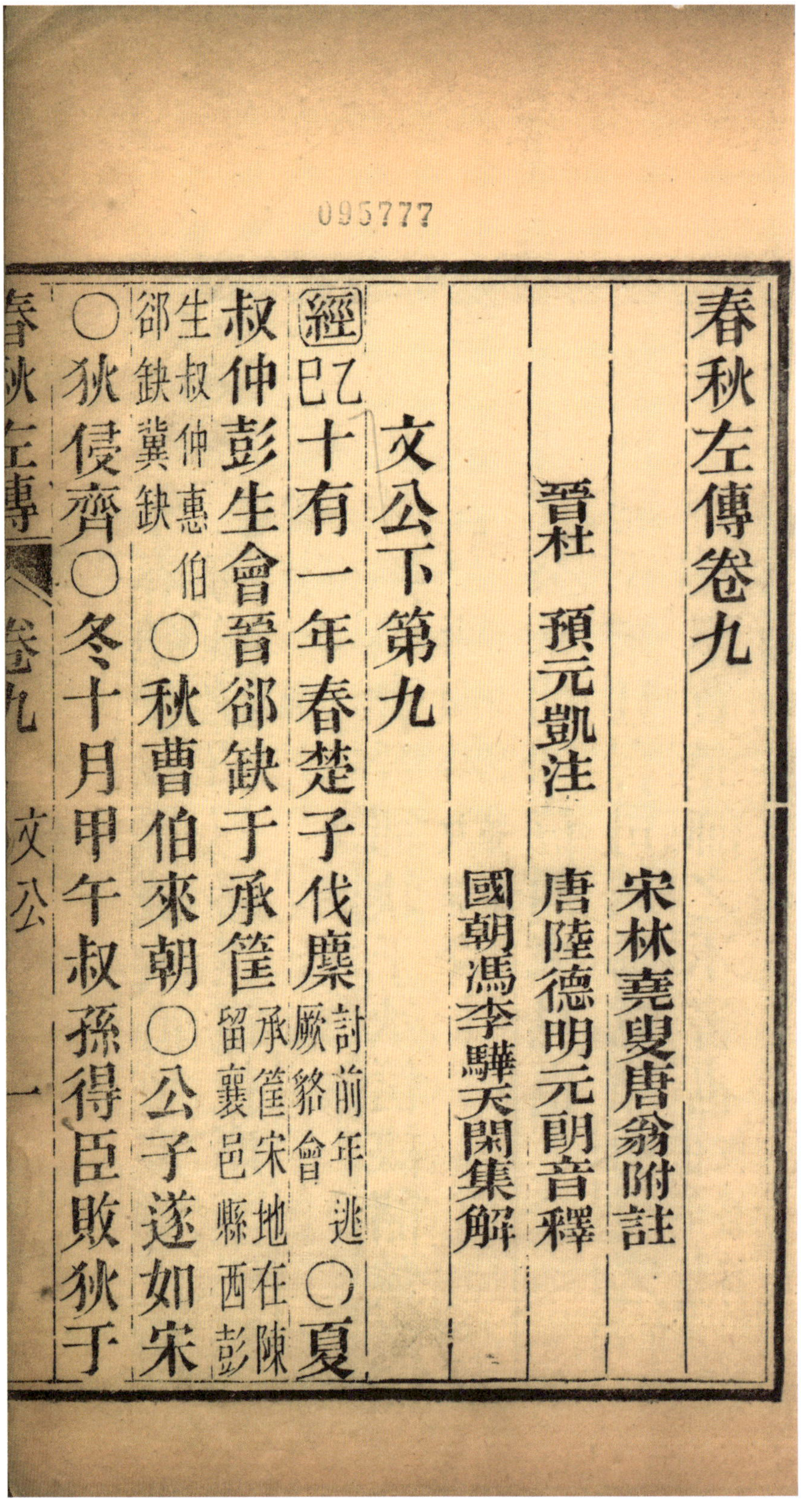

春秋左傳卷九

晉杜　預元凱注　　宋林堯叟唐翁附註

唐陸德明元朗音釋

國朝馮李驊天閑集解

文公下第九

經乙巳十有一年春楚子伐麇討前年逃厥貉會○夏叔仲彭生會晉郤缺于承筐承筐宋地在陳留襄邑縣西彭生叔仲惠伯郤缺冀缺○秋曹伯來朝○公子遂如宋○狄侵齊○冬十月甲午叔孫得臣敗狄于

春秋左傳　卷九　文公　一

127 春秋左傳三十卷　（晉）杜預注　（宋）林堯叟附註　清末刻本

匡高 20.4 釐米，寬 14.4 釐米。半葉九行，行十七字，小字雙行同，白口，四周雙邊。

館藏索書號：X/K225.4/13

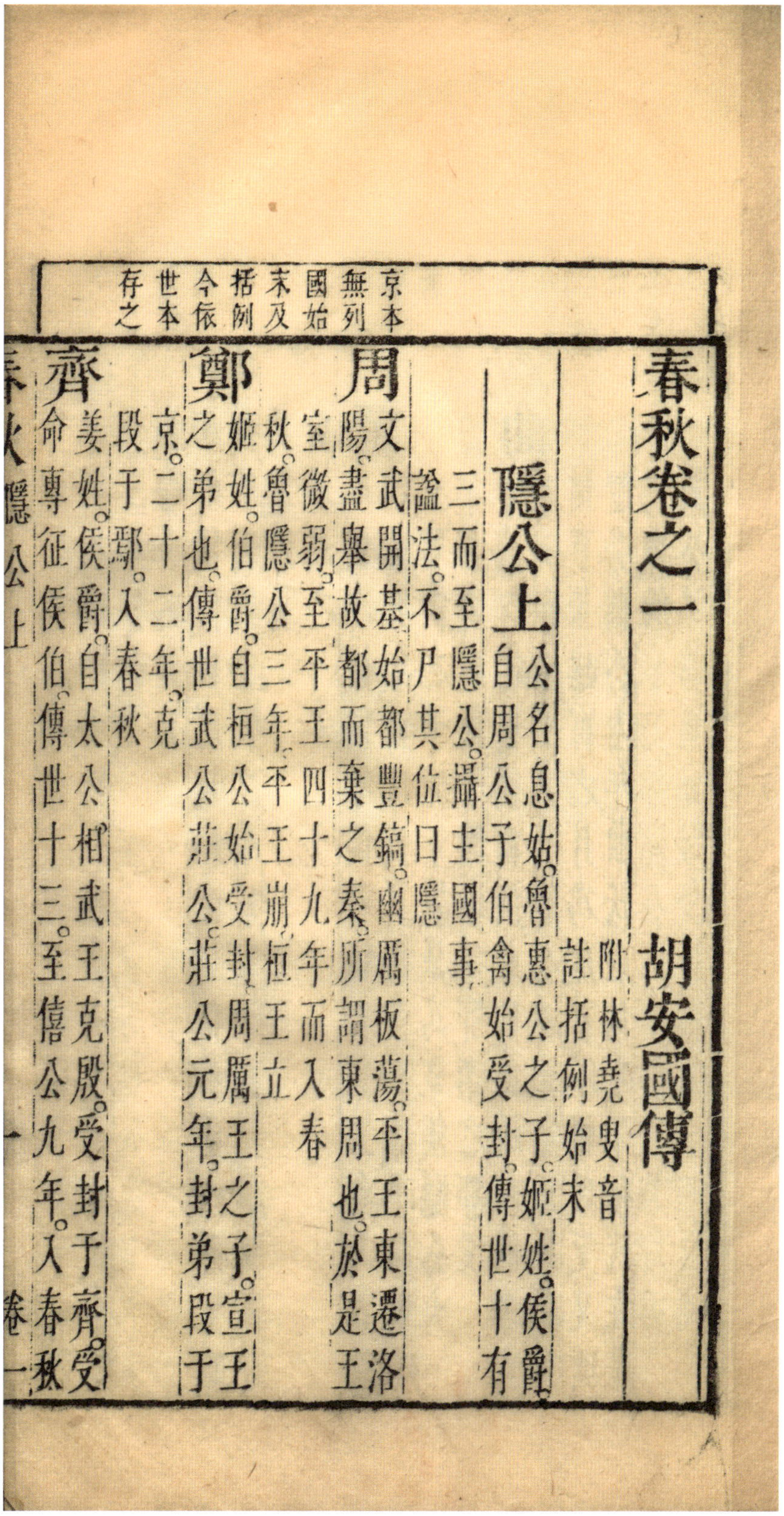

京本無列國始末及括例今依世本存之

春秋卷之一　　胡安國傳

附林堯叟音
註括例始末

隱公上　公名息姑魯惠公之子姬姓侯爵
自周公子伯禽始受封傳世十有
三而至隱公攝主國事
謚法不尸其位曰隱

周　文武開基始都豐鎬幽厲板蕩平王東遷洛
陽盡舉故都而棄之秦所謂東周也於是王
室微弱至平王四十九年而入春
秋魯隱公三年平王崩桓王立

鄭　姬姓伯爵自桓公始受封周厲王之子宣王
之弟也傳世武公莊公莊公元年封弟段于
京二十二年克
段于鄢入春秋

齊　姜姓侯爵自太公相武王克殷受封于齊受
命專征侯伯傳世十三至僖公九年入春秋

春秋隱公上　卷一　一

128 春秋三十卷　（宋）胡安國傳　清末刻本

匡高18.5釐米，寬13釐米。半葉九行，行十八字，小字雙行同，白口，左右雙邊。

館藏索書號：X/K225/2

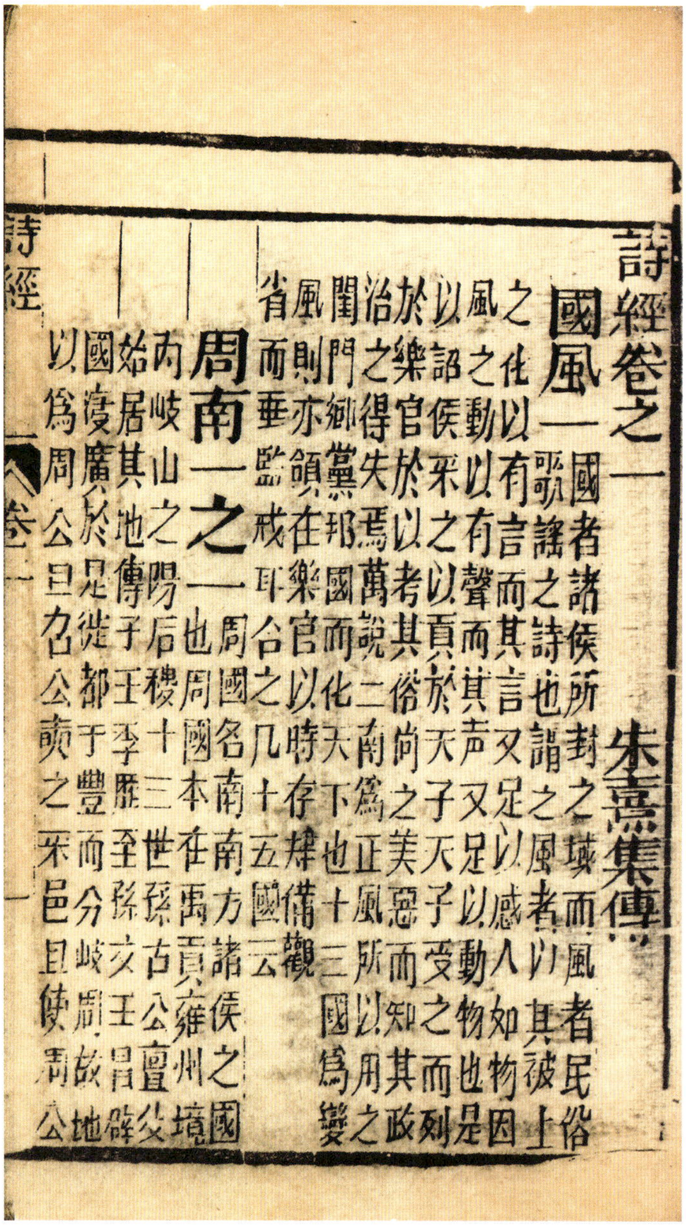
詩經卷之一　朱熹集傳

國風一　國者諸侯所封之域而風者民俗歌謠之詩也謂之風者以其被上之化以有言而其言又足以感人如物因風之動以有聲而其聲又足以動物也是以諸侯采之以貢於天子天子受之而列於樂官於以考其俗尚之美惡而知其政治之得失焉舊説二南爲正風所以用之閨門鄉黨邦國而化天下也十三國爲變風則亦領在樂官以時存肄備觀省而垂監戒耳合之凡十五國云

周南一之一　周國名南南方諸侯之國也周國本在禹貢雍州境內岐山之陽后稷十三世孫古公亶父始居其地傳子王季歷至孫文王昌辟國寖廣於是徙都于豐而分岐周故地以爲周公旦召公奭之采邑且使周公

詩經　卷一　一

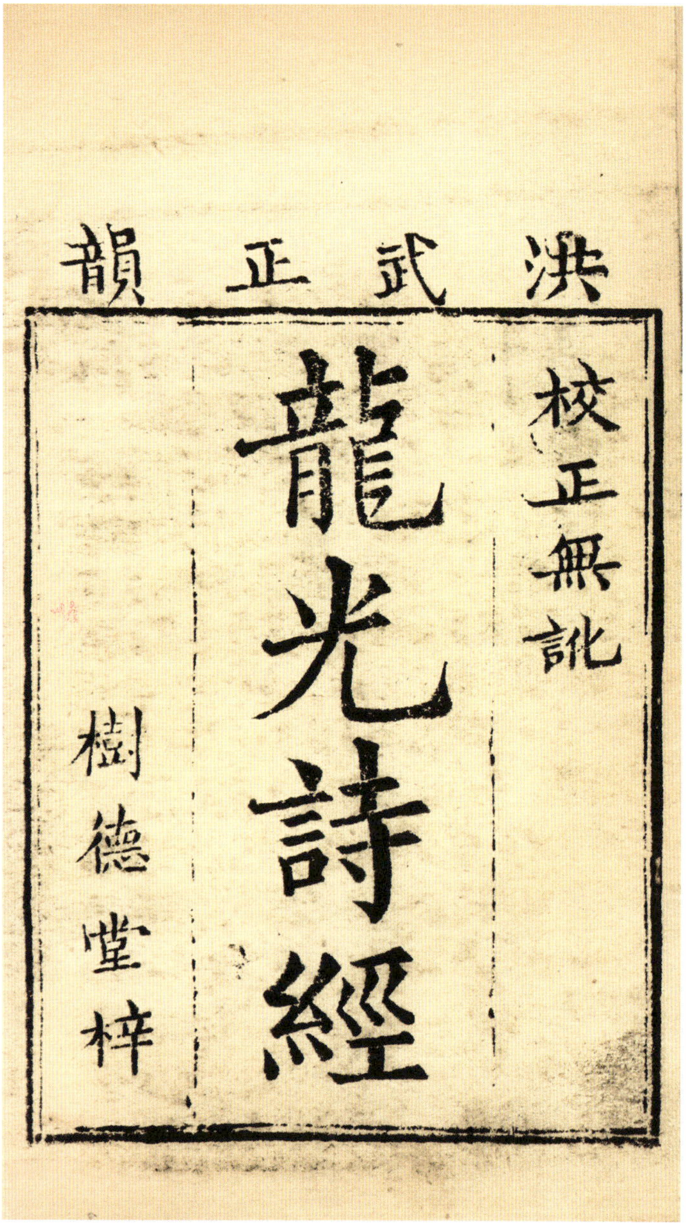
洪武正韻

校正無訛

龍光詩經

樹德堂梓

129 詩經八卷　（宋）朱熹集傳　清末樹德堂刻本

匡高 15.3 釐米，寬 10.5 釐米。半葉九行，行十七字，小字雙行同，白口，左右雙邊。

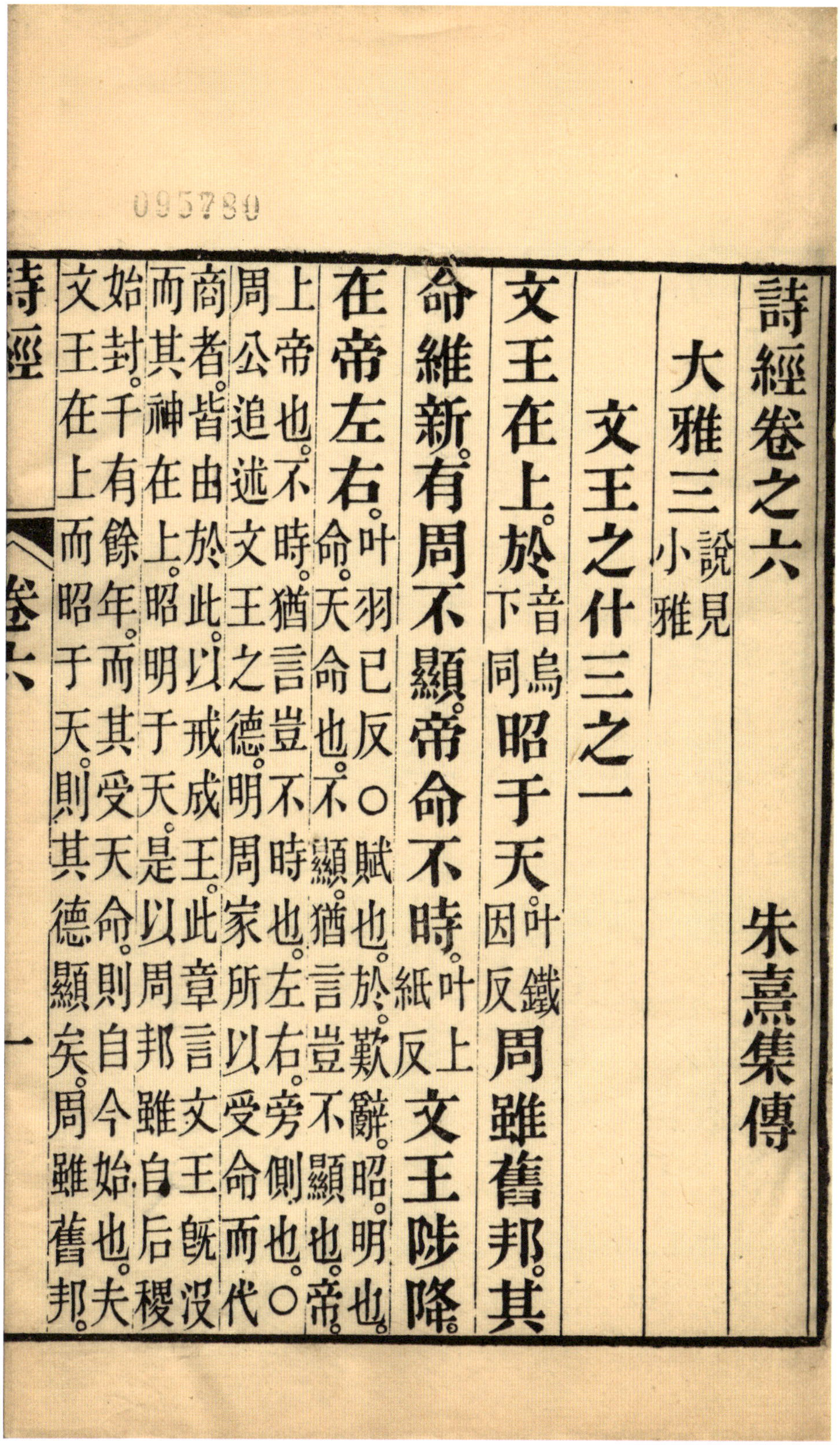

詩經卷之六　朱熹集傳
大雅三說見小雅
文王之什三之一
文王在上於音烏下同昭于天叶鐵因反周雖舊邦其
命維新有周不顯帝命不時叶上紙反文王陟降
在帝左右叶羽已反○賦也於歎辭昭明也命天命也不顯猶言豈不顯也帝
上帝也不時猶言豈不時也左右旁側也○
周公追述文王之德明周家所以受命而代
商者皆由於此以戒成王此章言文王既沒
而其神在上昭明于天是以周邦雖自后稷
始封千有餘年而其受天命則自今始也夫
文王在上而昭于天則其德顯矣周雖舊邦
詩經　卷六　一

130 詩經八卷　（宋）朱熹集傳　清末刻本

匡高 18 釐米，寬 13.7 釐米。　半葉九行，行十七字，小字雙行同，白口，左右雙邊。

館藏索書號：X/I222.2/3

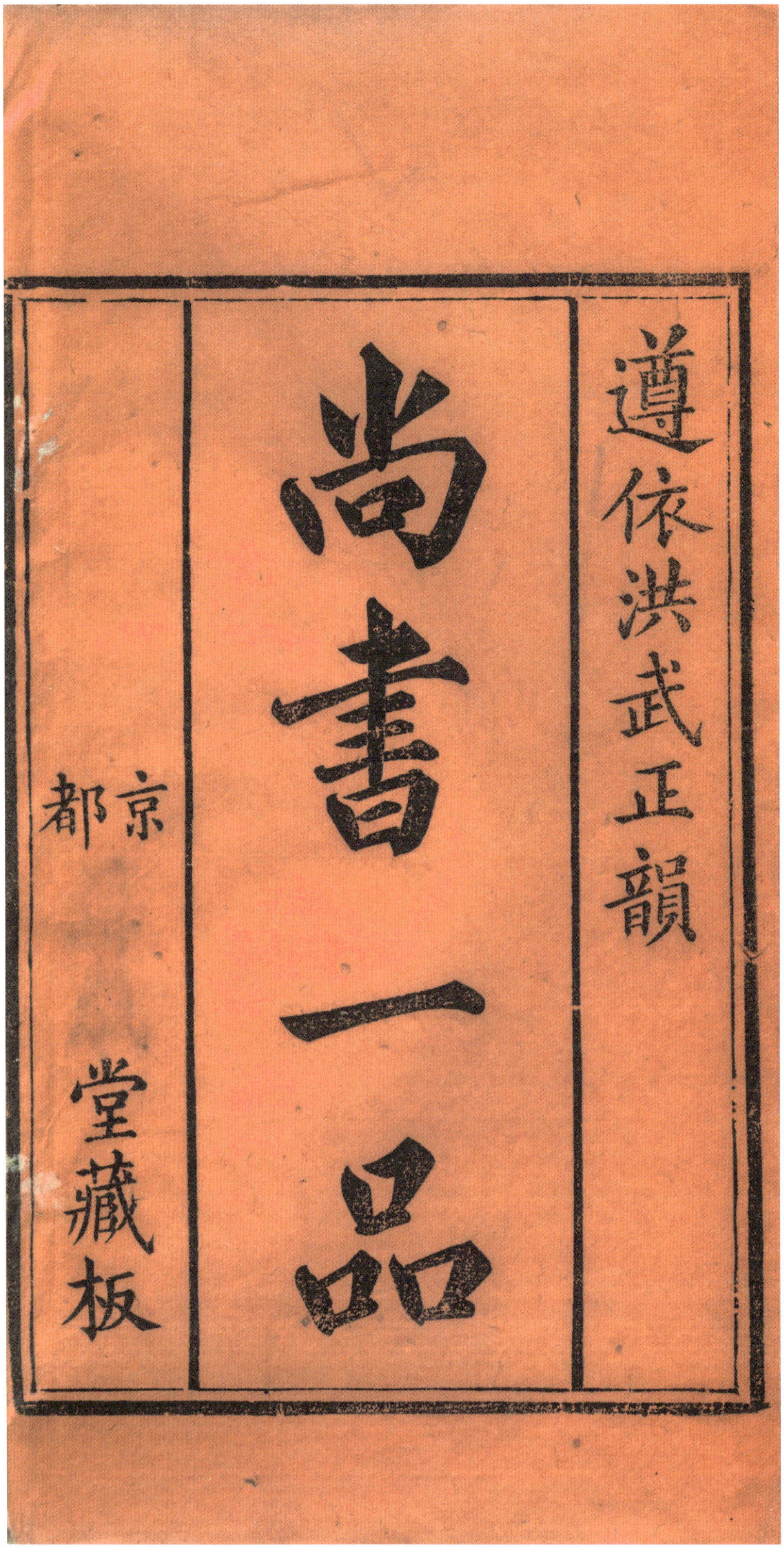

131 書六卷 （宋）蔡沈集傳 清末善成堂刻本

匡高 19.7 釐米，寬 12.8 釐米。上下雙欄，下欄半葉九行，行十七字，小字雙行同，白口，左右雙邊。

館藏索書號：X/K221.4/6

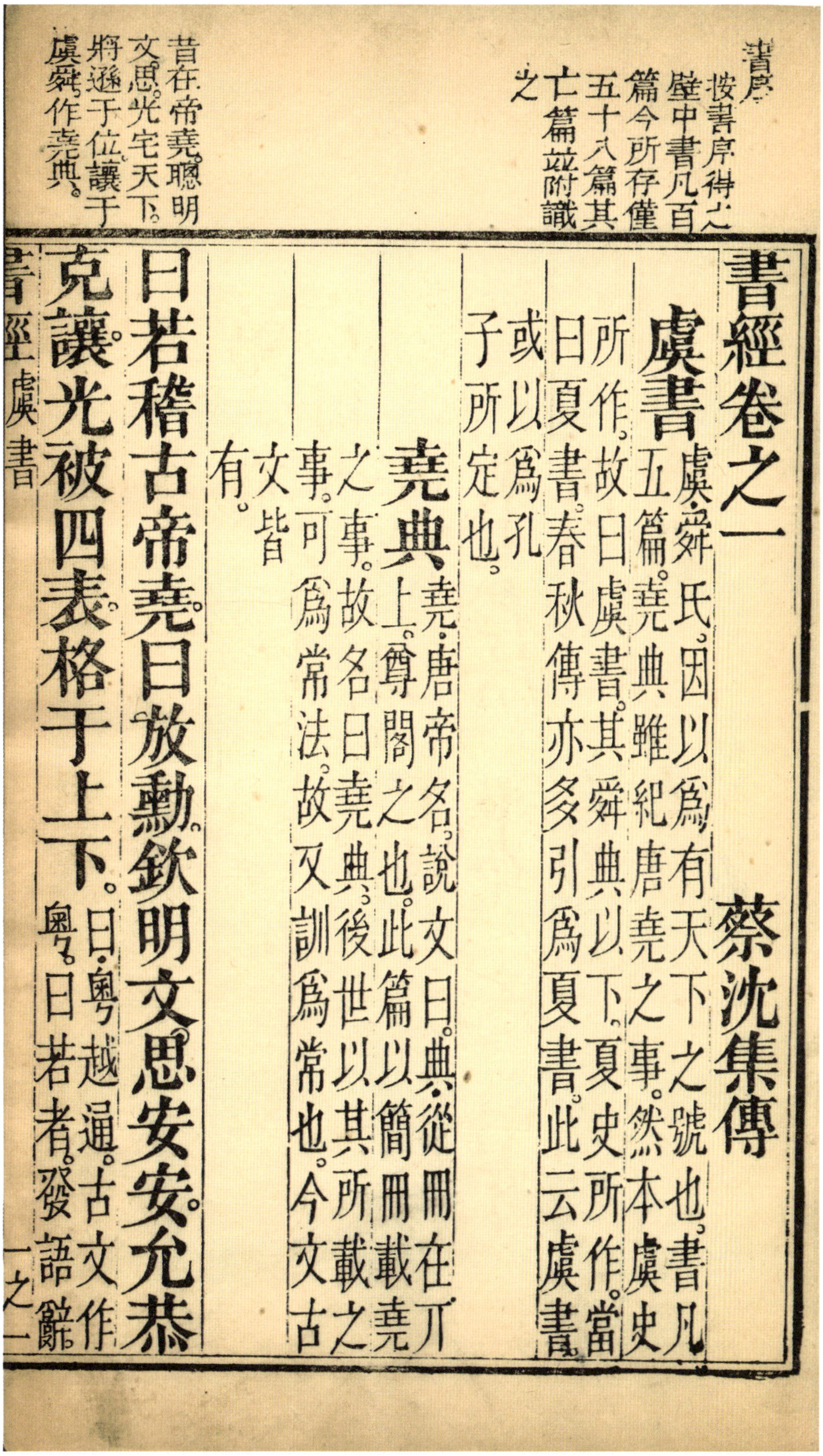

書序　按書序得之壁中書凡百篇今所存僅五十八篇其亡篇竝附識之

昔在帝堯聰明文思光宅天下將遜于位讓于虞舜作堯典

書經卷之一　蔡沈集傳

虞書 虞舜氏因以爲有天下之號也書凡五篇堯典雖紀唐堯之事然本虞史所作故曰虞書其舜典以下夏史所作當曰夏書春秋傳亦多引爲夏書此云虞書或以爲孔子所定也

堯典 堯唐帝名說文曰典從冊在丌上尊閣之也此篇以簡冊載堯之事故名曰堯典後世以其所載之事可爲常法故又訓爲常也今文古文皆有

曰若稽古帝堯曰放勳欽明文思安安允恭克讓光被四表格于上下 曰粤越通古文作粤曰若者發語辭

書經虞書　一之一

132 書經六卷　（宋）蔡沈集傳　清末奎壁齋刻本

匡高 18.5 釐米，寬 13 釐米。半葉九行，行十七字，小字雙行同，白口，左右雙邊。

館藏索書號：X/K221.4/1

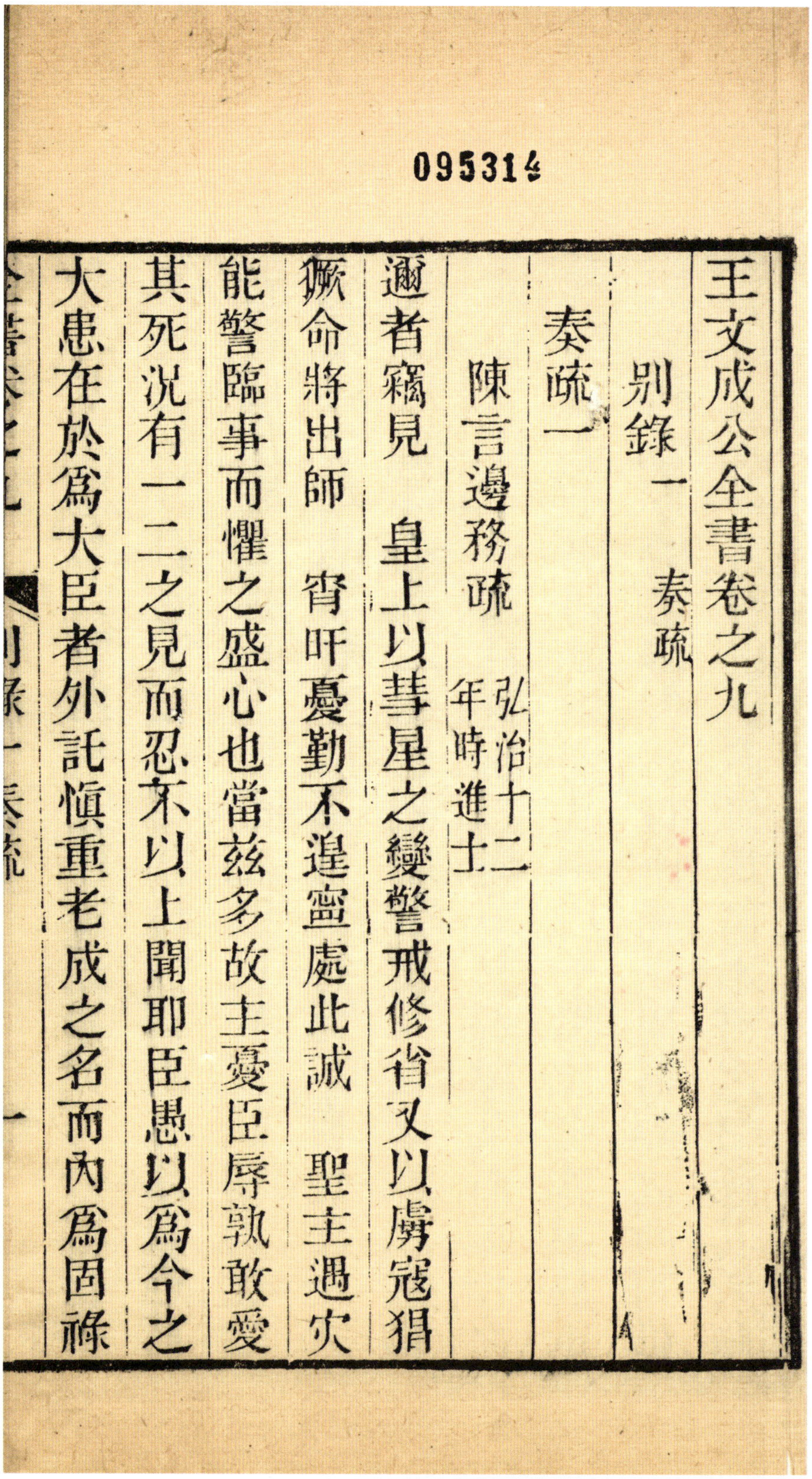

王文成公全書卷之九

別錄一 奏疏

奏疏一

陳言邊務疏 弘治十二年時進士

邇者竊見 皇上以彗星之變警戒修省又以虜寇猖獗命將出師 宵旰憂勤不遑寧處此誠 聖主遇災能警臨事而懼之盛心也當茲多故主憂臣辱孰敢愛其死況有一二之見而忍不以上聞耶臣愚以爲今之大患在於爲大臣者外託慎重老成之名而內爲固祿

全書卷之九 別錄一 奏疏 一

133 王文成公全書三十八卷 （明）王守仁著 清末刻本

匡高 18.1 釐米，寬 13 釐米。半葉九行，行二十一字，白口，左右雙邊。

館藏索書號：X/I214.82/3:2

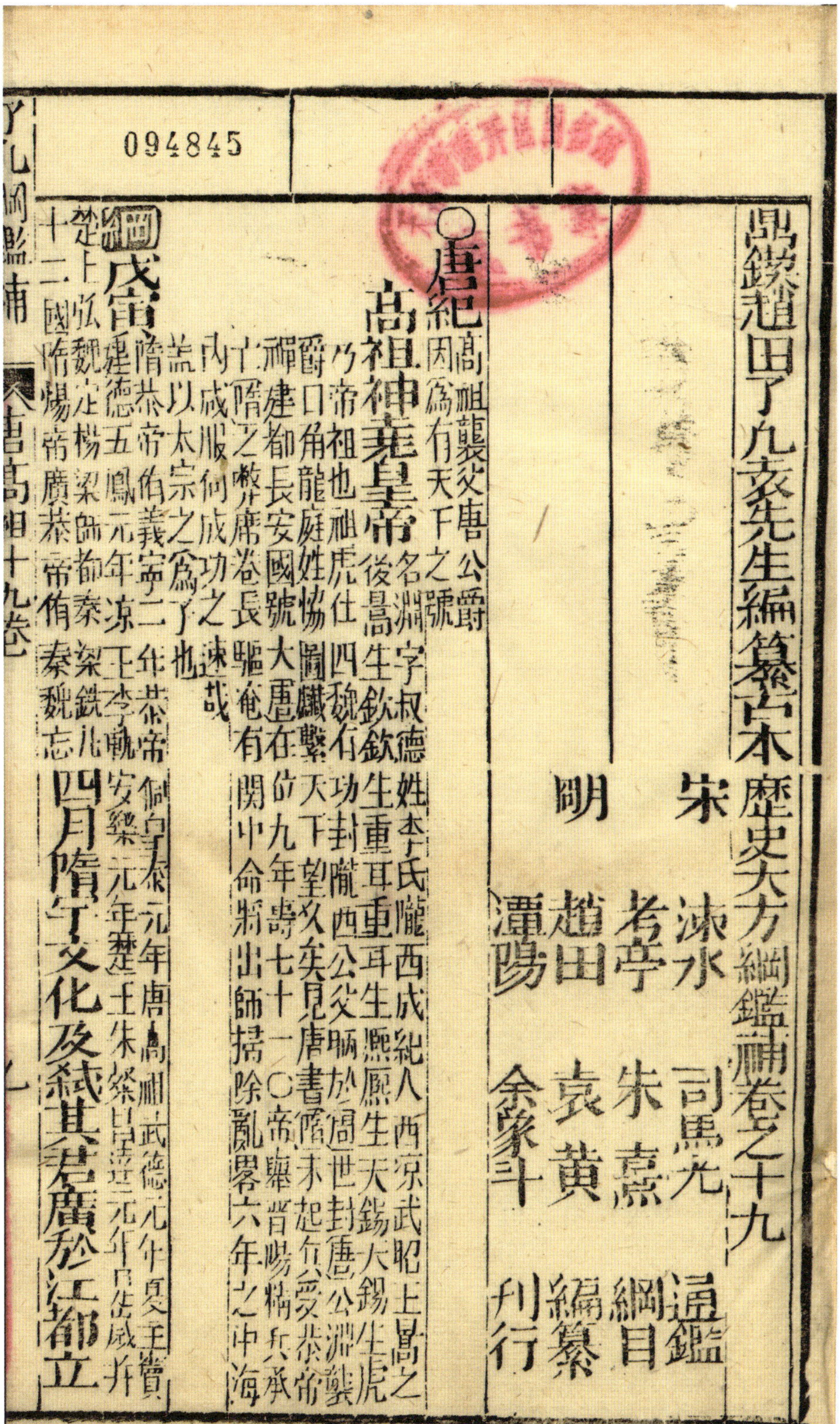

134 鼎鍥趙田了凡袁先生編纂古本歷史大方綱鑑補□□卷

（明）袁黄輯 清末刻本

匡高 23.2 釐米，寬 14.4 釐米。上下雙欄，下欄半葉十二行，行二十八字，小字雙行同，白口，四周單邊。

館藏索書號：X/K204.3/14：3、X/K204.3/14：4

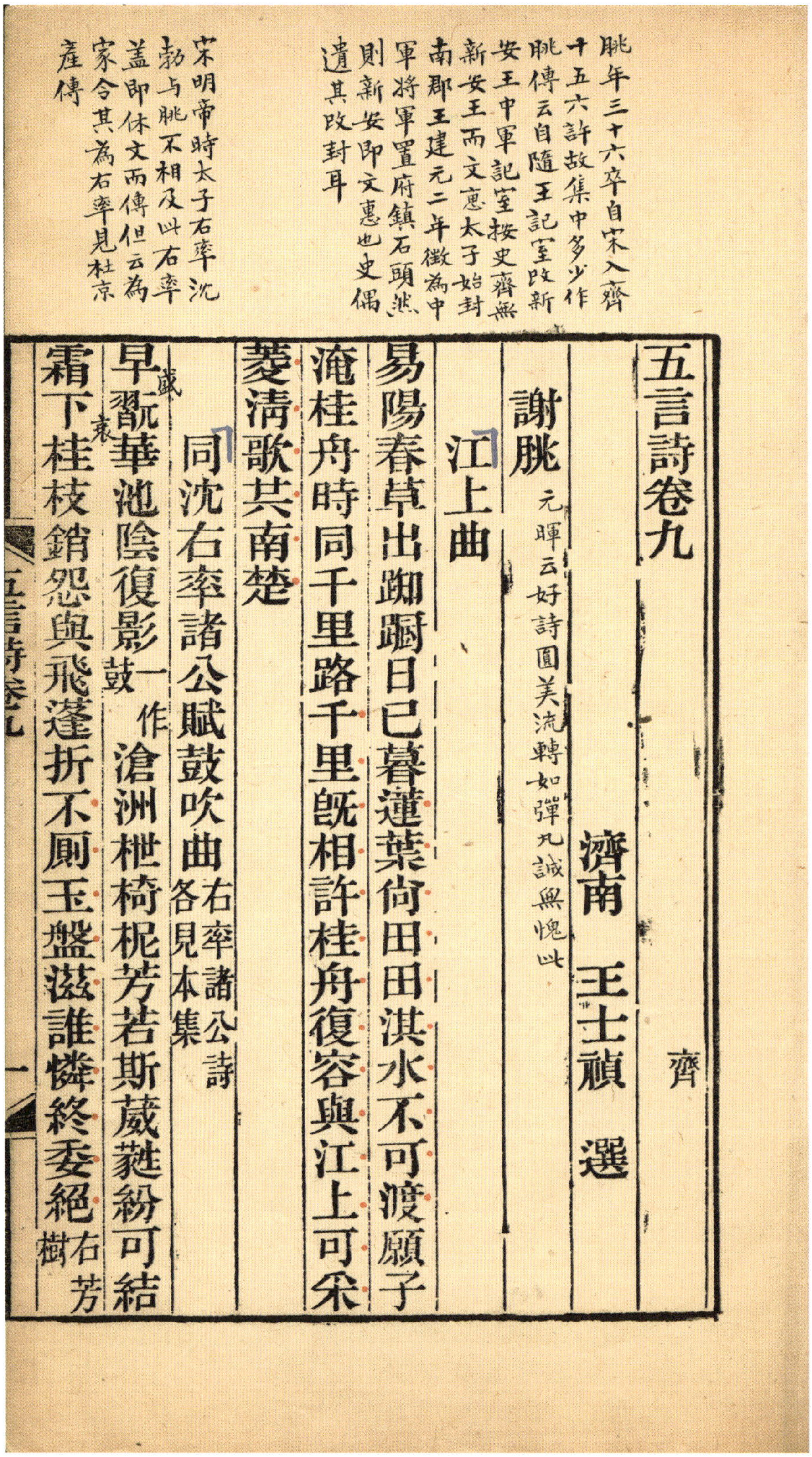

朓年三十六卒自宋入齊
十五六許故集中多少作
朓傳云自隨王記室改新
安王中軍記室按史齊無
新安王而文惠太子始封
南郡王建元二年徵爲中
軍將軍置府鎮石頭然
則新安即文惠也史偶
遺其改封耳

宋明帝時太子右率沈
勃与朓不相及此右率
蓋即休文而傳但云爲
家令其爲右率見杜京
產傳

五言詩卷九

濟南　王士禛　選

齊

謝朓　元暉云好詩圓美流轉如彈丸誠無愧此

江上曲

易陽春草出踟蹰日已暮蓮葉尙田田淇水不可渡願子淹桂舟時同千里路千里旣相許桂舟復容與江上可采菱淸歌共南楚

同沈右率諸公賦鼓吹曲　右率諸公詩各見本集

早翫華池陰復影一作鼓滄洲枻椅柅芳若斯葳蕤紛可結霜下桂枝銷怨與飛蓬折不廁玉盤滋誰憐終委絕　右芳樹

五言詩卷九　一

135 五言詩□□卷　（宋）王士禎選　清末刻本

匡高 18 釐米，寬 13.5 釐米。半葉十行，行二十二字，小字雙行同，黑口，左右雙邊。佚名墨筆批校。

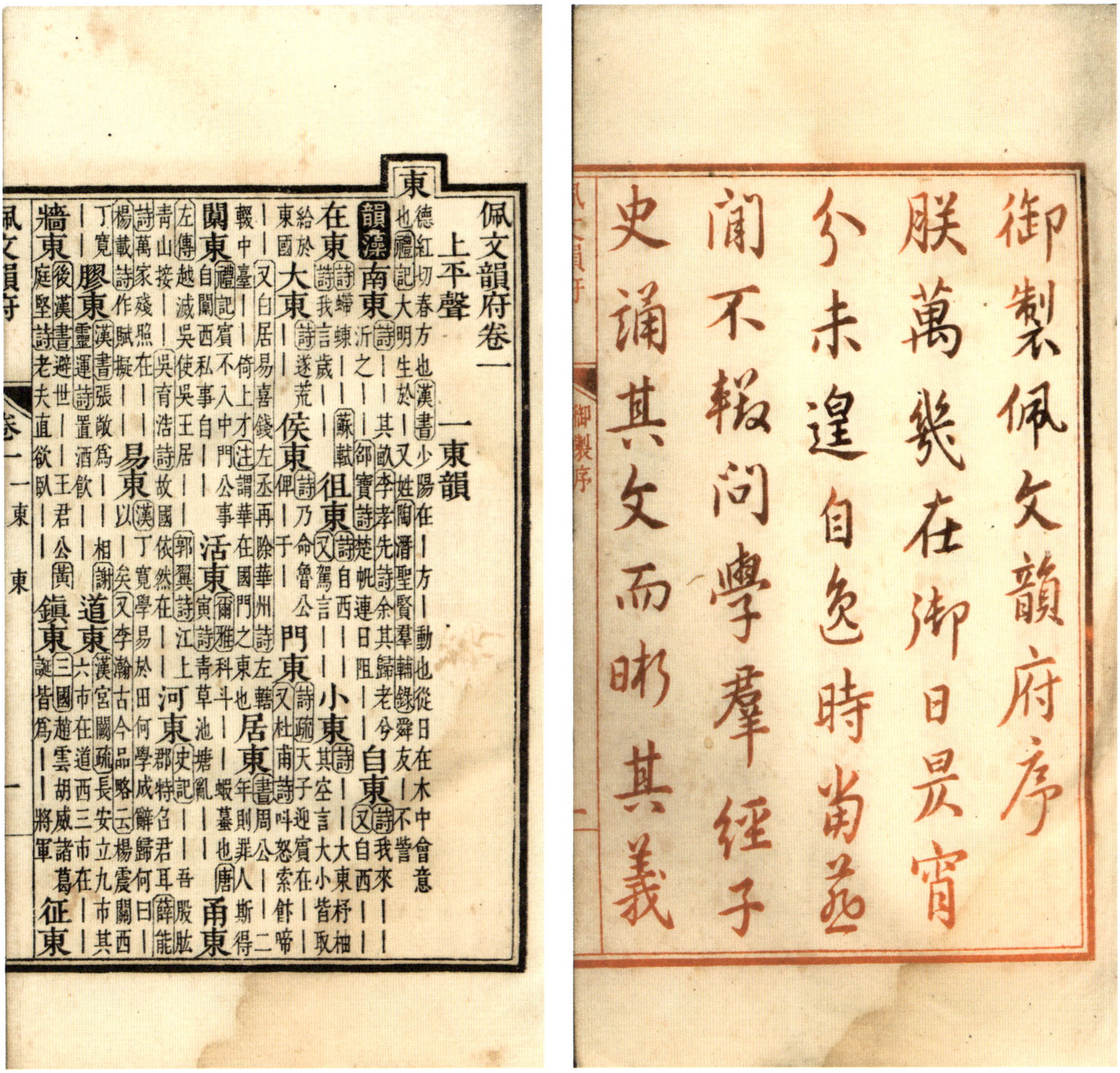

136 佩文韻府一百六卷 （清）張玉書纂　清末刻本

匡高 16 釐米，寬 11.5 釐米，半葉十二行，行二十五字，小字雙行同，白口，四周雙邊。

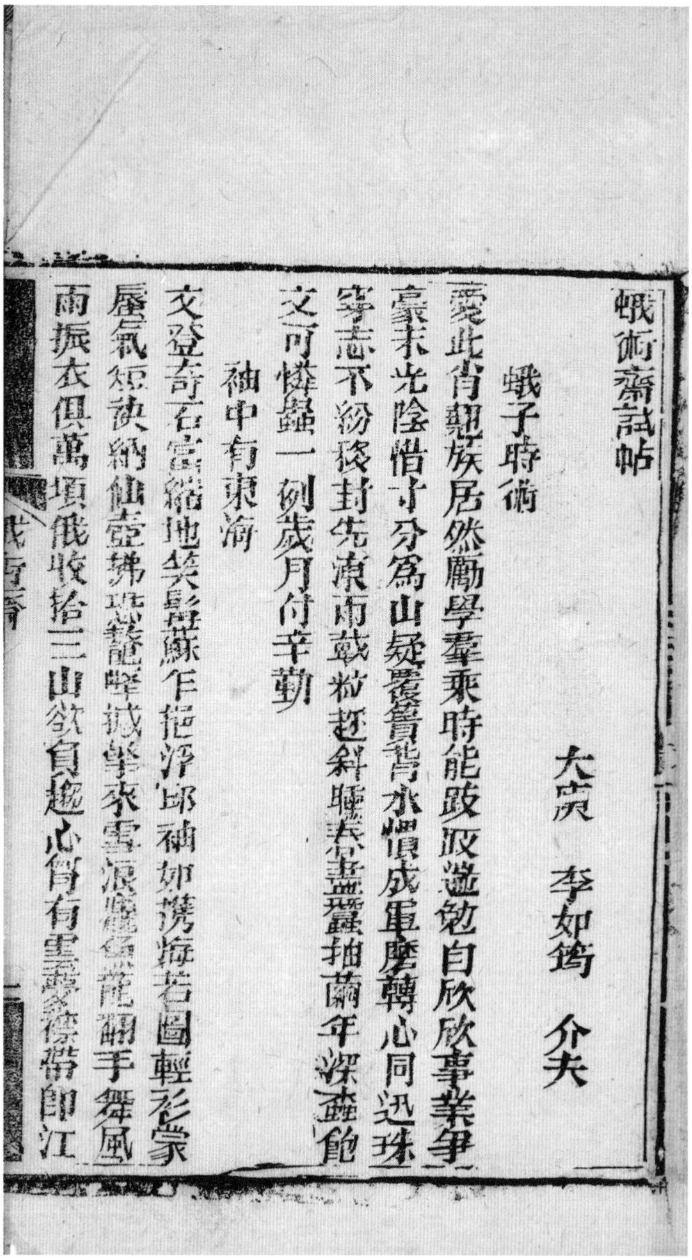
蛾術齋試帖
蛾子時術　大庾　李如筠　介夫
愛此肖蛾族居然勵學羣乘時能跂跂遊勉自欣欣事業爭
毫末光陰惜寸分爲山疑覆簣聚亦慣成軍磨轉心同迅珠
穿志不紛移封先滾雨戴粒趁斜曛未盡蠶抽繭年深蠹飽
文可憐蠶一刻歲月付辛勤
袖中有東海
文登奇石富縮地笑髯蘇乍挹浮邱袖如携海若圖輕衫蒙
蜃氣短袂納仙壺拂恐鼇峰撼擎來雲浪麤爲龍翻手舞風
雨振衣俱萬頃俄收拾三山欲負趨心胸有雲夢襟帶即江

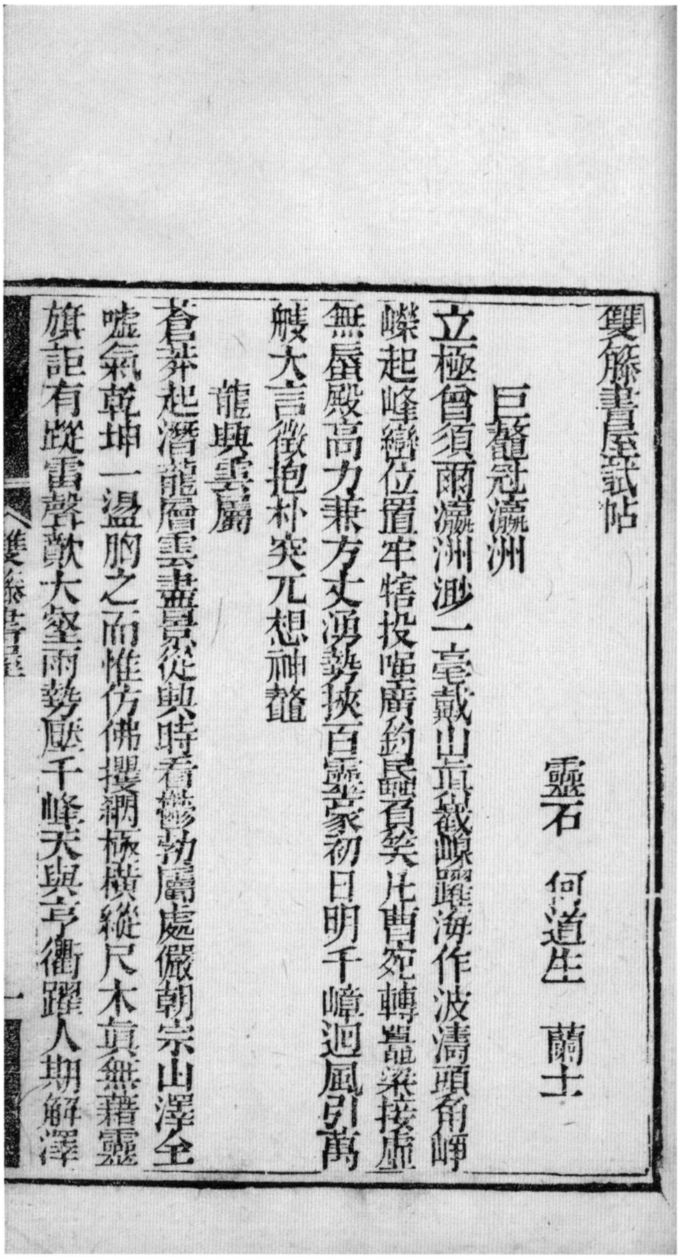
雙藤書屋試帖
巨鼇冠瀛洲　靈石　何道生　蘭士
立極曾須爾瀛洲渺一毫戴山高岌嶪躍海作波濤頭角崢
嶸起峰巒位置牢犗投嗤蔚釣鼇負笑凡曹宛轉靈鼇接虛
無蜃殿高力兼方丈湧勢挾百靈家初日明千嶂迴風引萬
艘大言徵抱朴突兀想神鼇
龍興雲屬
蒼莽起潛龍層雲盡景從興時看鬱勃屬處儼朝宗山澤全
噓氣乾坤一盪胸之而惟仿佛攫網極橫縱尺木真無藉靈
旗詎有蹤雷聲歎大壑雨勢壓千峰天與亨衢躍人期解澤

137 蛾術齋試帖一卷 （清）李如筠撰 **雙藤書屋試帖一卷** （清）何道生撰 清末刻本

匡高 18.8 釐米，寬 13.6 釐米。半葉十一行，行二十三字，黑口，四周雙邊。

館藏索書號：X/I222.749/15

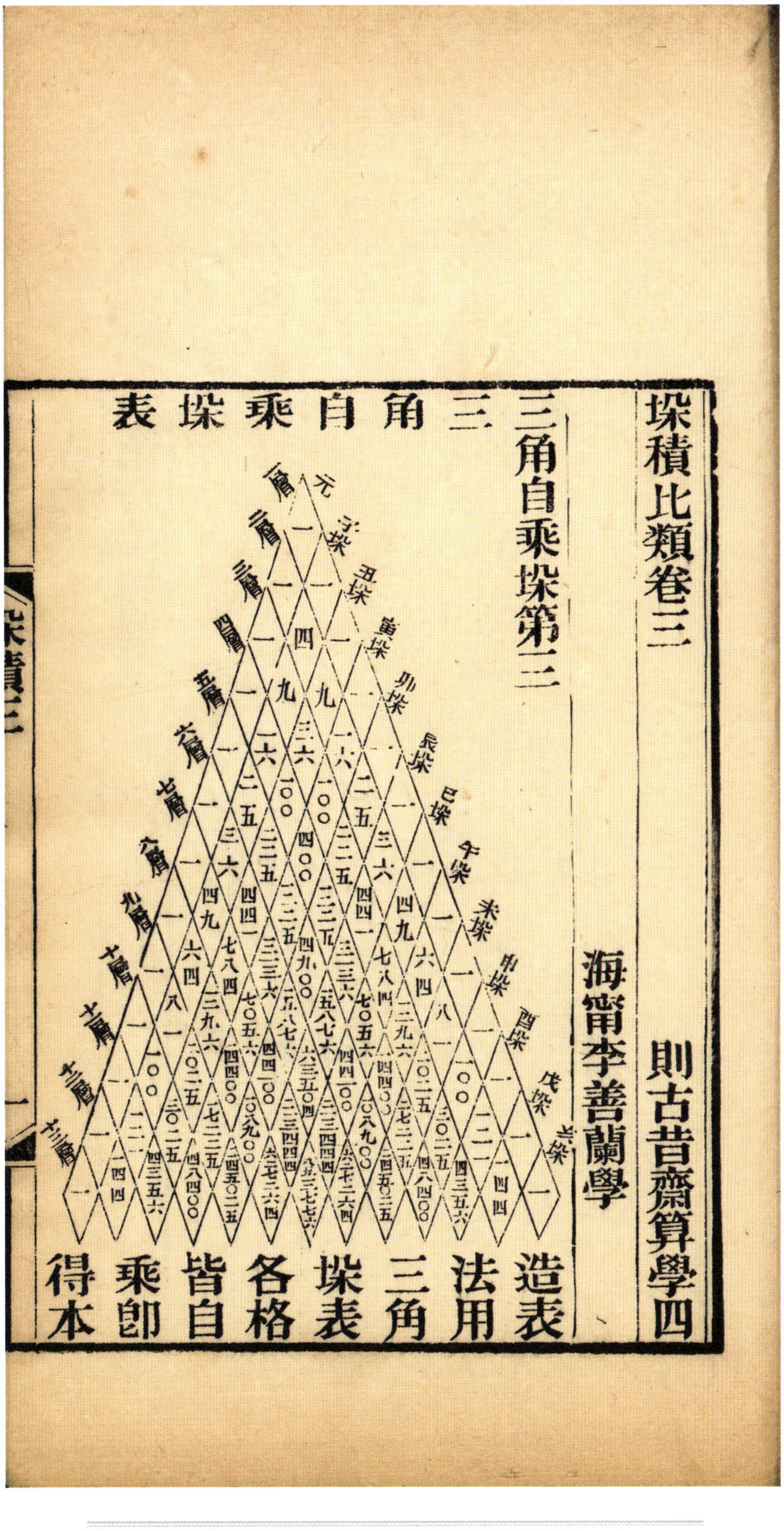

138 則古昔齋算學二十四卷 （清）李善蘭學 清末刻本

匡高 18 釐米，寬 13.5 釐米。半葉十行，行二十二字，小字雙行同，白口，四周單邊間雙邊。

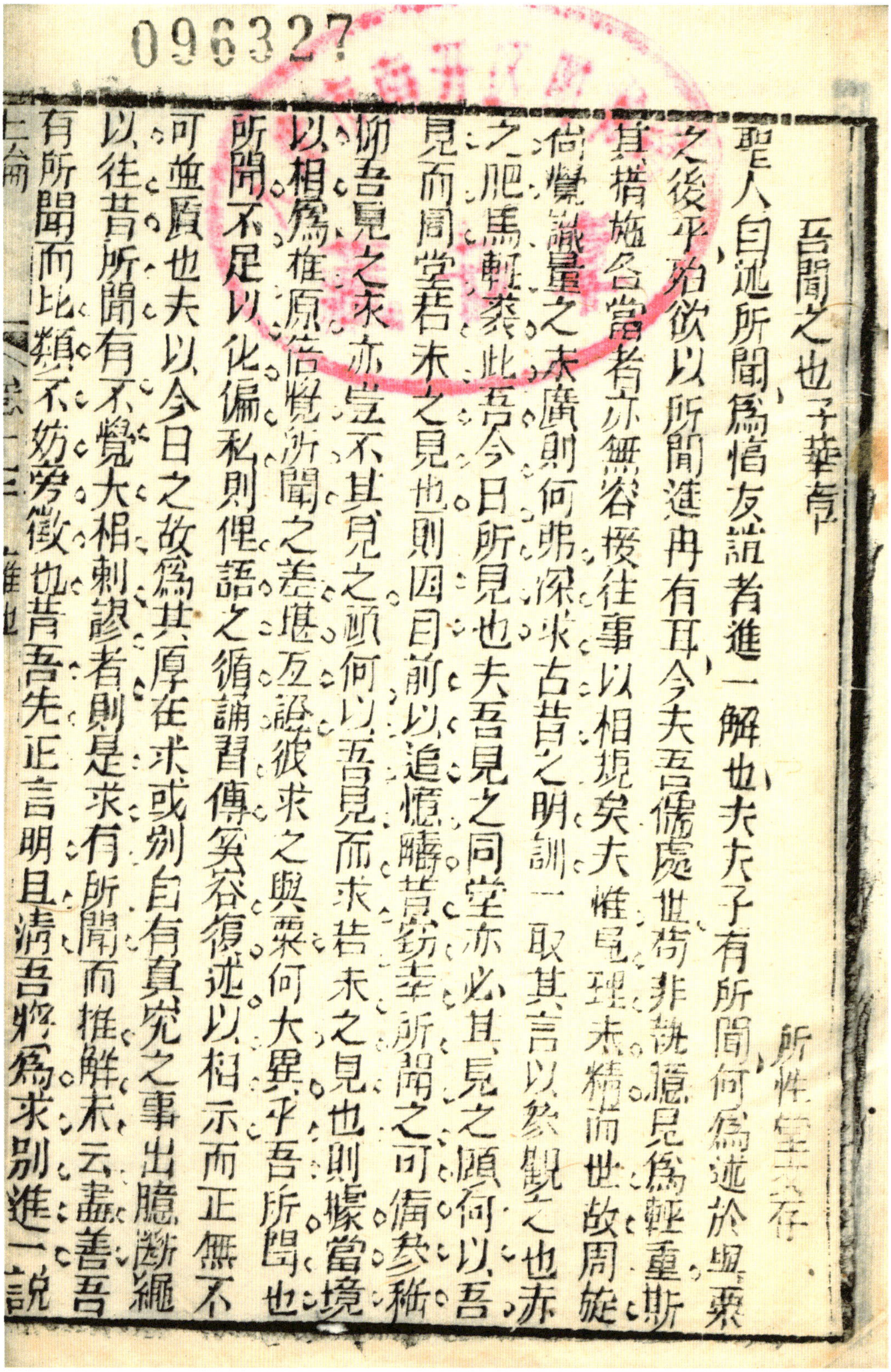
096327
吾聞之也子華章　所性堂存
聖人自述所聞爲惜友誼者進一解也夫夫子有所聞何爲述於與衆
之後乎殆欲以所聞進冉有耳今夫吾儒處世苟非執臆見爲輕重斯
其措施各當者亦無容援往事以相規矣夫惟見理未精而世故周旋
倘黨識量之未廣則何弗深求古昔之明訓一取其言以參觀之也亦
之肥馬輕裘此吾今日所見也夫吾見之同堂亦必其見之頗何以吾
見而周堂若未之見也則因目前以追憶疇昔幸所聞之可備參稽
彷吾見之未亦豈不其見之頗何以吾見而求若未之見也則據當境
以相爲権原信覺所聞之差堪互證彼求之與衆何大異乎吾所聞也
所聞不足以化偏私則俚語之循誦習傳奚容復述以相示而正無不
可並質也夫以今日之故爲其厚在求或別自有真究之事出臆斷繩
以往昔所聞有不覺大相剌謬者則是求有所聞而推解未云盡善吾
有所聞而比類不妨旁徵也昔吾先正言明且清吾將爲求別進一說
上論　卷十三　雍也

139 四書命題試帖彙編□□卷　黄在天輯　清末刻巾箱本

匡高 11 釐米，寬 8 釐米。半葉十三行，行二十七字，白口，左右雙邊。

館藏索書號：X/I26/8

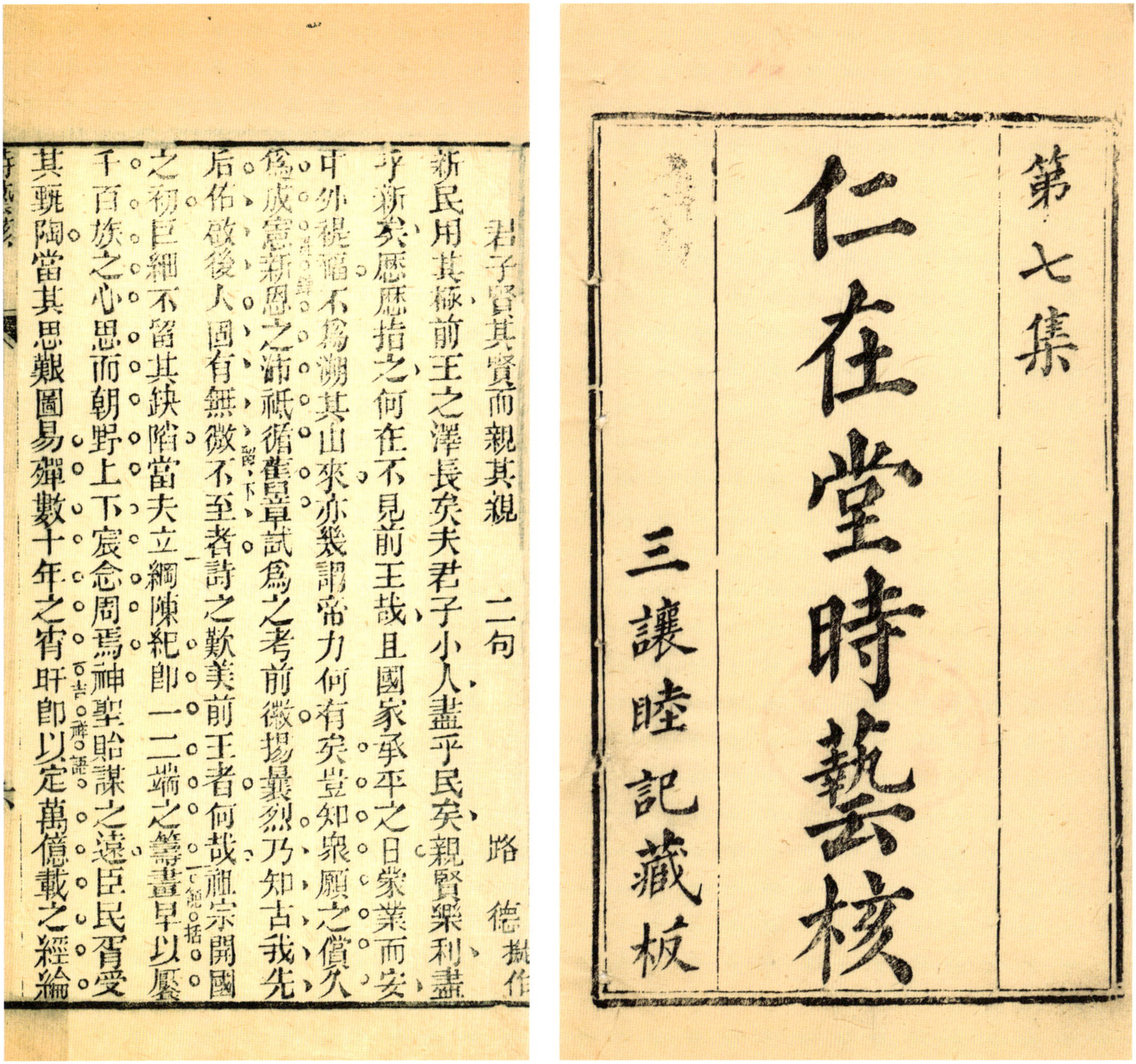

140 時藝核不分卷時藝核續編不分卷時藝階□□卷 （清）路德評選

清末三讓睦記刻本

匡高 18 釐米，寬 10.4 釐米。半葉九行，行二十五字，白口，四周單邊。

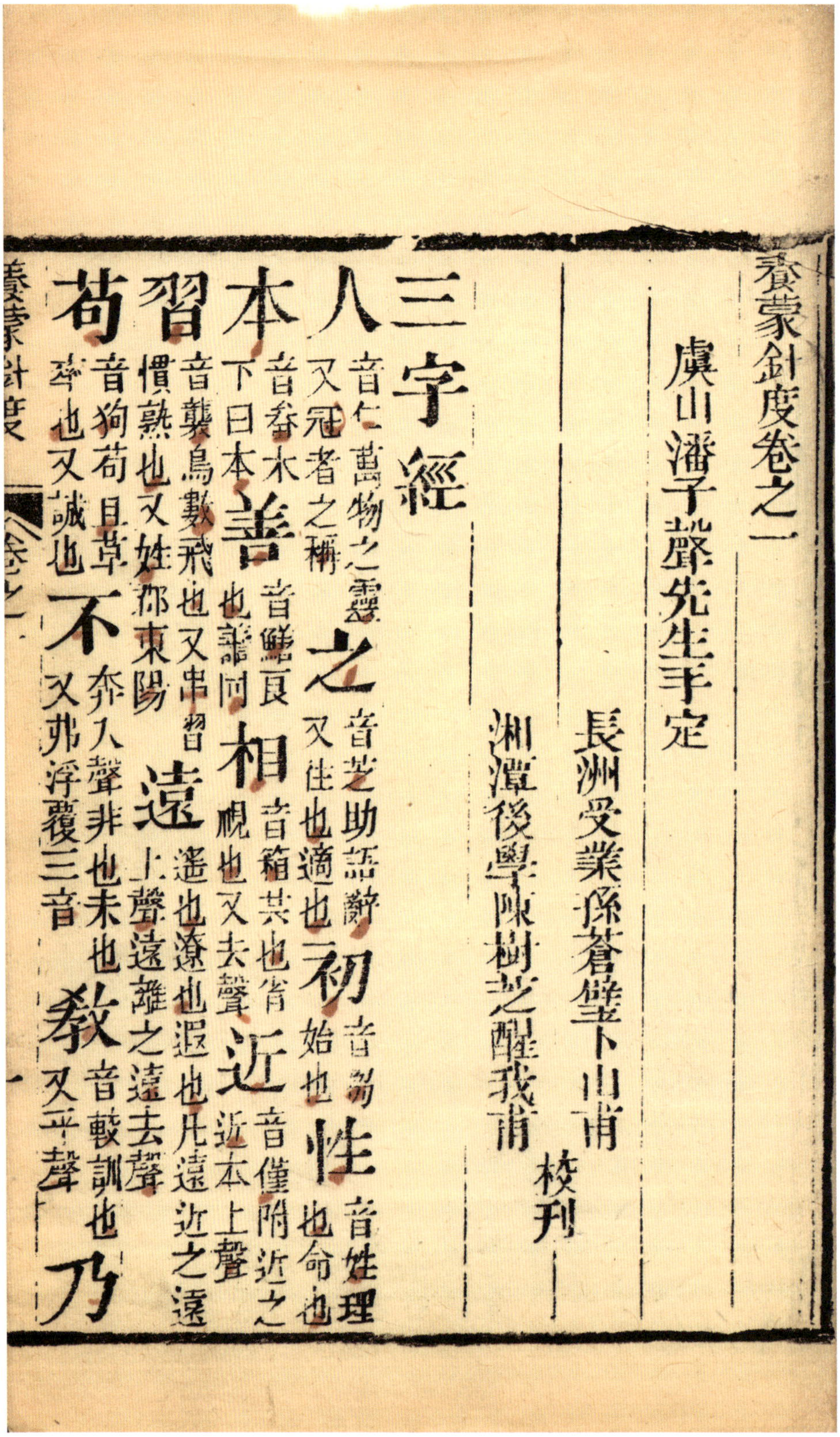

養蒙針度卷之一

虞山潘子聲先生手定

長洲受業孫蒼璧卜山甫

湘潭後學陳樹芝醒我甫　校刊

三字經

人音仁萬物之靈又冠者之稱之音芝助語辭又往也適也初音芻始也性音姓理也命也

本音奔木下日本善音鱔良也譱同相音箱共也省視也又去聲近音僅附近之近本上聲

習音襲鳥數飛也又串習慣熟也又姓郡東陽遠遥也遼也遐也凡遠近之遠上聲遠離之遠去聲

苟音狗苟且草率也又誠也不夯入聲非也未也又弗浮覆三音教音轎訓也又平聲乃

養蒙針度　卷之一　一

141 養蒙針度五卷　（清）潘子聲手定　清末刻本

匡高 18.2 釐米，寬 14 釐米。半葉九行，行十二字，小字雙行二十四字，白口，左右雙邊。

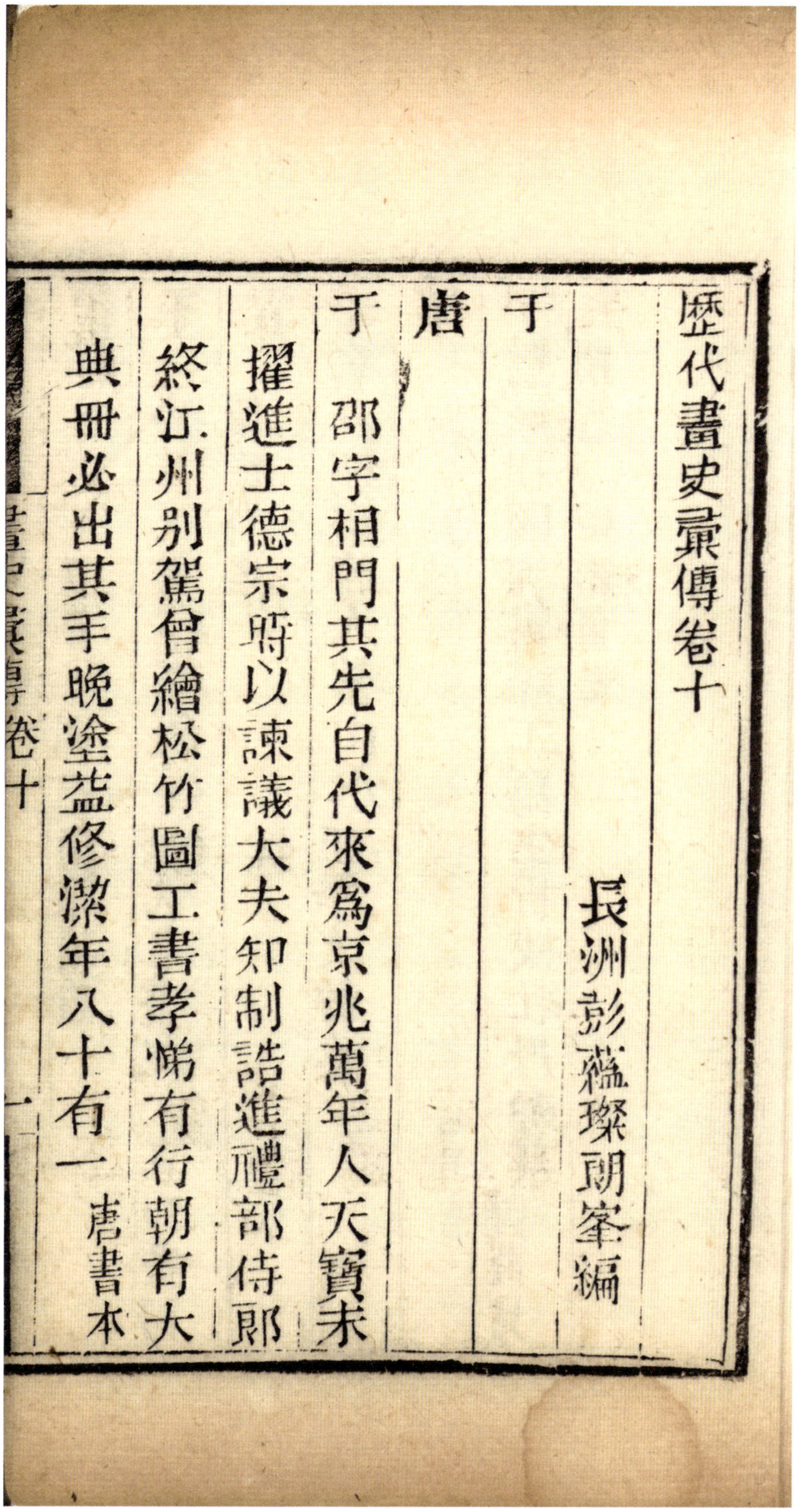
歷代畫史彙傳卷十
長洲彭蘊璨朗峯編
于
唐
于邵字相門其先自代來爲京兆萬年人天寶末
擢進士德宗時以諫議大夫知制誥進禮部侍郎
終江州別駕曾繪松竹圖工書孝悌有行朝有大
典冊必出其手晚塗益修潔年八十有一 唐書本
畫史彙傳卷十 一

142 歷代畫史彙傳 （清）彭蘊璨編 清末刻本

匡高 14 釐米，寬 10 釐米。半葉八行，行二十字，黑口，四周雙邊。

館藏索書號：X/J220.9/1

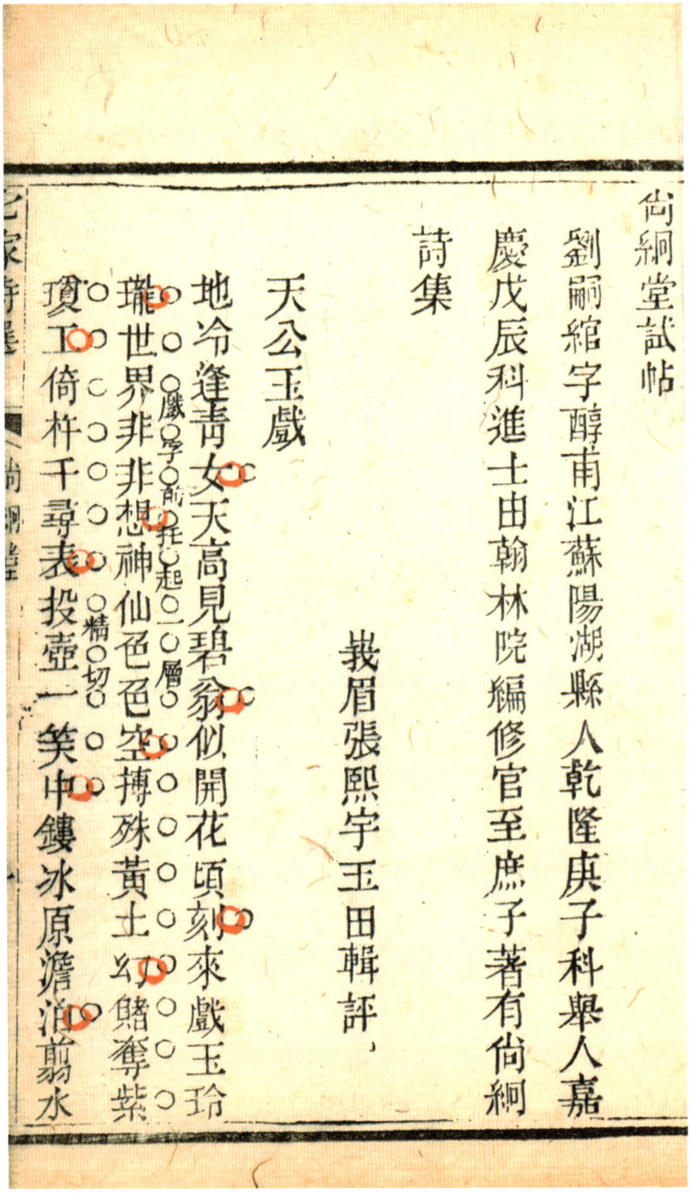

143 七家詩選□□卷 （清）張熙宇輯評 清末刻本

匡高 15.2 釐米，寬 11 釐米。半葉九行，行二十一字，小字雙行同，白口，四周雙邊。

館藏索書號：X/I222.749/12

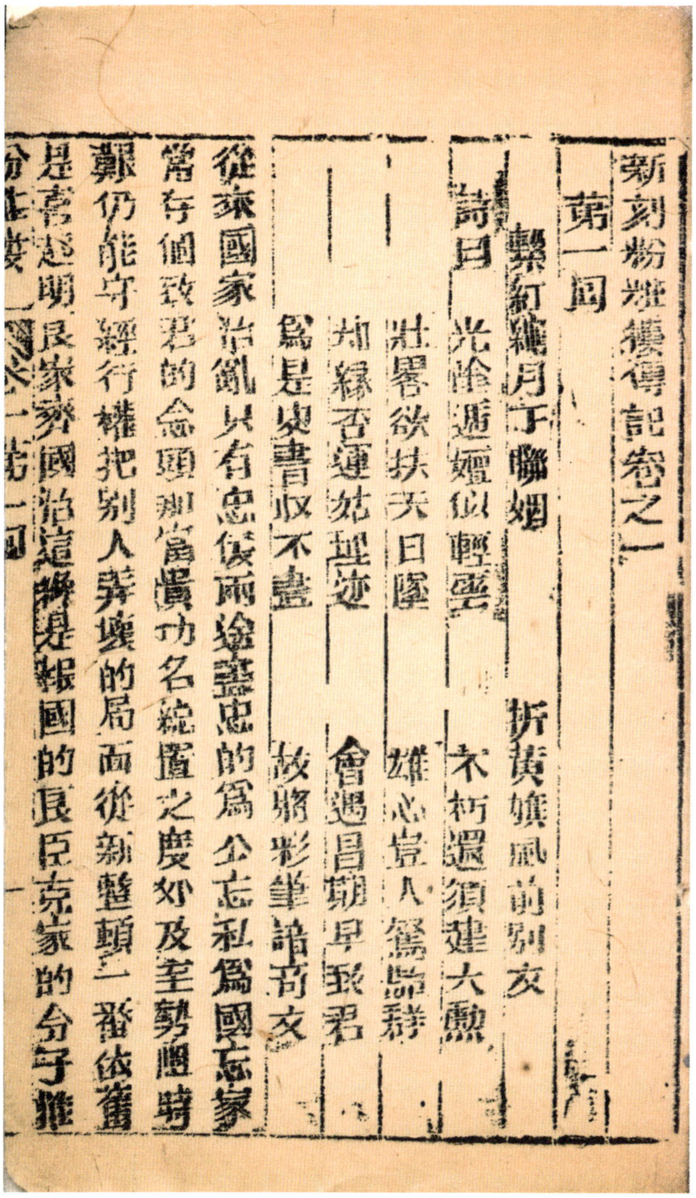

新刻粉粧樓傳記卷之一

第一回

繫紅繩月下聯姻　折黃旗風前別友

詩曰　光陰迅速似輕雲　不朽還須建大勳
　　　壯畧欲扶天日墜　雄心豈入駑駘群
　　　却緑吞蓮姑埋迹　會遇昌期早致君
　　　爲是史書收不盡　故將彩筆譜奇文

從來國家治亂只有忠佞兩途盡忠的爲公忘私爲國忘家常存個致君的念頭那富貴功名總置之度外及至勢處時艱仍能守經行權把別人弄壞的局面從新整頓一番依舊是喜起明良家國治這纔是報國的良臣克家的令子雖

粉粧樓　卷一　第一回　一

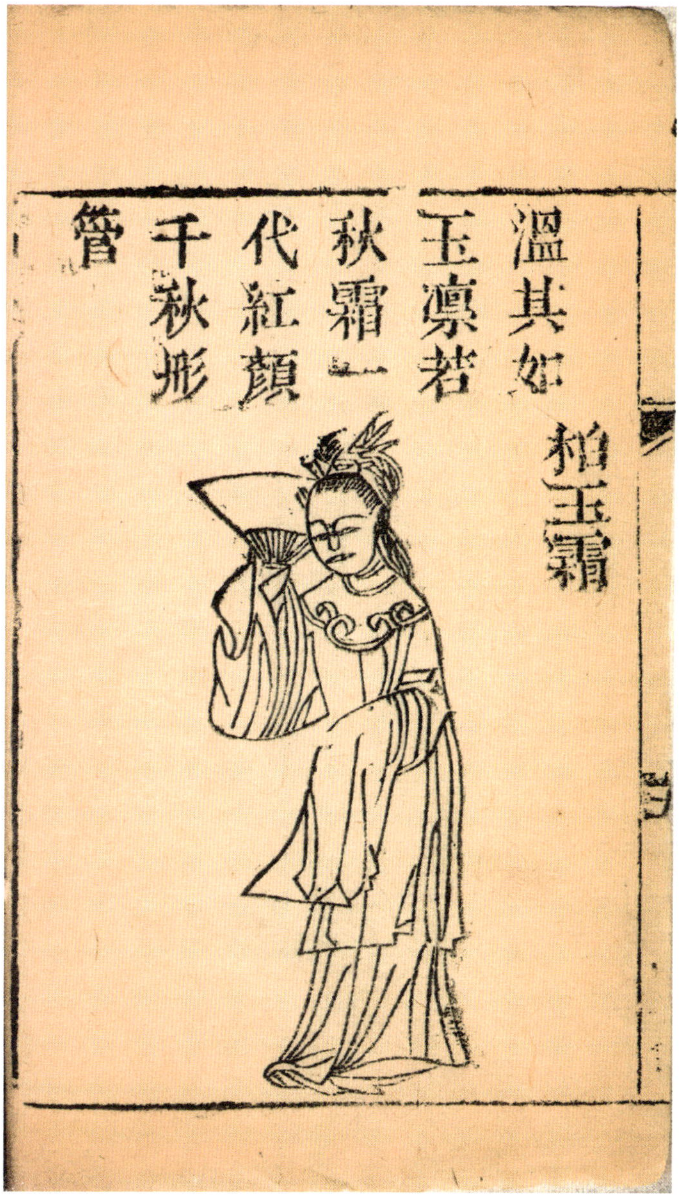

144 新刻粉粧樓傳記八十回十卷　（清）竹溪山人撰　清末刻巾箱本

匡高 13.6 釐米，寬 9.7 釐米。半葉十一行，行二十三字，白口，四周單邊。

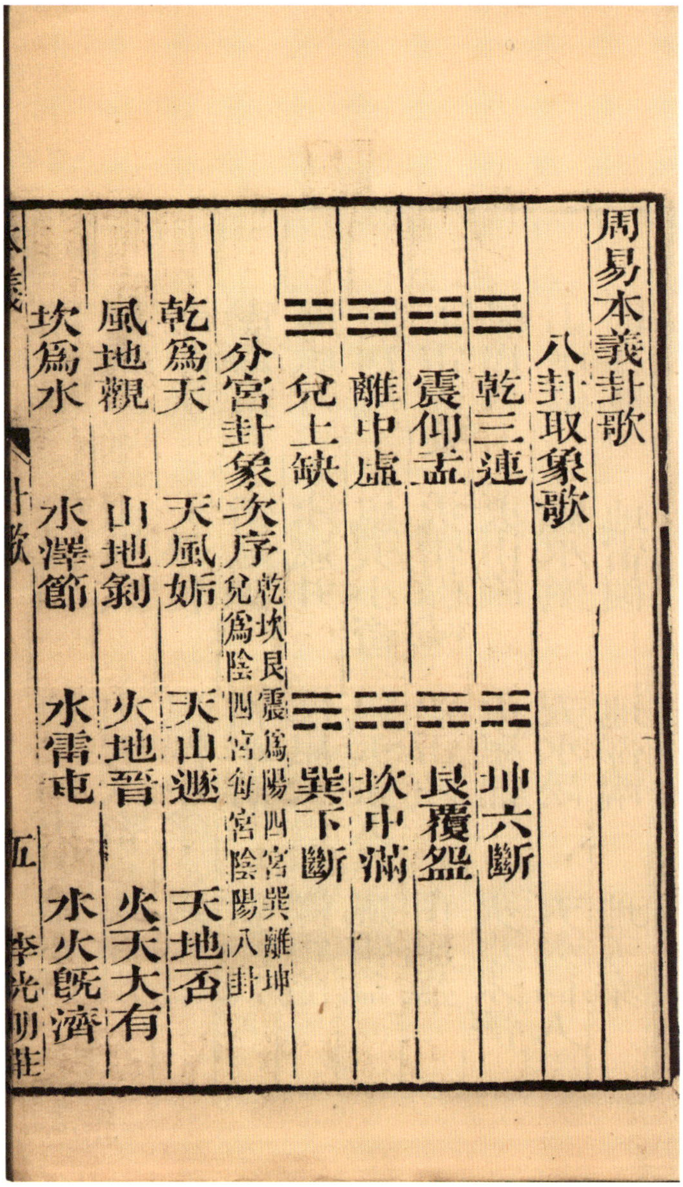
周易本義卦歌

八卦取象歌

☰乾三連 ☷坤六斷

☳震仰盂 ☶艮覆盌

☲離中虛 ☵坎中滿

☱兌上缺 ☴巽下斷

分宮卦象次序 乾坎艮震爲陽四宮巽離坤兌爲陰四宮每宮陰陽八卦

乾爲天 天風姤 天山遯 天地否

風地觀 山地剝 火地晉 火天大有

坎爲水 水澤節 水雷屯 水火既濟

本義 卦歌 五 李光明莊

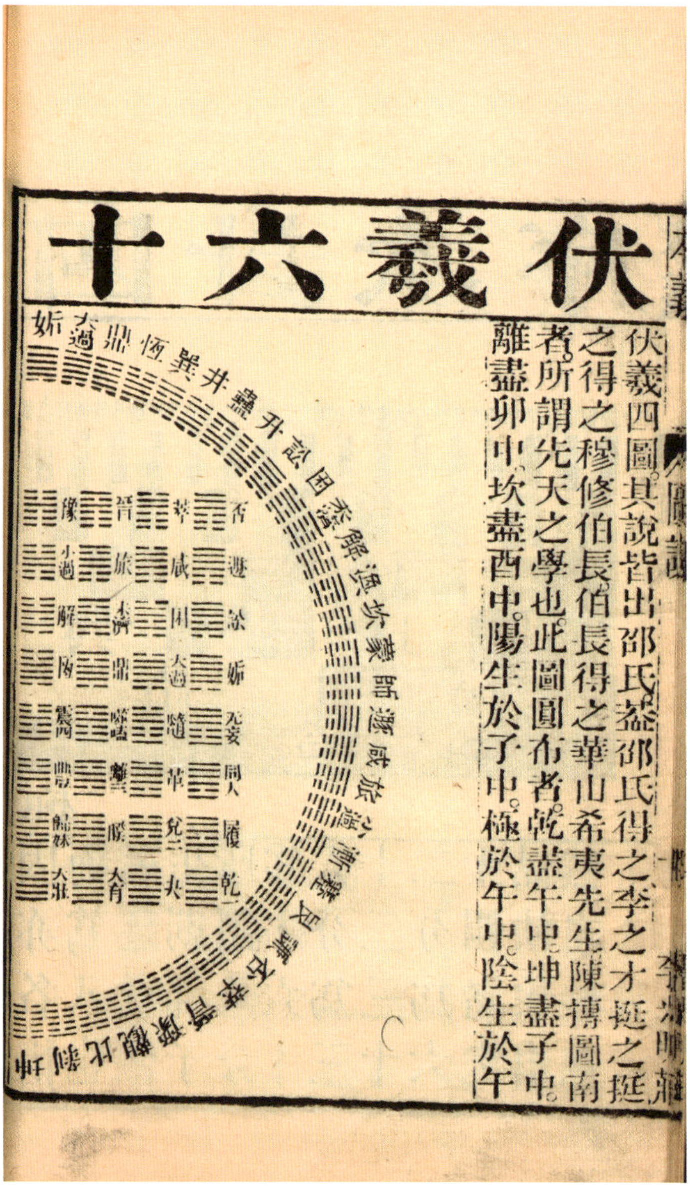
伏羲六十

伏羲四圖其說皆出邵氏蓋邵氏得之李之才挺之挺之得之穆修伯長伯長得之華山希夷先生陳摶圖南者所謂先天之學也此圖圓布者乾盡午中坤盡子中離盡卯中坎盡酉中陽生於子中極於午中陰生於午

145 周易四卷 不著撰人 清末李光明莊刻本

匡高 17.8 釐米，寬 13.6 釐米。半葉九行，行十七字，小字雙行同，白口，左右雙邊。

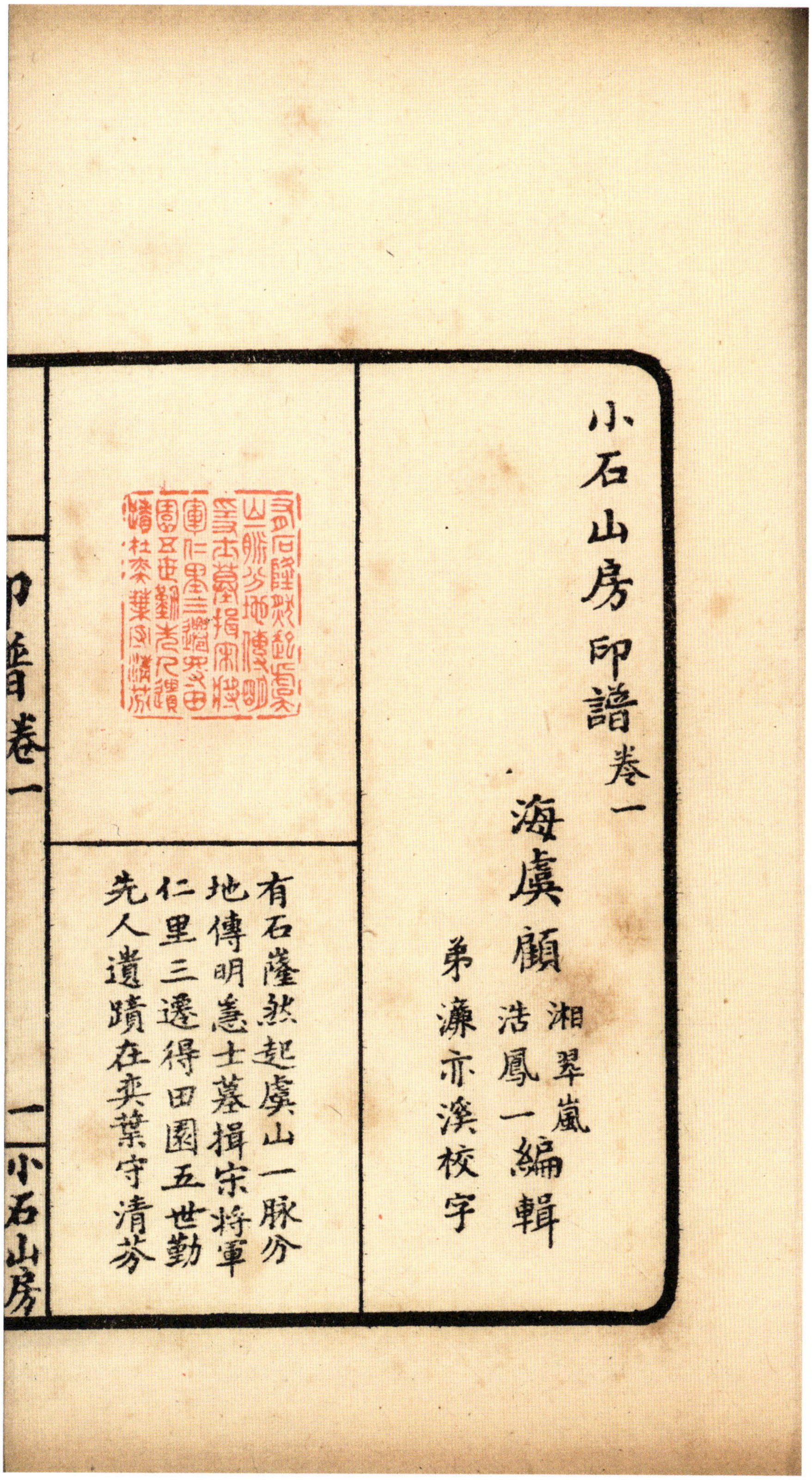
小石山房印譜卷一
海虞顧湘翠嵐
浩鳳一編輯
弟濂亦溪校字

有石隆然起虞山一脉分
地傳明處士墓揖宋將軍
仁里三遷得田園五世勤
先人遺蹟在奕葉守清芬

印譜卷一
一
小石山房

146 小石山房印譜六卷 （清）顧湘等編輯 清道光八年（1828）海虞顧氏小石山房鈐印本

匡高 13 釐米，寬 9 釐米。

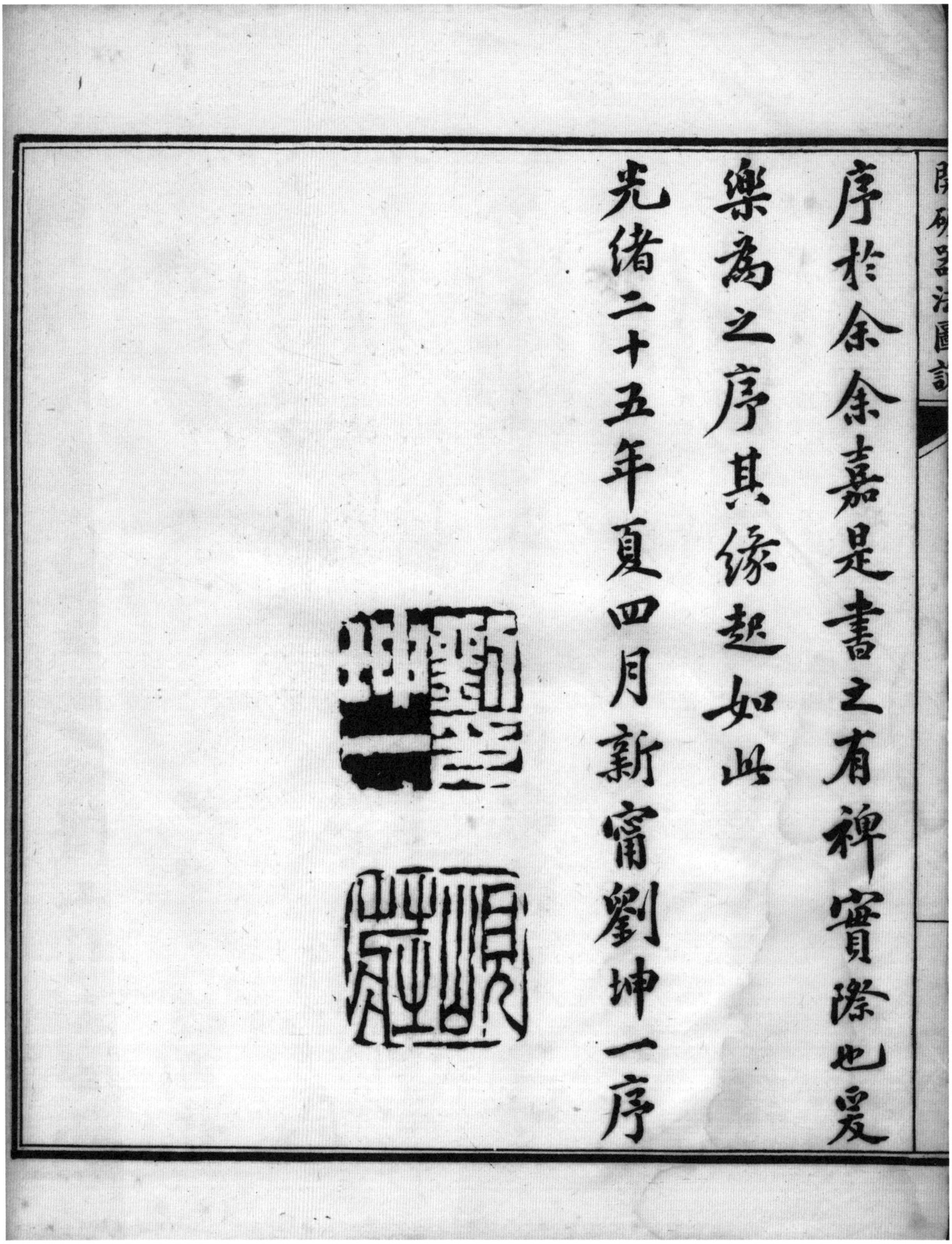

序於余余嘉是書之有裨實際也爰
樂爲之序其緣起如此
光緒二十五年夏四月新甯劉坤一序

147 開礦器法圖說十卷 （美）俺特累著 清光緒元年（1875）江南製造局石印本

匡高 25 釐米，寬 21 釐米。

館藏索書號：X/TD8/1

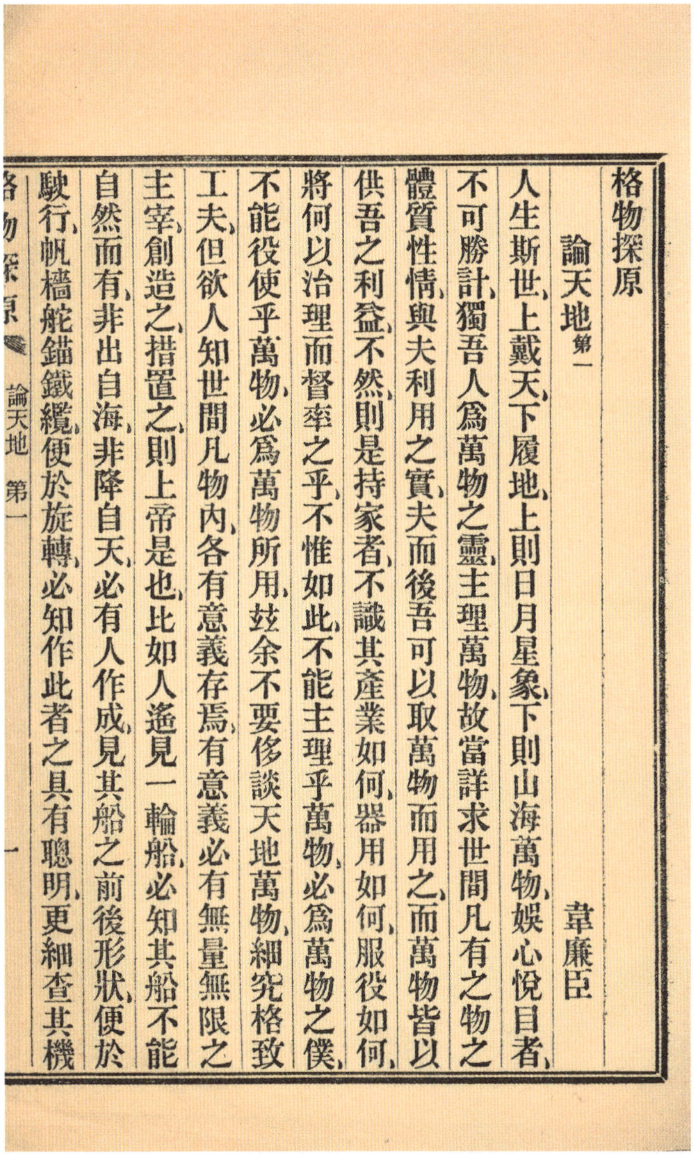
格物探原

論天地第一　　　　韋廉臣

人生斯世、上戴天、下履地、上則日月星象、下則山海萬物、娛心悅目者、不可勝計、獨吾人爲萬物之靈、主理萬物、故當詳求世間凡有之物之體質性情、與夫利用之實、夫而後吾可以取萬物而用之、而萬物皆以供吾之利益、不然、則是持家者、不識其產業如何、器用如何、服役如何、將何以治理而督率之乎、不惟如此、不能主理乎萬物、必爲萬物之僕、不能役使乎萬物、必爲萬物所用、茲余不要侈談天地萬物、細究格致工夫、但欲人知世間凡物內、各有意義存焉、有意義必有無量無限之主宰、創造之措置之、則上帝是也、比如人遙見一輪船、必知其船不能自然而有、非出自海、非降自天、必有人作成、見其船之前後形狀、便於駛行、帆檣舵錨鐵纜、便於旋轉、必知作此者之具有聰明、更細查其機

格物探原　論天地　第一　　一

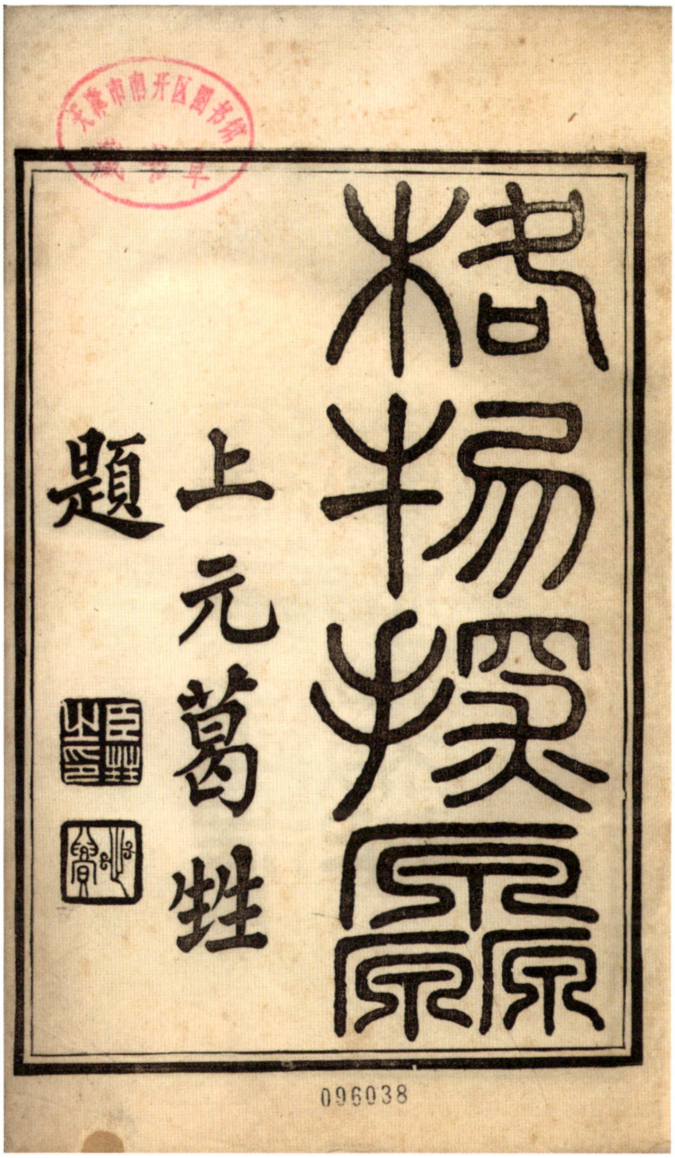
格物探原

上元葛甡題

148 格物探原六卷　（清）韋廉臣撰 清光緒二年（1876）鉛印本

匡高 21 釐米，寬 15.5 釐米。半葉十二行，行二十七字，白口，四周雙邊。

館藏索書號：X/N91/1

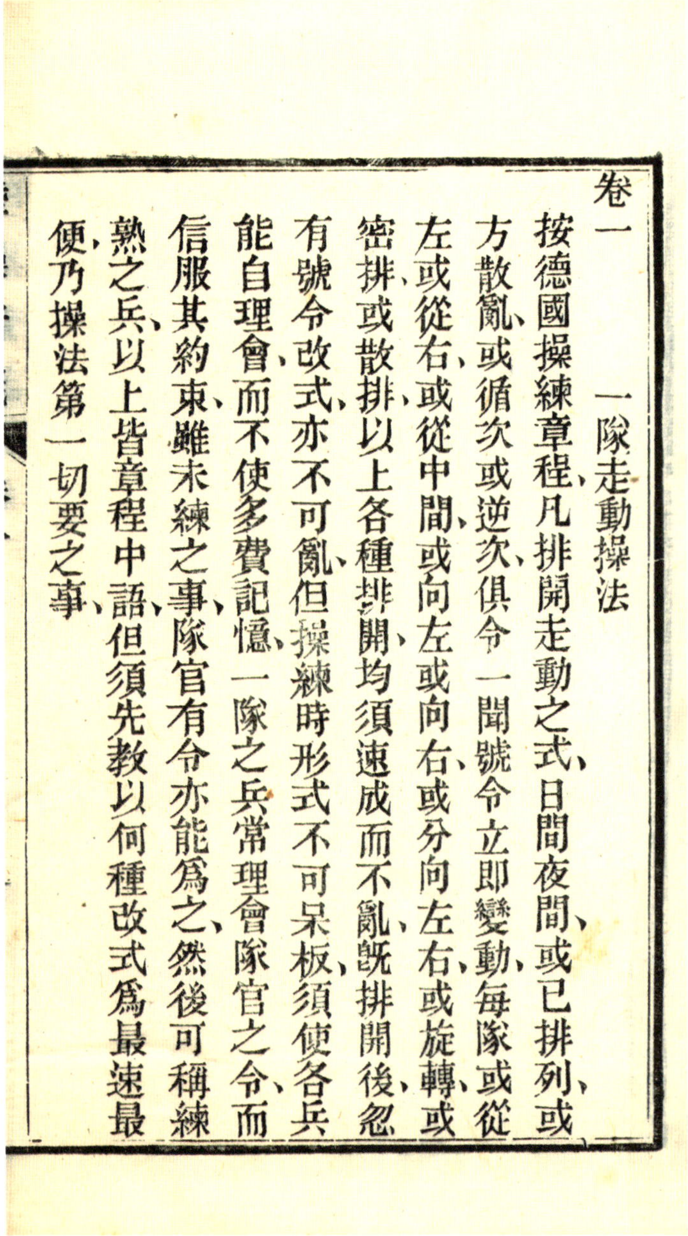
卷一　一隊走動操法
按德國操練章程、凡排開走動之式、日間夜間、或已排列、或
方散亂、或循次或逆次、俱令一聞號令立即變動、每隊或從
左或從右、或從中間、或向左或向右或分向左右或旋轉、或
密排、或散排、以上各種排開均須速成而不亂、既排開後忽
有號令改式、亦不可亂、但操練時形式不可呆板、須使各兵
能自理會、而不使多費記憶、一隊之兵常理會隊官之令、而
信服其約束、雖未練之事、隊官有令亦能爲之、然後可稱練
熟之兵、以上皆章程中語、但須先教以何種改式爲最速最
便、乃操法第一切要之事、

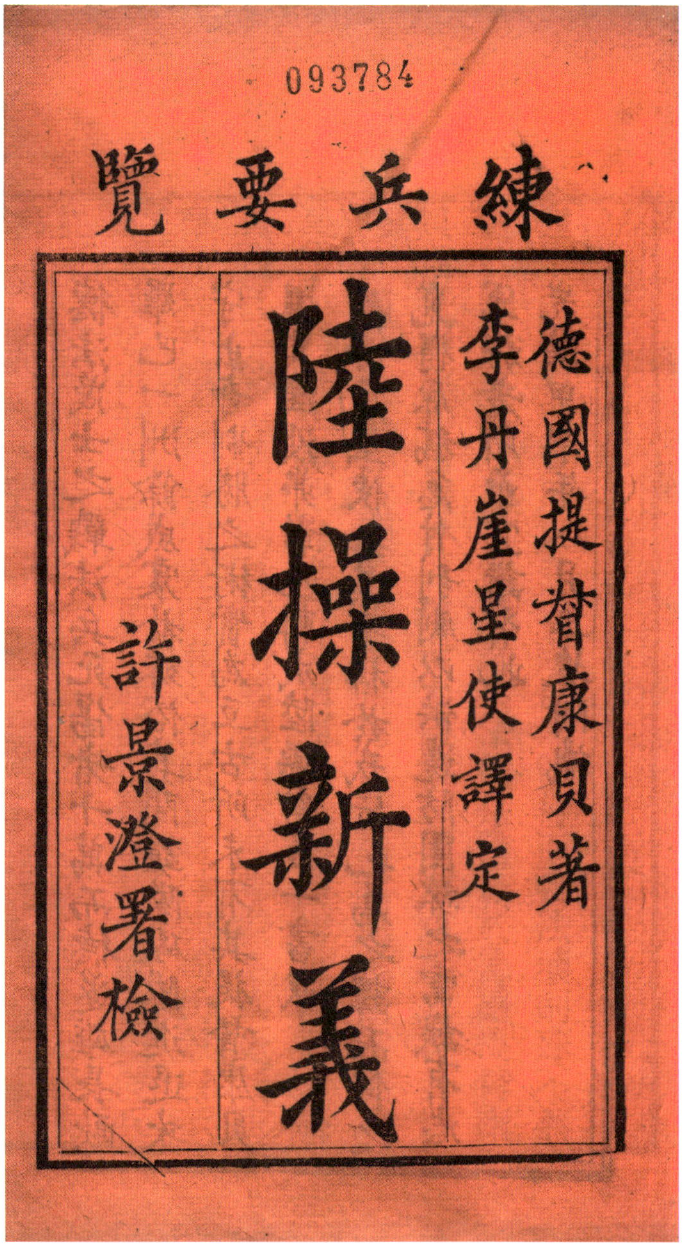
093784
練兵要覽
德國提督康貝著
李丹崖星使譯定
陸操新義
許景澄署檢

149 陸操新義四卷　（德）康貝著　（清）李凤苞譯　清光緒十年（1884）鉛印本

匡高 15 釐米，寬 10.5 釐米。半葉十行，行二十四字，白口，四周雙邊。

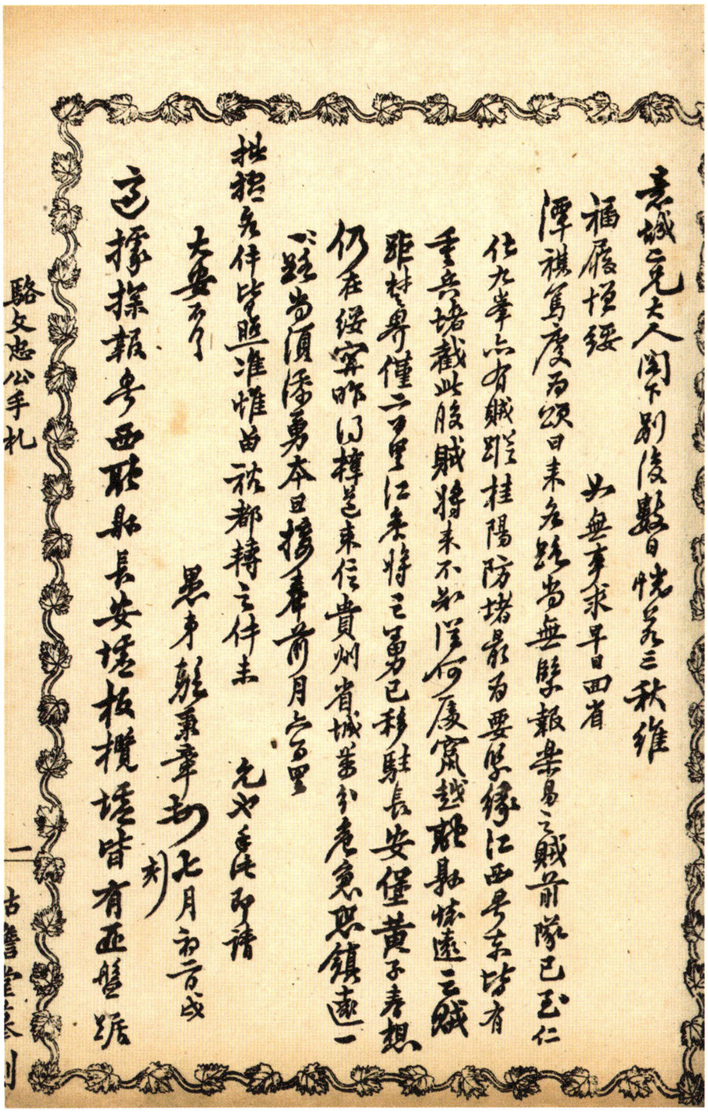

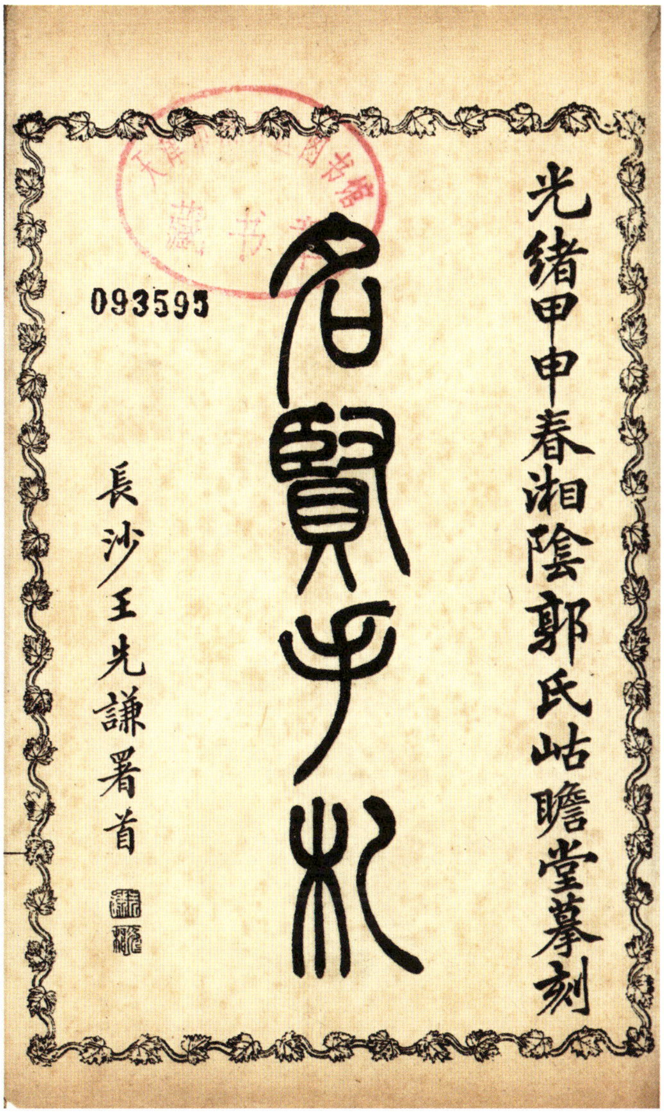

150 名賢手札 （清）駱秉章等書 清光緒十一年（1885）上海同文書局石印本

匡高 17.5 釐米，寬 11 釐米。半葉八行，行格字數不等，四周花邊。

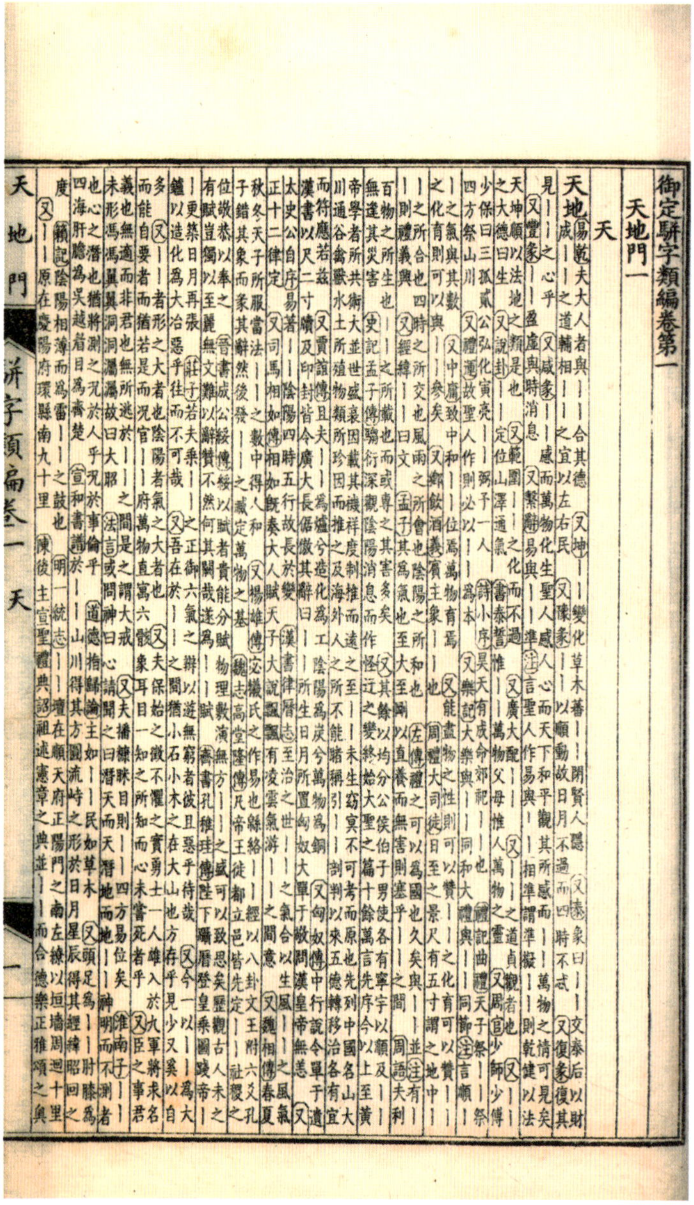

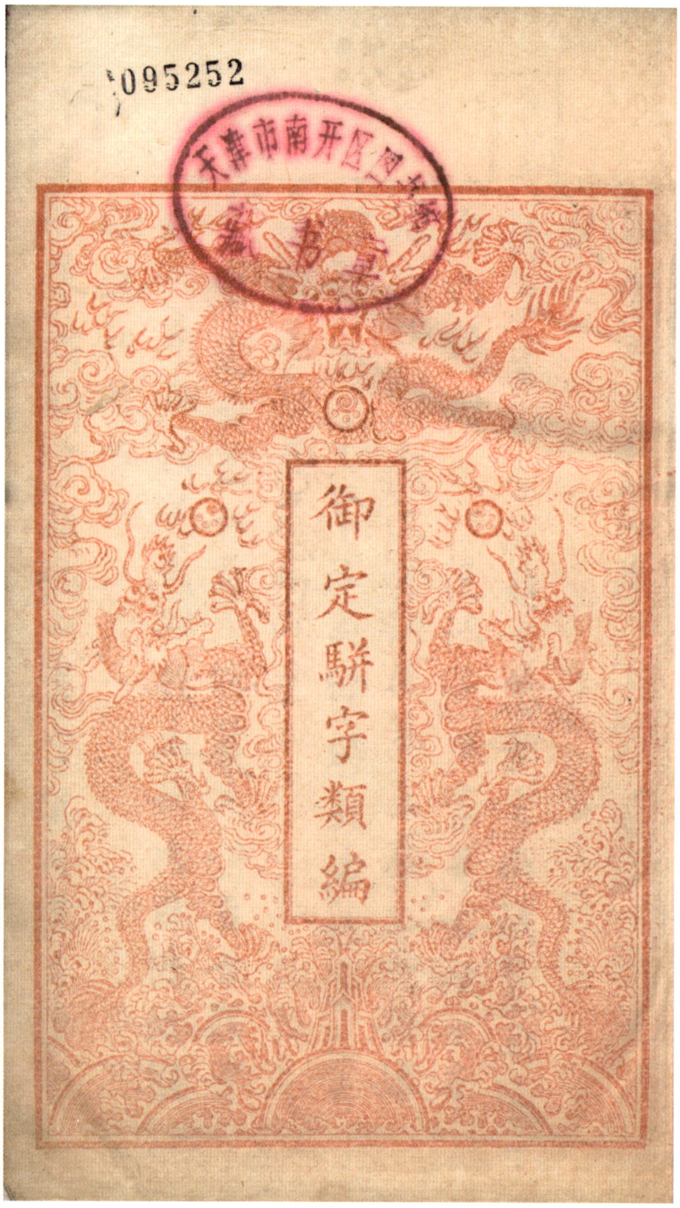

151 御定駢字類編二百四十卷 （清）聖祖玄燁敕撰 清光緒十三年（1887）上海同文書局石印本

匡高 16 釐米，寬 11.2 釐米。半葉二十行，小字雙行四十二字，白口，四周雙邊。

館藏索書號：X/H162.49/1

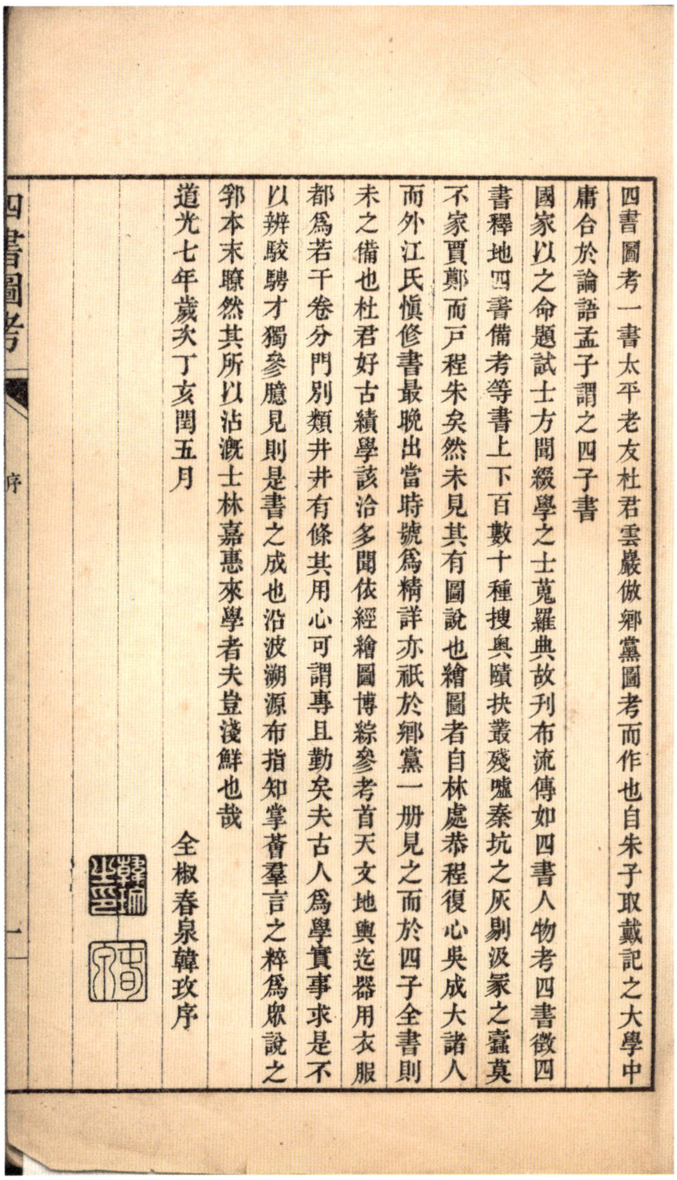

四書圖考　序　一

四書圖考一書太平老友杜君雲巖倣鄉黨圖考而作也自朱子取戴記之大學中庸合於論語孟子謂之四子書
國家以之命題試士方聞綴學之士蒐羅典故刊布流傳如四書人物考四書徵四書釋地四書備考等書上下百數十種搜奧賾抉叢殘噓秦坑之灰剔汲冢之蠹莫不家賈鄭而戶程朱矣然未見其有圖說也繪圖者自林處恭程復心吳成大諸人而外江氏慎修書最晚出當時號爲精詳亦祇於鄉黨一册見之而於四子全書則未之備也杜君好古績學該洽多聞依經繪圖博綜參考首天文地輿迄器用衣服都爲若干卷分門別類井井有條其用心可謂專且勤矣夫古人爲學實事求是不以辨駮騁才獨參臆見則是書之成也沿波溯源布指知掌薈羣言之粹爲眾說之郛本末瞭然其所以沾溉士林嘉惠來學者夫豈淺鮮也哉

道光七年歲次丁亥閏五月　全椒春泉韓玫序

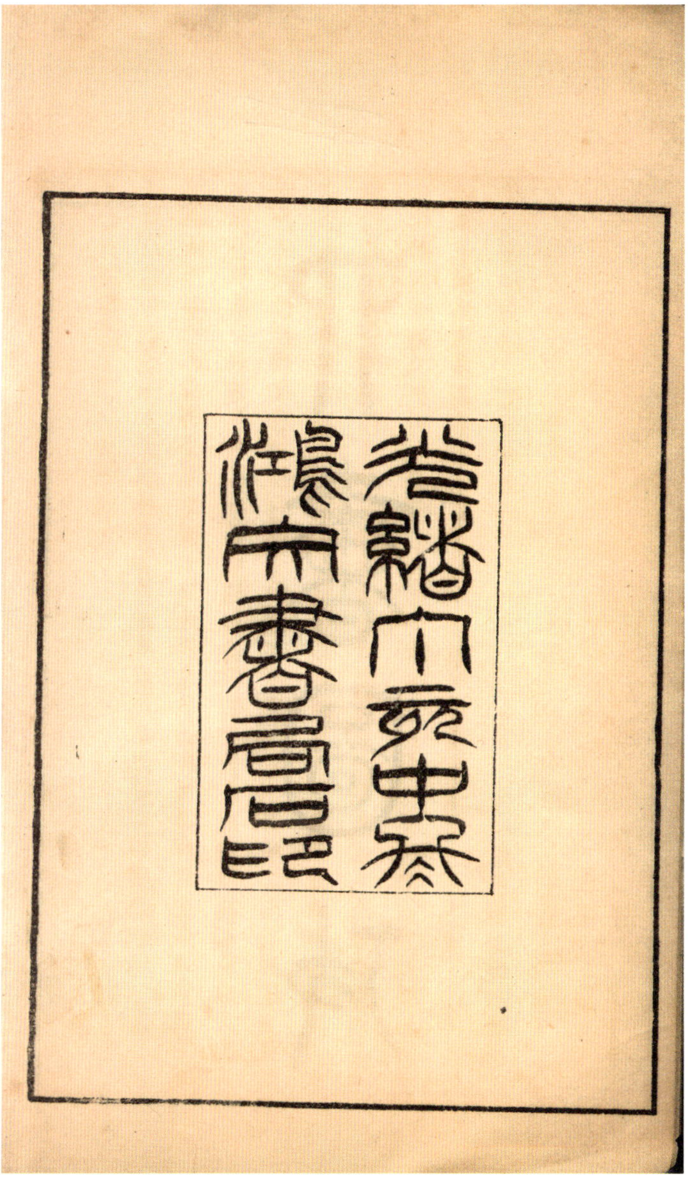

光緒十三年鴻文書局印

152 四書圖考十三卷　（清）杜炳撰　清光緒十三年（1887）鴻文書局石印本

匡高 15 釐米，寬 11 釐米。半葉二十行，行四十六字，白口，四周單邊。

館藏索書號：X/K873/1

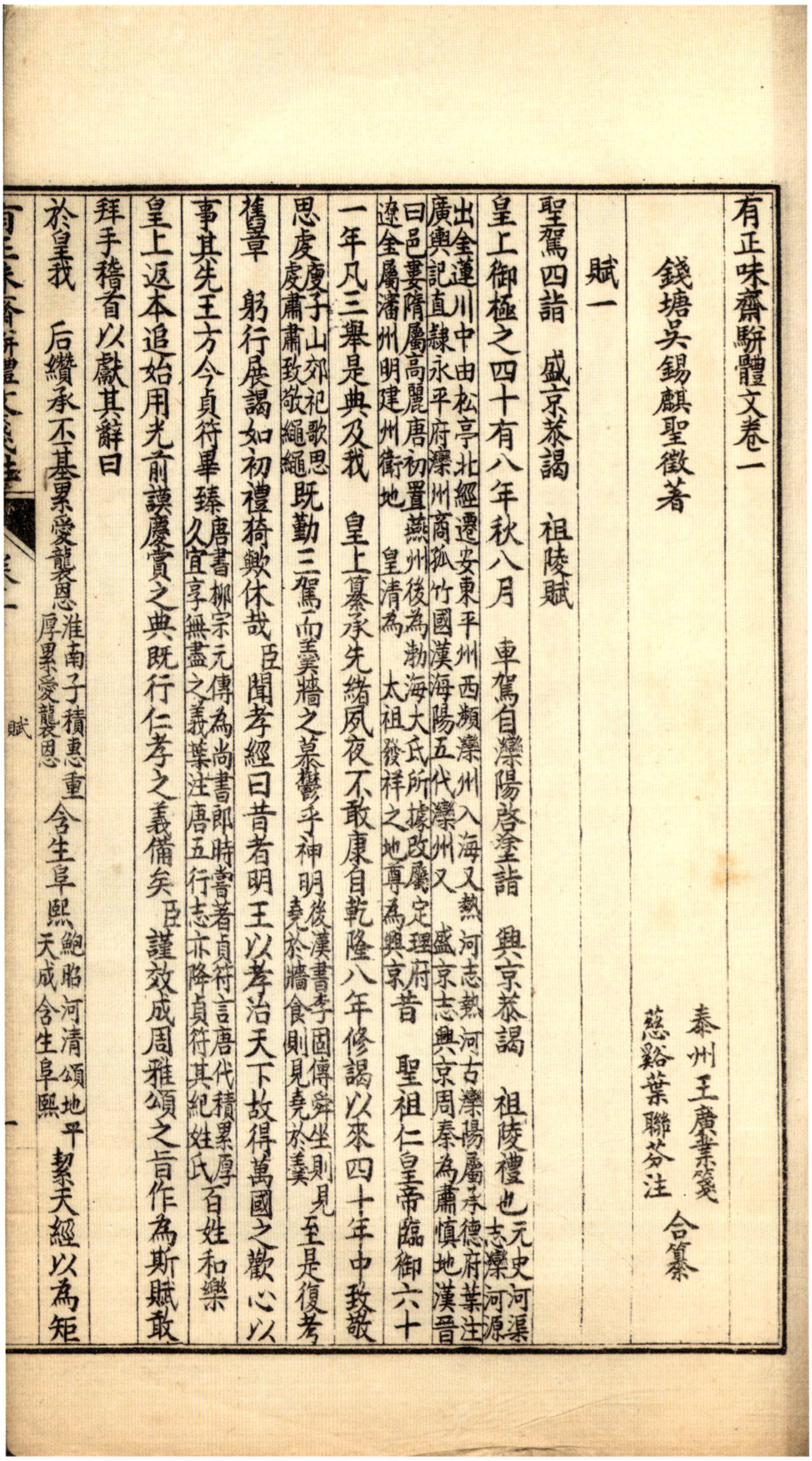

有正味齋駢體文卷一

錢塘吳錫麒聖徵著　　泰州王廣業箋　慈谿葉聯芬注　合纂

賦一

聖駕四詣　盛京恭謁　祖陵賦

皇上御極之四十有八年秋八月　車駕自灤陽啓鑾詣　興京恭謁　祖陵禮也元史河渠志灤河源出金蓮川中由松亭北經遷安東平州西瀕灤州入海又熱河志熱河古灤陽屬承德府葉注廣輿記直隸永平府灤州商孤竹國漢海陽五代灤州又盛京志興京周秦為肅慎地漢晉曰邑婁隋屬高麗唐初置燕州後為渤海大氏所據改屬定理府遼金屬瀋州明建州衛地　皇清為　太祖發祥之地尊為興京　昔　聖祖仁皇帝臨御六十一年凡三舉是典及我　皇上纂承先緒夙夜不敢康自乾隆八年修謁以來四十年中致敬思虔庾子山郊祀歌思虔肅肅致敬繩繩既勤三駕而羹牆之慕鬱乎神明後漢書李固傳舜坐則見堯於牆食則見堯於羹至是復考舊章　躬行展謁如初禮猗歟休哉　臣聞孝經曰昔者明王以孝治天下故得萬國之歡心以事其先王方今貞符畢臻唐書柳宗元傳為尚書郎時嘗著貞符言唐代積累厚百姓和樂久宜享無盡之義葉注唐五行志亦降貞符其紀姓氏　皇上返本追始用光前謨慶賞之典既行仁孝之義備矣　臣謹效成周雅頌之旨作為斯賦敢拜手稽首以獻其辭曰

於皇我　后纘承丕基累愛襲恩淮南子積惠重厚累愛襲恩含生阜熙鮑照河清頌地平天成含生阜熙絜天經以為矩

153　有正味齋駢體文二十四卷首一卷　（清）吳錫麒著　清光緒十五年（1889）上海蜚英館石印本

匡高 16 釐米，寬 11 釐米。半葉十五行，行三十六字，小字雙行同，白口，四周雙邊。

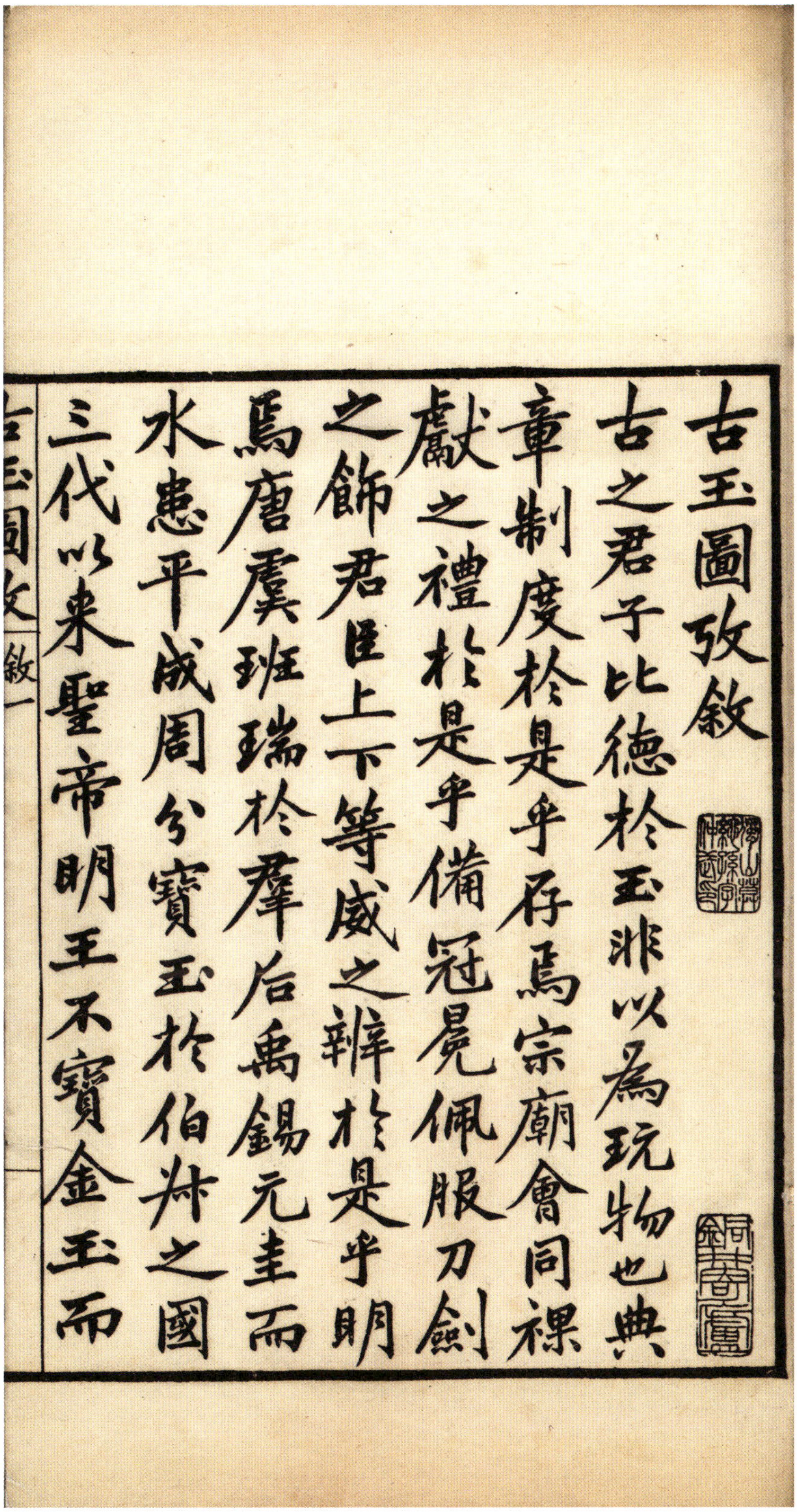

古玉圖攷敘

古之君子比德於玉非以為玩物也典章制度於是乎存焉宗廟會同祼獻之禮於是乎備冠冕佩服刀劍之飾君臣上下等威之辨於是乎明焉唐虞班瑞於羣后禹錫元圭而水患平成周分寶玉於伯叔之國三代以來聖帝明王不寶金玉而

古玉圖攷　敘一

154 古玉圖考一卷　（清）吳大澂編　清光緒十五年（1889）石印本

匡高 17.5 釐米，寬 13.6 釐米。

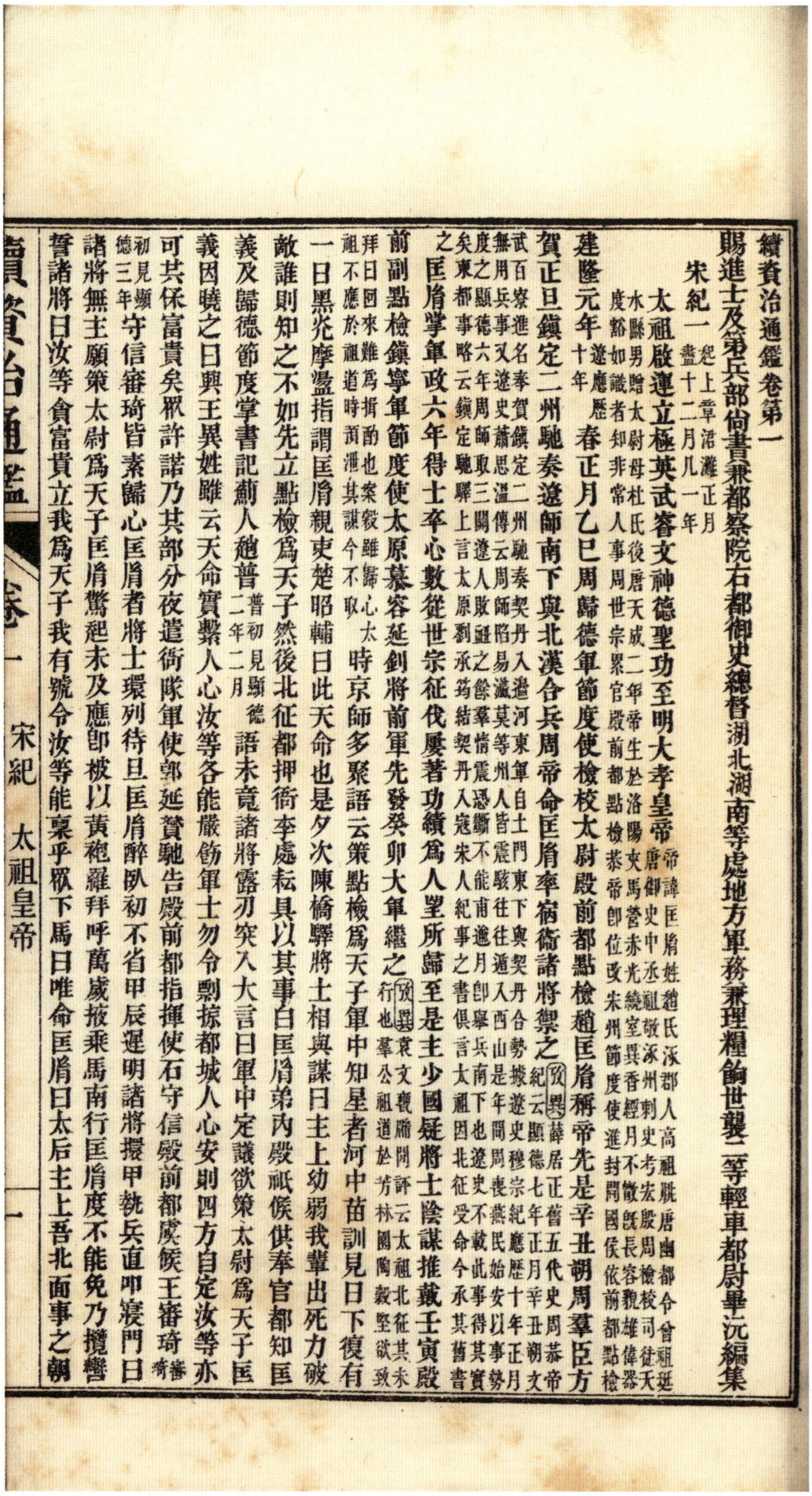
續資治通鑑卷第一
賜進士及第兵部尚書兼都察院右都御史總督湖北湖南等處地方軍務兼理糧餉世襲二等輕車都尉畢沅編集
宋紀一 起上章涒灘正月盡十二月凡一年
太祖啟運立極英武睿文神德聖功至明大孝皇帝 帝諱匡胤姓趙氏涿郡人高祖朓唐幽都令曾祖珽唐御史中丞祖敬涿州刺史考宏殷周檢校司徒天水縣男贈太尉母杜氏後唐天成二年帝生於洛陽夾馬營赤光繞室異香經月不散既長容貌雄偉器度豁如識者知非常人事周世宗累官殿前都點檢恭帝即位改宋州節度使進封開國侯依前都點檢
建隆元年 遼應歷十年 春正月乙巳周歸德軍節度使檢校太尉殿前都點檢趙匡胤稱帝先是辛丑朔周羣臣方賀正旦鎮定二州馳奏遼師南下與北漢合兵周帝命匡胤率宿衛諸將禦之 考異 薛居正舊五代史周恭帝紀云顯德七年正月辛丑朔文武百寮進名奉賀鎮定二州馳奏契丹入邊河東軍自土門東下與契丹合勢據遼史穆宗紀應歷十年正月無用兵事又遼史蕭思溫傳云周師陷易瀛莫等州人皆震駭往往遁入西山是年周喪燕民始安以事勢度之顯德六年周師取三關遼人敗衄之餘羣情震恐斷不能南進月卽舉兵南下也遼史不載此事得其實矣東都事略云鎮定馳驛上言太原劉承鈞結契丹入寇宋人紀事之書俱言太祖因北征受命今承其舊書之 匡胤掌軍政六年得士卒心數從世宗征伐屢著功績爲人望所歸至是主少國疑將士陰謀推戴壬寅殿前副點檢鎮寧軍節度使太原慕容延釗將前軍先發癸卯大軍繼之 考異 袁文甕牖閒評云太祖北征其未行也羣公祖道於芳林園陶穀堅欲致拜日回來難爲揖酌也案穀雖歸心太祖不應於祖道時預洩其謀今不取 時京師多聚語云策點檢爲天子軍中知星者河中苗訓見日下復有一日黑光摩盪指謂匡胤親吏楚昭輔曰此天命也是夕次陳橋驛將士相與謀曰主上幼弱我輩出死力破敵誰則知之不如先立點檢爲天子然後北征都押衙李處耘具以其事白匡胤弟內殿祗候供奉官都知匡義及歸德節度掌書記薊人趙普 普初見顯德二年二月 語未竟諸將露刃突入大言曰軍中定議欲策太尉爲天子匡義因曉之曰興王異姓雖云天命實繫人心汝等各能嚴飭軍士勿令剽掠都城人心安則四方自定汝等亦可共保富貴矣衆許諾乃共部分夜遣衙隊軍使郭延贇馳告殿前都指揮使石守信殿前都虞候王審琦 審琦初見顯德三年 守信審琦皆素歸心匡胤者將士環列待旦匡胤醉臥初不省甲辰遲明諸將擐甲執兵直叩寢門曰諸將無主願策太尉爲天子匡胤驚起未及應卽被以黃袍羅拜呼萬歲掖乘馬南行匡胤度不能免乃攬轡誓諸將曰汝等貪富貴立我爲天子我有號令汝等能稟乎衆下馬曰唯命匡胤曰太后主上吾北面事之朝
續資治通鑑 卷一 宋紀 太祖皇帝 一

155 續資治通鑑二百二十卷 （清）畢沅編集 清光緒十六年（1890）上海積山書局石印本

匡高 15.3 釐米，寬 10.7 釐米。半葉二十行，行四十二字，小字雙行同，白口，四周雙邊。

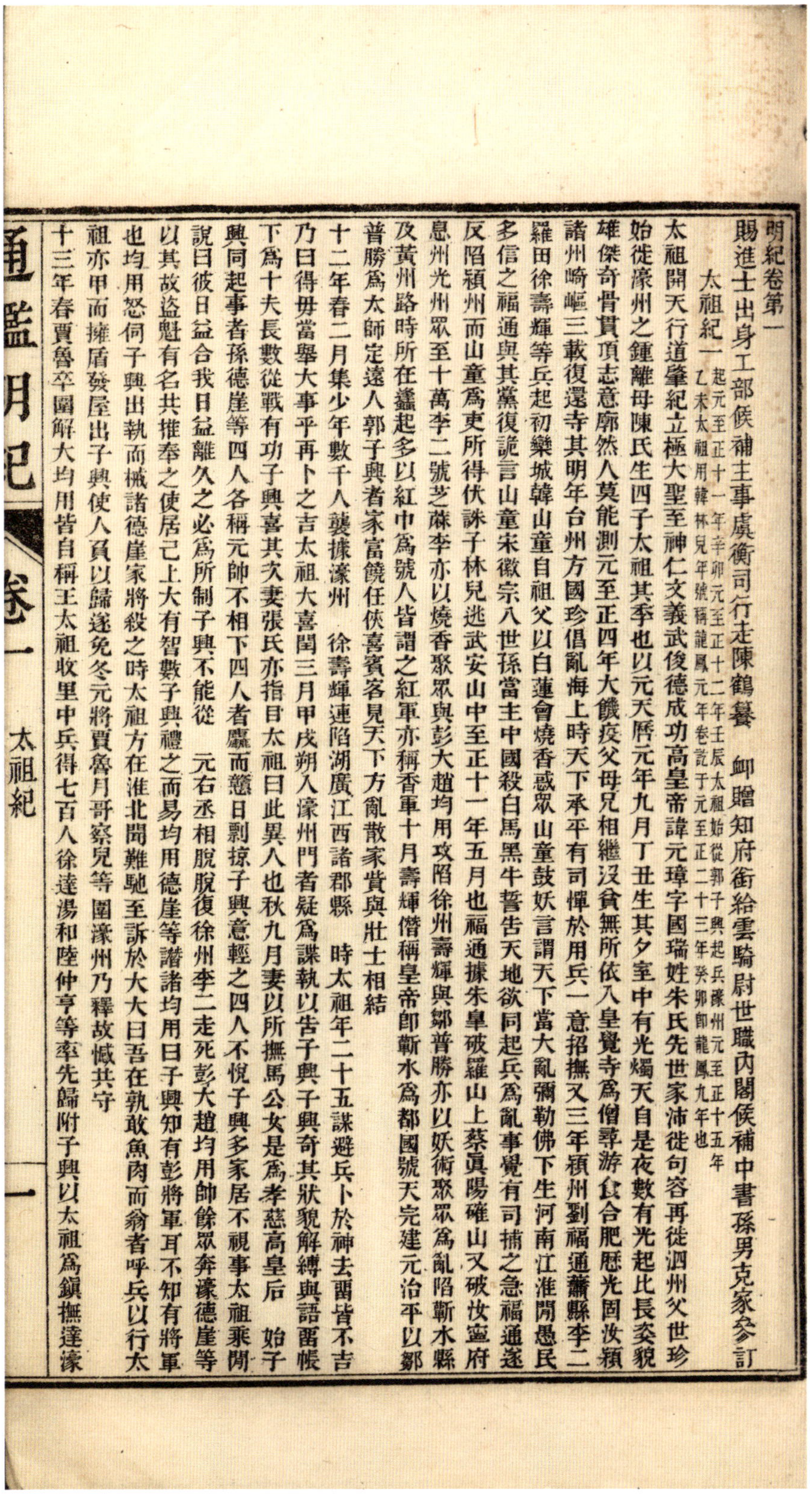

明紀卷第一

賜進士出身工部候補主事虞衡司行走陳鶴纂　卹贈知府銜給雲騎尉世職內閣候補中書孫男克家參訂

太祖紀一 起元至正十一年辛卯元至正十二年壬辰太祖始從郭子興起兵濠州元至正十五年乙未太祖用韓林兒年號稱龍鳳元年迄于元至正二十三年癸卯即龍鳳九年也

太祖開天行道肇紀立極大聖至神仁文義武俊德成功高皇帝諱元璋字國瑞姓朱氏先世家沛徙句容再徙泗州父世珍始徙濠州之鍾離母陳氏生四子太祖其季也以元天曆元年九月丁丑生其夕室中有光燭天自是夜數有光起比長姿貌雄傑奇骨貫頂志意廓然人莫能測元至正四年大饑疫父母兄相繼沒貧無所依入皇覺寺爲僧尋游食合肥歷光固汝穎諸州崎嶇三載復還寺其明年台州方國珍倡亂海上時天下承平有司憚於用兵一意招撫又三年穎州劉福通蕭縣李二羅田徐壽輝等兵起初欒城韓山童自祖父以白蓮會燒香惑眾山童鼓妖言謂天下當大亂彌勒佛下生河南江淮間愚民多信之福通與其黨復詭言山童宋徽宗八世孫當主中國殺白馬黑牛誓告天地欲同起兵爲亂事覺有司捕之急福通遂反陷穎州而山童爲吏所得伏誅子林兒逃武安山中至正十一年五月也福通據朱皐破羅山上蔡眞陽確山又破汝寧府息州光州眾至十萬李二號芝蔴李亦以燒香聚眾與彭大趙均用攻陷徐州壽輝與鄒普勝亦以妖術聚眾爲亂陷蘄水縣及黃州路時所在蠭起多以紅巾爲號人皆謂之紅軍亦稱香軍十月壽輝僭稱皇帝即蘄水爲都國號天完建元治平以鄒普勝爲太師定遠人郭子興者家富饒任俠喜賓客見天下方亂散家貲與壯士相結

十二年春二月集少年數千人襲據濠州　徐壽輝連陷湖廣江西諸郡縣　時太祖年二十五謀避兵卜於神去留皆不吉乃曰得毋當舉大事乎再卜之吉太祖大喜閏三月甲戌朔入濠州門者疑爲諜執以告子興子興奇其狀貌解縛與語留帳下爲十夫長數從戰有功子興喜其次妻張氏亦指目太祖曰此異人也秋九月妻以所撫馬公女是爲孝慈高皇后　始子興同起事者孫德崖等四人各稱元帥不相下四人者麤而戇日剽掠子興意輕之四人不悅子興多家居不視事太祖乘間說曰彼日益合我日益離久之必爲所制子興不能從　元右丞相脫脫復徐州李二走死彭大趙均用帥餘眾奔濠德崖等以其故盜魁有名共推奉之使居己上大有智數子興禮之而易均用德崖等譖諸均用曰子興知有彭將軍耳不知有將軍也均用怒伺子興出執而械諸德崖家將殺之時太祖方在淮北聞難馳至訴於大大曰吾在孰敢魚肉而翁者呼兵以行太祖亦甲而擁盾發屋出子興使人負以歸遂免冬元將賈魯月哥察兒等圍濠州乃釋故憾共守

十三年春賈魯卒圍解大均用皆自稱王太祖收里中兵得七百人徐達湯和陸仲亨等率先歸附子興以太祖爲鎭撫達濠

通鑑明紀　卷一　太祖紀　一

156 明紀六十卷　（清）陳鶴撰　清光緒十六年（1890）上海積山書局石印本

匡高 15 釐米，寬 10.5 釐米。半葉二十二行，行四十八字，白口，四周雙邊。

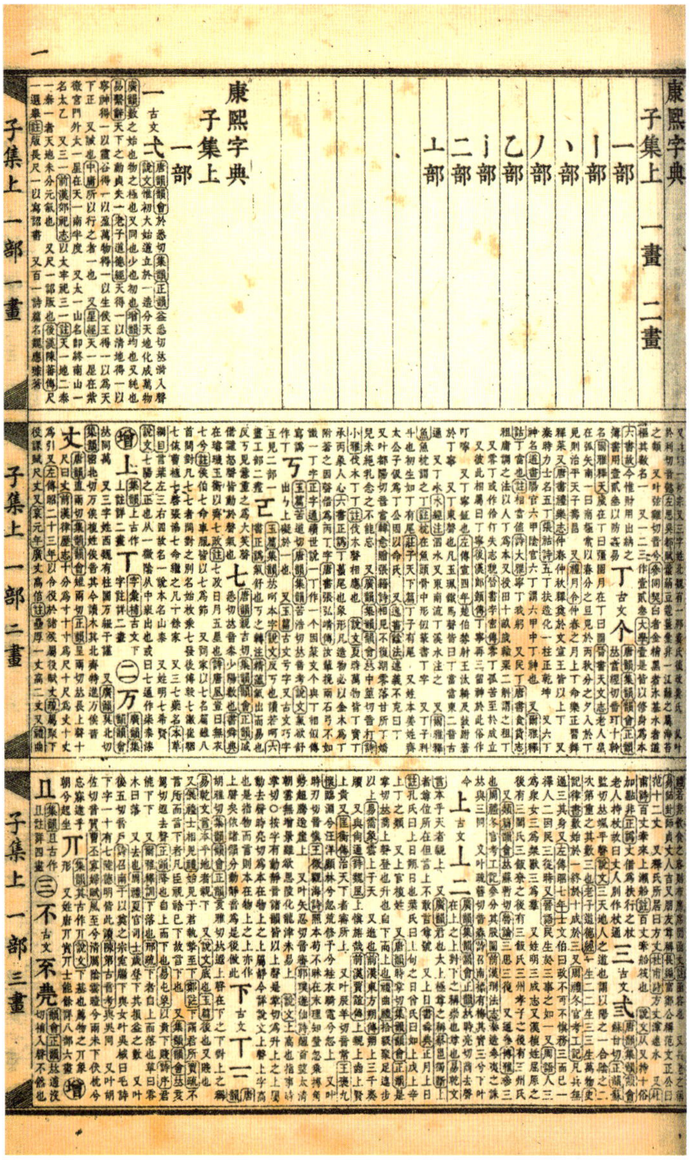
康熙字典
子集上 一畫 二畫
一部 丨部 丶部 丿部 乙部 亅部 二部 亠部
康熙字典
子集上
一部
子集上 一部 一畫
子集上 一部 二畫
子集上 一部 三畫

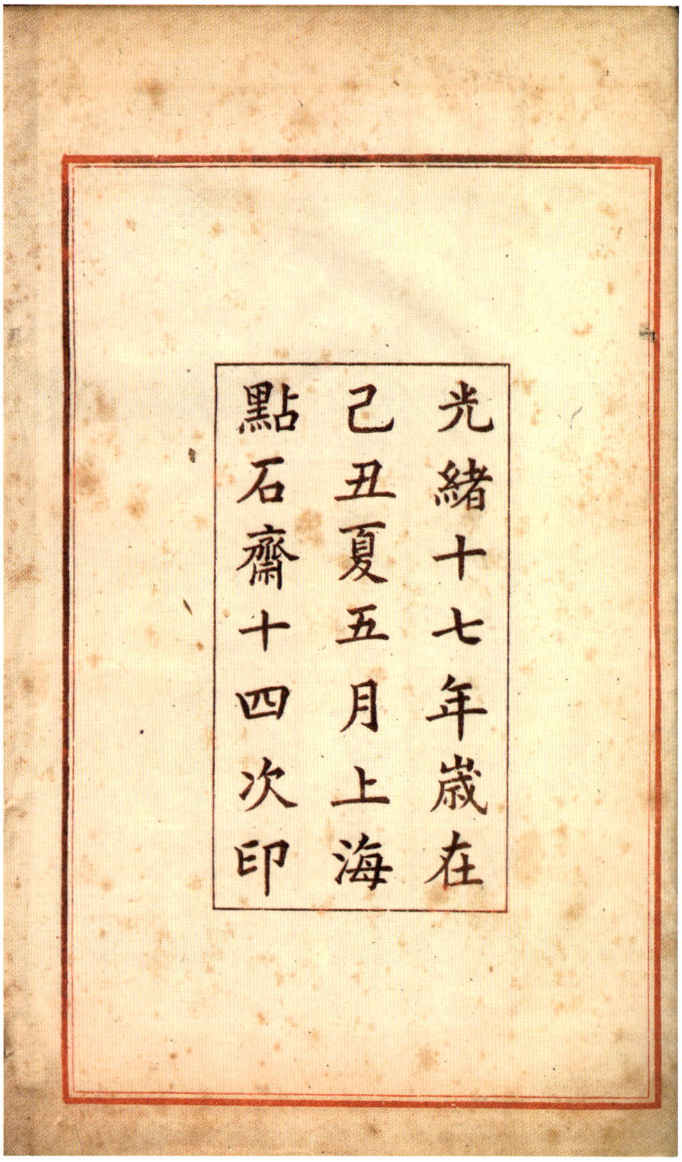
光緒十七年歲在
己丑夏五月上海
點石齋十四次印

157 康熙字典十二集 （清）張玉書等纂　清光緒十七年（1891）上海點石齋石印本

匡高 17.5 釐米，寬 12 釐米。三欄，半葉行格字數不等，小字雙行字數不等，白口，四周雙邊。

館藏索書號：X/H163/4

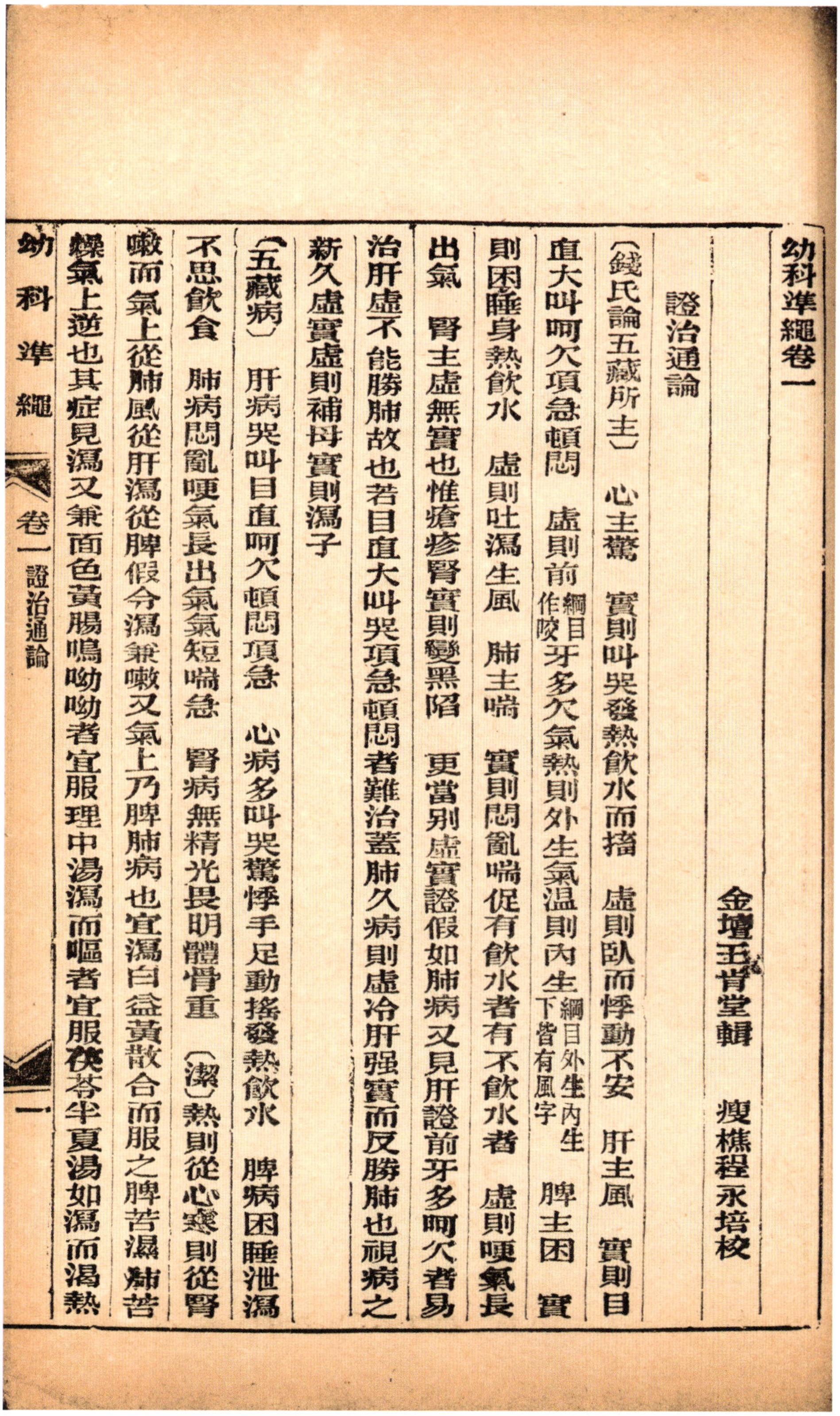

幼科準繩卷一

金壇王肯堂輯　痩樵程永培校

證治通論

〔錢氏論五藏所主〕心主驚　實則叫哭發熱飲水而搐　虛則臥而悸動不安　肝主風　實則目直大叫呵欠項急頓悶　虛則前（綱目作咬）牙多欠氣熱則外生氣温則內生（綱目外生內生下皆有風字）　脾主困　實則困睡身熱飲水　虛則吐瀉生風　肺主喘　實則悶亂喘促有飲水者有不飲水者　虛則哽氣長出氣　腎主虛無實也惟瘡疹腎實則變黑陷　更當別虛實證假如肺病又見肝證前牙多呵欠者易治肝虛不能勝肺故也若目直大叫哭項急頓悶者難治蓋肺久病則虛冷肝强實而反勝肺也視病之新久虛實虛則補母實則瀉子

〔五藏病〕肝病哭叫目直呵欠頓悶項急　心病多叫哭驚悸手足動搖發熱飲水　脾病困睡泄瀉不思飲食　肺病悶亂哽氣長出氣氣短喘急　腎病無精光畏明體骨重　〔潔〕熱則從心寒則從腎嗽而氣上從肺風從肝瀉從脾假令瀉兼嗽又氣上乃脾肺病也宜瀉白益黃散合而服之脾苦濕肺苦燥氣上逆也其症見瀉又兼面色黃腸鳴呦呦者宜服理中湯瀉而嘔者宜服茯苓半夏湯如瀉而渴熱

幼科準繩　卷一 證治通論　一

158 幼科準繩九卷　（明）王肯堂輯　清光緒十八年（1892）上海圖書集成印書局石印本

匡高 15.5 釐米，寬 11.7 釐米。半葉十三行，行四十字，白口，四周單邊。

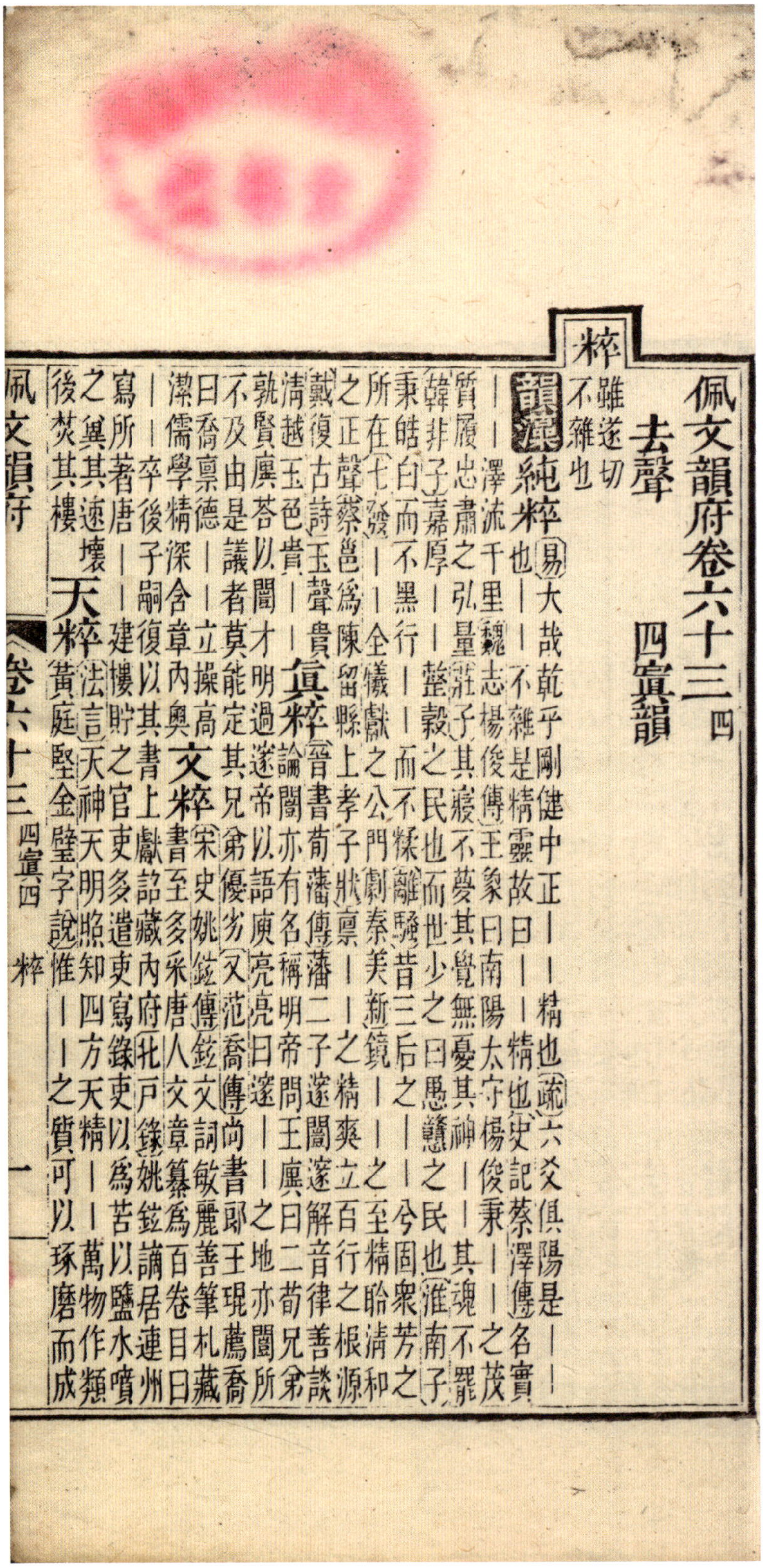

粹

佩文韻府卷六十三 四

去聲 四寘韻

粹 雖遂切 不雜也

韻藻 純粹(易)大哉乾乎剛健中正｜｜精也(疏)六爻俱陽是｜｜

也｜｜不雜是精靈故曰｜｜精也(史記蔡澤傳)名實

｜｜澤流千里(魏志楊俊傳)王象曰南陽太守楊俊秉｜｜之茂

質履忠肅之弘量(莊子)其寢不夢其覺無憂其神｜｜其魂不罷

韓非子嘉厚｜｜整穀之民也而世少之曰愚戇之民也(淮南子)

秉皓白而不黑行｜｜而不糅(離騷)昔三后之｜｜兮固衆芳之

所在(七發)｜｜全犧獻之公門(劇秦美新)鏡｜｜之至精盼清和

之正聲(蔡邕)爲陳留縣上孝子狀稟｜｜之精爽立百行之根源

戴復古詩玉聲貴 眞粹 (晉書荀藩傳)藩二子邃闓邃解音律善談

清越玉色貴｜｜ 論闓亦有名稱明帝問王廙曰二荀兄弟

孰賢廙荅以闓才明過邃帝以語庾亮亮曰邃｜｜之地亦闓所

不及由是議者莫能定其兄弟優劣(又)范喬傳尚書郎王琨薦喬

曰喬稟德｜｜立操高 文粹 (宋史姚鉉傳)鉉文詞敏麗善筆札藏

潔儒學精深含章內奧 書至多采唐人文章纂爲百卷目曰

｜｜卒後子嗣復以其書上獻詔藏內府(北戶錄)姚鉉謫居連州

寫所著唐｜｜建樓貯之官吏多遣吏寫錄吏以爲苦以鹽水噴

之與其速壞 天粹 (法言)天神天明照知四方天精｜｜萬物作類

後焚其樓 黃庭堅金璧字說惟｜｜之質可以琢磨而成

佩文韻府 卷六十三 四寘四 粹 一

159 佩文韻府一百六卷 （清）張玉書纂 清光緒十八年（1892）上海鴻寶齋石印巾箱本

匡高 11.2 釐米，寬 7.5 釐米。半葉十二行，行二十五字，小字雙行同，白口，四周雙邊。

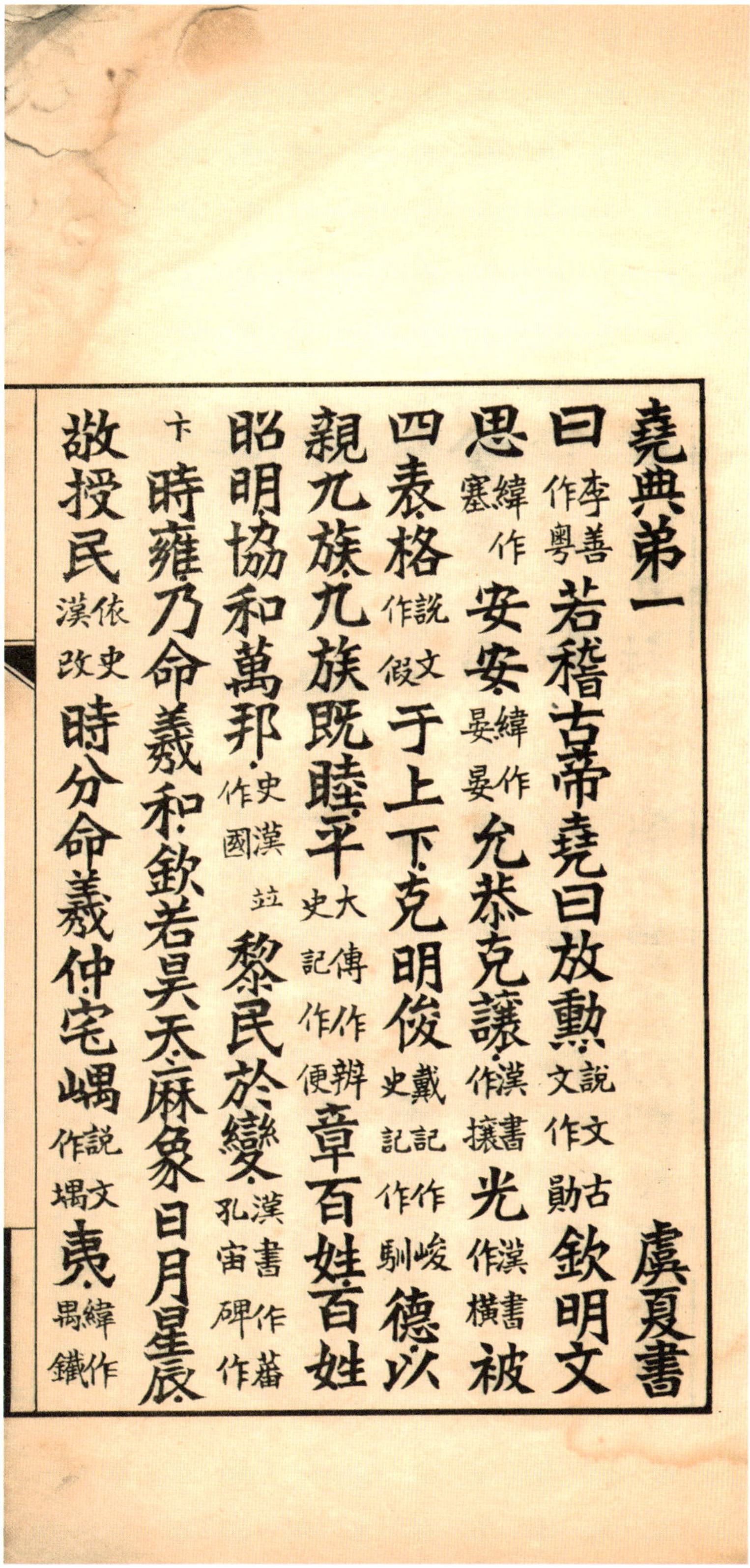

堯典第一　虞夏書
曰李善作粵若稽古帝堯曰放勳說文古文作勛欽明文
思緯作塞安安緯作晏晏允恭克讓漢書作攘光漢書作橫被
四表格說文作假于上下克明俊戴記作峻史記作馴德以
親九族九族既睦平大傳作辨史記作便章百姓百姓
昭明協和萬邦史漢竝作國黎民於變漢書作蕃孔宙碑作
卞時雍乃命羲和欽若昊天厤象日月星辰
敬授民依史漢改時分命羲仲宅嵎說文作堣夷緯作嵎鐵

160 寫定尚書二十八篇　（清）吳汝綸録　清光緒十八年（1892）桐城吳氏家塾石印本

匡高 16.8 釐米，寬 11.6 釐米。半葉八行，行十七字，小字雙行同，下黑口，四周單邊。

館藏索書號：X/K221.4/5

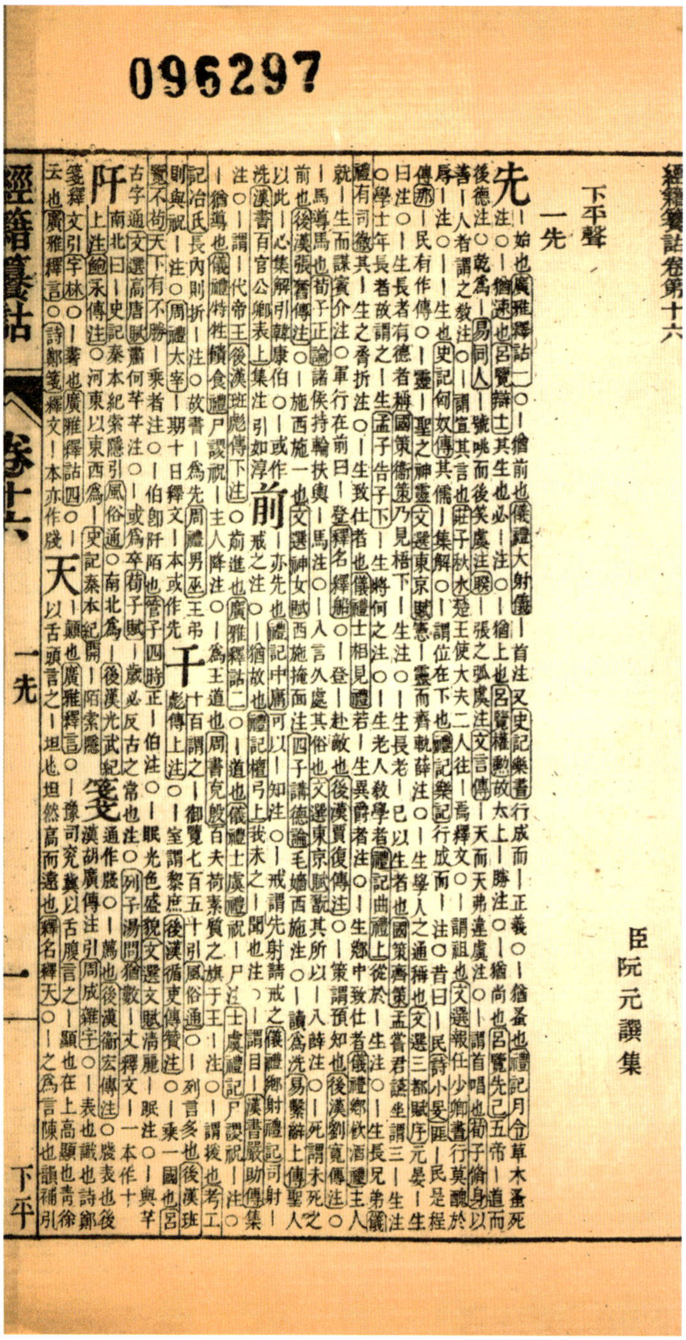

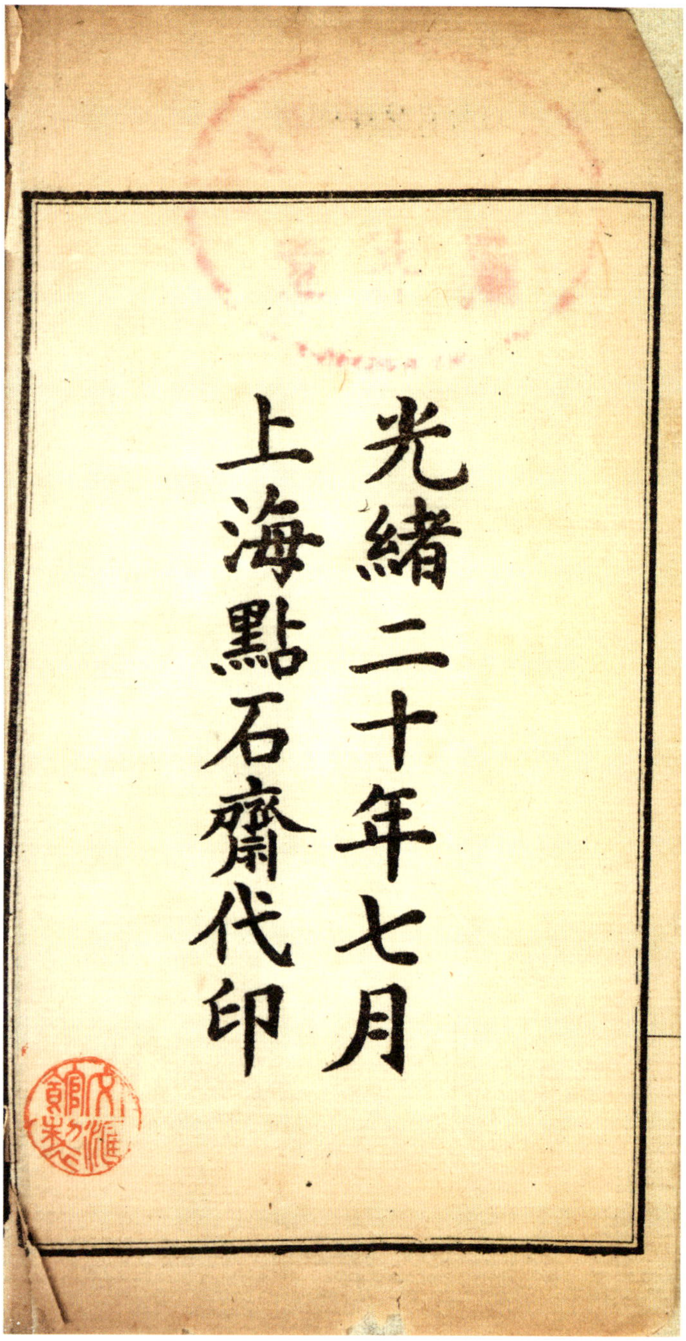

161 經籍籑詁一百六卷 （清）阮元編 清光緒二十年（1894）上海點石齋石印巾箱本

匡高 11.8 釐米，寬 7.6 釐米。半葉行格字數不等，小字雙行字數不等，白口，四周單邊。

館藏索書號：X/H131.7/2

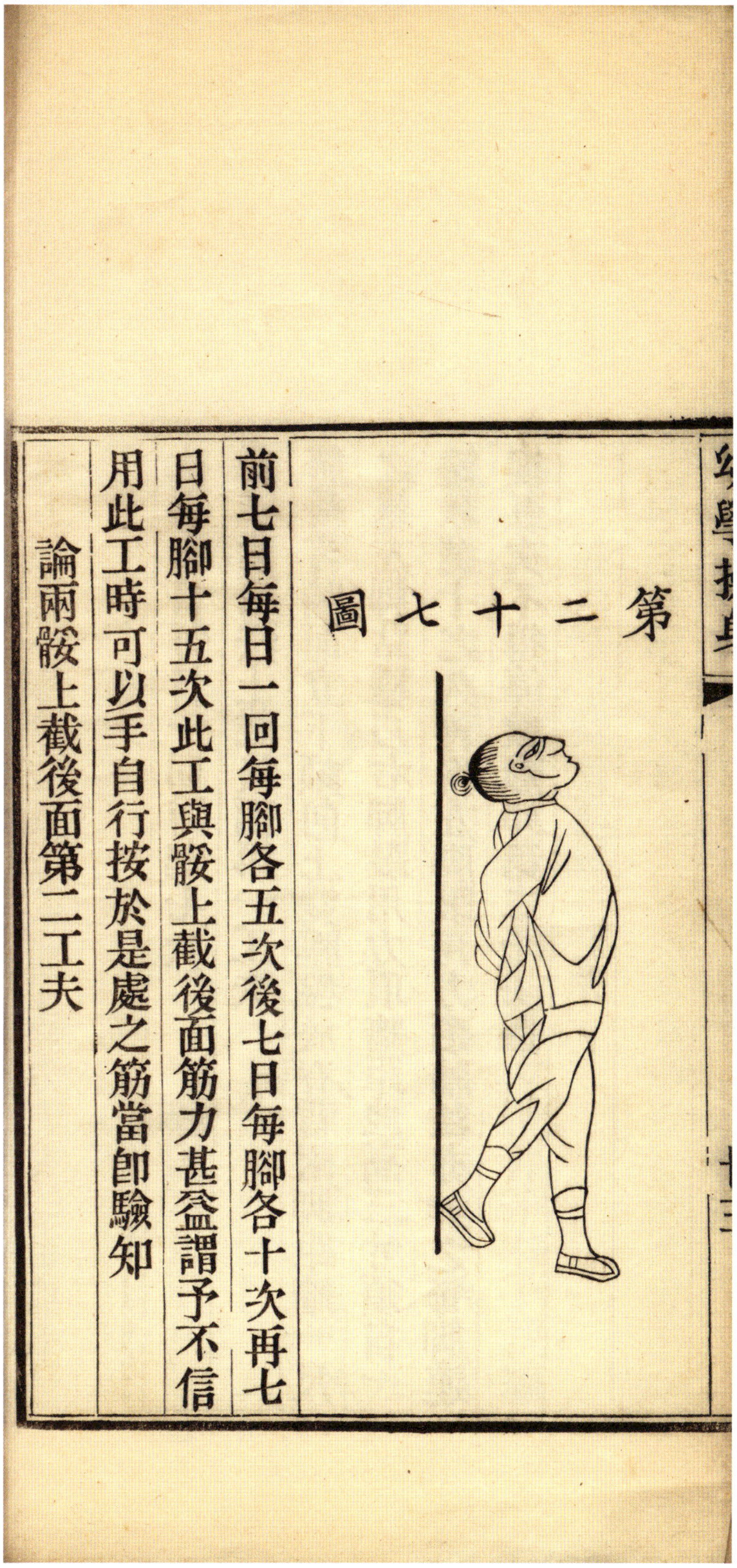

第二十七圖

前七日每日一回每腳各五次後七日每腳各十次再七日每腳十五次此工與骰上截後面筋力甚益謂予不信用此工時可以手自行按於是處之筋當卽驗知

論兩骰上截後面第二工夫

162 幼學操身一卷 （英）慶丕等撰 清光緒二十一年（1895）會文齋鉛印本

匡高 17.1 釐米，寬 12.8 釐米。半葉十行，行二十二字，白口，四周雙邊。

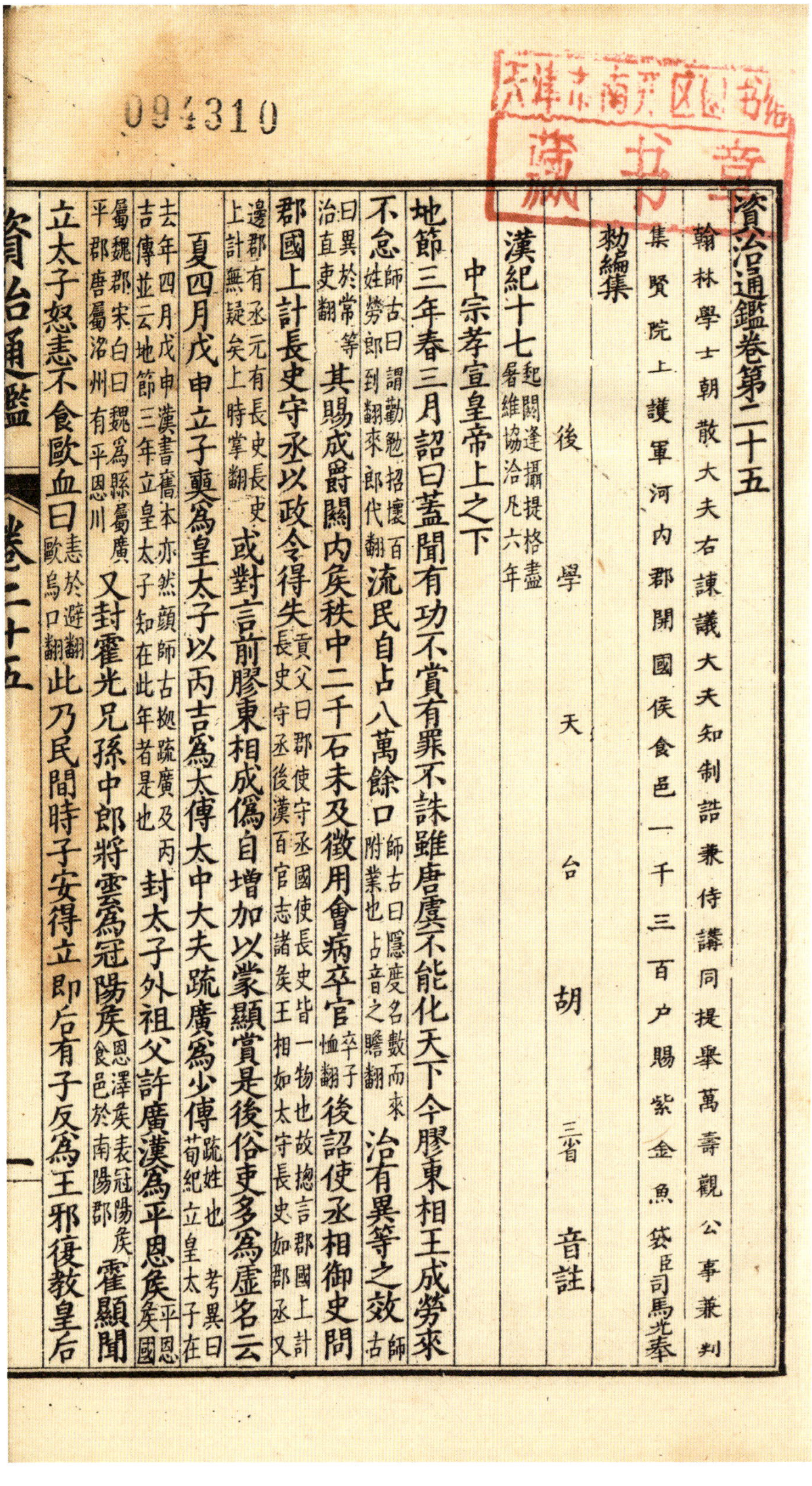

資治通鑑卷第二十五

翰林學士朝散大夫右諫議大夫知制誥兼侍講同提舉萬壽觀公事兼判集賢院上護軍河內郡開國侯食邑一千三百戶賜紫金魚袋臣司馬光奉勑編集

後學天台胡三省音註

漢紀十七 起閼逢攝提格盡屠維協洽凡六年

中宗孝宣皇帝上之下

地節三年春三月詔曰蓋聞有功不賞有罪不誅雖唐虞不能化天下今膠東相王成勞來不怠 師古曰謂勸勉招懷百姓勞郎到翻來郎代翻 流民自占八萬餘口 師古曰隱度名數而來附業也占音之贍翻 治有異等之效 師古曰異於常等 其賜成爵關內侯秩中二千石未及徵用會病卒官 卒子恤翻 後詔使丞相御史問郡國上計長史守丞以政令得失 貢父曰郡使守丞國使長史皆一物也故揔言郡國上計長史守丞後漢百官志諸侯王相如太守長史如郡丞又邊郡有丞元有長史長史上計無疑矣上時掌翻 或對言前膠東相成僞自增加以蒙顯賞是後俗吏多爲虛名云

夏四月戊申立子奭爲皇太子以丙吉爲太傅太中大夫疏廣爲少傅 疏姓也考異曰荀紀立皇太子在去年四月戊申漢書舊本亦然顏師古據疏廣及丙吉傳並云地節三年立皇太子知在此年者是也 封太子外祖父許廣漢爲平恩侯 平恩侯國屬魏郡宋白曰魏爲縣屬廣平郡唐屬洺州有平恩川 又封霍光兄孫中郎將雲爲冠陽侯 恩澤侯表冠陽侯食邑於南陽郡 霍顯聞立太子怒恚不食歐血曰 恚於避翻歐烏口翻 此乃民間時子安得立即后有子反爲王邪復教皇后

資治通鑑 卷二十五 一

163 資治通鑑二百九十四卷目録三十卷 （宋）司馬光撰 清光緒二十二年（1896）五洲同文局石印本

匡高 16 釐米，寬 10.5 釐米。半葉十六行，行三十五字，小字雙行同，白口，四周雙邊。

館藏索書號：X/K204.3/7

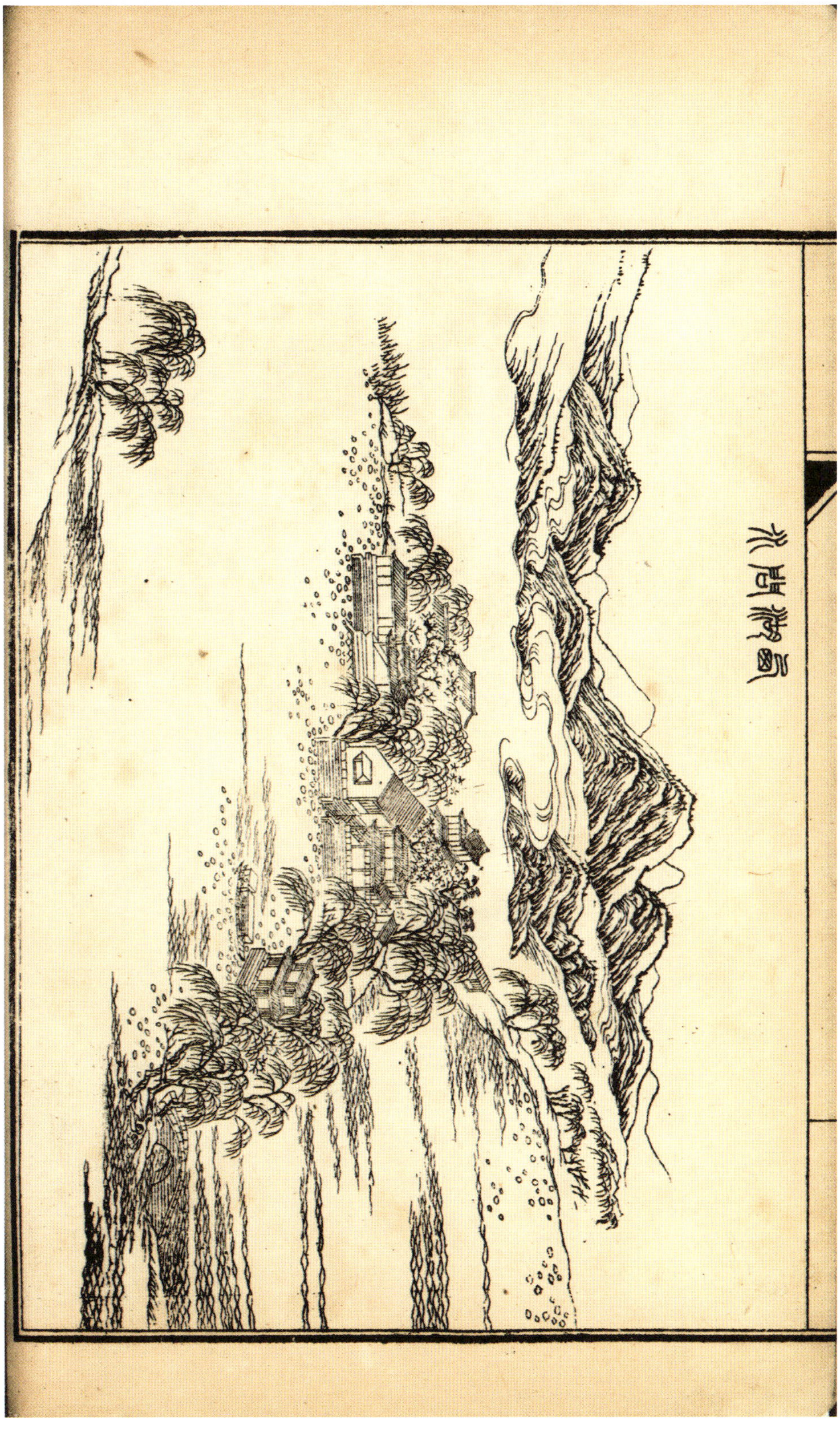

164 鴻雪因緣圖記三集 （清）麟慶著 清光緒二十二年（1896）上海點石齋石印本

匡高 15.5 釐米，寬 12 釐米。半葉十六行，行三十四字，小字雙行不等，白口，四周雙邊。

館藏索書號：X/I262.49/10

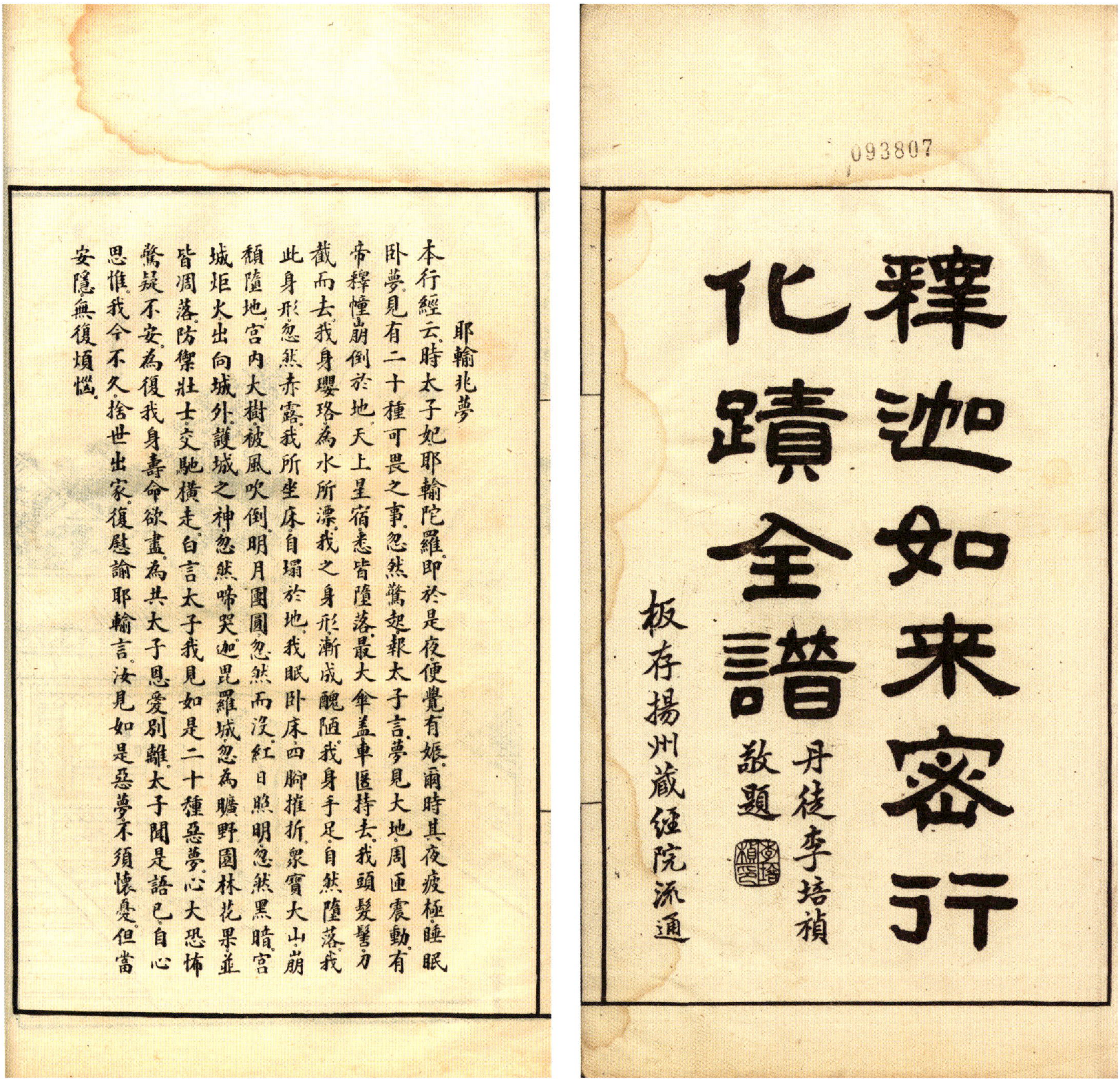
耶輸兆夢

本行經云。時太子妃耶輸陀羅。即於是夜。便覺有娠。爾時其夜疲極睡眠卧夢。見有二十種可畏之事。忽然驚起。報太子言。夢見大地。周匝震動。有帝釋幢崩倒於地。天上星宿悉皆墮落。最大傘蓋車匿持去。我頭髮髻刀截而去。我身瓔珞為水所漂。我之身形漸成醜陋。我身手足自然墮落。我此身形忽然赤露。我所坐床自蹋於地。我眠卧床四脚摧折。衆寶大山崩頹墮地。宮內大樹被風吹倒。明月團圓忽然而沒。紅日照明忽然黑暗。宮城炬火出向城外。護城之神忽然啼哭。迦毘羅城忽為曠野。園林花果並皆凋落。防衛壯士交馳橫走。白言太子我見如是二十種惡夢。心大恐怖驚疑不安。為復我身壽命欲盡。為共太子恩愛別離。太子聞是語已。自心思惟。我今不久。捨世出家。復慰諭耶輸言。汝見如是惡夢不須懷憂。但當安隱無復煩惱。

釋迦如來密行化蹟全譜

丹徒李培禎敬題

板存揚州藏經院流通

165 釋迦如來密行化蹟全譜不分卷 （清）永珊輯 清光緒二十三年（1897）

石印本

匡高 20 釐米，寬 13.5 釐米。半葉十二行，行二十八字，白口，四周單邊。

館藏索書號：X/B949.9/1

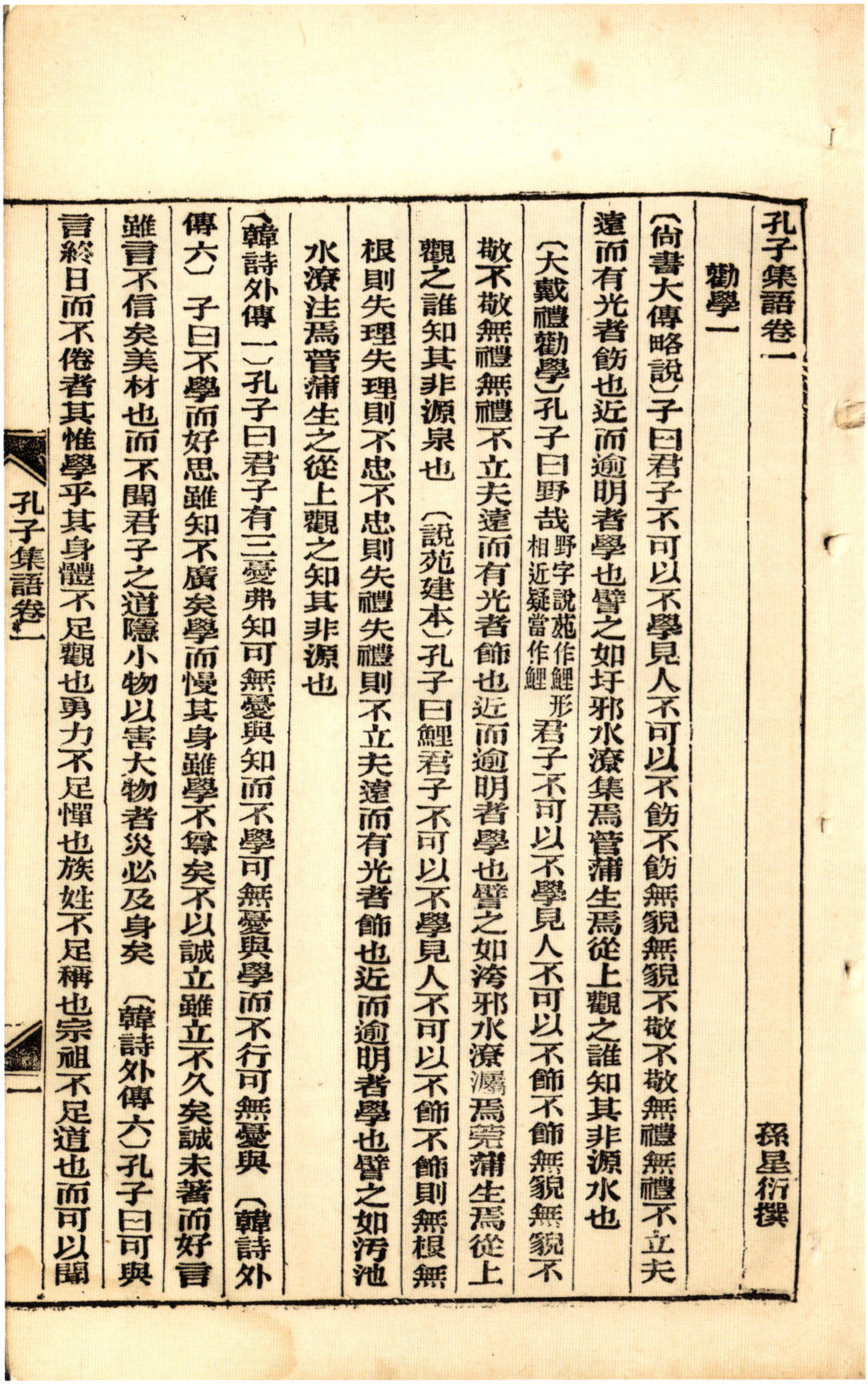

孔子集語卷一　　孫星衍撰

勸學一

(尚書大傳略說)子曰君子不可以不學見人不可以不飭不飭無貌無貌不敬不敬無禮無禮不立夫遠而有光者飭也近而逾明者學也譬之如圩邪水潦集焉菅蒲生焉從上觀之誰知其非源水也

(大戴禮勸學)孔子曰野哉野字說苑作鯉形相近疑當作鯉君子不可以不學見人不可以不飾不飾無貌無貌不敬不敬無禮無禮不立夫遠而有光者飾也近而逾明者學也譬之如洿邪水潦灟焉莞蒲生焉從上觀之誰知其非源泉也　(說苑建本)孔子曰鯉君子不可以不學見人不可以不飾不飾則無根無根則失理失理則不忠不忠則失禮失禮則不立夫遠而有光者飾也近而逾明者學也譬之如汚池水潦注焉菅蒲生之從上觀之知其非源也

(韓詩外傳一)孔子曰君子有三憂弗知可無憂與知而不學可無憂與學而不行可無憂與　(韓詩外傳六)子曰不學而好思雖知不廣矣學而慢其身雖學不尊矣不以誠立雖立不久矣誠未著而好言雖言不信矣美材也而不聞君子之道隱小物以害大物者災必及身矣　(韓詩外傳六)孔子曰可與言終日而不倦者其惟學乎其身體不足觀也勇力不足憚也族姓不足稱也宗祖不足道也而可以聞

孔子集語卷一　一

166 孔子集語十七卷　（清）孫星衍撰 清光緒二十三年（1897）文瑞樓鉛印本

匡高 15.7 釐米，寬 11.5 釐米。半葉十三行，行四十字，小字雙行同，白口，四周單邊。

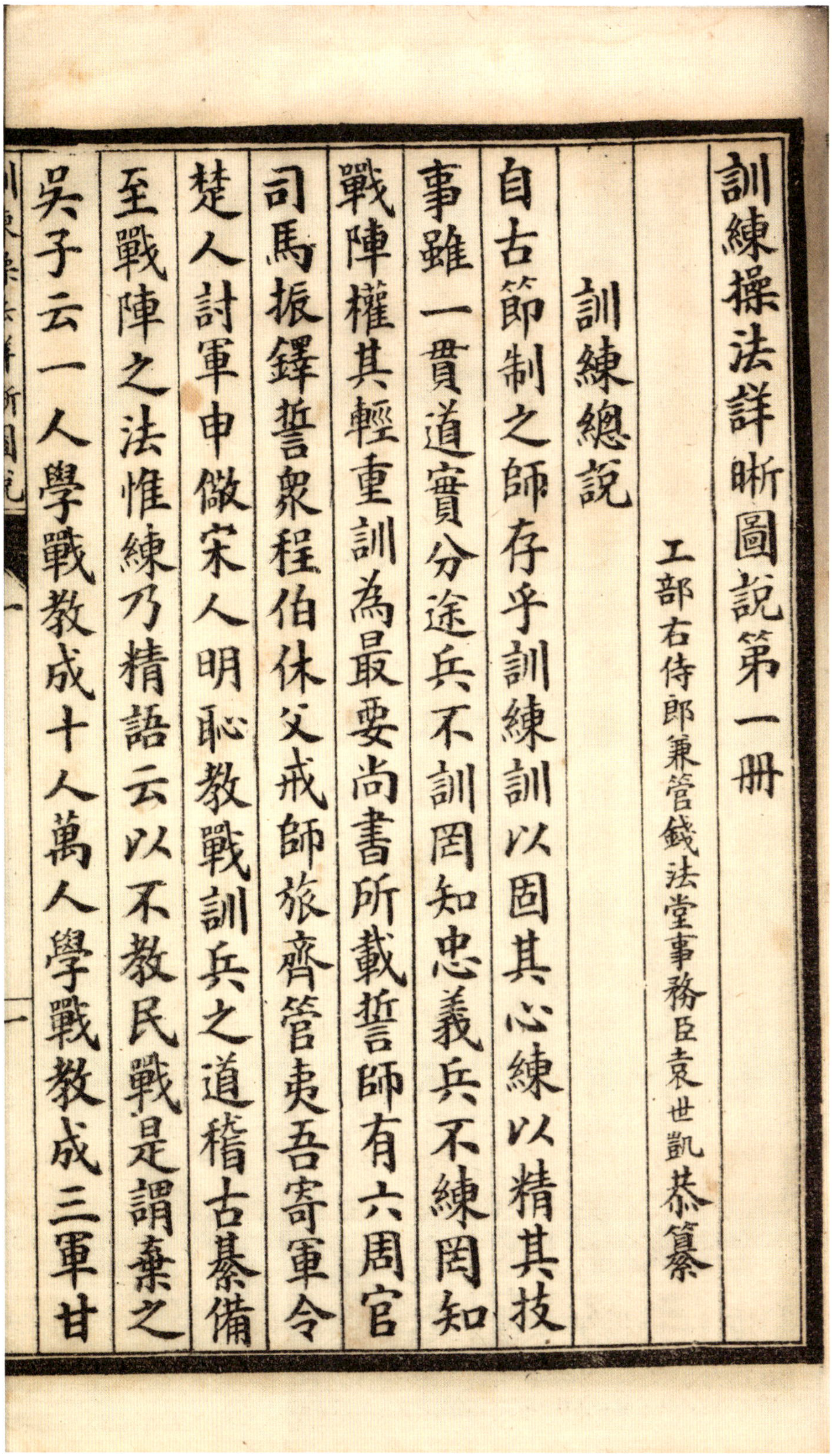
訓練操法詳晰圖說第一冊
工部右侍郎兼管錢法堂事務臣袁世凱恭纂
訓練總說
自古節制之師存乎訓練訓以固其心練以精其技事雖一貫道實分途兵不訓罔知忠義兵不練罔知戰陣權其輕重訓爲最要尚書所載誓師有六周官司馬振鐸誓衆程伯休父戒師旅齊管夷吾寄軍令楚人討軍申儆宋人明恥教戰訓兵之道稽古綦備至戰陣之法惟練乃精語云以不教民戰是謂棄之吳子云一人學戰教成十人萬人學戰教成三軍甘

167 訓練操法詳晰圖說 袁世凱編 清光緒二十三年（1897）昌言報館石印本

匡高 17 釐米，寬 11.7 釐米。半葉十行，行二十字，白口，四周單邊。

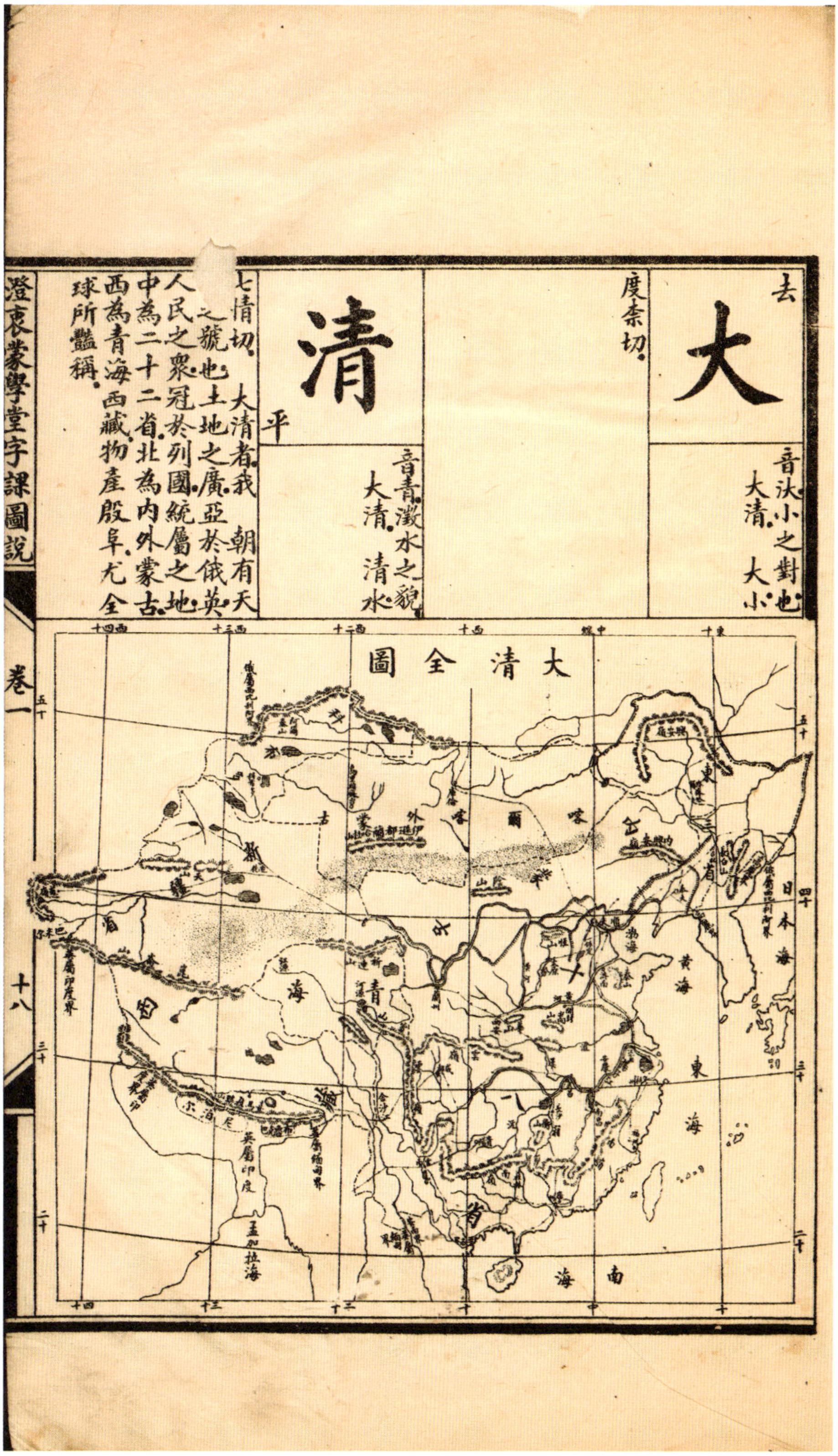

去
大
度柰切。
音汏。小之對也。大清。大小

清
平
音青。瀓水之貌。大清。清水

七情切。大清者。我朝有天[illegible]之號也。土地之廣。亞於俄英。人民之衆。冠於列國。統屬之地。中為二十二省。北為内外蒙古。西為青海西藏。物產殷阜。尤全球所豔稱。

澄衷蒙學堂字課圖說　卷一　十八

168 澄衷蒙學堂字課圖說四卷　（清）劉樹屏編　（清）吳子城繪圖　清光緒二十七年（1901）上海鴻寶書局石印本

匡高 21 釐米，寬 16 釐米。下黑口，四周單邊。

館藏索書號：X/H194.1/5

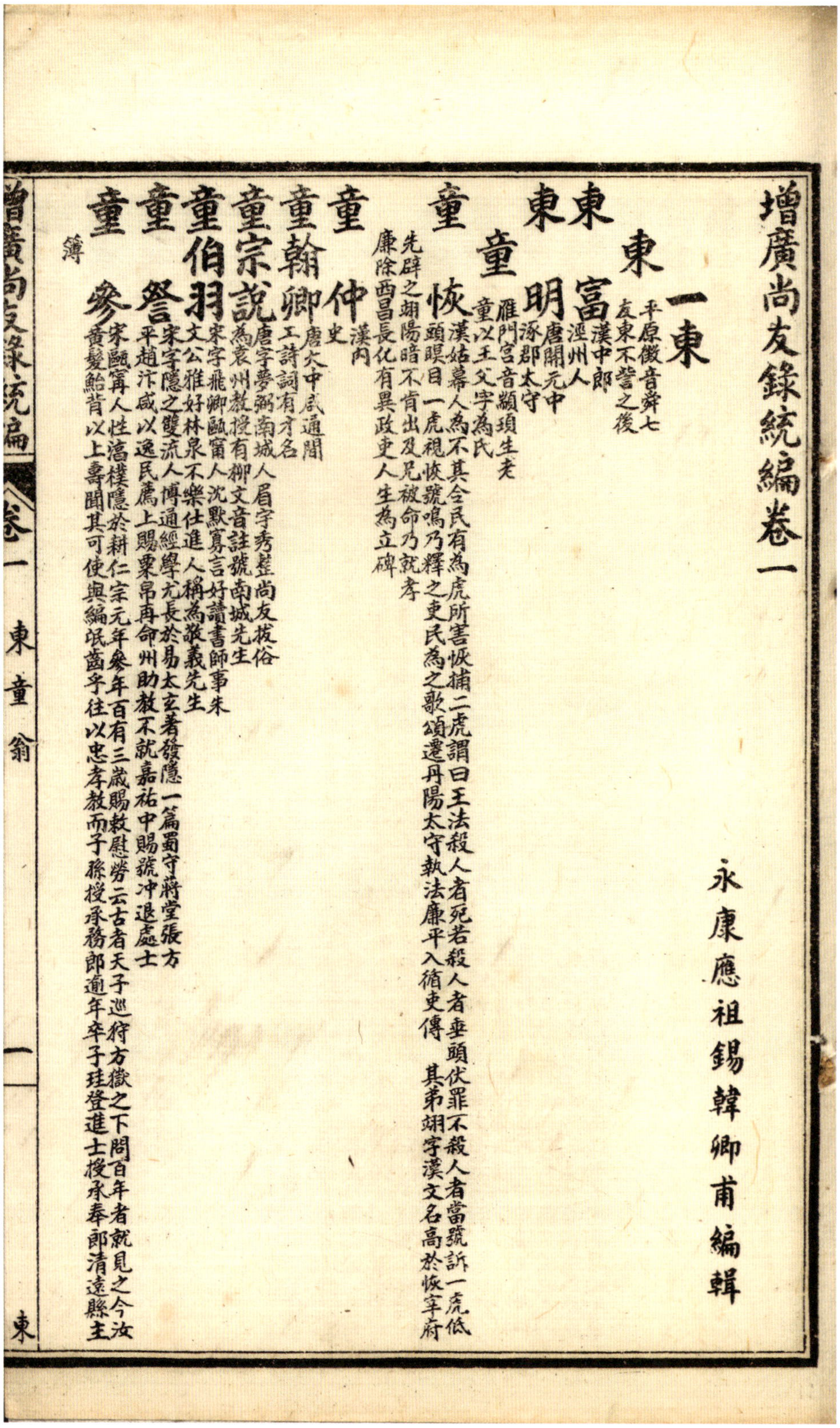

169 增廣尚友録統編二十二卷 （清）應祖錫編輯 清光緒二十八年（1902）

鴻寶齋石印本

匡高 16.5 釐米，寬 11.5 釐米。半葉行格字數不等，白口，四周雙邊。

館藏索書號：X/K82-61/1

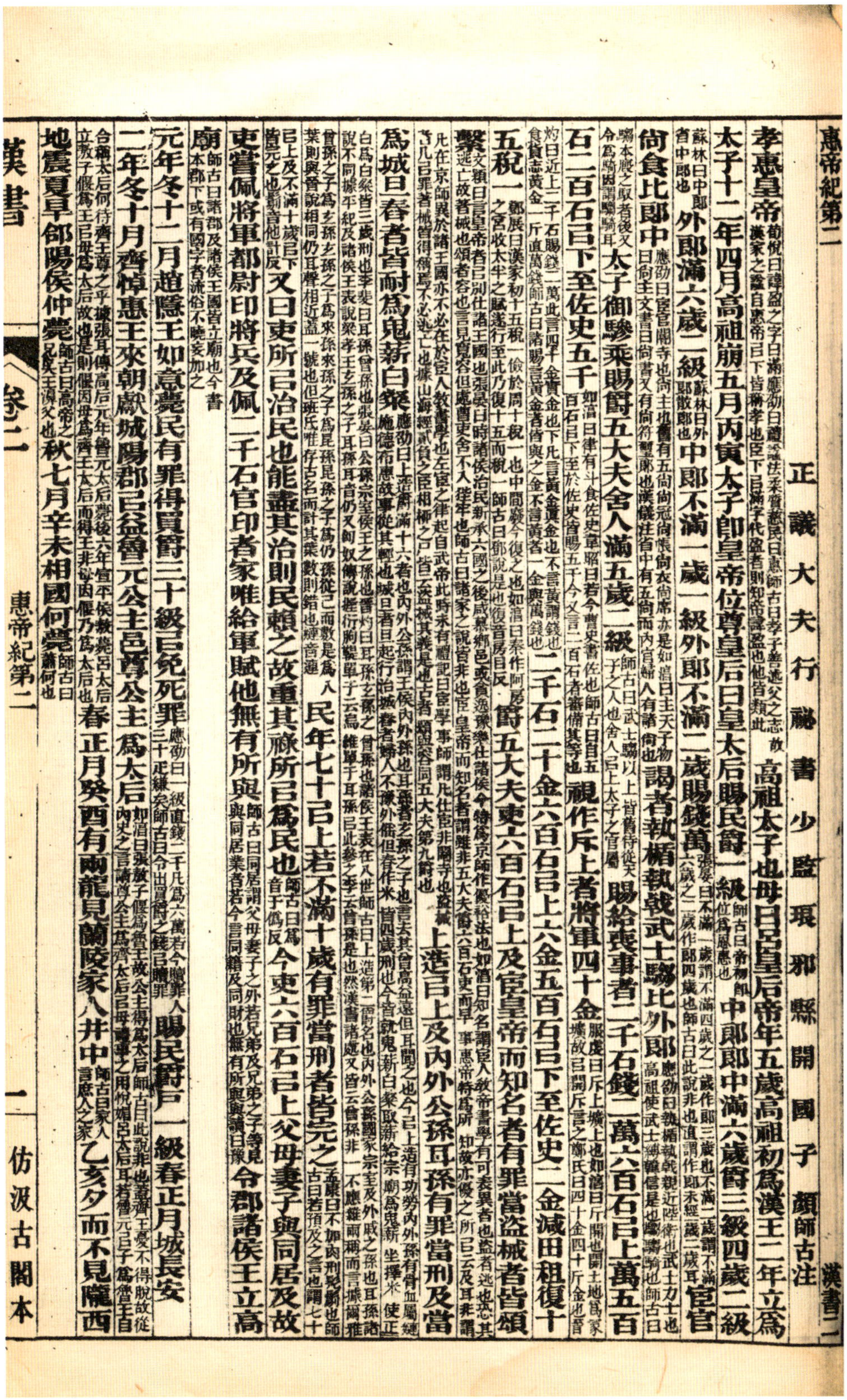

170 漢書一百二十卷　（漢）班固撰　清光緒二十九年（1903）上海點石齋石印本

匡高 17 釐米，寬 12 釐米。半葉二十二行，行五十字，白口，四周單邊。

館藏索書號：X/K234/1

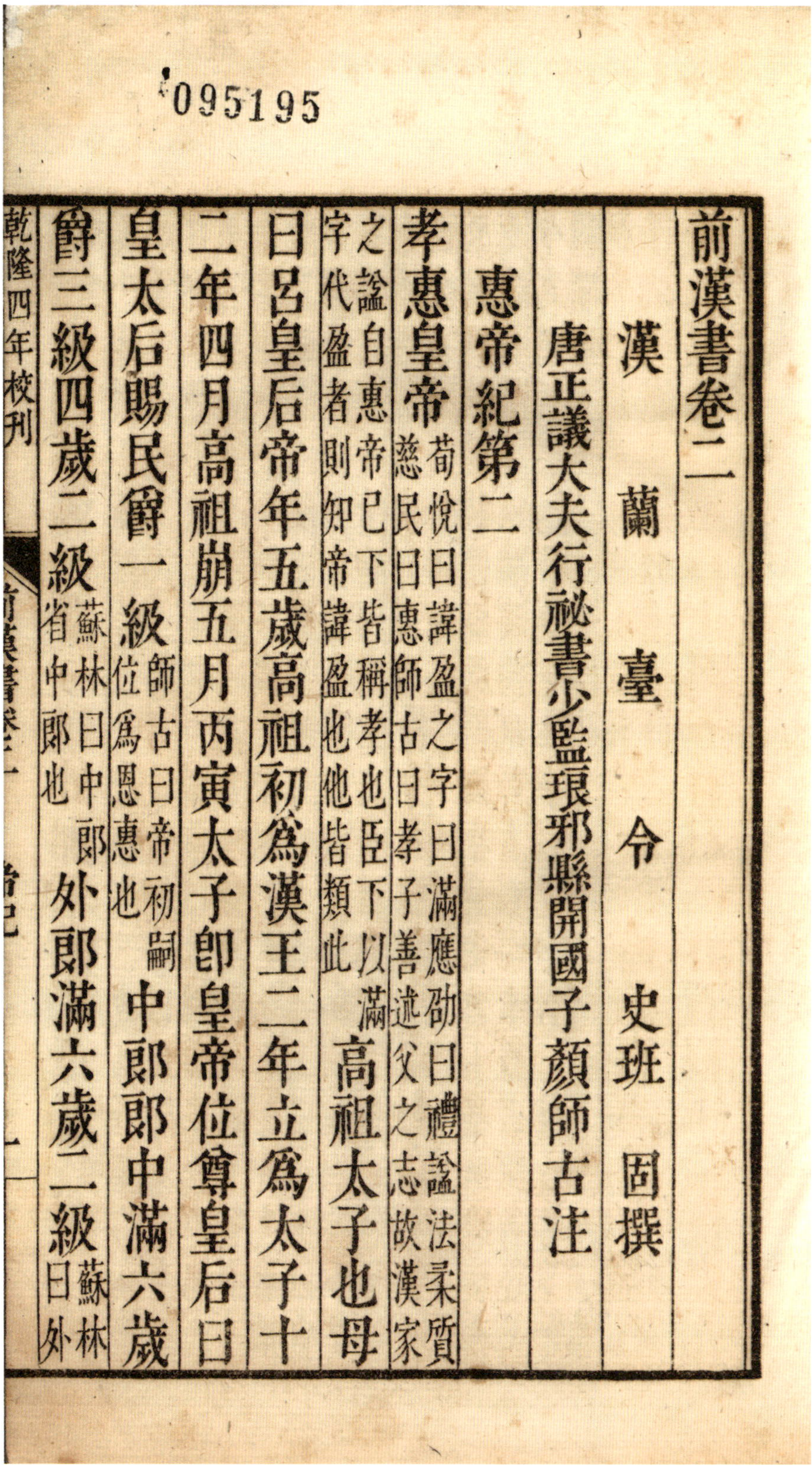

095195

前漢書卷二

漢　蘭　臺　令　史班　固撰

唐正議大夫行祕書少監琅邪縣開國子顏師古注

惠帝紀第二

孝惠皇帝荀悅曰諱盈之字曰滿應劭曰禮謚法柔質慈民曰惠師古曰孝子善述父之志故漢家之謚自惠帝已下皆稱孝也臣下以滿字代盈者則知帝諱盈也他皆類此高祖太子也母曰呂皇后帝年五歲高祖初爲漢王二年立爲太子十二年四月高祖崩五月丙寅太子卽皇帝位尊皇后曰皇太后賜民爵一級師古曰帝初嗣位爲恩惠也中郎郎中滿六歲爵三級四歲二級蘇林曰中郎省中郎也外郎滿六歲二級蘇林曰外

乾隆四年校刊

前漢書卷二　紀　一

171 前漢書一百二十卷　（漢）班固撰　清光緒二十九年（1903）五洲同文局石印本

匡高 16 釐米，寬 10.8 釐米。半葉十行，行二十一字，小字雙行同，黑口，左右雙邊。

館藏索書號：X/K234.1/1

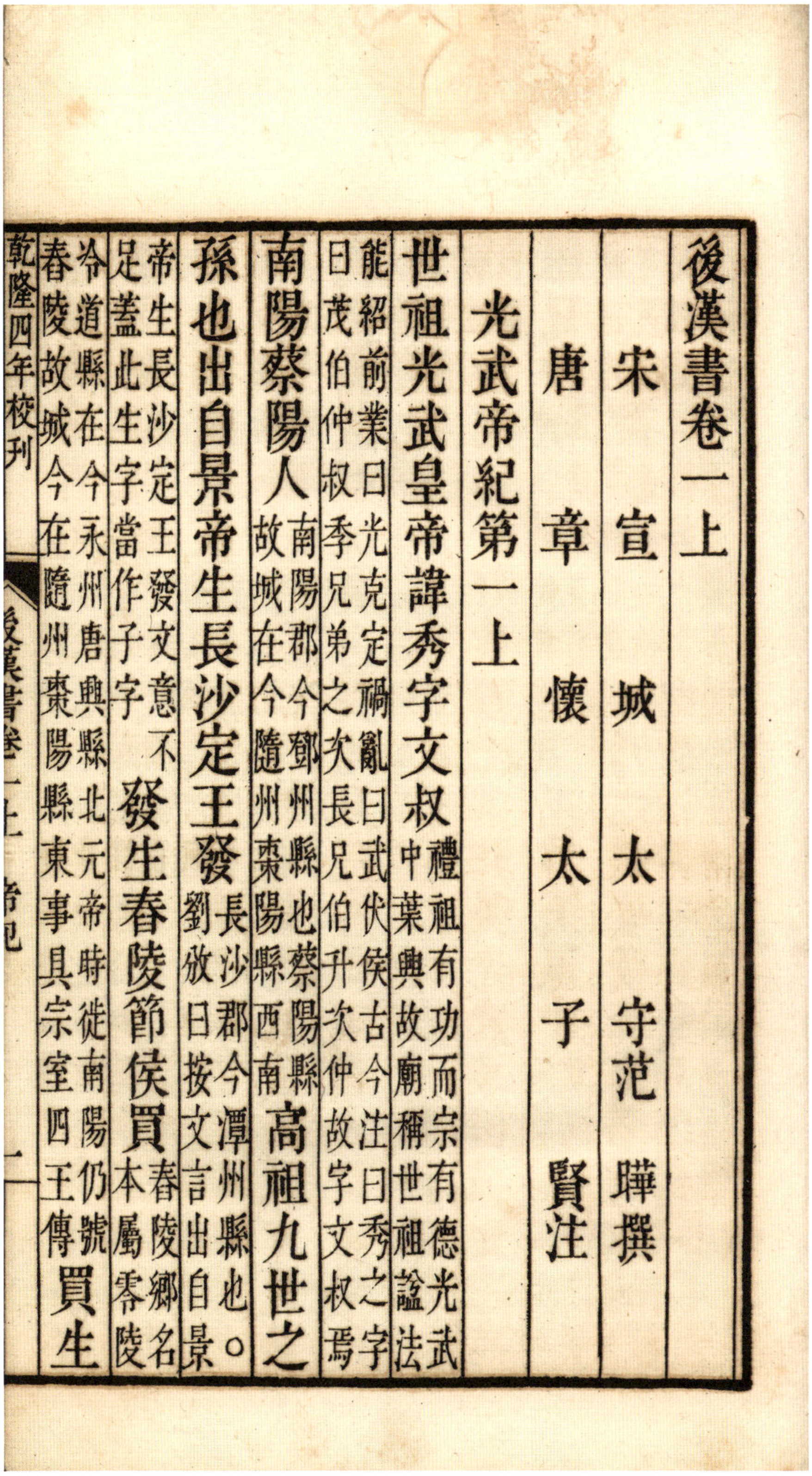
後漢書卷一上
宋宣城太守范　曄撰
唐章懷太子　賢注
光武帝紀第一上
世祖光武皇帝諱秀字文叔禮祖有功而宗有德光武中興故廟稱世祖謚法能紹前業曰光克定禍亂曰武伏侯古今注曰秀之字曰茂伯仲叔季兄弟之次長兄伯升次仲故字文叔焉南陽蔡陽人南陽郡今鄧州縣也蔡陽縣故城在今隨州棗陽縣西南高祖九世之孫也出自景帝生長沙定王發長沙郡今潭州縣也○劉攽曰按文言出自景帝生長沙定王發文意不足蓋此生字當作子字發生春陵節侯買春陵鄉名本屬零陵泠道縣在今永州唐興縣北元帝時徙南陽仍號春陵故城今在隨州棗陽縣東事具宗室四王傳買生
乾隆四年校刊
後漢書卷一上　帝紀　一

172 後漢書一百二十卷　（南朝宋）范曄撰　清光緒二十九年（1903）五洲同文局石印本

匡高 16 釐米，寬 10.5 釐米。半葉十行，行二十一字，小字雙行同，細黑口，左右邊雙。

館藏索書號：X/K234.2/1

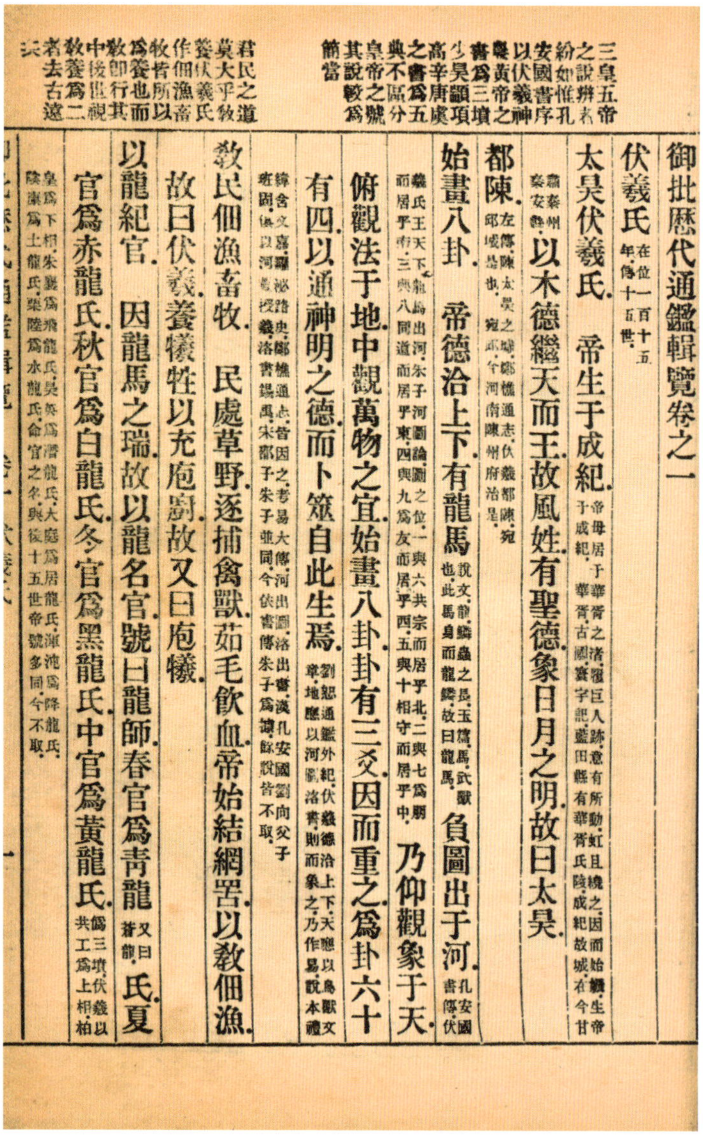

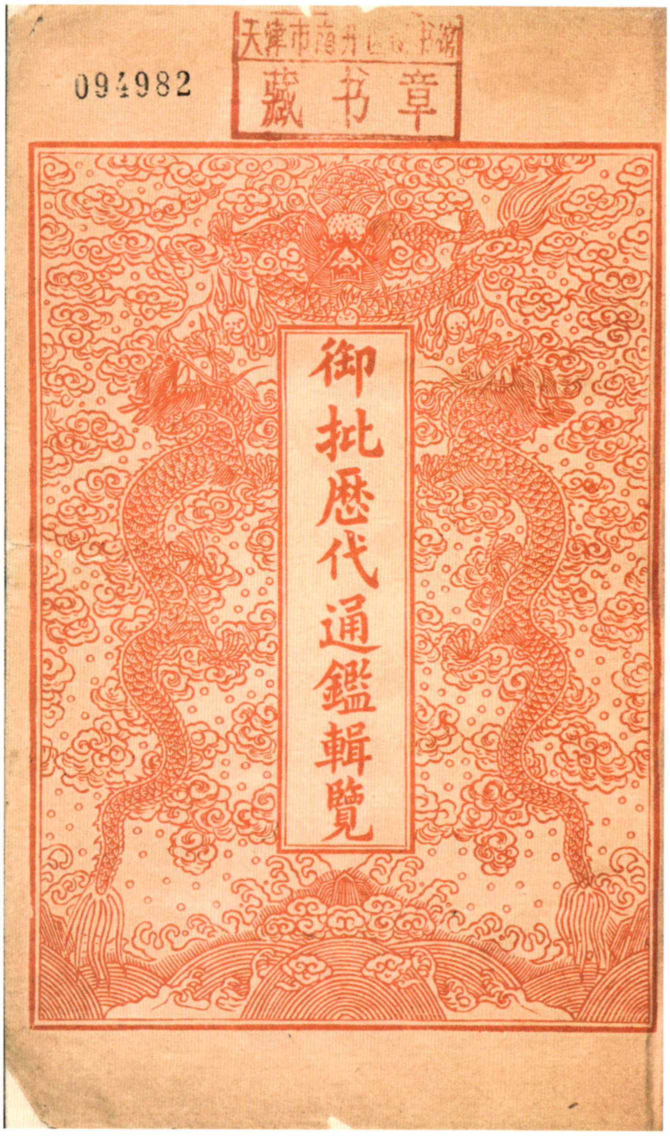

173 御批歷代通鑑輯覽一百二十卷 （清）傅恒等纂 清光緒三十一年（1905）上海商務印書館鉛印本

匡高 15.5 釐米，寬 12 釐米。半葉十五行，行二十七字，小字雙行四十三字，白口，四周單邊。

館藏索書號：X/K204.3/15

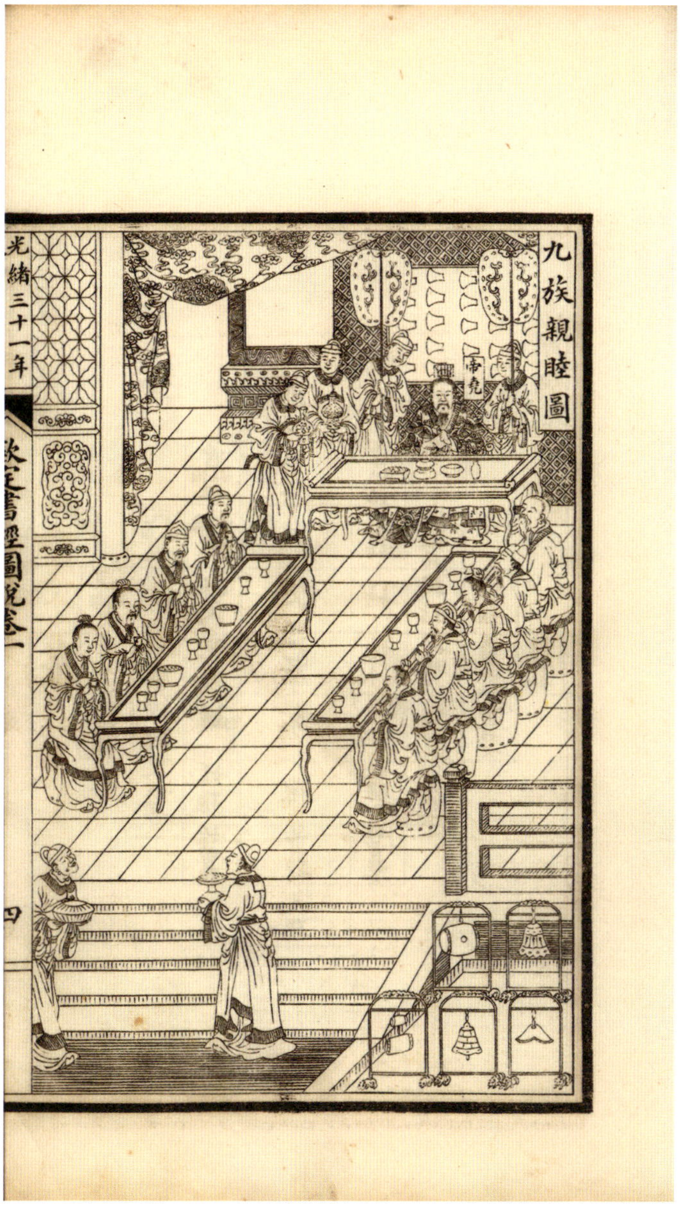

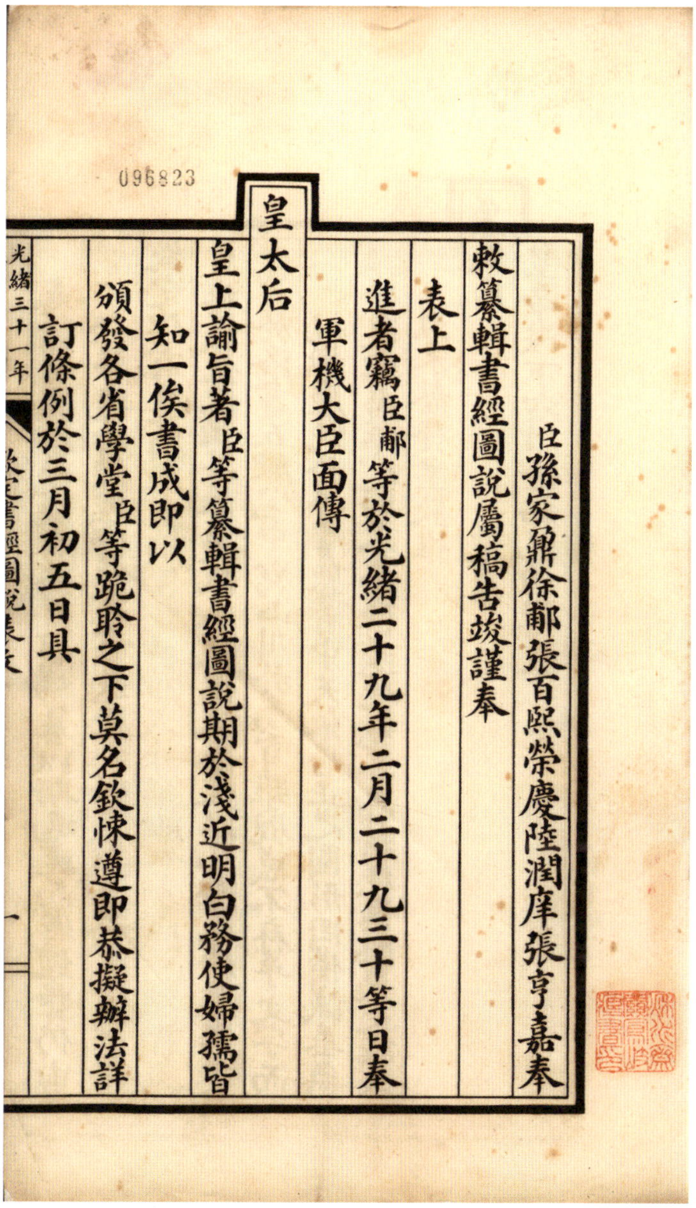
096823

臣孫家鼐徐郙張百熙榮慶陸潤庠張亨嘉奉
敕纂輯書經圖說屬稿告竣謹奉
表上
進者竊臣郙等於光緒二十九年二月二十九三十等日奉
軍機大臣面傳
皇太后
皇上諭旨著臣等纂輯書經圖說期於淺近明白務使婦孺皆
知一俟書成即以
頒發各省學堂臣等跪聆之下莫名欽悚遵即恭擬辦法詳
訂條例於三月初五日具

光緒三十一年
欽定書經圖說表文
一

174 欽定書經圖說五十卷 （清）孫家鼐總修 清光緒三十一年（1905）石印本

匡高 23.9 釐米，寬 16 釐米。繪圖本。

館藏索書號：X/K221.4/3

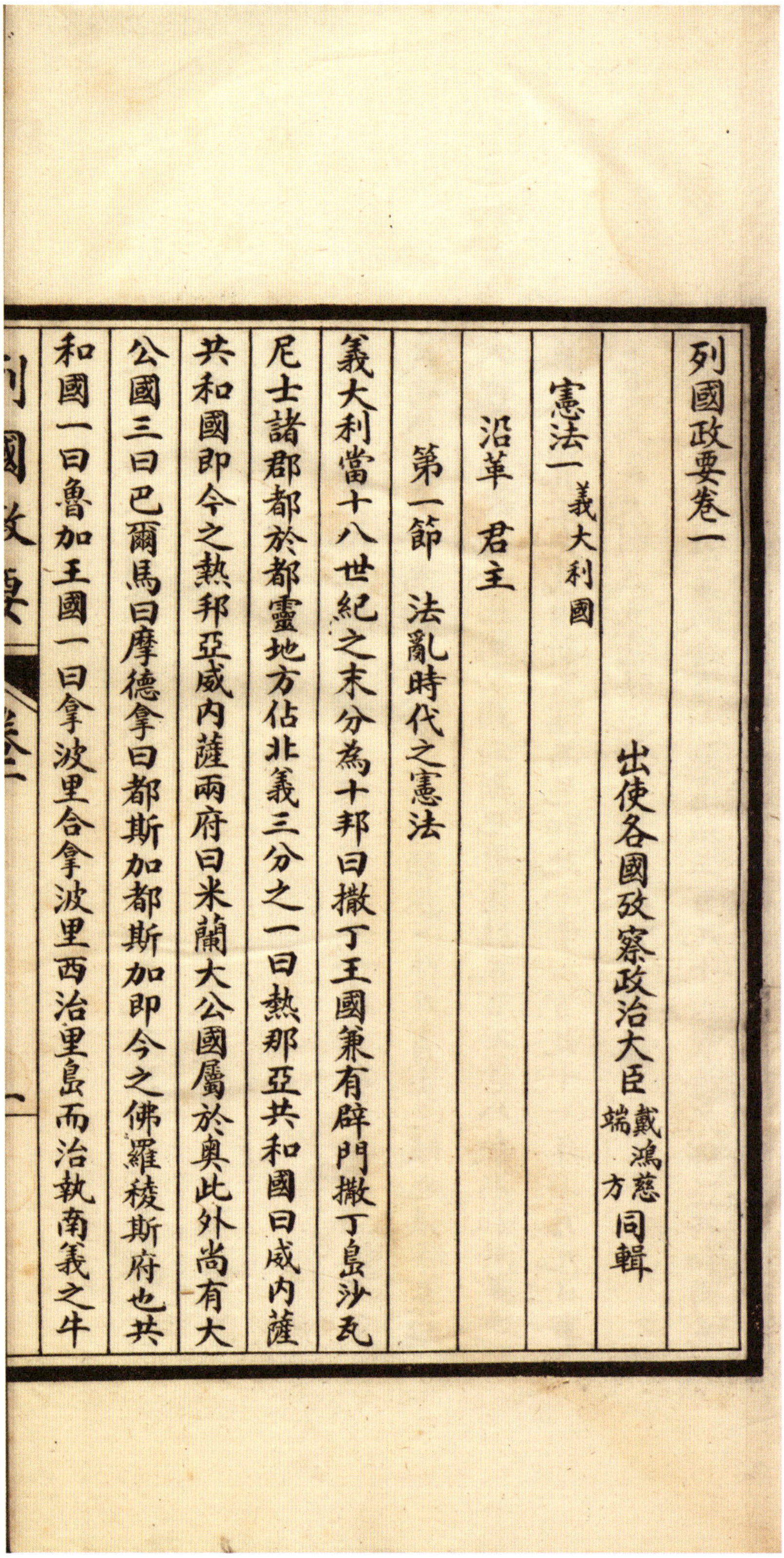
列國政要卷一

出使各國攷察政治大臣戴鴻慈端方同輯

憲法一義大利國

沿革 君主

第一節 法亂時代之憲法

義大利當十八世紀之末分為十邦曰撒丁王國兼有辟門撒丁島沙瓦尼士諸郡都於都靈地方佔北義三分之一曰熱那亞共和國曰威內薩共和國即今之熱那亞威内薩兩府曰米蘭大公國屬於奥此外尚有大公國三曰巴爾馬曰摩德拿曰都斯加都斯加即今之佛羅稜斯府也共和國一曰魯加王國一曰拿波里合拿波里西治里島而治執南義之牛

列國政要 卷一 一

175 列國政要一百三十三卷卷首一卷 （清）戴鴻慈等輯 清光緒三十三年（1907）石印本

匡高 18.1 釐米，寬 13.5 釐米。半葉十行，行二十八字，白口，四周雙邊。

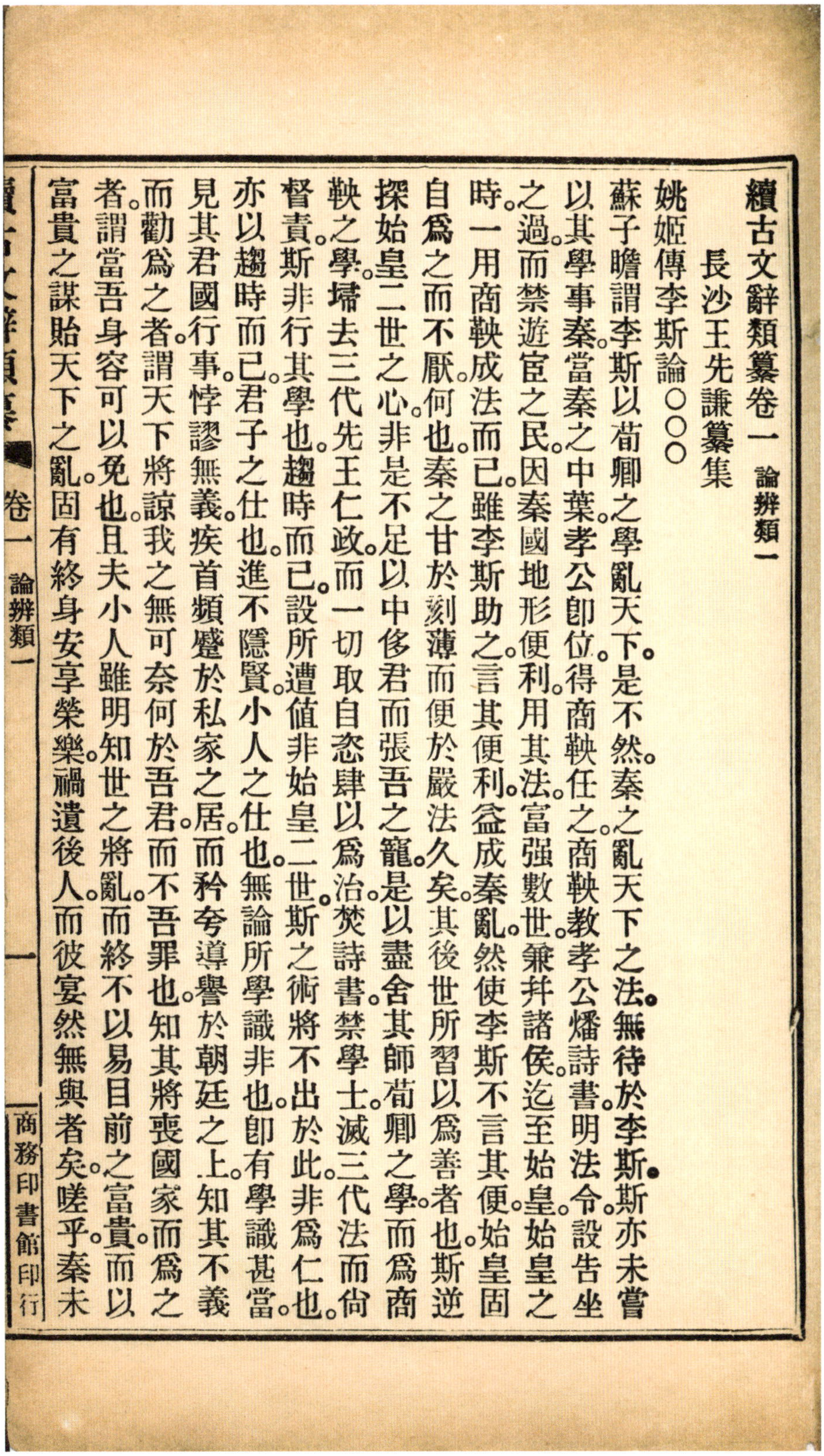

續古文辭類纂卷一　論辨類一

長沙王先謙纂集

姚姬傳李斯論○○○

蘇子瞻謂李斯以荀卿之學亂天下。是不然。秦之亂天下之法。無待於李斯。斯亦未嘗以其學事秦。當秦之中葉。孝公卽位。得商鞅任之。商鞅教孝公燔詩書。明法令。設告坐之過。而禁遊宦之民。因秦國地形便利。用其法。富强數世。兼幷諸侯。迄至始皇。始皇之時。一用商鞅成法而已。雖李斯助之。言其便利。益成秦亂。然使李斯不言其便。始皇固自爲之而不厭。何也。秦之甘於刻薄而便於嚴法久矣。其後世所習以爲善者也。斯逆探始皇二世之心。非是不足以中侈君而張吾之寵。是以盡舍其師荀卿之學。而爲商鞅之學。埽去三代先王仁政。而一切取自恣肆以爲治。焚詩書。禁學士。滅三代法而尙督責。斯非行其學也。趨時而已。設所遭値非始皇二世。斯之術將不出於此。非爲仁也。亦以趨時而已。君子之仕也。進不隱賢。小人之仕也。無論所學識非也。卽有學識甚當。見其君國行事。悖謬無義。疾首頻蹙於私家之居。而矜夸導譽於朝廷之上。知其不義而勸爲之者。謂天下將諒我之無可奈何於吾君。而不吾罪也。知其將喪國家而爲之者。謂當吾身容可以免也。且夫小人雖明知世之將亂。而終不以易目前之富貴。而以富貴之謀貽天下之亂。固有終身安享榮樂。禍遺後人。而彼宴然無與者矣。嗟乎。秦未

續古文辭類纂　卷一　論辨類一　一　商務印書館印行

176 續古文辭類纂三十四卷　（清）王先謙纂　清光緒三十三年（1907）上海商務印書館鉛印本

匡高 16 釐米，寬 11 釐米。半葉十六行，行三十三字，白口，四周雙邊。

館藏索書號：X/I26/12

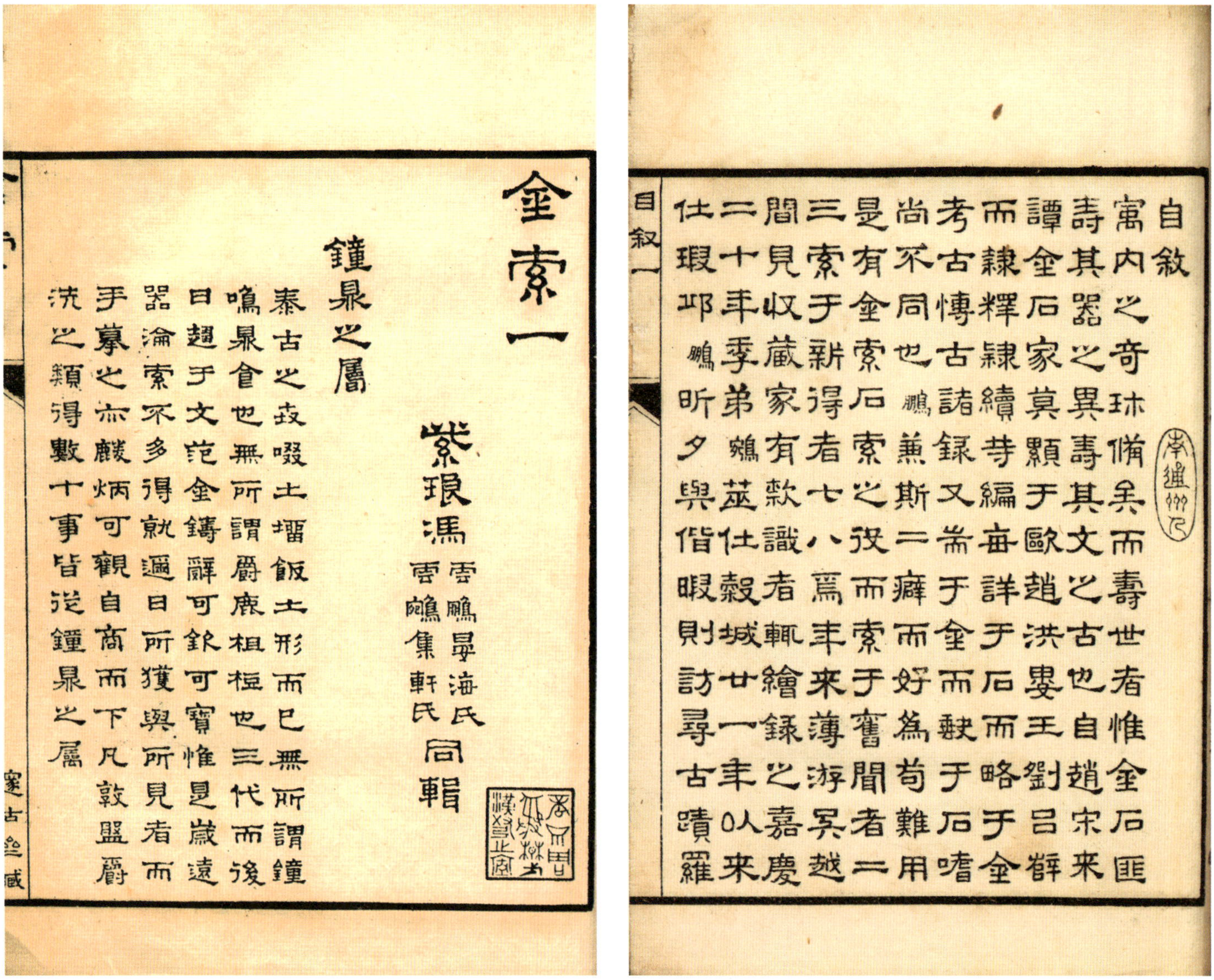

金索一

紫琅馮雲鵬晏海氏
雲鵷集軒氏同輯

鐘鼎之屬

泰古之政啜土塯飯土形而已無所謂鐘鳴鼎食也無所謂爵鹿柤梪也三代而後日趨于文范金鑄辭可銘可寶惟是歲遠器淪索不多得就遍日所獲與所見者而手摹之亦麟炳可觀自商而下凡敦盤爵洗之類得數十事皆從鐘鼎之屬

自敘

寓内之奇珠備矣而壽世者惟金石匪壽其器之異壽其文之古也自趙宋來譚金石家莫顯于歐趙洪婁王劉呂薛而隸釋隸續考編每詳于石而略于金考古博古諸録又嵩于金而缺于石嗜尚不同也鵬兼斯二癖而好為荀難用是有金索石索之役而索于舊間者二三索于新得者七八焉年來薄游吳越間見收藏家有款識者輒繪録之嘉慶二十年季弟鵷菘仕穀城廿一年以來仕瑕邱鵬昕夕與偕暇則訪尋古蹟羅

177 金石索十二卷首一卷 （清）馮雲鵬等輯 清光緒三十三年（1907）上海文新局石印本

匡高 15 釐米，寬 11.8 釐米。半葉行格字數不等，白口，四周單邊。

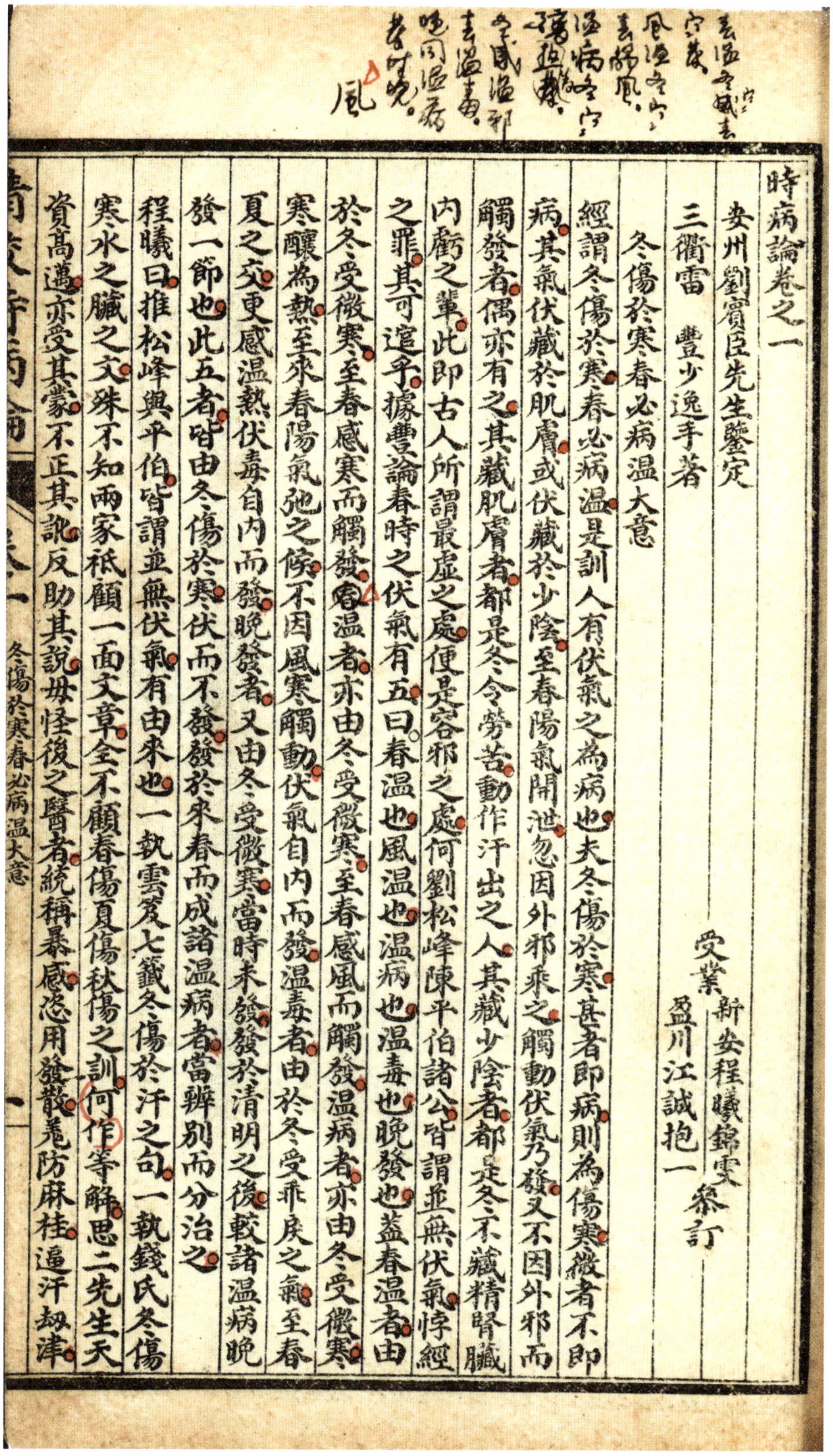

時病論卷之一

安州劉賓臣先生鑒定

三衢雷　豐少逸手著

受業　新安程曦錦雯　盈川江誠抱一　參訂

冬傷於寒春必病温大意

經謂冬傷於寒春必病温是訓人有伏氣之為病也夫冬傷於寒甚者即病則為傷寒微者不即病其氣伏藏於肌膚或伏藏於少陰至春陽氣開泄忽因外邪乘之觸動伏氣乃發又不因外邪而觸發者偶亦有之其藏肌膚者都是冬令勞苦動作汗出之人其藏少陰者都是冬不藏精腎臟內虧之輩此即古人所謂最虚之處便是容邪之處何劉松峰陳平伯諸公皆謂並無伏氣悖經之罪其可逭乎據豐論春時之伏氣有五曰春温也風温也温病也温毒也晚發也蓋春温者由於冬受微寒至春感寒而觸發者温者亦由冬受微寒至春感風而觸發温病者亦由冬受微寒寒釀為熱至來春陽氣弛之候不因風寒觸動伏氣自內而發温毒者由於冬受乖戾之氣至春夏之交更感温熱伏毒自內而發晚發者又由冬受微寒當時未發發於清明之後較諸温病晚發一節也此五者皆由冬傷於寒伏而不發發於來春而成諸温病者當辨別而分治之程曦曰推松峰與平伯皆謂並無伏氣有由來也一執雲笈七籤冬傷於汗之句一執錢氏冬傷寒水之臟之文殊不知兩家祗顧一面文章全不顧春傷夏傷秋傷之訓何作等解思二先生天資高邁亦受其蒙不正其訛反助其説毋怪後之醫者統稱暴感恣用發散羌防麻桂逼汗劫津

冬傷於寒春必病温大意

178 時病論八卷附論一卷　（清）雷豐撰　清光緒上海文瑞樓石印本

匡高 17.2 釐米，寬 11.5 釐米。半葉十六行，行三十八字，白口，四周雙邊。

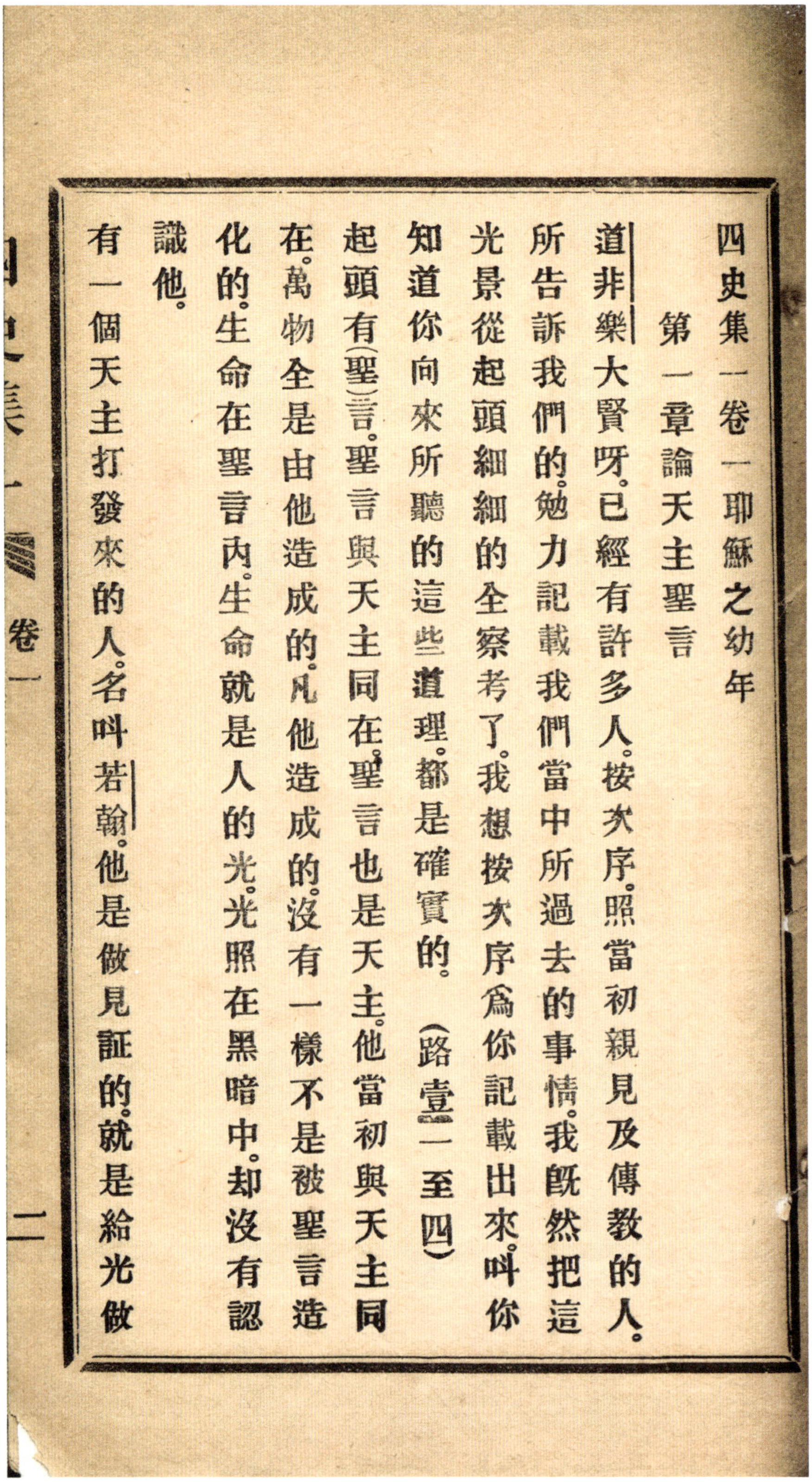

四史集一卷一耶穌之幼年
第一章論天主聖言
道非樂大賢呀。已經有許多人。按次序。照當初親見及傳教的人。所告訴我們的。勉力記載我們當中所過去的事情。我既然把這光景從起頭細細的全察考了。我想按次序爲你記載出來。叫你知道你向來所聽的這些道理。都是確實的。（路壹一至四）
起頭有聖言。聖言與天主同在。聖言也是天主。他當初與天主同在。萬物全是由他造成的。凡他造成的。沒有一樣不是被聖言造化的。生命在聖言內。生命就是人的光。光照在黑暗中。却沒有認識他。
有一個天主打發來的人。名叫若翰。他是做見証的。就是給光做

四史集　卷一　二

179 四史集十卷　（清）北京救世堂編　清宣統元年（1909）鉛印本

匡高 15.8 釐米，寬 10 釐米。半葉十一行，行二十五字。

180 醉墨軒畫稿□□卷 （清）醉墨軒主人繪 清宣統元年（1909）上海天寶書局石印本

匡高 17 釐米，寬 12 釐米。白口，四周單邊。繪圖本。

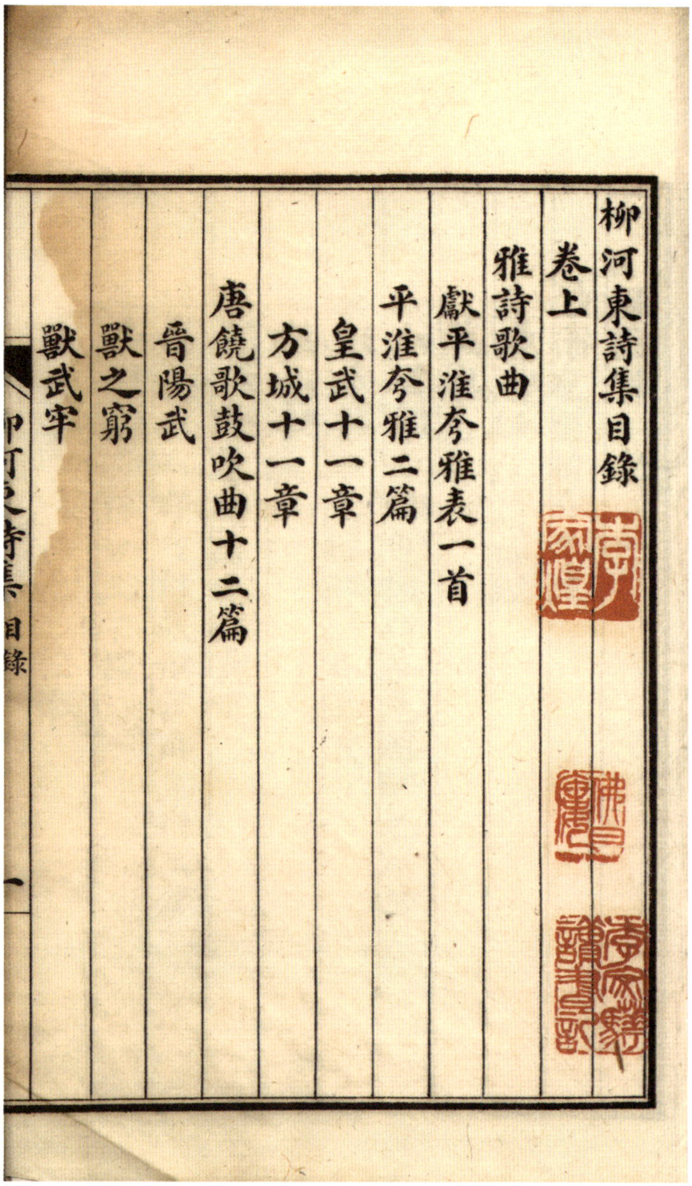
柳河東詩集目錄
卷上
雅詩歌曲
獻平淮夷雅表一首
平淮夷雅二篇
皇武十一章
方城十一章
唐鐃歌鼓吹曲十二篇
晉陽武
獸之窮
獸武牢
柳河東詩集目錄 一

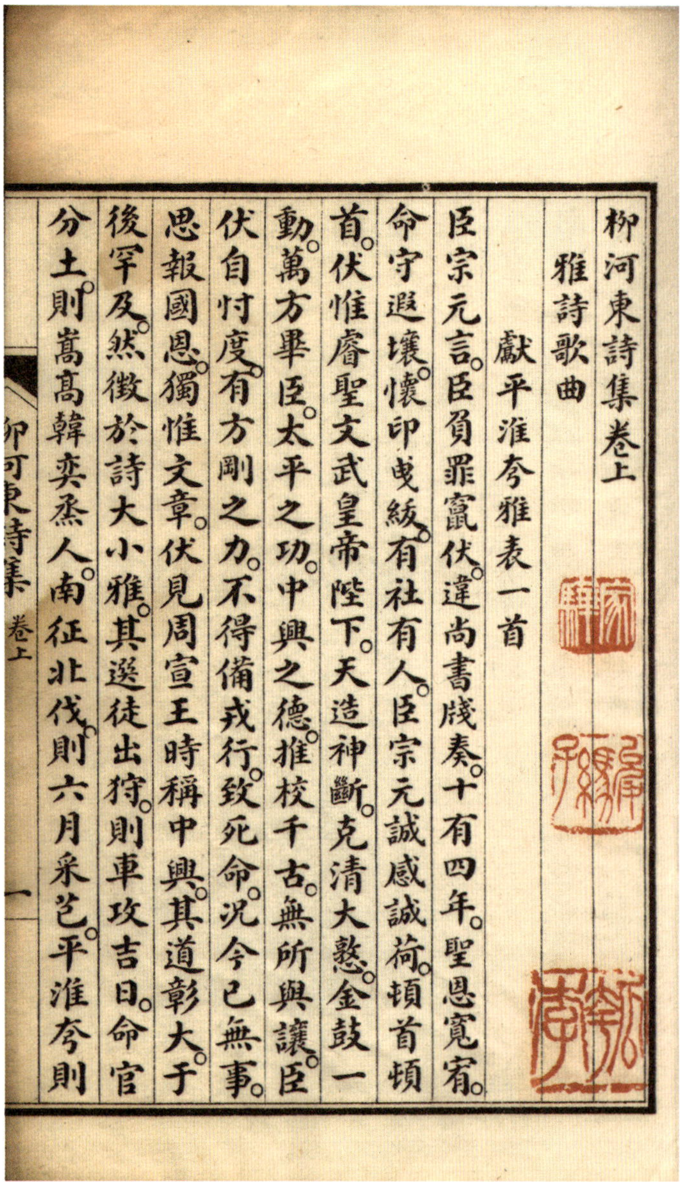
柳河東詩集卷上
雅詩歌曲
獻平淮夷雅表一首
臣宗元言。臣負罪竄伏。違尚書牋奏。十有四年。聖恩寬宥。
命守遐壤。懐印曳紱。有社有人。臣宗元誠感誠荷。頓首頓
首。伏惟睿聖文武皇帝陛下。天造神斷。克清大憝。金鼓一
動。萬方畢臣。太平之功。中興之德。推校千古。無所與讓。臣
伏自忖度。有方剛之力。不得備戎行。致死命。況今已無事。
思報國恩。獨惟文章。伏見周宣王時稱中興。其道彰大。于
後罕及。然徵於詩大小雅。其選徒出狩。則車攻吉日。命官
分土。則嵩高韓奕烝人。南征北伐。則六月采芑。平淮夷則
柳河東詩集 卷上 一

181 柳河東詩集二卷 （唐）柳宗元撰 清宣統二年（1910）石印本

匡高 15.5 釐米，寬 11 釐米。半葉十一行，行二十二字，白口，四周雙邊。

館藏索書號：X/I222.744/7

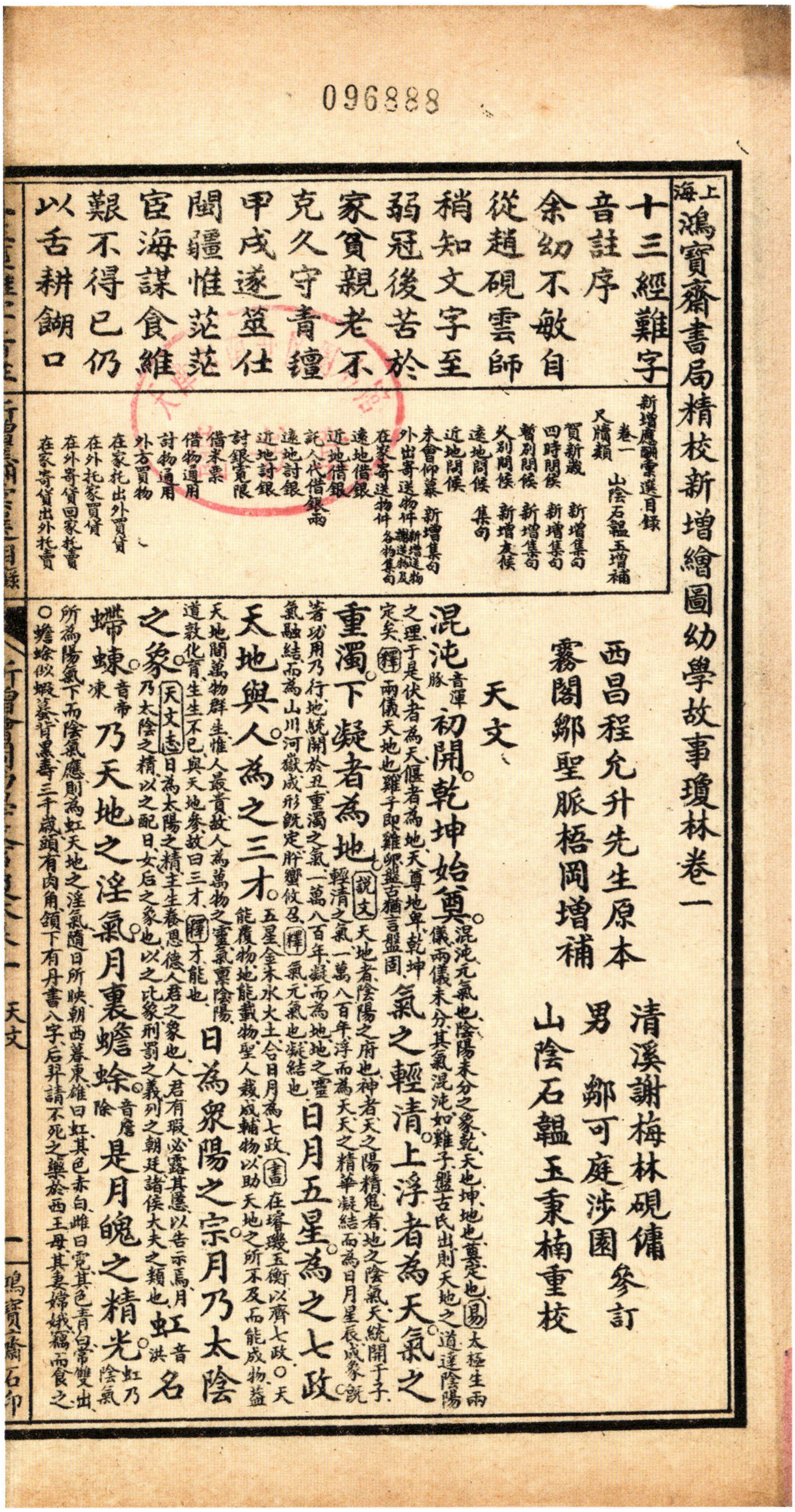

上海鴻寶齋書局精校新增繪圖幼學故事瓊林卷一

西昌程允升先生原本
霧閣鄒聖脈梧岡增補
清溪謝梅林硯傭
男 鄒可庭涉園參訂
山陰石韞玉秉楠重校

天文

混沌音渾豚初開，乾坤始奠。混沌元氣也陰陽未分之象乾天也坤地也奠定也〔易〕太極生兩儀兩儀未分其氣混沌如雞子盤古氏出則天地之道達陰陽之理于是伏者為天偃者為地天尊地卑乾坤定矣〔釋〕兩儀天地也雞子即雞卵盤古猶言盤固

氣之輕清，上浮者為天；氣之重濁，下凝者為地。〔說文〕天地者陰陽之府也神者天之陽精鬼者地之陰氣天統開于子輕清之氣一萬八百年浮而為天天之精華凝結而為日月星辰成象既著功用乃行地統闢於丑重濁之氣一萬八百年凝而為地地之靈氣融結而為山川河嶽成形既定肸蠁攸及〔釋〕氣元氣也凝結也

日月五星，為之七政；天地與人，為之三才。五星金木水火土合日月為七政〔書〕在璿璣玉衡以齊七政○天能覆物地能載物聖人裁成輔物以助天地之所不及而能成物蓋天地間萬物群生惟人最貴故人為萬物之靈氣稟陰陽道敎化育生生不已與天地參故曰三才〔釋〕才能也

日為眾陽之宗，月乃太陰之象。〔天文志〕日為太陽之精主生養恩德人君之象也人君有瑕必露其慝以告示焉月乃太陰之精以之配日女后之象也以之比象刑罰之義列之朝廷諸侯大夫之類也

虹音洪名螮音帝蝀音凍，乃天地之淫氣；月裏蟾音詹蜍音除，是月魄之精光。虹乃陰氣所為陽氣下而陰氣應則為虹天地之淫氣隨日所映朝西暮東雄曰虹其色赤白雌曰霓其色青白常雙出○蟾蜍似蝦蟇背黑壽三千歲頭有肉角頷下有丹書八字后羿請不死之藥於西王母其妻嫦娥竊而食之

十三經難字音註序

余幼不敏，自從趙硯雲師，稍知文字。至弱冠後，苦於家貧親老，不克久守青氈。甲戌遂筮仕閩疆，惟茫茫宦海，謀食維艱，不得已仍以舌耕餬口

新增應酬彙選目錄

卷一 山陰石韞玉增補

尺牘類

賀新歲 新增集句
四時問候 新增集句
暫別問候 新增集句
久別問候 新增友候
遠地問候 集句
近地問候
未會仰慕 新增集句
外出寄送物件 新增送物謝送物及
在家寄送物件 各物集句
遠地借銀
近地借銀
託人代借銀兩
遠地討銀
近地討銀
討銀寬限
借米票
借物通用
討物通用
外方買物
在家託出外買貨
在外託家買貨
在外寄貨回家託賣
在家寄貨出外託賣

新增繪圖幼學故事瓊林卷一 天文 一 鴻寶齋石印

182 上海鴻寶齋書局精校新增繪圖幼學故事瓊林四卷首一卷

（清）程允升撰 清宣統二年（1910）上海鴻寶齋石印本

匡高 22.5 釐米，寬 13.7 釐米。上中下三欄，半葉行格字數不等，小字雙行不等，白口，四周雙邊。

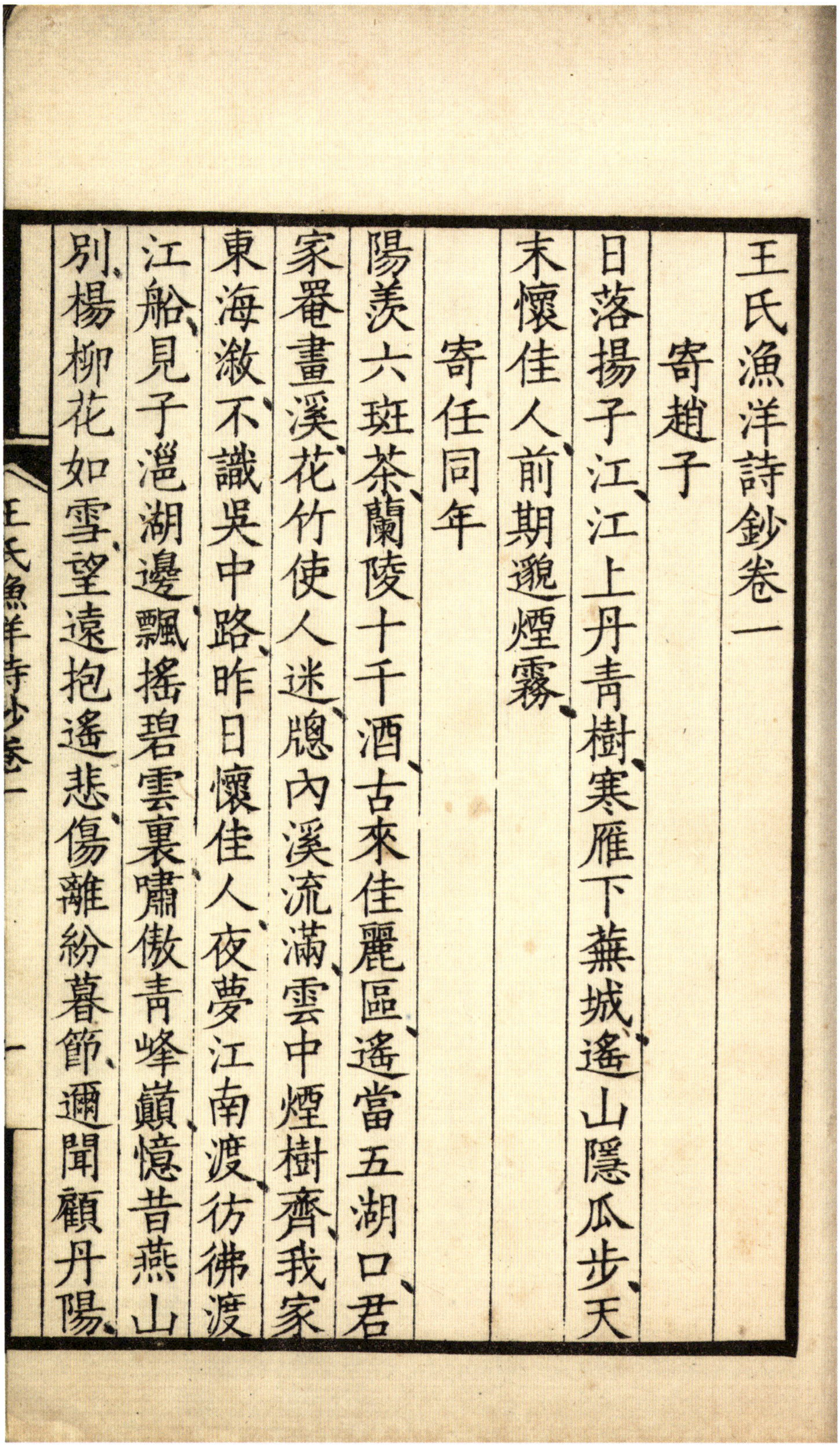
王氏漁洋詩鈔卷一
寄趙子
日落揚子江、江上丹青樹、寒雁下蕪城、遙山隱瓜步、天
末懷佳人、前期邈煙霧、
寄任同年
陽羨六斑茶、蘭陵十千酒、古來佳麗區、遙當五湖口、君
家罨畫溪、花竹使人迷、牕內溪流滿、雲中煙樹齊、我家
東海澨、不識吳中路、昨日懷佳人、夜夢江南渡、彷彿渡
江船、見子滬湖邊、飄搖碧雲裏、嘯傲青峰巔、憶昔燕山
別、楊柳花如雪、望遠抱遙悲、傷離紛暮節、邇聞顧丹陽、
王氏漁洋詩鈔卷一　一

183 王氏漁洋詩鈔十二卷　（清）王士禛撰　清宣統二年（1910）時中書局石印本

匡高 15 釐米，寬 11 釐米。半葉十行，行二十一字，黑口，四周單邊。

館藏索書號：X/I222.749/13

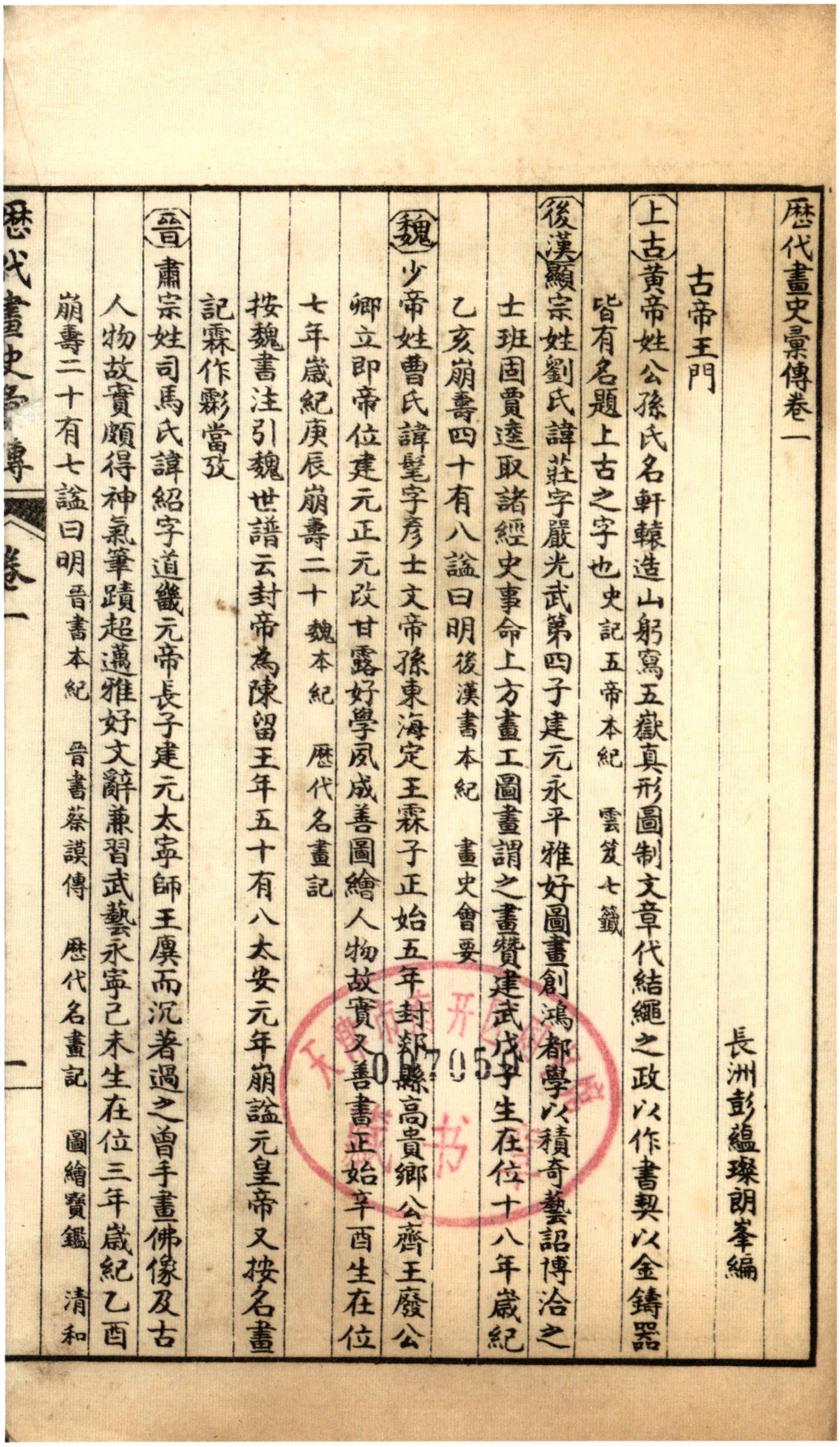

歷代畫史彙傳卷一

長洲彭蘊璨朗峯編

古帝王門

上古 黃帝姓公孫氏名軒轅造山躬寫五嶽真形圖制文章代結繩之政以作書契以金鑄器皆有名題上古之字也 史記五帝本紀 雲笈七籤

後漢 顯宗姓劉氏諱莊字嚴光武第四子建元永平雅好圖畫創鴻都學以積奇藝詔博洽之士班固賈逵取諸經史事命上方畫工圖畫謂之畫贊建武戊子生在位十八年歲紀乙亥崩壽四十有八謚曰明 後漢書本紀 畫史會要

魏 少帝姓曹氏諱髦字彥士文帝孫東海定王霖子正始五年封郯縣高貴鄉公齊王廢公卿立即帝位建元正元改甘露好學夙成善圖繪人物故實又善書正始辛酉生在位七年歲紀庚辰崩壽二十 魏本紀 歷代名畫記

按魏書注引魏世譜云封帝為陳留王年五十有八太安元年崩謚元皇帝又按名畫記霖作[illegible]當攷

晉 肅宗姓司馬氏諱紹字道畿元帝長子建元太寧師王廙而沉著過之曾手畫佛像及古人物故實頗得神氣筆蹟超邁雅好文辭兼習武藝永寧己未生在位三年歲紀乙酉崩壽二十有七謚曰明 晉書本紀 晉書蔡謨傳 歷代名畫記 圖繪寶鑑 清和

184 歷代畫史彙傳七十二卷首一卷 （清）彭蘊燦撰 清宣統二年（1910）

上海文瑞樓書局石印本

匡高 16 釐米，寬 11.5 釐米。半葉十六行，行三十六字，白口，四周單邊。

館藏索書號：X/K825.7/5

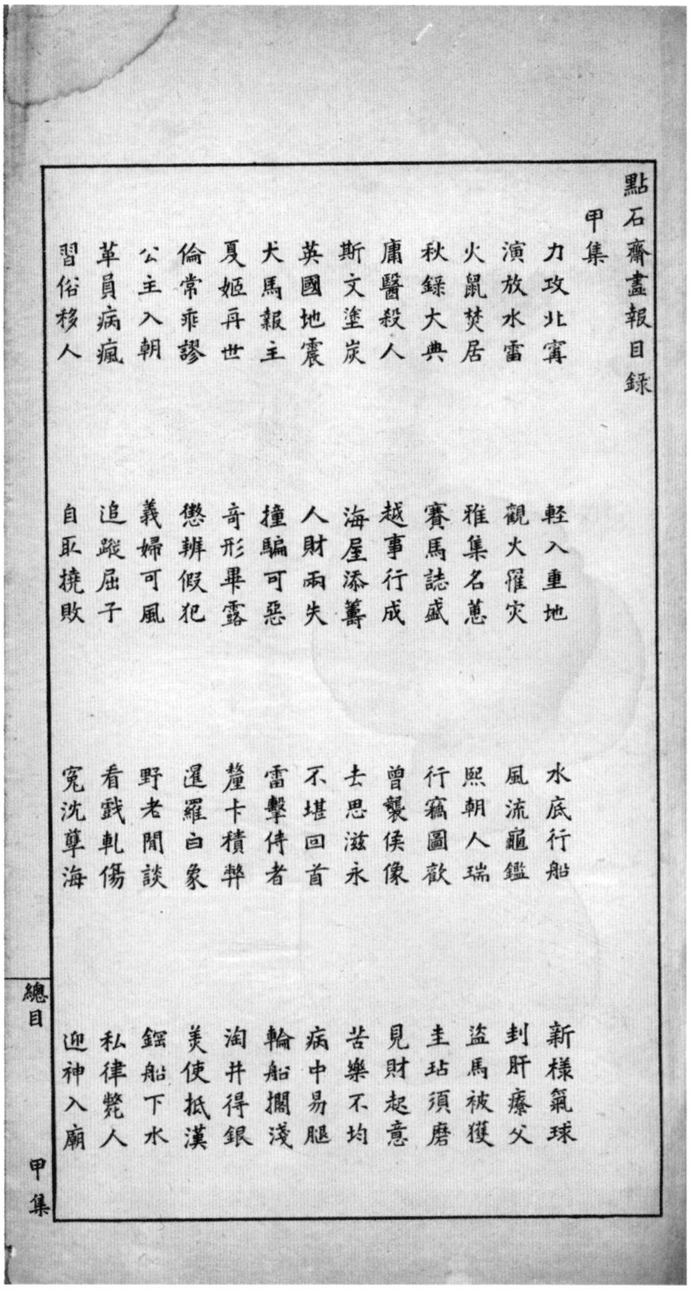
點石齋畫報目録

甲集

力攻北寗 輕入重地 水底行船 新樣氣球
演放水雷 觀火罹灾 風流寵鑑 封肝療父
火鼠焚居 雅集名蕙 照朝人瑞 盜馬被獲
秋録大典 賽馬誌盛 行竊圖歡 圭玷須磨
庸醫殺人 越事行成 曾襲侯像 見財起意
斯文塗炭 海屋添籌 去思滋永 苦樂不均
英國地震 人財兩失 不堪回首 病中易腿
犬馬報主 撞騙可惡 雷擊仵者 輪船擱淺
夏姬再世 奇形畢露 釐卡積弊 淘井得銀
倫常乖謬 懲辦假犯 暹羅白象 美使抵漢
公主入朝 義婦可風 野老閒談 鋁船下水
革員病瘋 追蹤屈子 看戲軋傷 私律斃人
習俗移人 自取撓敗 冤沉草海 迎神入廟

總目 甲集

185 點石齋畫報大全四十四集 （清）尊聞閣主人輯 清宣統二年（1910）

上海集成圖書公司石印本

圖高 19.6 釐米，圖寬 11.5 釐米。繪圖本。

館藏索書號：X/J222.49/1

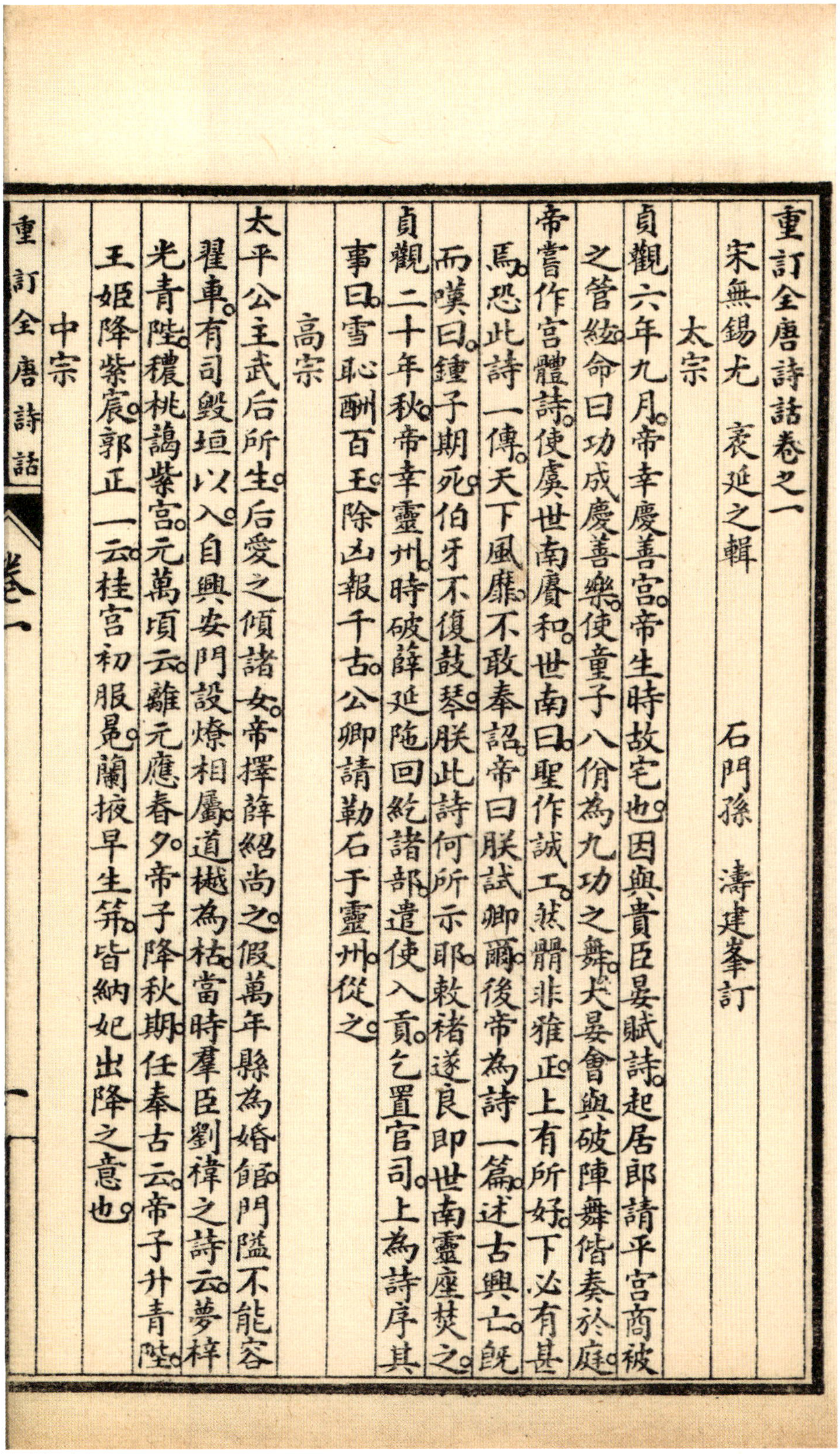

重訂全唐詩話卷之一

宋無錫尤　袤延之輯　　石門孫　濤建峯訂

太宗

貞觀六年九月。帝幸慶善宮。帝生時故宅也。因與貴臣宴賦詩。起居郎請平宮商被之管絃。命曰功成慶善樂。使童子八佾為九功之舞。大宴會與破陣舞偕奏於庭。

帝嘗作宮體詩。使虞世南賡和。世南曰。聖作誠工。然體非雅正。上有所好。下必有甚焉。恐此詩一傳。天下風靡。不敢奉詔。帝曰朕試卿爾。後帝為詩一篇。述古興亡。既而嘆曰。鍾子期死。伯牙不復鼓琴。朕此詩何所示耶。敕褚遂良即世南靈座焚之。

貞觀二十年秋。帝幸靈州。時破薛延陁。回紇諸部。遣使入貢。乞置官司。上為詩序其事曰。雪恥酬百王。除凶報千古。公卿請勒石于靈州。從之。

高宗

太平公主武后所生。后愛之傾諸女。帝擇薛紹尚之。假萬年縣為婚館。門隘不能容翟車。有司毀垣以入。自興安門設燎相屬。道樾為枯。當時羣臣劉禕之詩云。夢梓光青陛。穠桃藹紫宮。元萬頃云。離元應春夕。帝子降秋期。任奉古云。帝子升青陛。王姬降紫宸。郭正一云。桂宮初服冕。蘭掖早生笄。皆納妃出降之意也。

中宗

重訂全唐詩話　卷一　一

186 重訂全唐詩話八卷　（宋）尤袤輯 清宣統三年（1911）三樂堂石印本

匡高 16 釐米，寬 11.2 釐米。半葉十六行，行三十三字，黑口，四周雙邊。

館藏索書號：X/I222.742/2

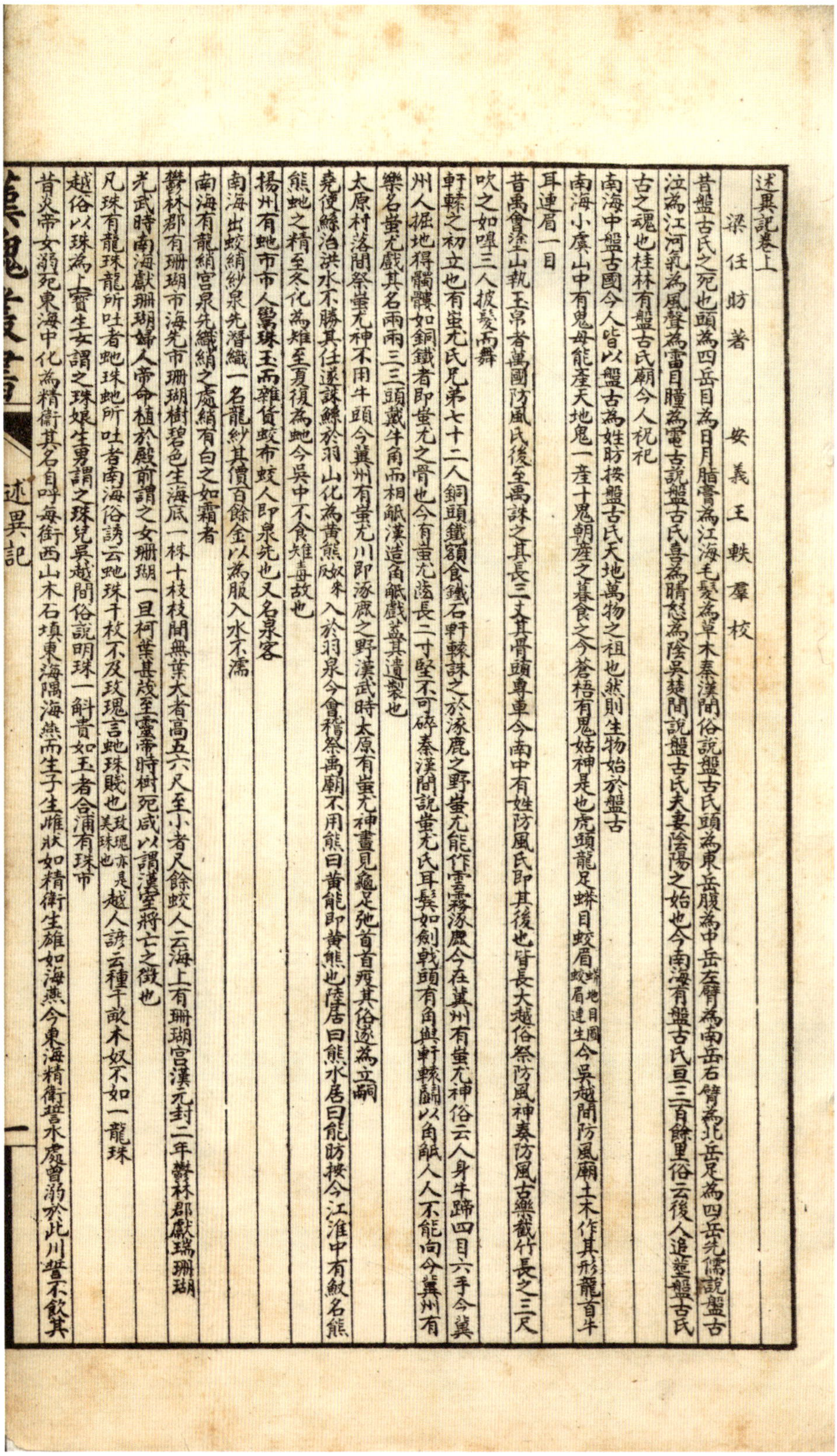
述異記卷上
梁任昉著　安義王軼羣校
昔盤古氏之死也頭為四岳目為日月脂膏為江海毛髮為草木秦漢間俗說盤古氏頭為東岳腹為中岳左臂為南岳右臂為北岳足為西岳先儒說盤古
泣為江河氣為風聲為雷目瞳為電古說盤古氏喜為晴怒為陰吳楚間說盤古氏夫妻陰陽之始也今南海有盤古氏墓亘三百餘里俗云後人追葬盤古氏
古之魂也桂林有盤古氏廟今人祝祀
南海中盤古國今人皆以盤古為姓昉按盤古氏天地萬物之祖也然則生物始於盤古
南海小虞山中有鬼母能產天地鬼一產十鬼朝產之暮食之今蒼梧有鬼姑神是也虎頭龍足蟒目蛟眉（蟒地目圓蛟眉連生）今吳越間防風廟土木作其形龍首牛
耳連眉一目
昔禹會塗山執玉帛者萬國防風氏後至禹誅之其長三丈其骨頭專車今南中有姓防風氏即其後也皆長大越俗祭防風神奏防風古樂截竹長之三尺
吹之如嗥三人披髮而舞
軒轅之初立也有蚩尤氏兄弟七十二人銅頭鐵額食鐵石軒轅誅之於涿鹿之野蚩尤能作雲霧涿鹿今在冀州有蚩尤神俗云人身牛蹄四目六手今冀
州人掘地得髑髏如銅鐵者即蚩尤之骨也今有蚩尤齒長二寸堅不可碎秦漢間說蚩尤氏耳鬢如劍戟頭有角與軒轅鬬以角觝人人不能向今冀州有
樂名蚩尤戲其名兩兩三三頭戴牛角而相觝漢造角觝戲蓋其遺製也
太原村落間祭蚩尤神不用牛頭今冀州有蚩尤川即涿鹿之野漢武時太原有蚩尤神晝見龜足虵首首疫其俗遂為立祠
堯使鯀治洪水不勝其任遂誅鯀於羽山化為黃熊（奴來）入於羽泉今會稽祭禹廟不用熊曰黃能即黃熊也陸居曰熊水居曰能昉按今江淮中有鮌名熊
熊虵之精至冬化為雉至夏復為虵今吳中不食雉毒故也
揚州有虵市市人鬻珠玉而雜貨蛟布蛟人即泉先也又名泉客
南海出蛟綃紗泉先潛織一名龍紗其價百餘金以為服入水不濡
南海有龍綃宮泉先織綃之處綃有白之如霜者
鬱林郡有珊瑚市海客市珊瑚樹碧色生海底一株十枝枝間無葉大者高五六尺至小者尺餘蛟人云海上有珊瑚宮漢元封二年鬱林郡獻瑞珊瑚
光武時南海獻珊瑚婦人帝命植於殿前謂之女珊瑚一旦柯葉甚茂至靈帝時樹死咸以謂漢室將亡之徵也
凡珠有龍珠龍所吐者蛇珠蛇所吐者南海俗諺云蛇珠千枚不及玫瑰言蛇珠賤也（玫瑰亦是美珠也）越人諺云種千畝木奴不如一龍珠
越俗以珠為上寶生女謂之珠娘生男謂之珠兒吳越間俗說明珠一斛貴如玉者合浦有珠市
昔炎帝女溺死東海中化為精衛其名自呼每銜西山木石填東海偶海燕而生子生雌狀如精衛生雄如海燕今東海精衛誓水處曾溺於此川誓不飲其

漢魏叢書　述異記　一

187 漢魏叢書（清）王謨輯 清宣統三年（1911）上海大通書局石印本

匡高 16 釐米，寬 11 釐米。半葉二十四行，行六十字，下黑口，四周單邊。

館藏索書號：X/Z121/2

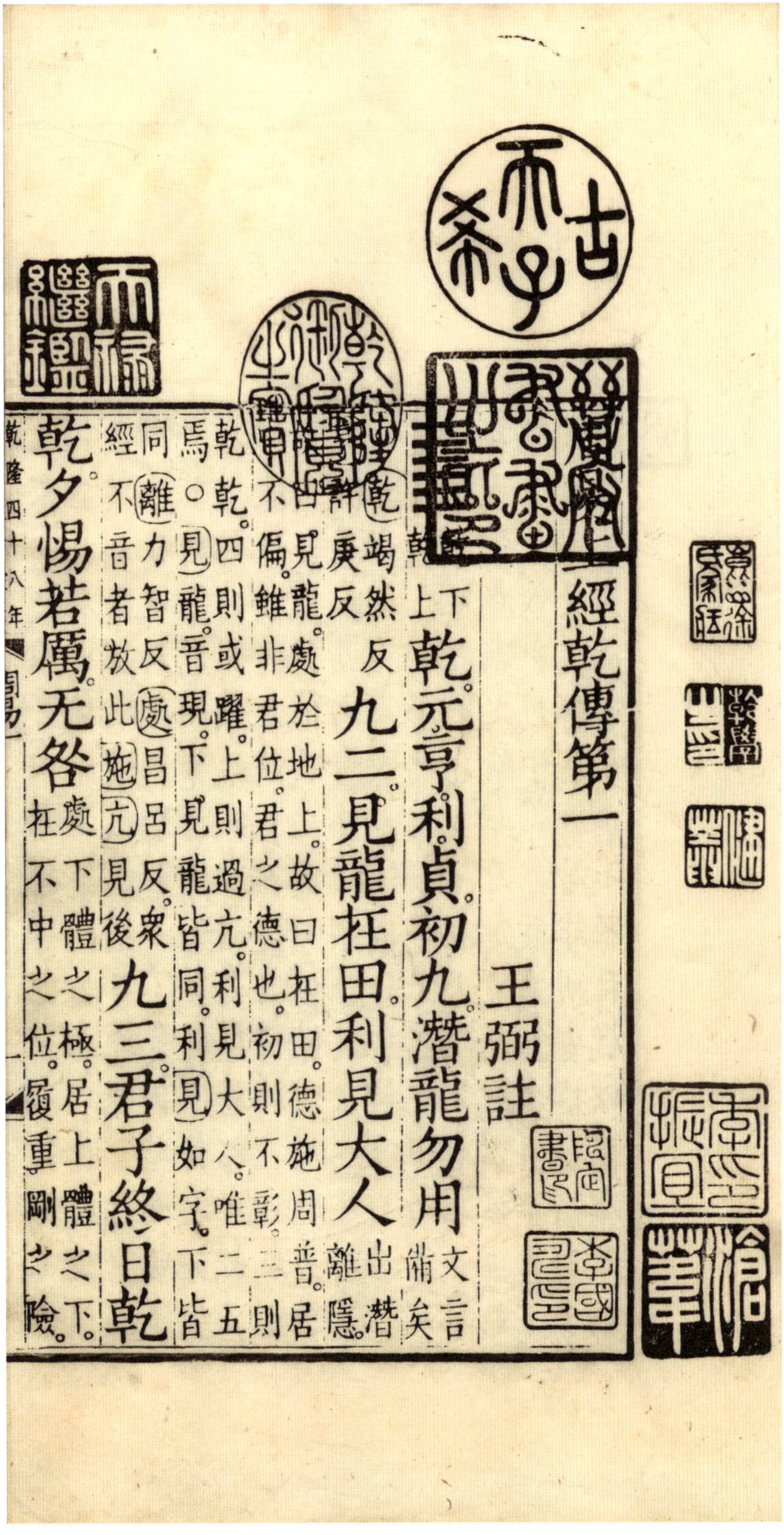

經乾傳第一

王弼註

乾下乾上 乾元亨利貞初九潛龍勿用文言備矣

乾竭然反亨許庚反 九二見龍在田利見大人出潛離隱

見龍處於地上故曰在田德施周普居中不偏雖非君位君之德也初則不彰三則

乾乾四則或躍上則過亢利見大人唯二五焉○見龍音現下見龍皆同利見如字下皆

同離力智反處昌呂反衆經不音者放此施亢見後 九三君子終日乾

乾夕惕若厲无咎處下體之極居上體之下在不中之位履重剛之險

乾隆四十八年 周易

188 周易十卷 （三國魏）王弼註 清末影印本

匡高20.3釐米，寬13.6釐米。半葉八行，行十七字，小字雙行同，白口，四周雙邊。

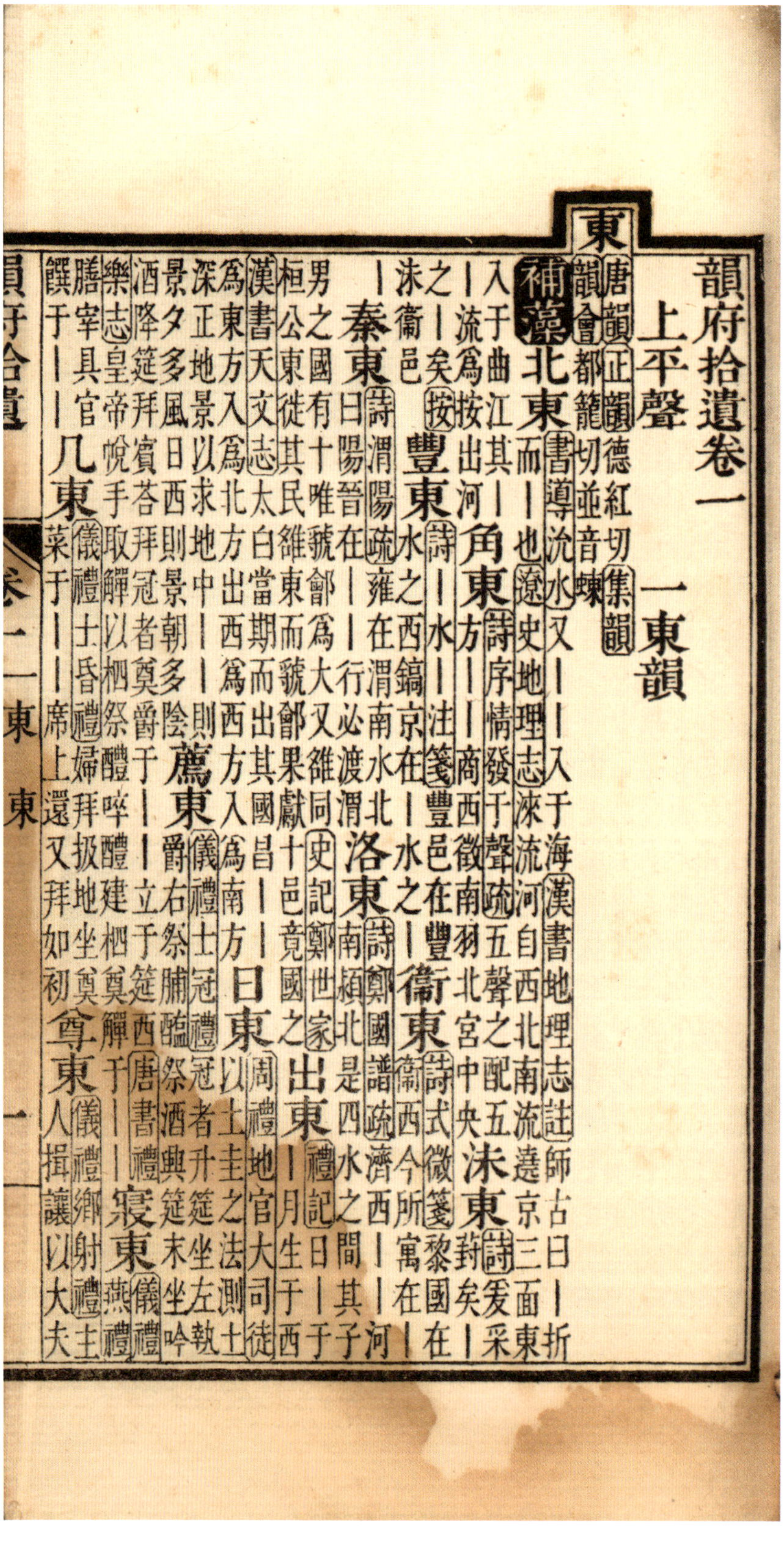
韻府拾遺卷一
上平聲　一東韻
東唐韻正韻德紅切集韻
韻會都籠切並音蝀
補藻北東書導沇水又｜｜入于海漢書地理志註師古曰｜折
而｜｜也遼史地理志淶流河自西北南流遶京三面｜東
入于曲江其｜角東詩序情發于聲疏五聲之配五沬東詩爰采
｜流爲按出河方｜｜｜商西徵南羽北宮中央葑矣｜
之｜矣按豐東詩｜水｜｜注箋豐邑在豐衛東詩式微箋黎國在
沬衛邑水之西鎬京在｜水之｜衛西今所寓在｜
｜秦東詩渭陽疏雍在渭南水北洛東詩鄭國譜疏濟西｜河
日陽晉在｜｜行必渡渭南潁北是西水之間其子
男之國有十唯虢鄶爲大又雒同史記鄭世家出東禮記日｜于
桓公東徙其民雒東而虢鄶果獻十邑竟國之｜月生于西
漢書天文志太白當期而出其國昌｜｜日東周禮地官大司徒
爲東方入爲北方出西爲西方入爲南方以土圭之法測土
深正地景以求地中｜｜則薦東儀禮士冠禮冠者升筵坐左執
景夕多風日西則景朝多陰爵右祭脯醢祭酒興筵末坐吟
酒降筵拜賓荅拜冠者奠爵于｜｜立于筵西唐書禮寢東儀禮
樂志皇帝悅手取觶以柶祭醴啐醴建柶奠觶于｜｜燕禮
膳宰具官几東儀禮士昏禮婦拜扱地坐奠尊東儀禮鄉射禮主
饌于｜｜菜于｜｜席上還又拜如初人揖讓以大夫
韻府拾遺　卷一　一東　東　一

189 韻府拾遺一百六卷 （清）汪灝纂修　清末石印巾箱本

匡高 11 釐米，寬 7.8 釐米。半葉十二行，行二十五字，小字雙行同，白口，四周雙邊。

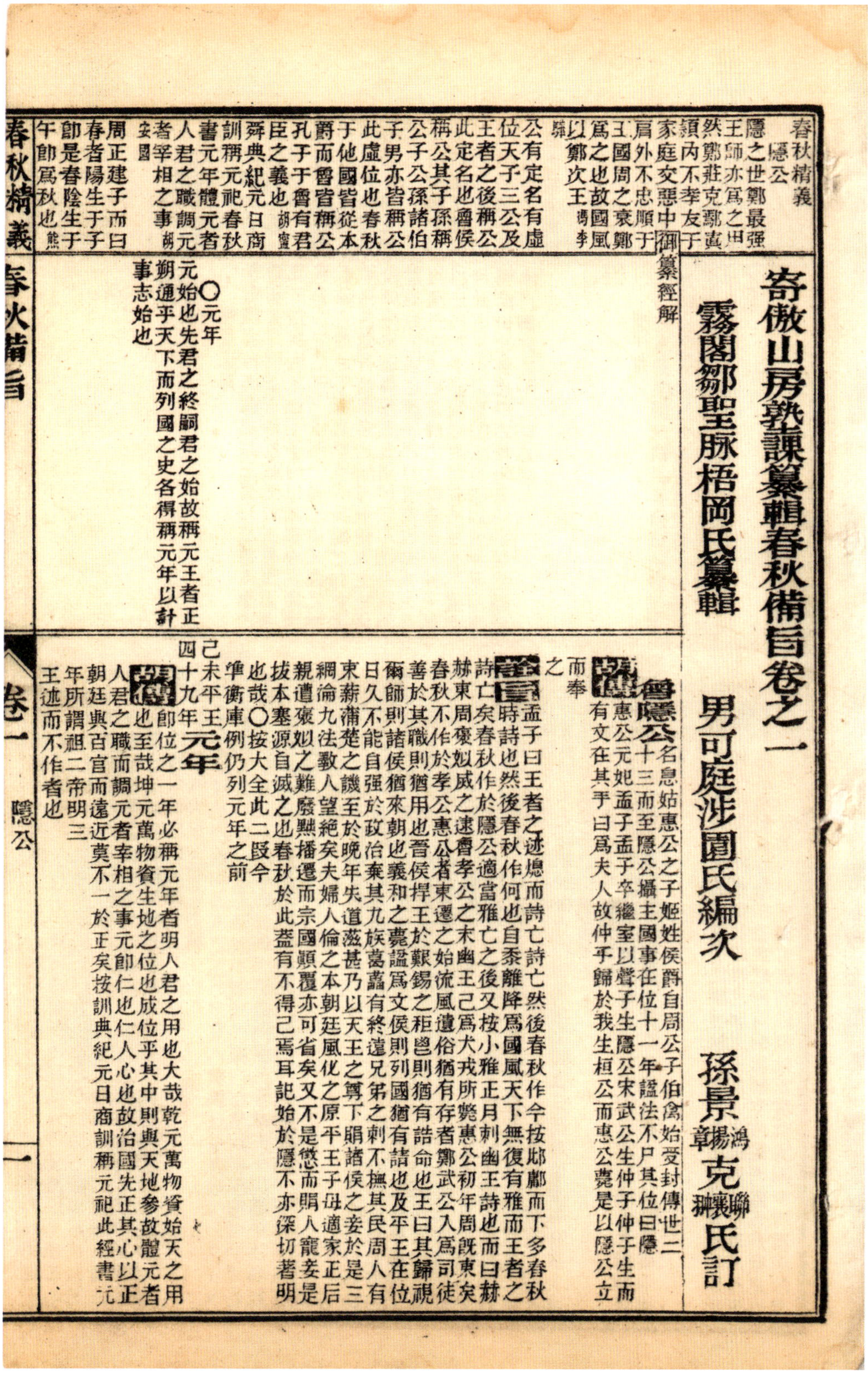

春秋精義

隱公

隱之世鄭最強王師亦爲之用然鄭莊克鄢寘潁內不孝友于家庭交惡中于肩外不忠順于王國周之衰鄭爲之也故國風以鄭次王

公有定名有虛位天子三公及王者之後稱公此定名也魯侯稱公其子孫稱公子公孫諸伯子男亦皆稱公此虛位也春秋于他國皆從本爵而魯皆稱公孔子于魯有君臣之義也

舜典紀元日商訓稱元祀春秋書元年體元者人君之職調元者宰相之事胡安國

周正建子而曰春者陽生于子即是春陰生于午即爲秋也

御纂經解

○元年

元始也先君之終嗣君之始故稱元王者正朔通乎天下而列國之史各得稱元年以紀事志始也

寄傲山房塾課纂輯春秋備旨卷之一

霧閣鄒聖脉梧岡氏纂輯

男可庭涉園氏編次

孫景鴻揚章克聯襄琳氏訂

魯隱公名息姑惠公之子姬姓侯爵自周公子伯禽始受封傳世二十三而至隱公攝主國事在位十一年謚法不尸其位曰隱

左傳惠公元妃孟子孟子卒繼室以聲子生隱公宋武公生仲子仲子生而有文在其手曰爲夫人故仲子歸於我生桓公而惠公薨是以隱公立而奉之

全旨孟子曰王者之迹熄而詩亡詩亡然後春秋作今按邶鄘而下多春秋時詩也然後春秋作何也自黍離降爲國風天下無復有雅而王者之詩亡矣春秋作於隱公適當雅亡之後又按小雅正月刺幽王詩也而曰赫赫東周褒姒威之逮魯孝公之末幽王已爲犬戎所斃惠公初年周既東矣春秋不作於孝公惠公者東遷之始流風遺俗猶有存者鄭武公入爲司徒善於其職則猶用也晉侯捍王於鄭錫之秬鬯則猶有誥命也王曰其歸視爾師則諸侯猶來朝也義和之薨謚爲文侯則列國猶有請也及平王在位日久不能自強於政治棄其九族葛藟有終遠兄弟之刺不撫其民周人有東薪蒲楚之譏至於晚年失道滋甚乃以天王之尊下賵諸侯之妾於是三綱淪九法斁人望絕矣夫婦人倫之本朝廷風化之原平王子母適家正后親遭褒姒之難廢黜播遷而宗國顛覆亦可省矣又不是懲而賵人寵妾是拔本塞源自滅之也春秋於此蓋有不得已焉耳託始於隱不亦深切著明也哉○按大全此二段今準衡庫例仍列元年之前

己未平王四十九年 元年

胡傳即位之一年必稱元年者明人君之用也大哉乾元萬物資始天之用也至哉坤元萬物資生地之位也成位乎其中則與天地參故體元者人君之職而調元者宰相之事元即仁也仁人心也故治國先正其心以正朝廷與百官而遠近莫不一於正矣按訓典紀元日商訓稱元祀此經書元年所謂祖二帝明三王迹而不作者也

春秋精義 春秋備旨 卷一 隱公 一

190 寄傲山房塾課纂輯春秋備旨十二卷 （清）鄒聖脉編纂 清末上海大成書局石印本

匡高 17.5 釐米，寬 12 釐米。上中下三欄，白口，四周雙邊。

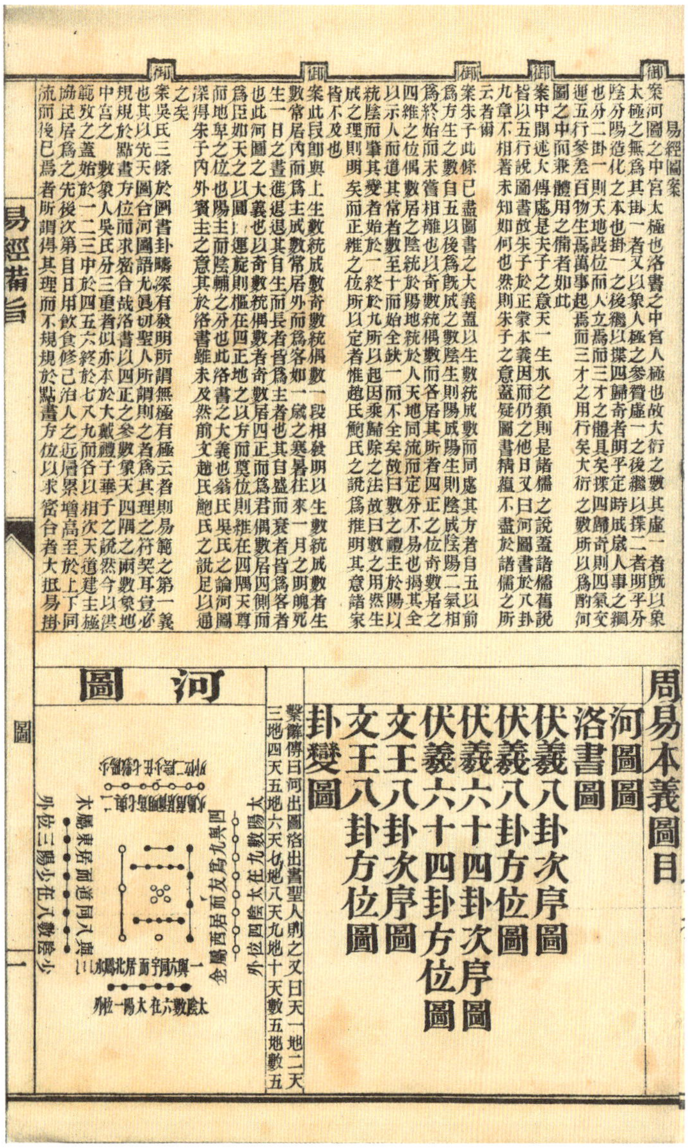

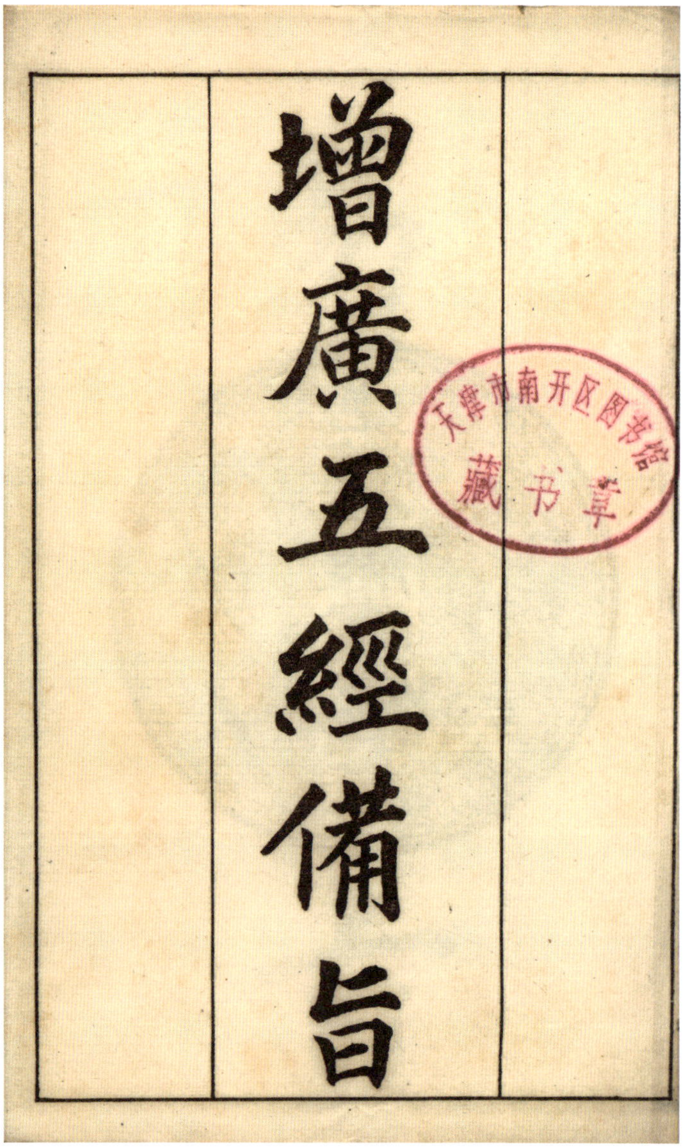

191 增廣五經備旨 （清）鄒聖脉纂輯 清末上海大成書局石印本

匡高 18 釐米，寬 12.5 釐米。上中下三欄，白口，四周雙邊。

館藏索書號：X/Z126.1/1

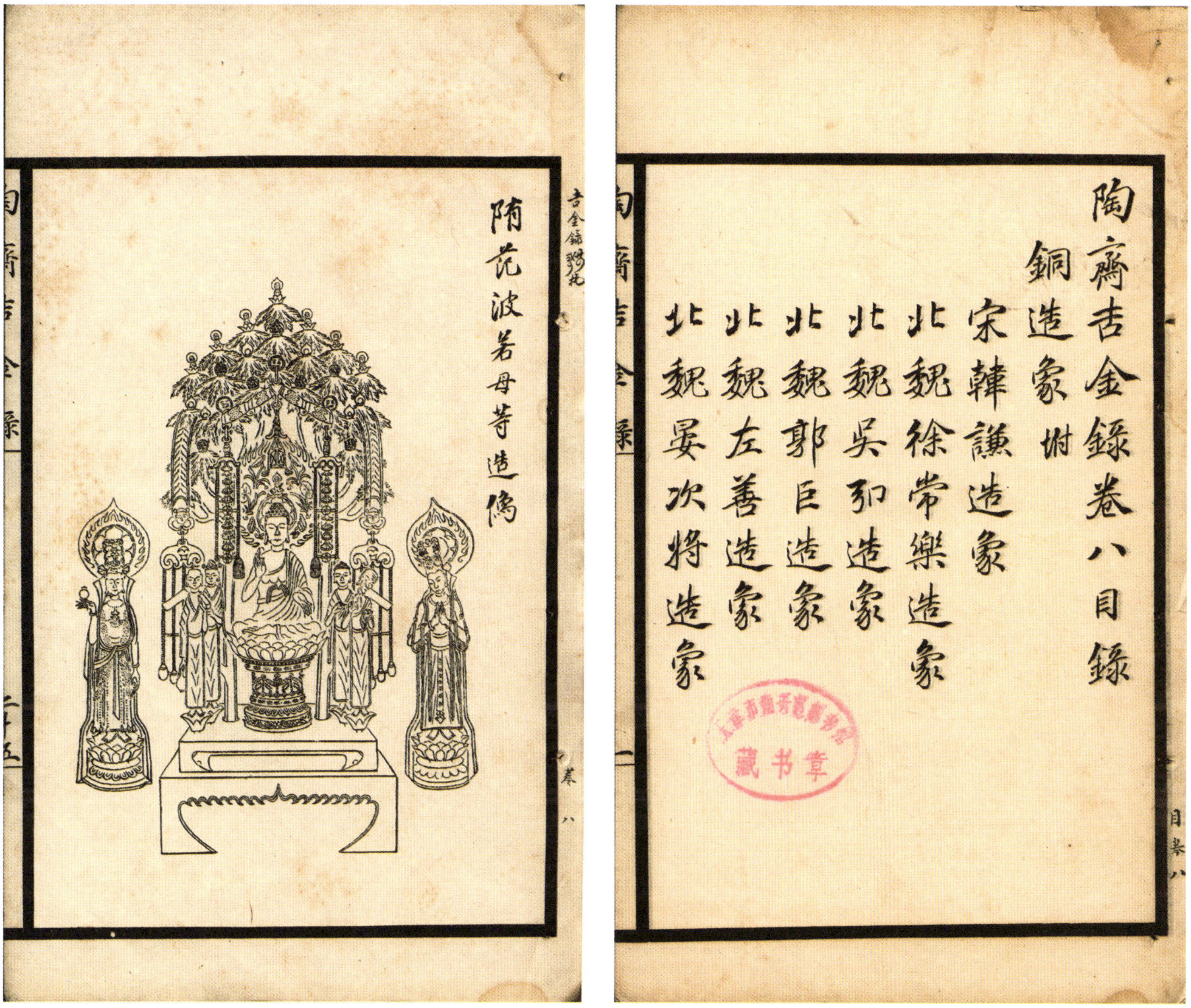
隋范波若母等造像

陶齋吉金錄卷八目錄
銅造象坿
宋韓謙造象
北魏徐常樂造象
北魏吳卯造象
北魏郭巨造象
北魏左善造象
北魏晏次將造象

192 陶齋吉金録八卷 （清）端方撰 清末上海有正書局影印本

匡高 23 釐米，寬 16 釐米。

館藏索書號：X/K876.4/1

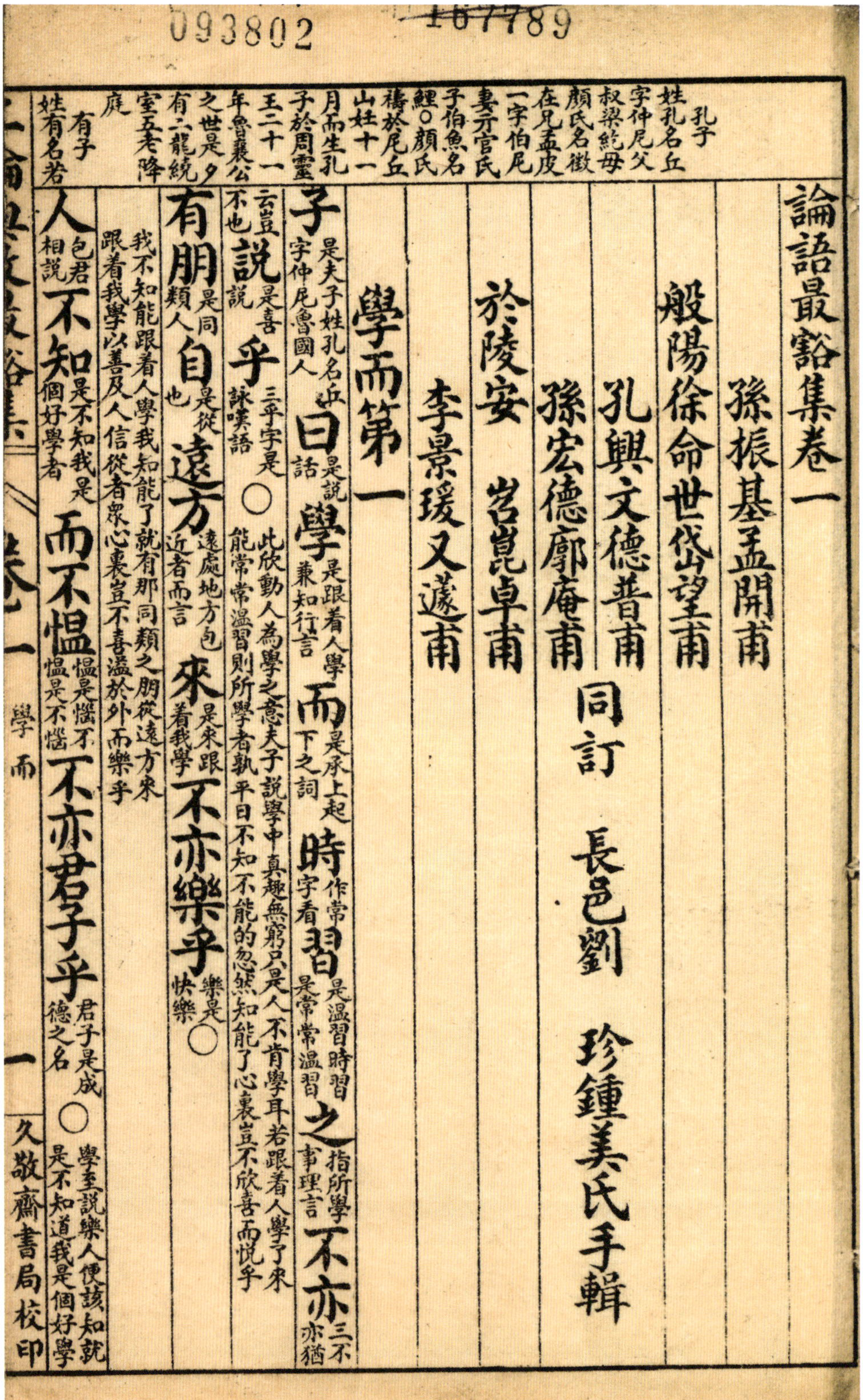

193 論語最豁集四卷 （清）劉珍輯 清末久敬齋書局石印本

匡高 18.3 釐米，寬 12.1 釐米。上下雙欄，下欄半葉十三行，字數不等，小字雙行不等，白口，四周單邊。

館藏索書號：X/B222.1/2

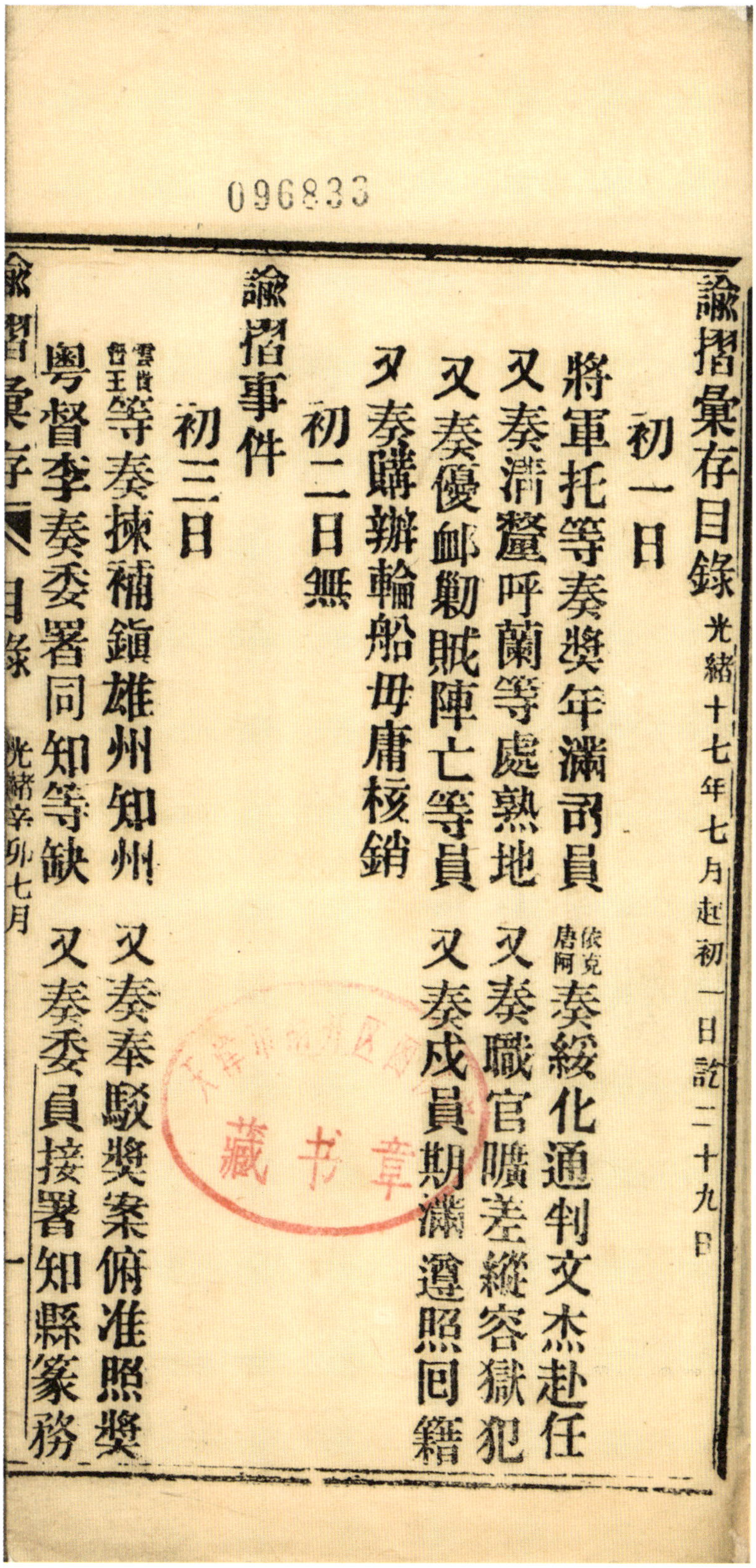

論摺彙存目錄　光緒十七年七月起初一日訖二十九日

初一日

將軍托等奏獎年滿司員　依克唐阿奏綏化通判文杰赴任

又奏清釐呼蘭等處熟地　又奏職官曠差縱容獄犯

又奏優䘏剿賊陣亡等員　又奏戍員期滿遵照回籍

又奏購辦輪船毋庸核銷

初二日無

論摺事件

初三日

雲貴督王等奏揀補鎮雄州知州　又奏奉駁獎案俯准照獎

粵督李奏委署同知等缺　又奏委員接署知縣篆務

論摺彙存　目錄　光緒辛卯七月　一

194 論摺彙存不分卷　不著撰人　清末鉛印本

匡高 17 釐米，寬 11 釐米。半葉十一行，行二十二字，白口，四周雙邊。

館藏索書號：X/I262.49/11

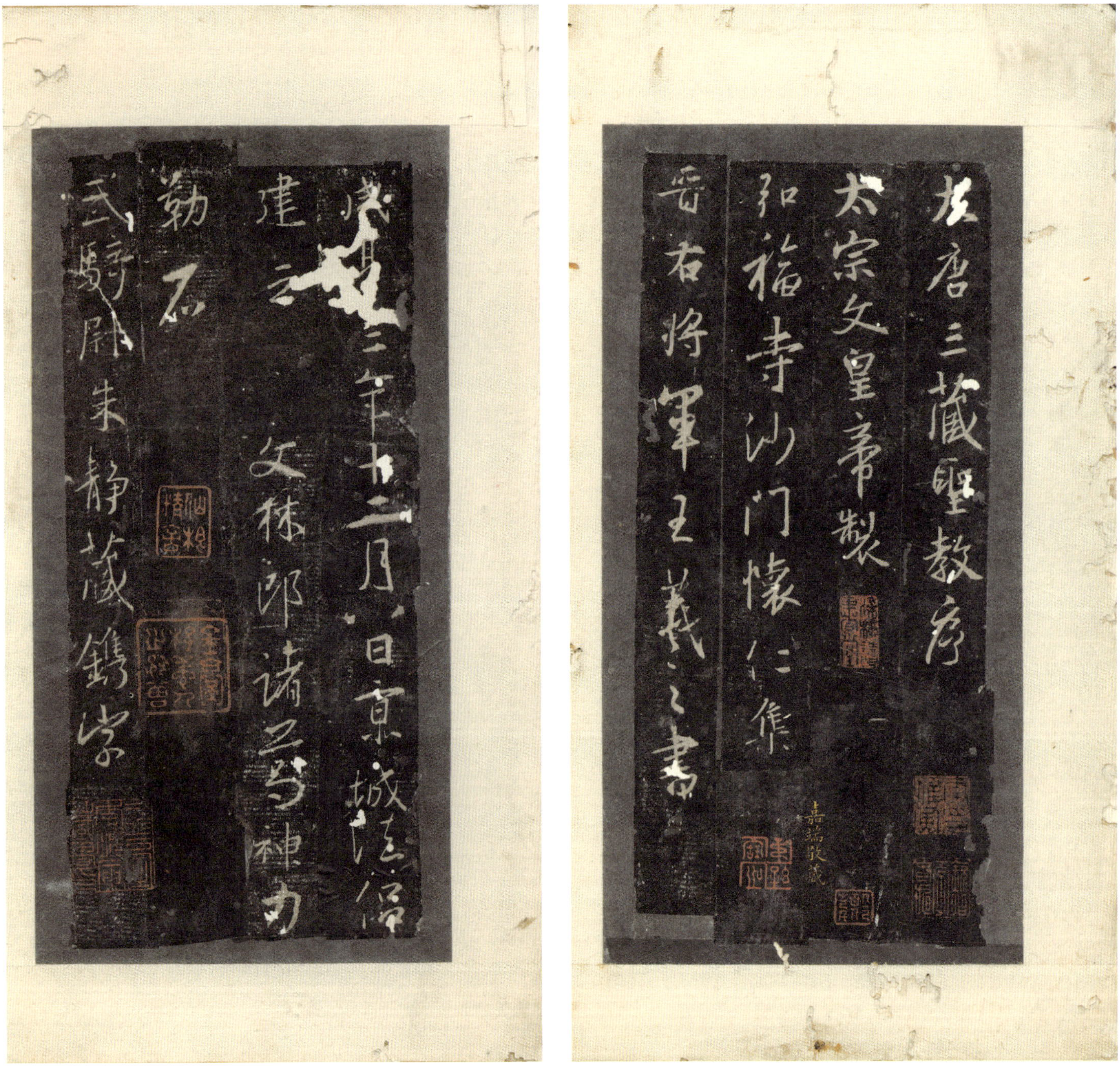

195 大唐三藏聖教序 （晋）王羲之書 （唐）釋懷仁集字 拓本

經折裝。墨本高 26.5 釐米，寬 13.9 釐米。清乾隆三十九年春旭居士題識。

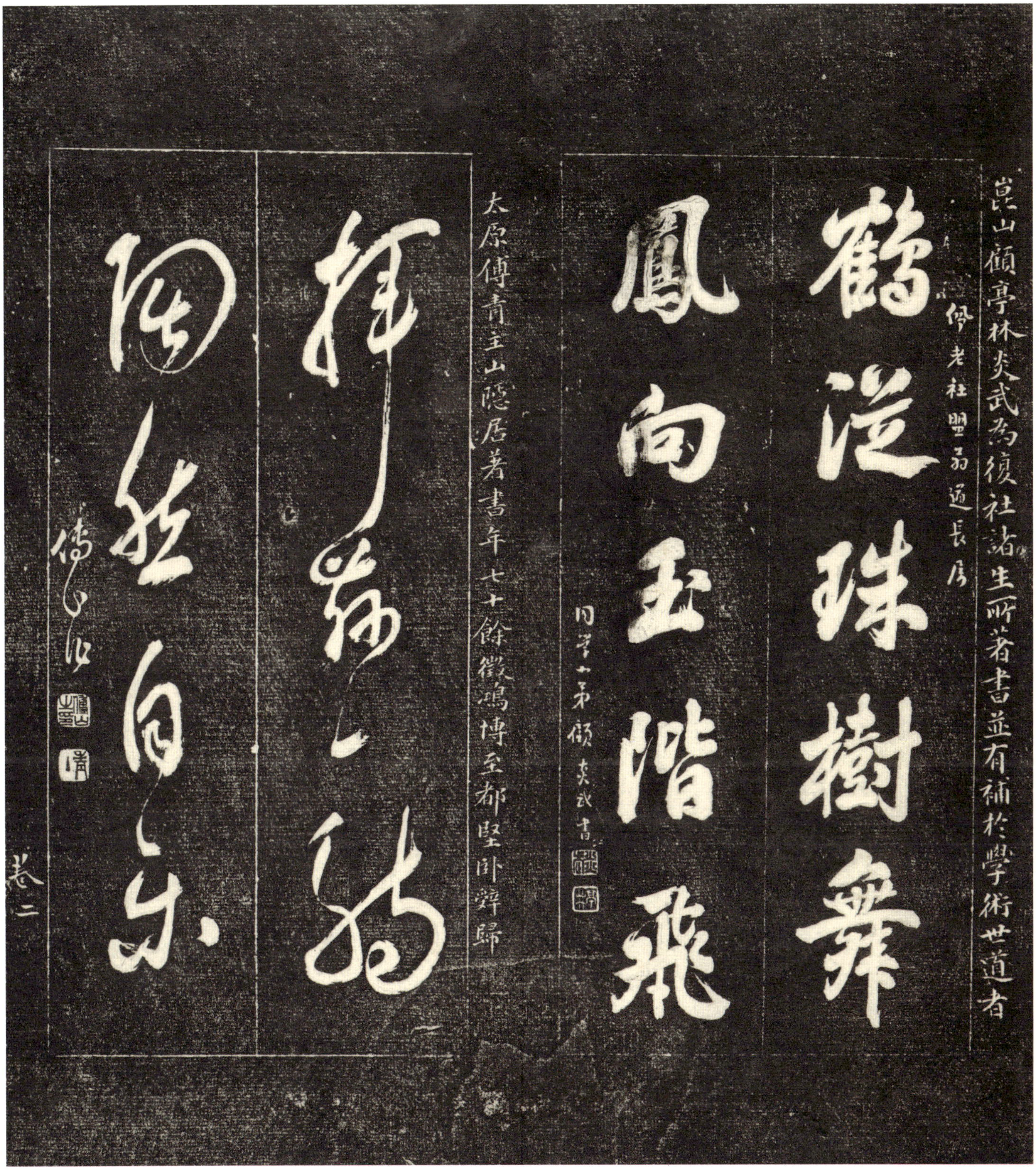

196 古今楹聯彙刻十二集 （清）吳隱輯 清光緒二十六年（1900）拓本

經折裝。墨本高 30 釐米，寬 13.5 釐米。

館藏索書號：X/J292.2/1

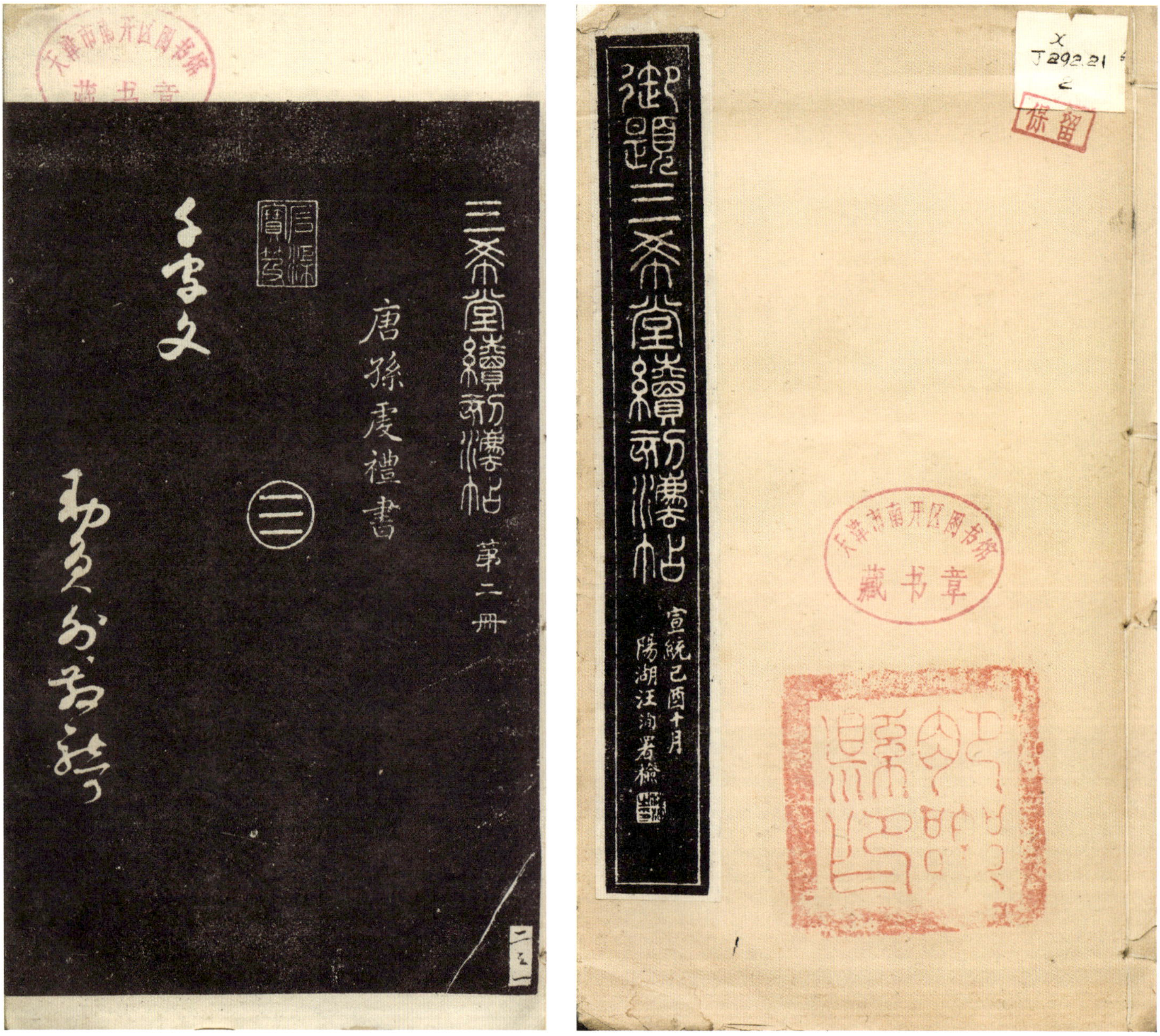

197 三希堂續刻法帖 （唐）褚遂良等書 清宣統元年（1909）文盛書局拓本

墨本高 26.4 釐米，寬 15.3 釐米。

館藏索書號：X/J292.21/2

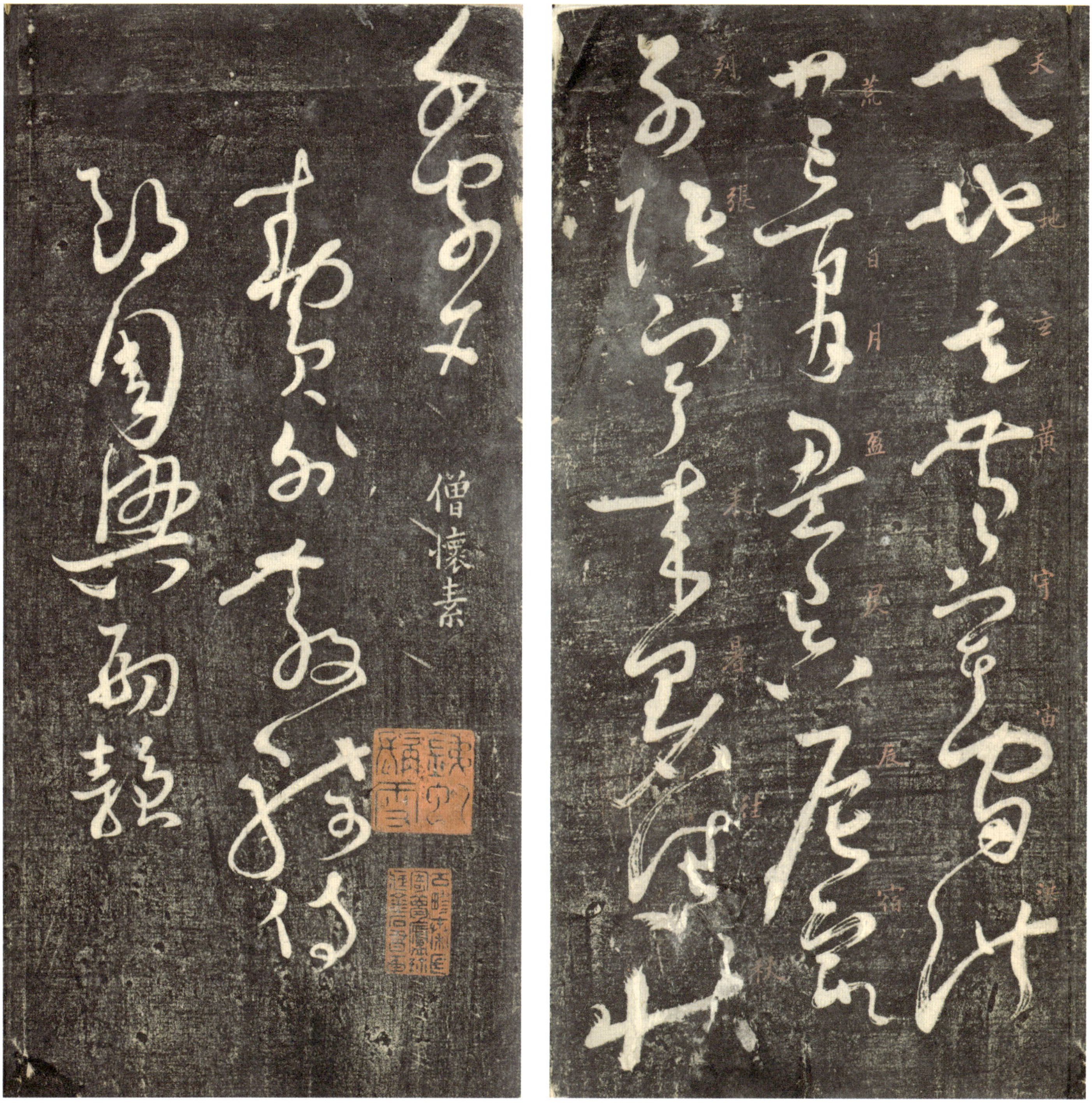

198 唐懷素千字文草書 （唐）釋懷素書 拓本

經折裝。墨本高 32.2 釐米，寬 16 釐米。後有明成化六年余子俊跋。

館藏索書號：X/J292.24/8

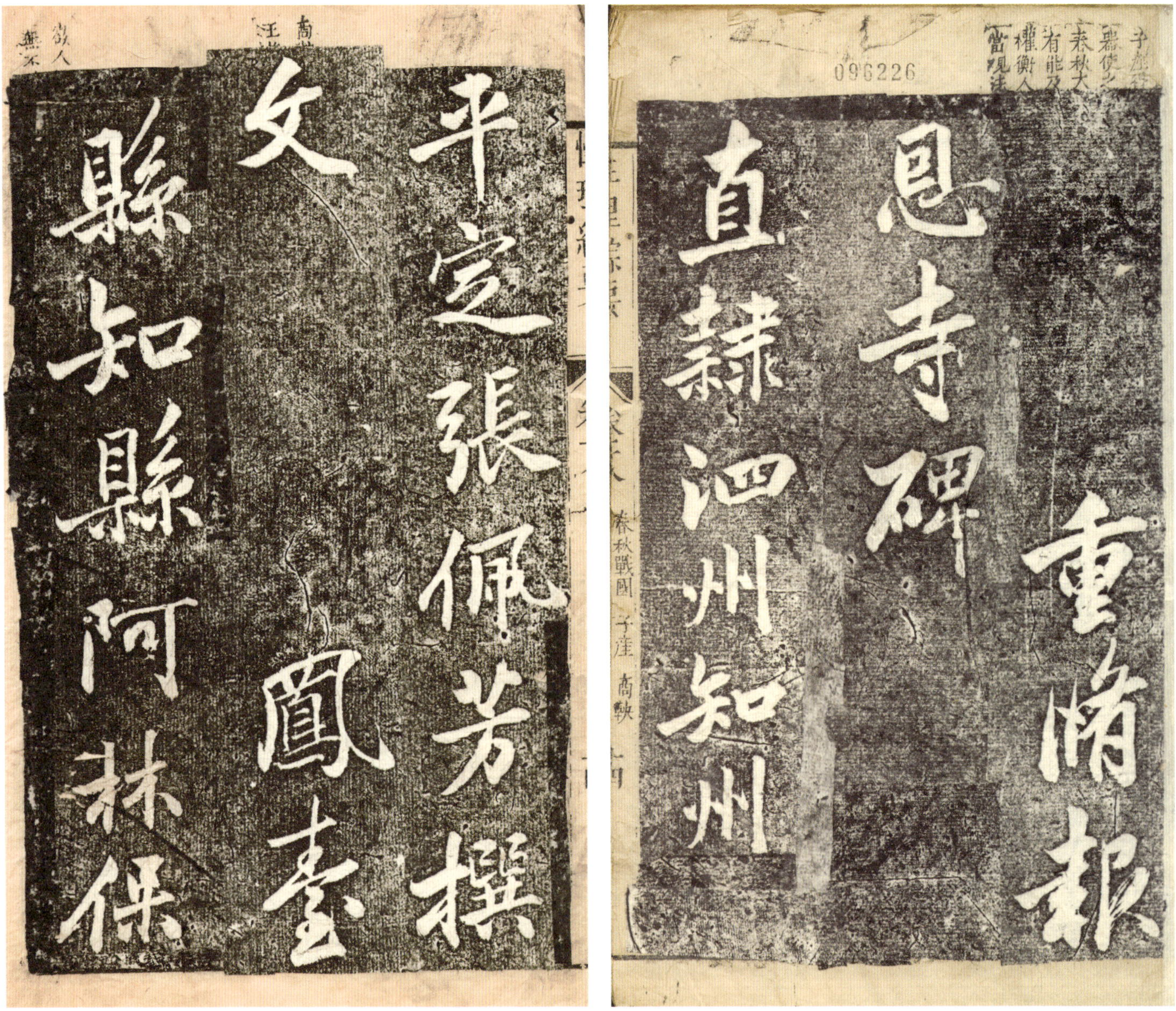

199 重脩報恩寺碑 （清）梁巘書 拓本

墨本高 25.5 釐米，寬 16.5 釐米。

館藏索書號：X/J292.26/13

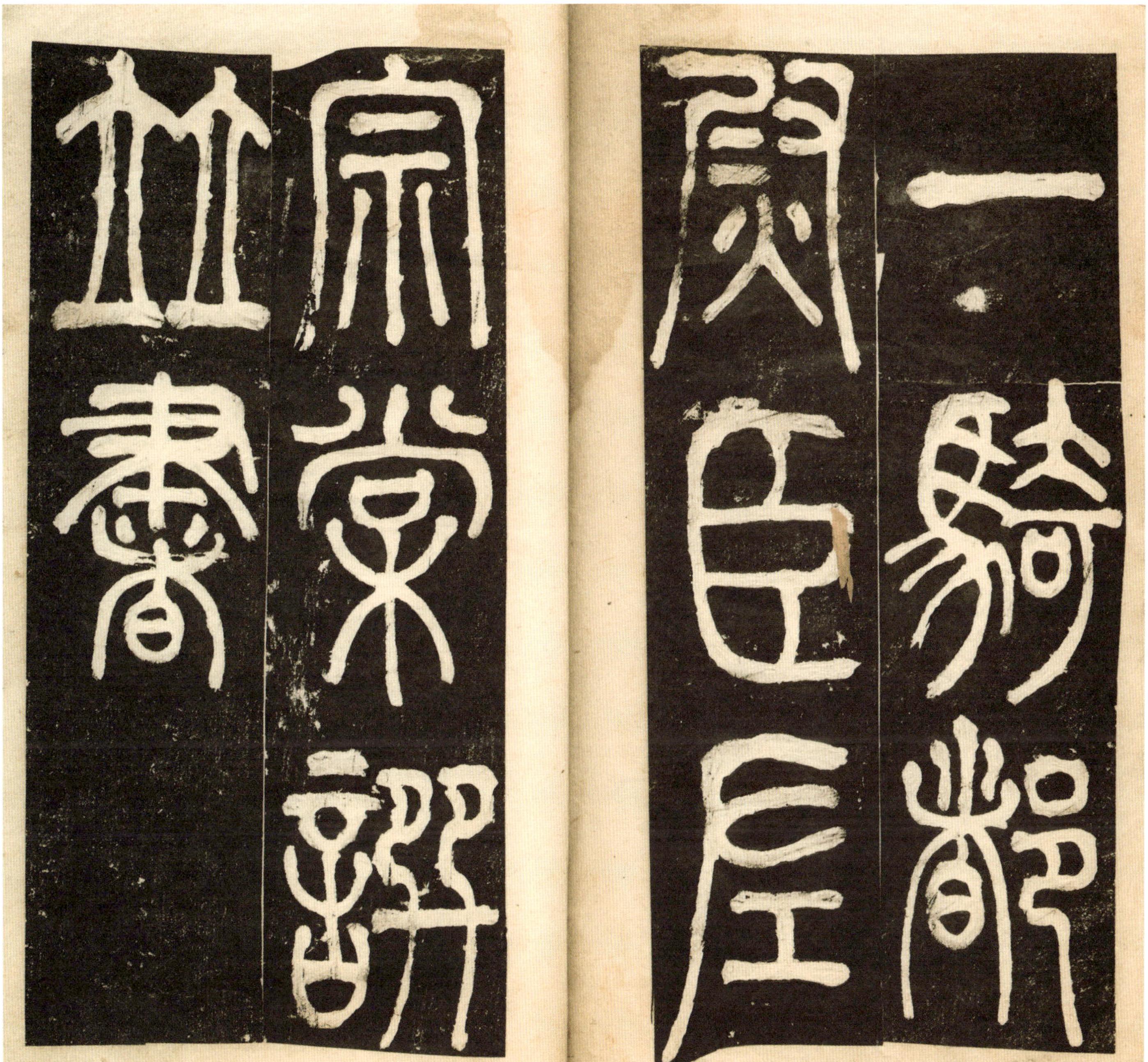

200 左相國重修華岳廟碑 （清）左宗棠書 （清）章壽彝刻石 拓本

墨本高 26.5 釐米，寬 16 釐米。

館藏索書號：X/J292.26/4

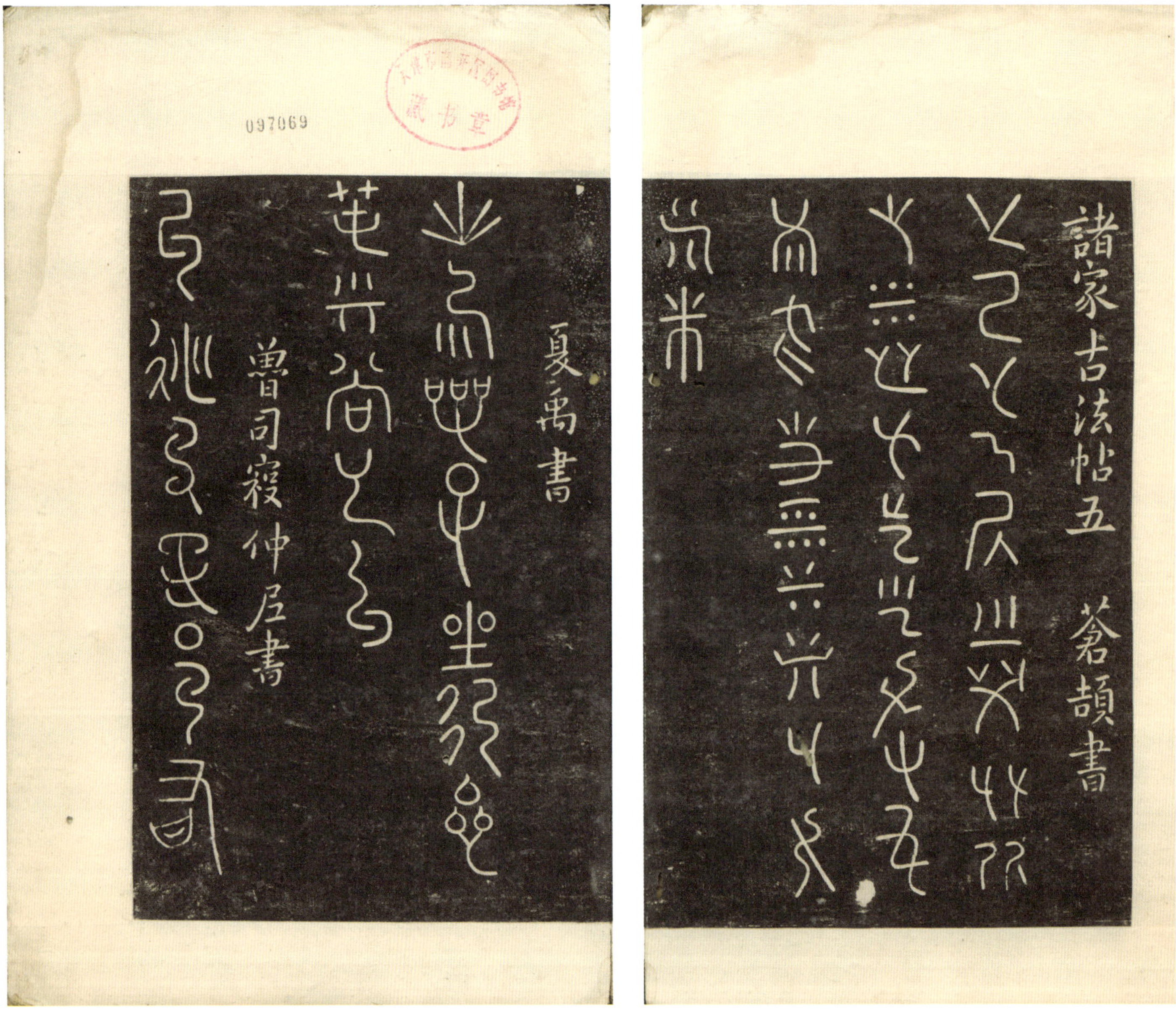

201 諸家古法帖五 題倉頡等書　拓本

經折裝。墨本高 24.8 釐米，寬 16.5 釐米。

館藏索書號：X/J292.21/11

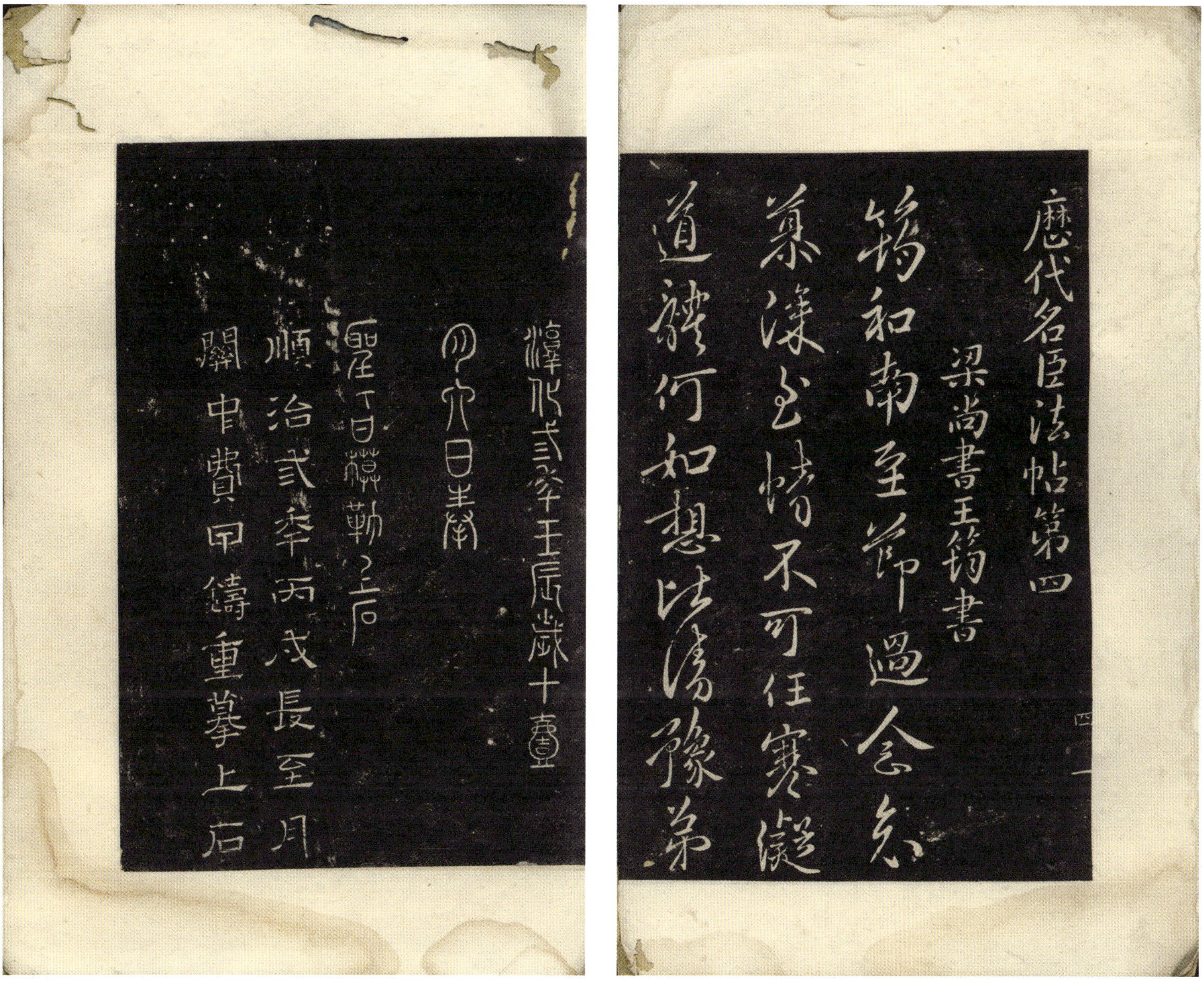

202 歷代名臣法帖 （南朝梁）王筠等書　清順治三年（1646）費甲重摹刻石　拓本

經折裝。墨本高 25 釐米，寬 16.6 釐米。

館藏索書號：X/J292.21/10:4

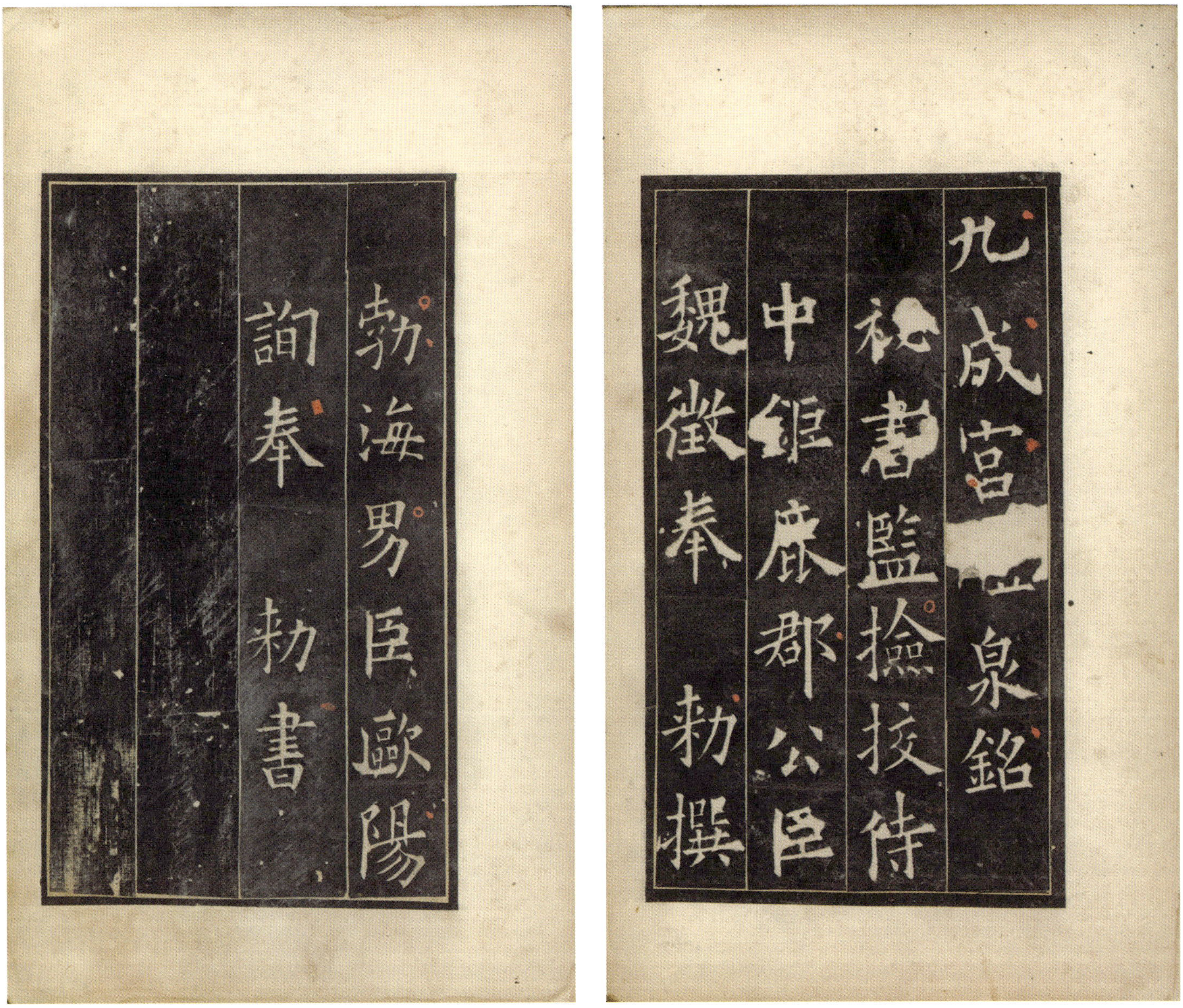

203 九成宮醴泉銘　（唐）魏徵撰（唐）歐陽詢書　拓本

經折裝。墨本高 23.5 釐米，寬 13.8 釐米。

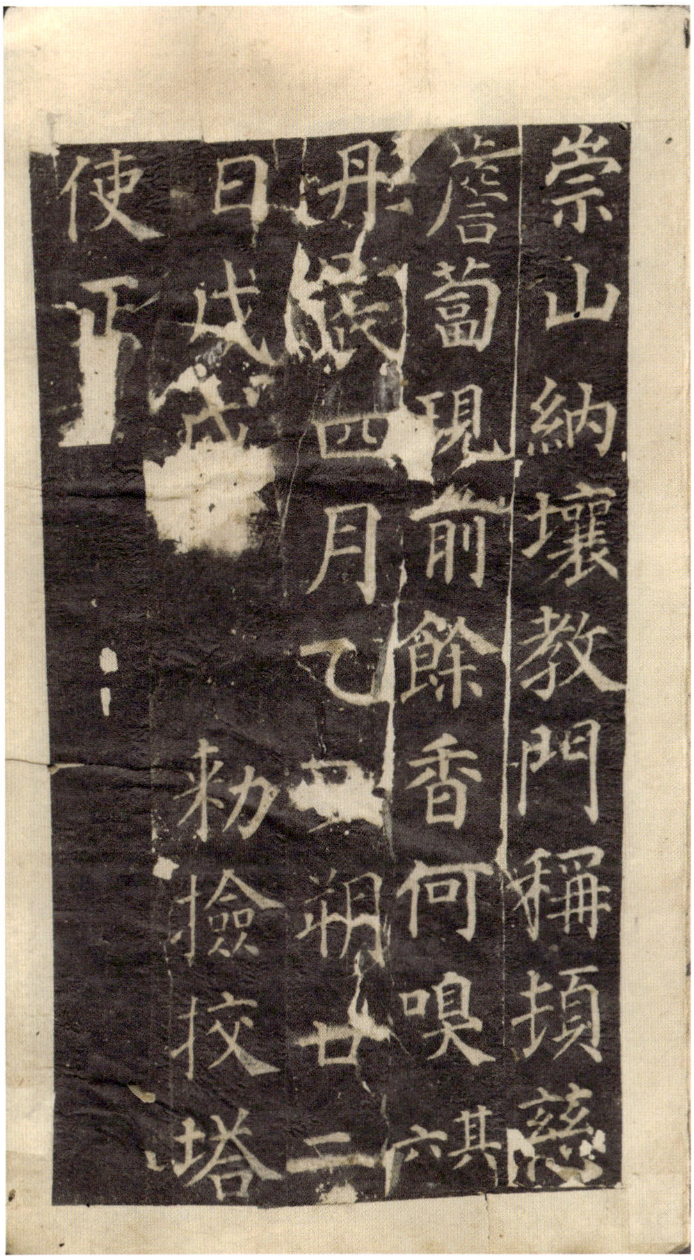

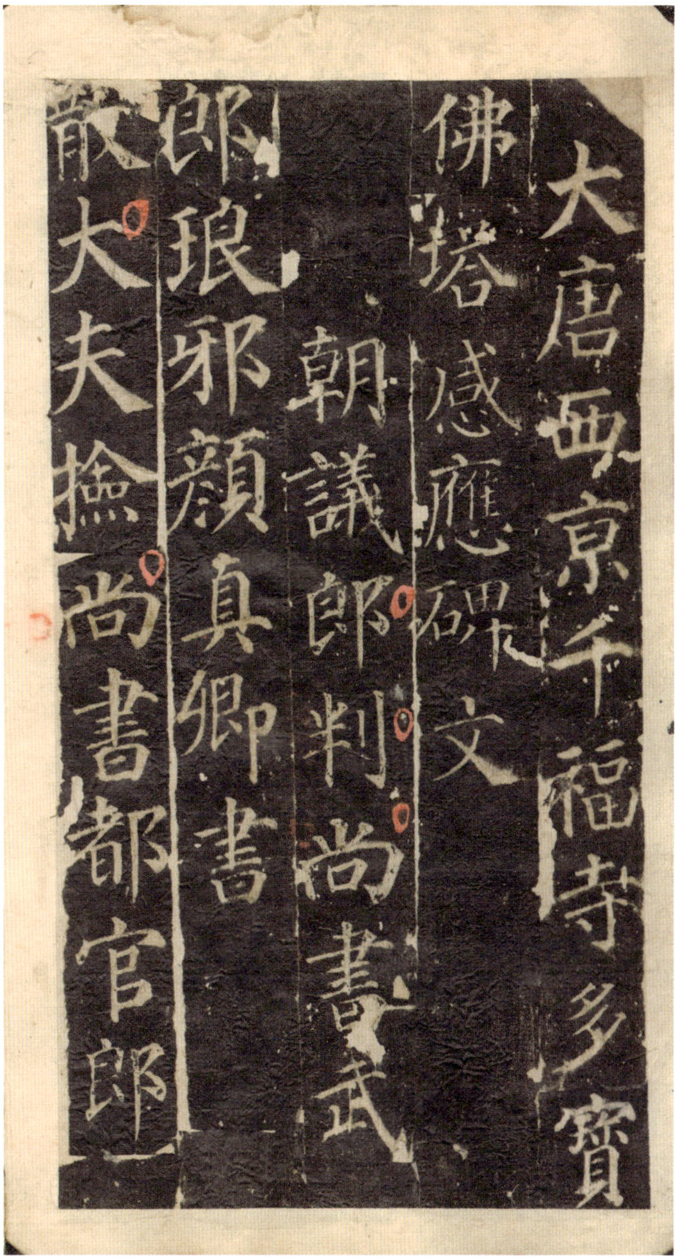

204 大唐西京千福寺多寶佛塔感應碑文 （唐）顏真卿書 （唐）岑勛撰

拓本

經折裝。墨本高 24.5 釐米，寬 13.6 釐米。

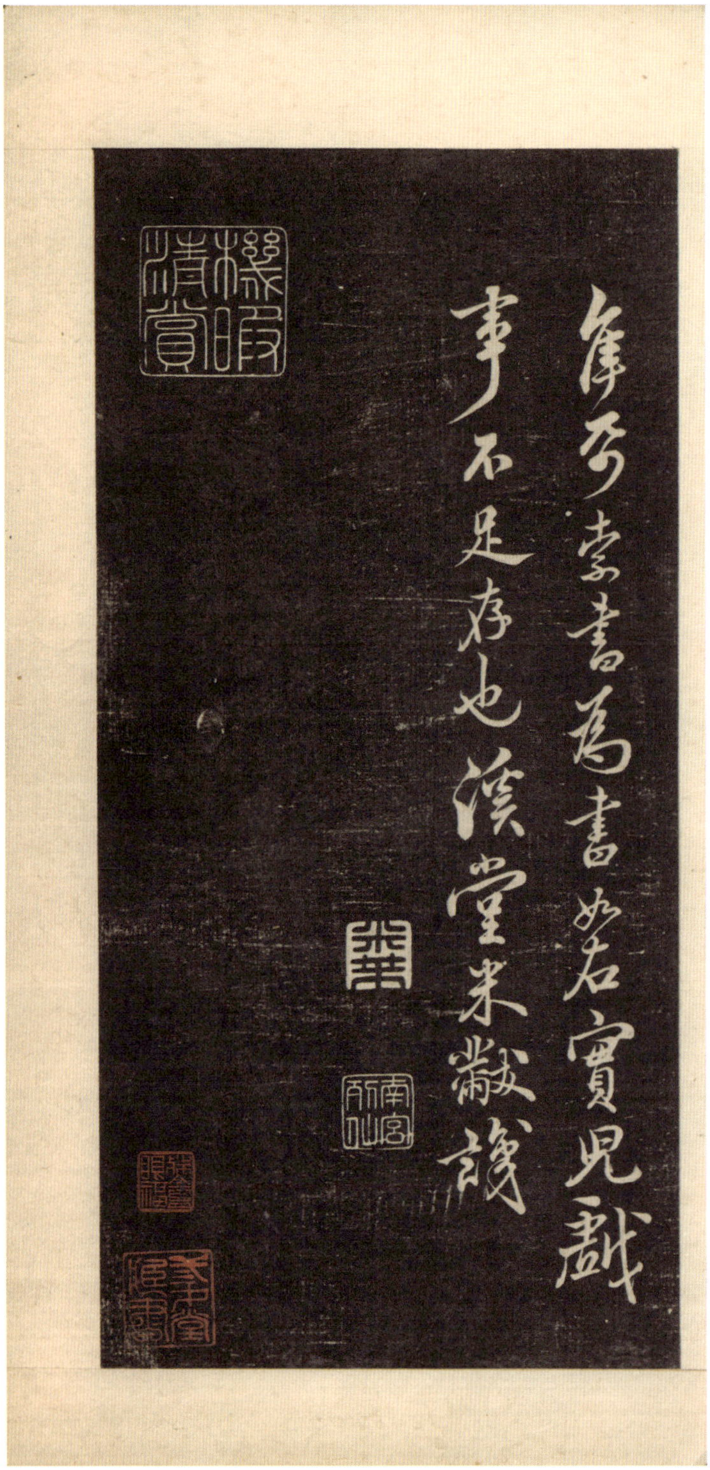
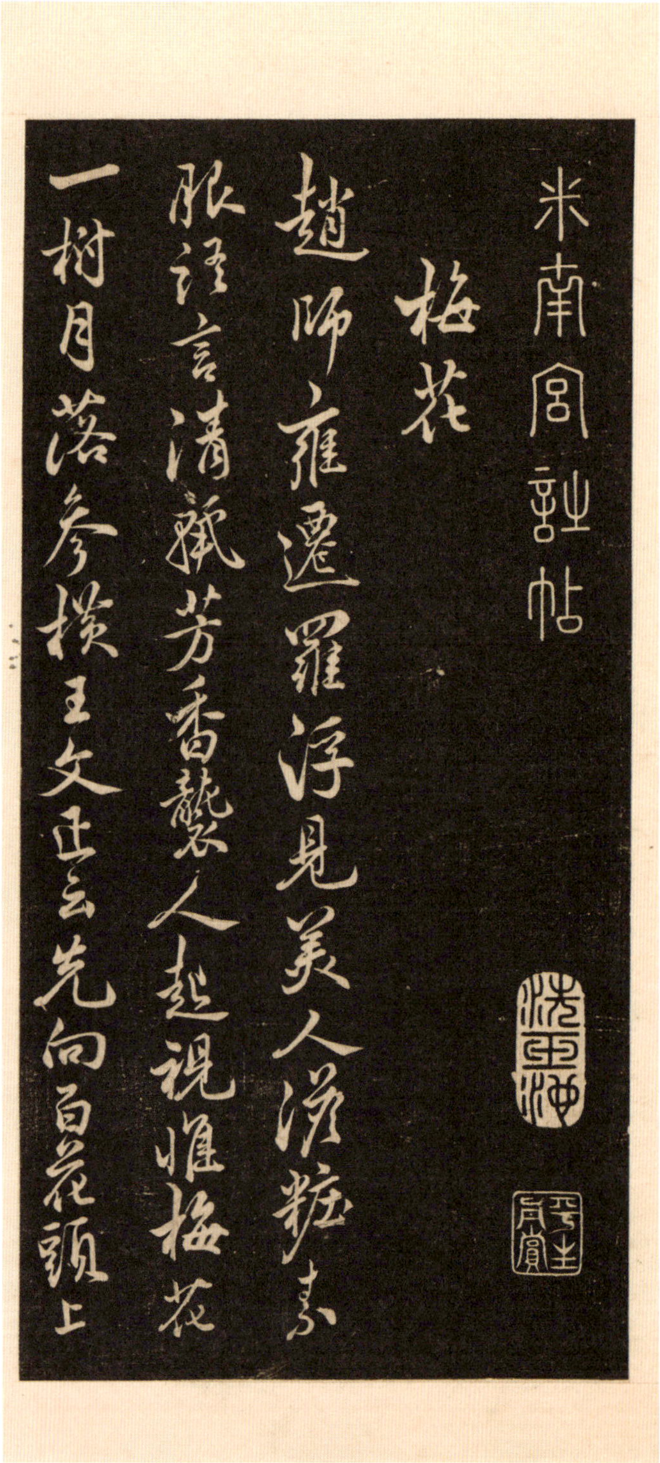

205 米南宮詩帖 （宋）米芾書　拓本

經折裝。墨本高 25.7 釐米，寬 12.7 釐米。

館藏索書號：X/J292.25/11

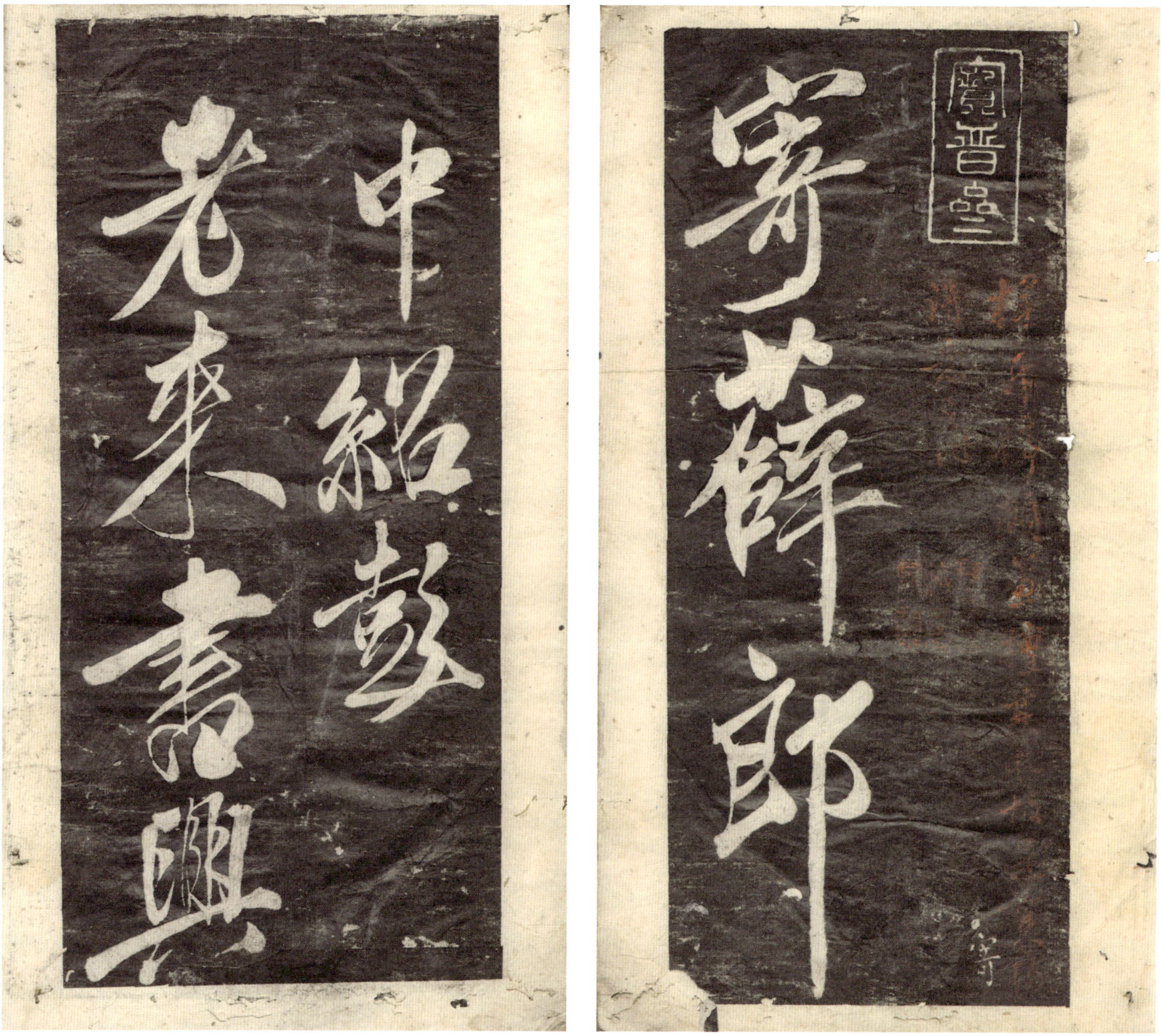

206 寄薛郎中紹彭 （宋）米芾書 拓本

經折裝。墨本高 33.3 釐米，寬 17.2 釐米。

館藏索書號：X/J292.25/6

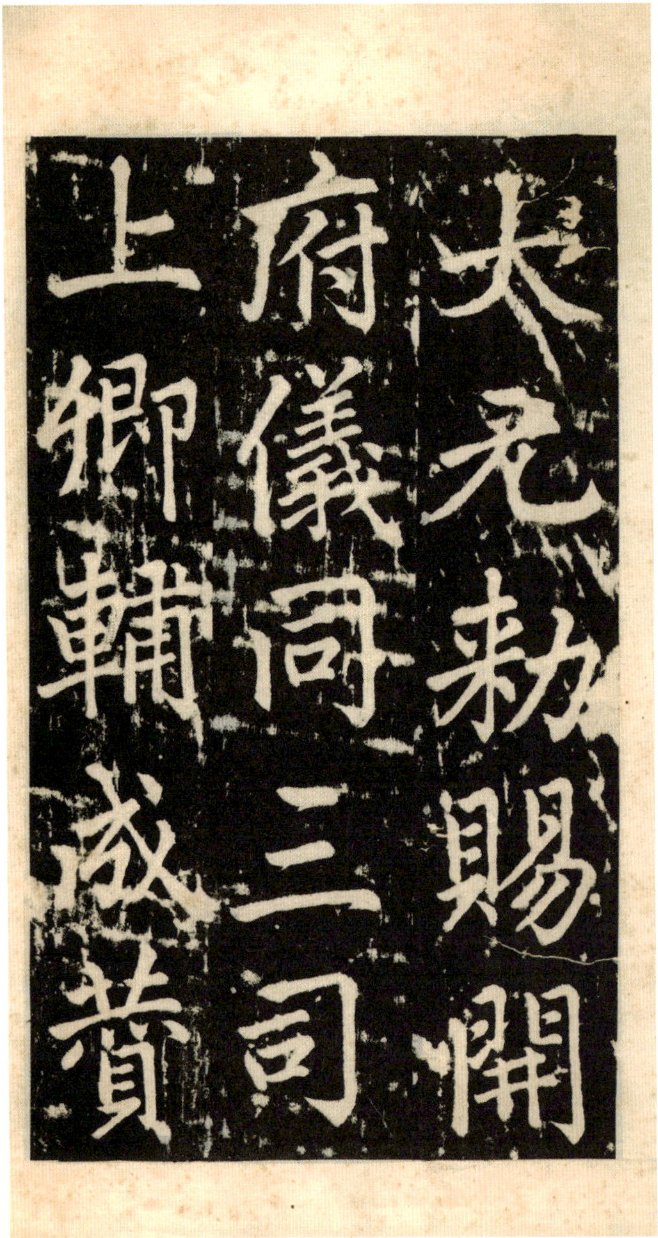

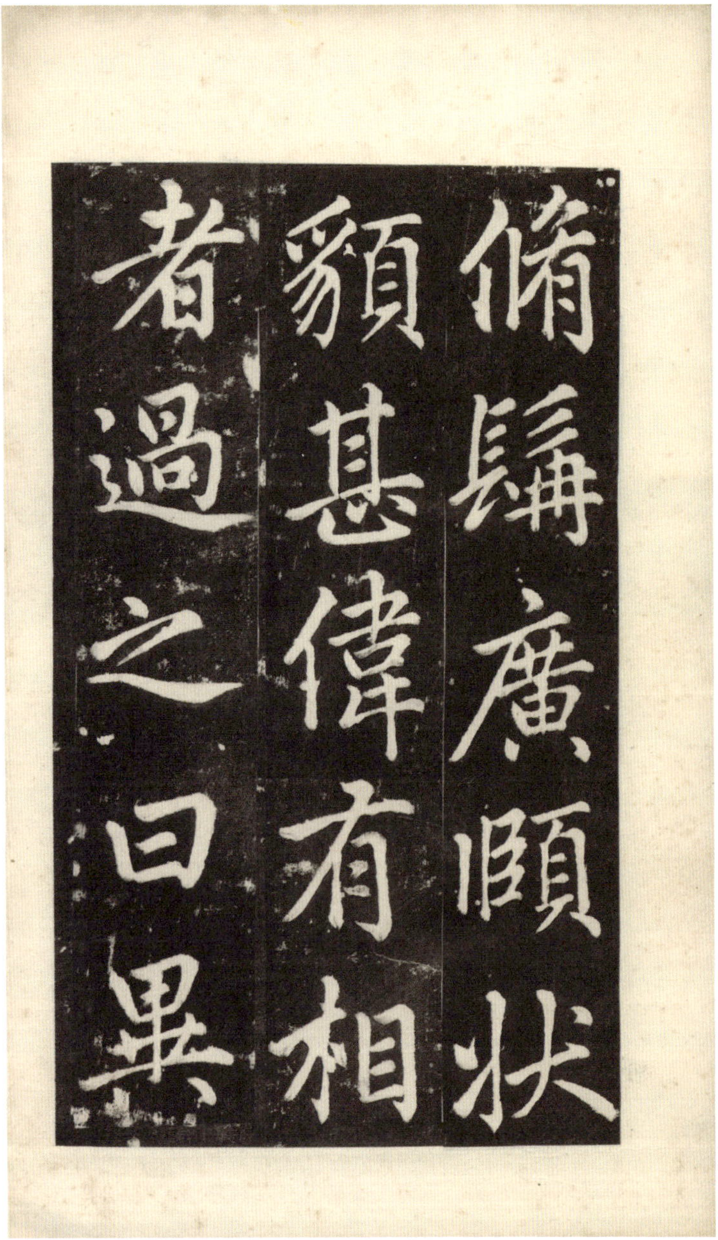

207 元趙孟頫書張公碑　（元）趙孟頫撰並書　拓本

經折裝。墨本高 25.8 釐米，寬 15 釐米。

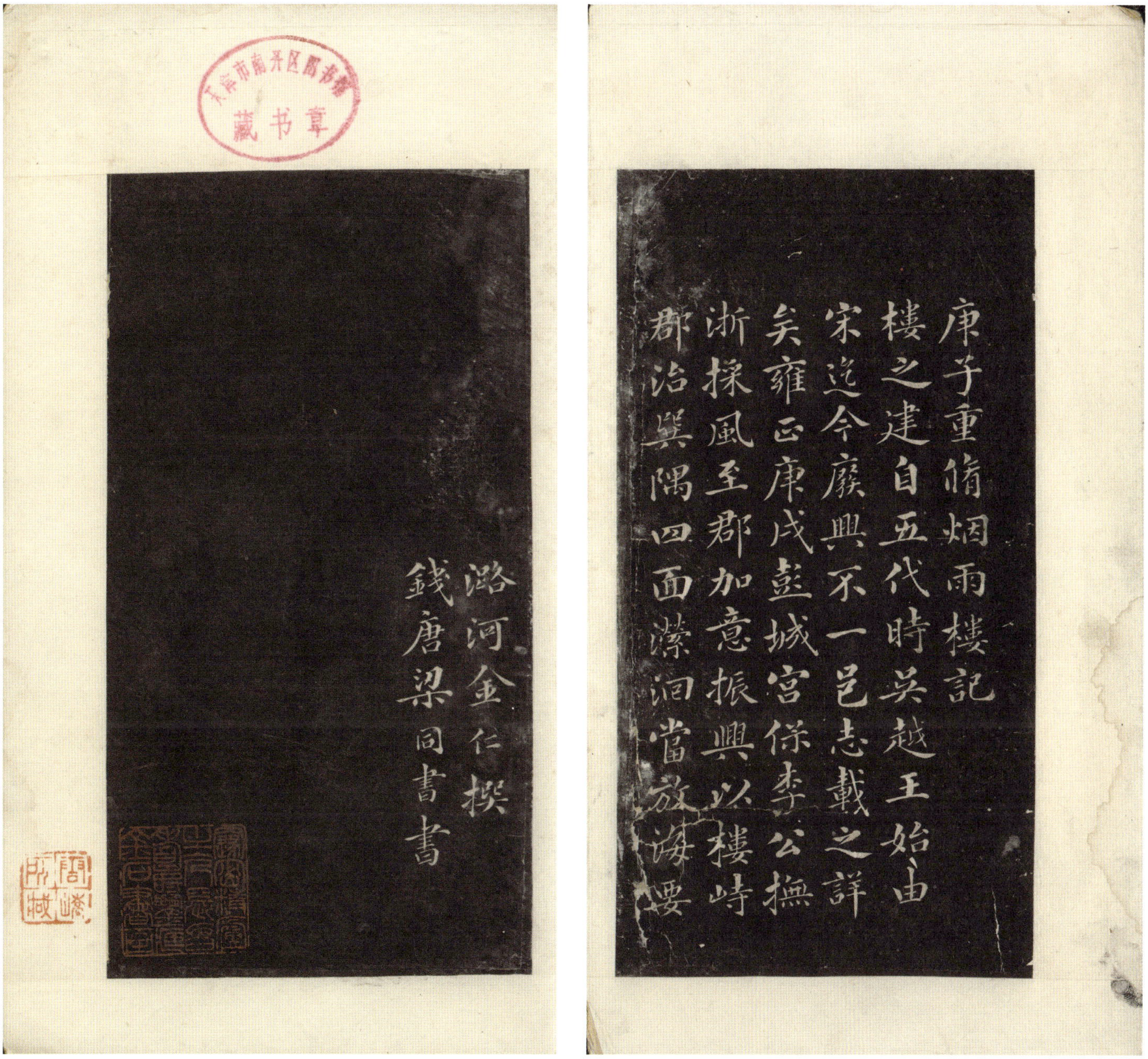

208 庚子重脩煙雨樓記 （清）金仁撰（清）梁同書書 拓本

經折裝。墨本高 23.5 釐米，寬 12.5 釐米。

館藏索書號：X/J292.26/16

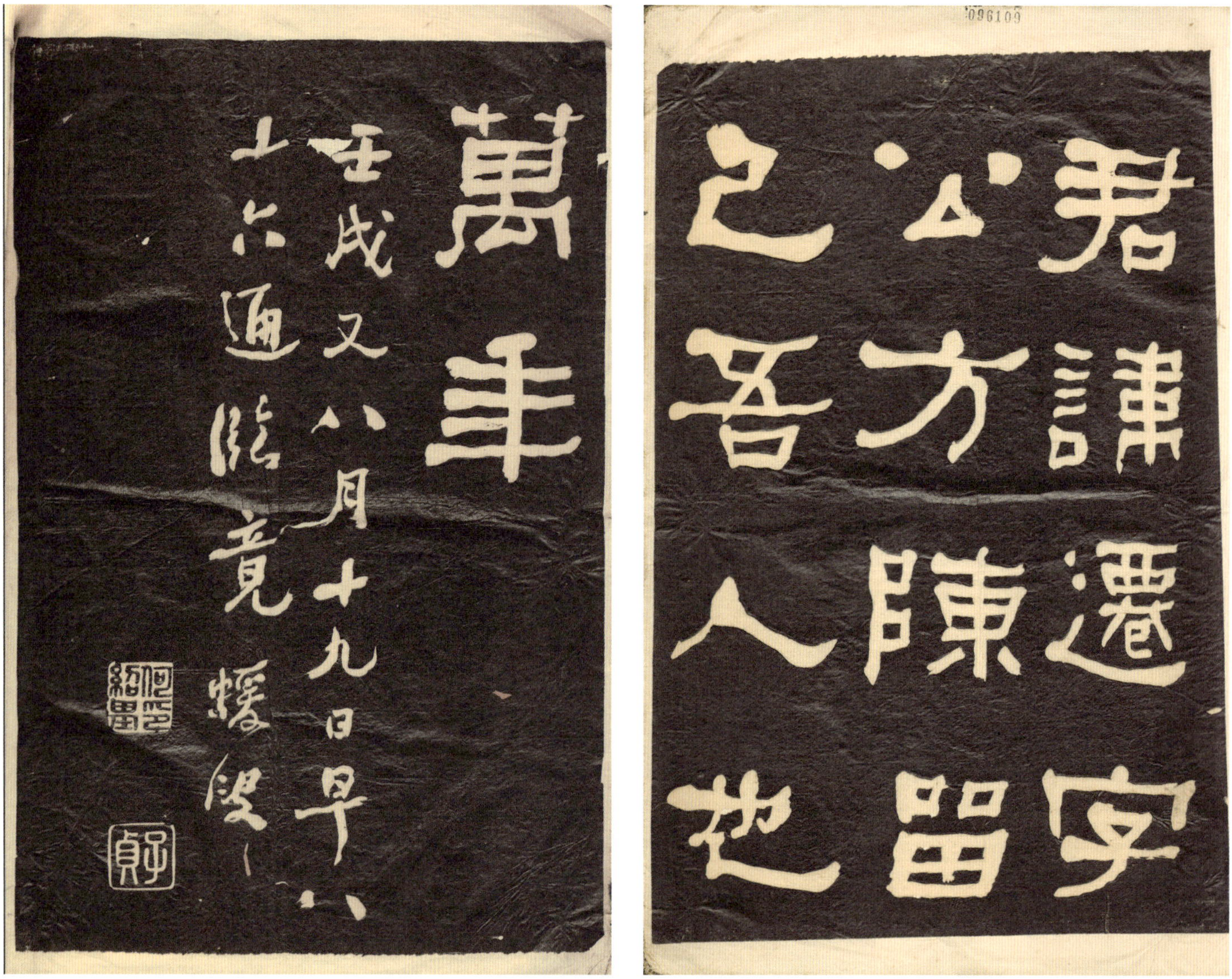

209 何紹基臨漢張遷碑 （清）何紹基書 拓本

經折裝。墨本高 34.5 釐米，寬 22 釐米。

館藏索書號：X/J292.26/15

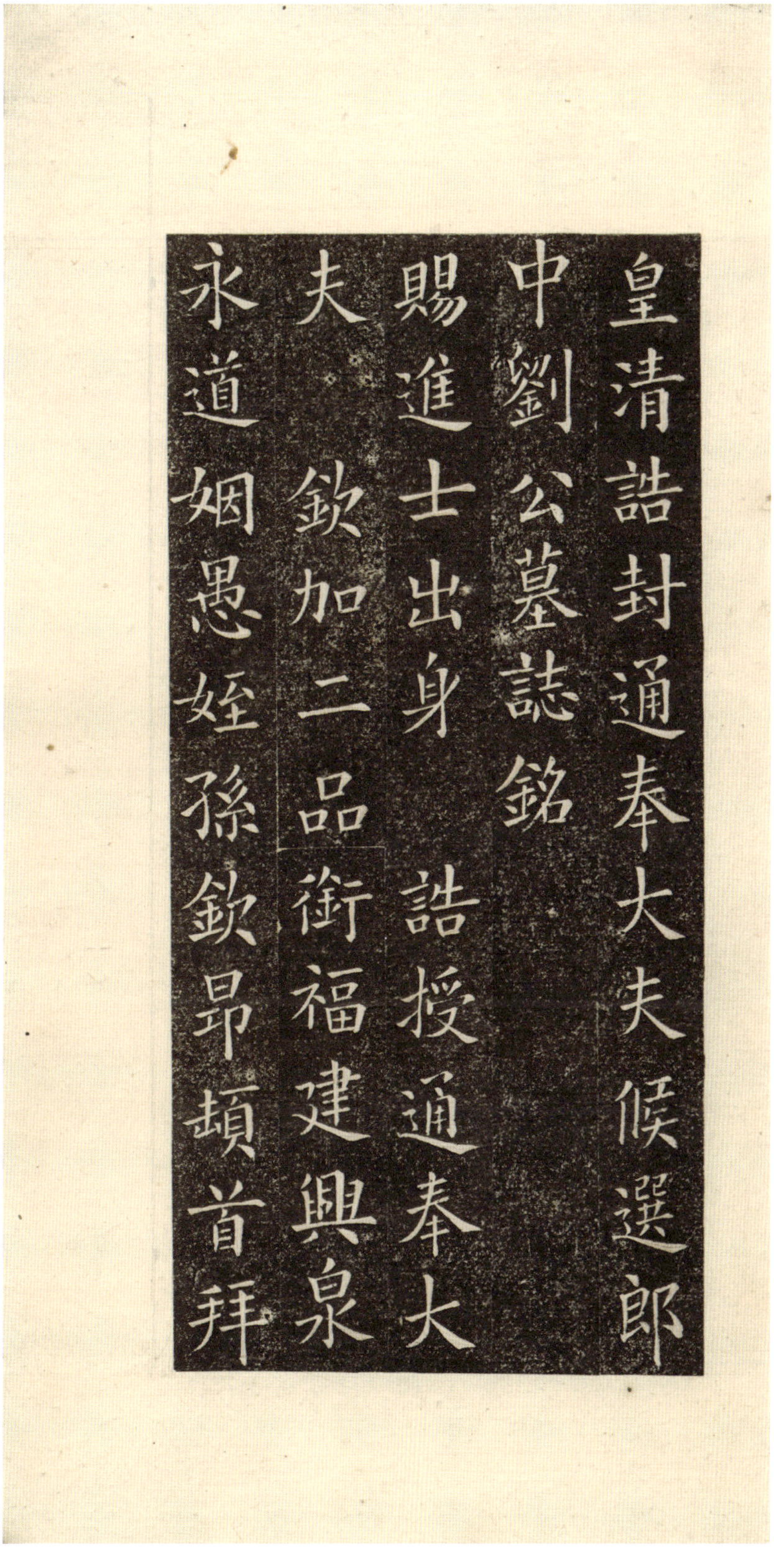

皇清誥封通奉大夫候選郎
中劉公墓誌銘
賜進士出身誥授通奉大
夫欽加二品銜福建興泉
永道姻愚姪孫欽昂頓首拜

210 劉鴻章公墓誌銘 拓本

經折裝。墨本高 26.6 釐米，寬 18 釐米。

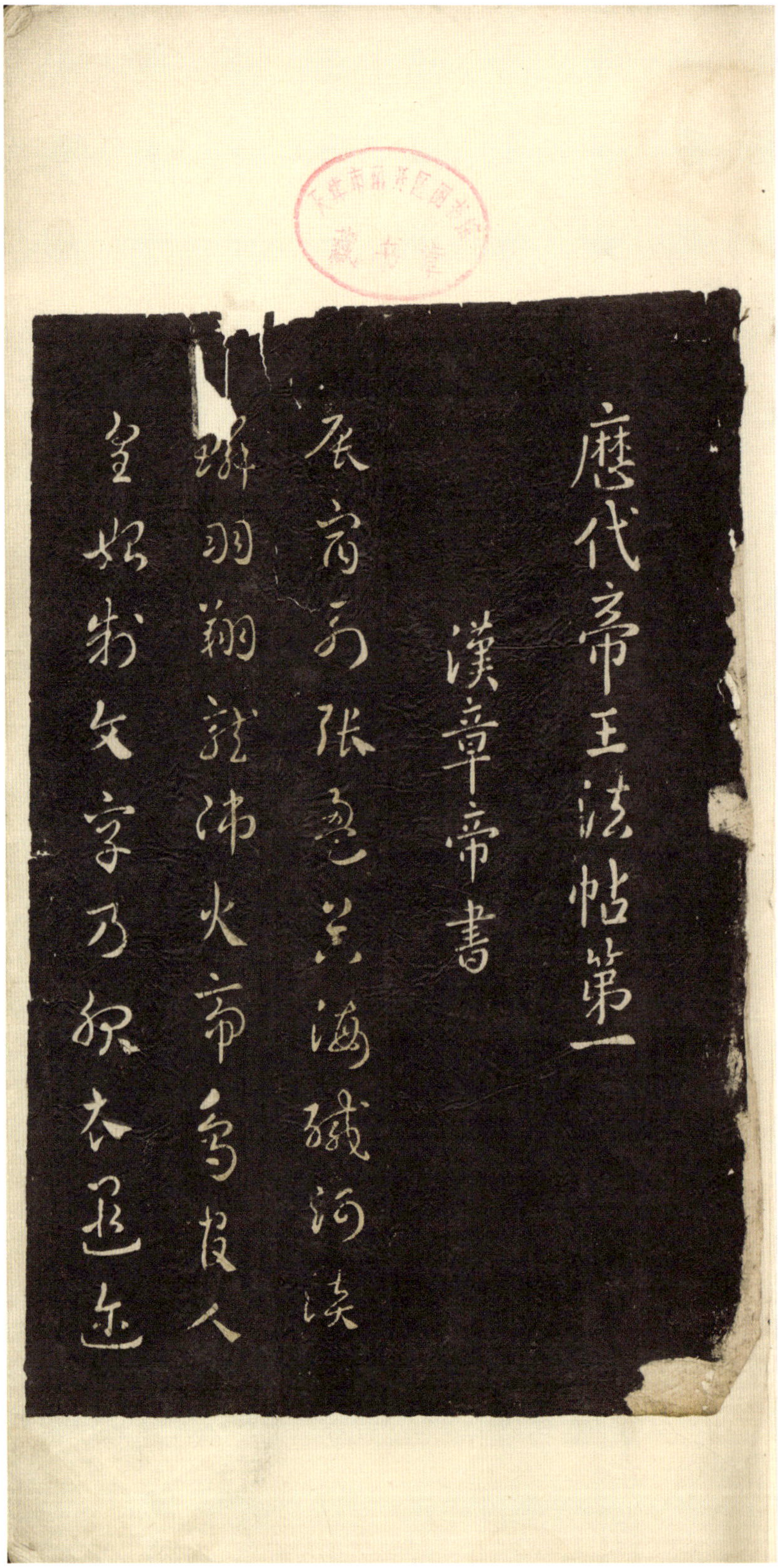

211 淳化法帖 （宋）米芾書　拓本

經折裝。墨本高 33.3 釐米，寬 17.2 釐米。

館藏索書號：X/J292.25/6

書名索引

J

K

L

M

P

Q

R

S

T

W

X

Y

Z

後記

本《圖録》從今年6月份提出選題出版意向，到今天正式出版，歷時僅半年時間。我們手捧著這部《圖録》，身上有如釋重負的輕鬆，內心感到説不出的喜悦和快慰！

這本《圖録》的編印出版，凝聚了大家的心血和汗水，是集體智慧的結晶。通過這本《圖録》，業已形成了一支館際之間互幫互學、互相給力、敢於承擔責任的科研團隊。追憶本項目的策劃、編纂和出版的過程，對我們參與者和關心斯事的朋友來説，無疑是一件美好的事情。

作爲南開區文化局長，冉然先生想的是本區的傳統文化建設工作。冉局站得高，看得遠，決定這個項目上馬後，他親自謀劃，下基層督辦，予以全方位的鼎力支持。這是本《圖録》能夠順利編纂出版的基礎保障。

作爲南開區圖書館主要負責人，郭子春、徐衛紅二位館長十分重視本《圖録》的具體落實工作。在時間短、人員少的情況下，克服諸多困難，想法設法推進工作，爲本《圖録》的順利完成，做出了不懈努力。

作爲天津圖書館古籍部、天津市古籍保護中心負責人之一，李國慶、季秋華二位古籍專家，不辭擔任本《圖録》學術顧問之請。在本《圖録》的編印設計、館藏古籍的版本鑒定，以及選圖、掃描工作的落實方面，提供了專業性的技術指導和説明。

作爲南開區圖書館古籍部主要負責人，丁清英副研究館員、周海雲館員，承擔了本《圖録》編纂和出版方面的主要具體工作。他們憑藉自己深厚的專業素養和敬業精神，以忘我的工作作風，遴選古籍、擇録書影、撰寫釋文及校對書稿，駕輕就熟，高品質完成了自己承擔的任務。

作爲天津圖書館古籍部業務骨幹，常虹、吕欣、趙海雲、陳天琪、支音五位同人，也參與了本《圖録》的一些具體工作。其中，吕欣、趙海雲擔任本《圖録》所收古籍的原件掃描和破損古籍的修復工作。在常虹副研究館員的專業指導下，陳天琪、支音擔任本《圖録》掃描書影的電腦調色和排版工作。他們以自己嫻熟的專業技術和技能作保證，爲本《圖録》提供了直接的幫助，高品質、高效率完成了任務。

作爲南開區圖書館的業務骨幹，劉馨、劉豔君和張金水三位同事，積極參與本《圖録》的部分選編工作。李劍勇、牟叢信、趙士紅等同事，爲本《圖録》的編輯，提供了後勤保障支援，付出不少心血和汗水。

國家圖書館出版社方自金社長、賈貴榮總編和廖生訓主任，在得知我們擬將本《圖録》交付該社出版的消息後，欣然應允，在時間短、任務重、要求高的情況下，全力組織上報選題及各項審稿工作。

在本書即將付梓之際，謹向編委會諸位同仁、出版社諸位領導和編輯，以及一直關注和支持本《圖録》項目的友好人士表示誠摯感謝！

《天津市南開區圖書館藏古籍圖録》編委會

2013年12月